TURISMO, SUSTENTABILIDADE E MEIO AMBIENTE

CONTRADIÇÕES E CONVERGÊNCIAS

Organizadores
Maria Laetitia Corrêa
Solange Maria Pimenta
Jorge Renato Lacerda Arndt

TURISMO, SUSTENTABILIDADE E MEIO AMBIENTE

CONTRADIÇÕES E CONVERGÊNCIAS

autêntica

Copyright © 2009 os organizadores

PROJETO GRÁFICO DA CAPA
Christiane Costa
(Sobre imagem de Nicolas Raymond/stock.xchng.)

EDITORAÇÃO ELETRÔNICA
Tales Leon de Marco

REVISÃO
Ana Carolina Lins Brandão

EDITORA RESPONSÁVEL
Rejane Dias

Revisado conforme o Novo Acordo Ortográfico

Todos os direitos reservados pela Autêntica Editora.
Nenhuma parte desta publicação poderá ser reproduzida,
seja por meios mecânicos, eletrônicos, seja via cópia
xerográfica, sem a autorização prévia da Editora.

AUTÊNTICA EDITORA

Rua Aimorés, 981, 8º andar . Funcionários
30140-071 . Belo Horizonte . MG
Tel: (55 31) 3222 68 19
Televendas: 0800 283 13 22
www.autenticaeditora.com.br

Dados Internacionais de Catalogação na Publicação (CIP)
(Câmara Brasileira do Livro, SP, Brasil)

Turismo, sustentabilidade e meio ambiente : contradições e convergências/
Maria Laetitia Corrêa, Solange Maria Pimenta, Jorge Renato Lacerda
Arndt (organizadores) . – Belo Horizonte : Autêntica Editora, 2009.

Vários autores.
ISBN 978-85-7526-375-4

1. Desenvolvimento sustentável 2. Meio ambiente 3. Turismo I. Corrêa,
Maria Laetitia. II. Pimenta, Solange Maria. III. Arndt, Jorge Renato Lacerda.

09-00125   CDD-338.4791

Índices para catálogo sistemático:
1. Turismo sustentável : Economia 338.4791

Sumário

APRESENTAÇÃO
Racionalidades e mitos no contexto do turismo, sustentabilidade e meio ambiente
7
MARIA LAETITIA CORRÊA • SOLANGE MARIA PIMENTA • JORGE RENATO LACERDA ARNDT

Explorando a contradição: Itabira e a poética de Carlos Drummond de Andrade
15
MYRIAM GOULART DE OLIVEIRA

PRIMEIRA PARTE
DIMENSÕES TEÓRICAS E CONCEITUAIS

Turismo, cultura e desenvolvimento na escala humana
29
LUZIA NEIDE M. T. CORIOLANO • CLÁUDIA S. LEITÃO • FÁBIO. P. VASCONCELOS

Turismo, produção do espaço, ruralidade e gestão social
49
FABIANA ANDRADE BERNARDES ALMEIDA

A "insustentabilidade" do conceito de desenvolvimento sustentável
73
CÍNTHIA SOARES DE OLIVEIRA

SEGUNDA PARTE
PROJETO TURÍSTICO DA ESTRADA REAL: POSSIBILIDADES E LIMITES

Proposta de criação do Plano de Ordenamento Territorial para o desenvolvimento turístico da Estrada Real
95
GLAUCO UMBELINO

Estrada Real: do abstrato ao concreto – perspectivas locais
113
ELVÉCIO RIBEIRO BRASIL • YANA TORRES DE MAGALHÃES • HENRIQUE DUARTE CARVALHO

A precária globalização da aldeia: impasses do desenvolvimento pelo turismo em Milho Verde, Alto Jequitinhonha, Minas Gerais
135
JORGE RENATO LACERDA ARNDT • SOLANGE MARIA PIMENTA

Desenvolvimento por meio do (micro)turismo: um estudo no povoado de Serra dos Alves – Itabira/MG
163
DAYSA ANDRADE OLIVEIRA • SÍLVIA MENEZES PIRES DIAS • LUCIANA DIAS ROSA

TERCEIRA PARTE
PROJETO TURÍSTICO DOS PARQUES NACIONAIS E DE OUTRAS ÁREAS

183 — **A sustentabilidade econômica e a preservação ambiental: as (im)possibilidades dos parques nacionais brasileiros**
MARIANA ANTUNES PIMENTA • LUCAS DE ARAUJO CEZAR

209 — **Caminho Darwin: breves considerações sobre o fomento da atividade turística como mecanismo de incremento da visibilidade do Parque Estadual da Serra da Tiririca (RJ)**
EVANDRO BASTOS SATHLER • LUCIA MARIS VELASCO MACHADO DE MENDONÇA

237 — **Dinâmica demográfica, sustentabilidade e turismo no Vale do Jequitinhonha**
RALFO MATOS

QUARTA PARTE
TURISMO E SUSTENTABILIDADE: PERSPECTIVAS EMPRESARIAIS

249 — **O uso da zona costeira de Aracaju é sustentável? Olhares de empresários e frequentadores do setor de alimentos e bebidas**
VERA LÚCIA NOVAES PROVINCIALI • LUIZ ALEX SILVA SARAIVA

271 — **Em busca da sustentabilidade: desafios e limites para a comunicação empresarial**
ROZÁLIA DEL GÁUDIO SOARES-BAPTISTA

287 — **Desenvolvimento de competências para um turismo sustentável: o setor hoteleiro de Belo Horizonte em análise**
ADRIANE VIEIRA• GILBERTO BRAGA PEREIRA • IVANETE DE DEUS
SIMÕES VARGAS • FREDERICO GUILHERME SERRANO NEVES JÚNIOR

320 | **Sobre os autores**

Apresentação

Racionalidades e mitos no contexto do turismo, sustentabilidade e meio ambiente

Maria Laetitia Corrêa
Solange Maria Pimenta
Jorge Renato Lacerda Arndt

Este é um livro marcado pela multiplicidade e pela diversidade. Ele é construído por diferenças e oposições, contradições e paradoxos, mas também por convergências, pontos de quase-consenso em torno de um foco central: a sustentabilidade, vista como um atributo da atividade humana que leva em conta a sobrevivência do planeta Terra e das gerações futuras, no plano da produção de bens e serviços com a utilização dos conhecimentos científicos e tecnológicos, em vigor desde o advento da industrialização.

Conceitualmente, sinaliza um enfoque recente, que se contrapõe à noção de progresso e de uma economia regida pelo mercado, a primeira um mito que a história humana vivenciou durante séculos e a segunda da racionalidade que, ainda hoje, persiste em regular a ação produtiva de bens e serviços e que, além disso, se globalizou nas últimas três décadas.

O mito do progresso consistiu na crença, hegemônica, de que o conhecimento científico e tecnológico colocado a serviço da transformação da natureza em benefício da espécie humana resultava em um processo evolutivo, um *continuum*, que levaria a humanidade a patamares cada vez mais elevados de satisfação das suas necessidades, pelo menos as de ordem material. Em outros termos, a razão humana garantiria a sobrevivência e a evolução da espécie ao dominar a natureza e colocá-la a seu serviço, por meio do uso do conhecimento científico e tecnológico. A explosão da primeira bomba atômica destruiu (também) esse mito, na medida em que evidenciou, de forma inequívoca, que o desenvolvimento da ciência e da tecnologia poderia significar um avanço – um progresso – da humanidade, mas também a sua destruição, assim como a de muitas outras espécies no planeta.

Por outro lado, a iminência de esgotamento de recursos naturais da Terra – combustíveis fósseis, água, alguns minérios, algumas espécies da flora e da fauna, grande parte das matas e florestas – e a acumulação extremamente acelerada de detritos de toda ordem – tóxicos uns, outros muito duráveis e, portanto, difíceis de eliminar – evidenciaram a possibilidade concreta de um colapso planetário, o que colocou em xeque a racionalidade do sistema econômico hegemônico. Em outros termos, valorizar e acumular capital não poderia – ou não deveria mais – ser o único imperativo da atividade econômica, pois corria-se o risco de inviabilizá-la estrategicamente, ou seja, impedir que continuasse a ser possível no longo prazo. Dessa forma, termos como responsabilidade social, empresa cidadã, ética nos negócios, que convergiam para uma concepção de sustentabilidade, começaram a perpassar o universo corporativo, evidenciando a emergência de uma racionalidade paralela à anterior, mas que ainda está longe de ser predominante. Aliás, muitos acreditam e postulam que se trata de uma racionalidade incompatível com a economia de mercado.

Se, por um lado, essa "crítica civilizatória" aponta os limites naturais, Milton Santos nos alerta que a natureza, como

> [...] um valor, [...] não é natural no processo histórico [...]. O valor da natureza está relacionado com a escala de valores estabelecida pela sociedade para bens que antes eram chamados naturais. Hoje, quando a economia e a mais-valia se globalizam, a natureza globalizada pelo conhecimento e pelo uso é tão social como o trabalho, o capital, a política [...].

É nesse sentido que ele nos fala também de uma "ecohisteria", onde se atribui um papel desmesurado ao ambiente em detrimento do humano. A preservação é necessária, tem que ser discutida, mas é uma discussão muito mais ampla, pois envolve pensar que os danos à natureza são decorrentes do modelo de civilização que adotamos.

Mas nesse cenário também a lógica do mercado avança e redefine paisagens e territórios; propõe normas e estabelece condutas. Invoca outras lógicas, e nestas se entrecruzam outras racionalidades.

O traço específico da modernidade e das características de suas diversas configurações sociais e econômicas tem a racionalidade como a determinante das atividades que aí se processam e se produzem. A razão contém um potencial produtivo inesgotável, fundada na ciência e na tecnologia. Nas sociedades atuais, as dimensões da vida são impregnadas deste paradigma: a racionalidade instrumental. Tudo passa a ser mensurado, praticado, comprovado, analisado em termos da eficiência, da eficácia, de resultados, de objetivos, da utilidade. Neste mundo, duas vertentes se colocam.

A primeira, na identificação da figura hegemônica da racionalidade que sustenta, hoje, os processos de legitimação e conformação – no qual o tema deste livro se situa ao tratar do turismo, da sustentabilidade e do meio ambiente – é chamada de "racionalidade cínica". É o *ethos* específico do capitalismo de hoje, que tem no consumo as narrativas da justificação, em que a fluidez e a flexibilidade derretem identidades e mascaram ações. Assim, os regimes de racionalização das esferas dos valores das múltiplas dimensões da vida contemporânea começam a realizar-se a partir do cinismo que incorpora essa racionalidade. E que sustenta a diversidade – inclusive ética – que estrutura os posicionamentos, normas, valores e interpretações que fundam as ações sociais e políticas de nosso tempo.

A segunda vertente aparece como um grande paradoxo. A necessidade do conhecimento científico para progredir, contrariando os princípios do modelo de sociedade adotado até então. Novos campos como a biodiversidade e o mapeamento de genomas estruturam outras racionalidades, buscam novos caminhos, criam novas soluções. Nesse sentido, o turismo emerge como tema que marca essas contradições. Surge nesta fronteira – entre o econômico, o social e o ambiente – o conceito de sustentabilidade em suas várias conotações.

Mas a sustentabilidade como um novo paradigma é uma concepção muito ampla, pois leva em conta a relação de todas as atividades econômicas, científicas e tecnológicas com o meio ambiente, em escala planetária. E um meio ambiente que considera o físico-ecológico, mas também o social, o cultural, o político. Daí a proposta deste livro, de tratar da relação entre a sustentabilidade e uma atividade econômica específica – o turismo –, que tem sido visualizada na contemporaneidade como um importante instrumento de desenvolvimento de localidades, regiões, países, em razão da geração de emprego e renda em diversos setores da economia (hotelaria, alimentos, lazer, produção cultural, transportes, dentre outros), mas que acarreta as mesmas potencialidades destrutivas do meio ambiente de outras atividades econômicas (destruição de recursos naturais, poluição ambiental, descaracterização sociocultural). Talvez até mais do que outras, se considerarmos que tudo pode – e deve, em algumas perspectivas – ser consumido como mercadoria, como produtos e serviços, pelo visitante.

A análise desta relação – sustentabilidade e turismo – é que estrutura este livro, buscando capturar esse momento de transição no processo reflexivo sobre essa temática, de construção de um (novo) conceito e de uma (outra) ética, de emergência de uma mentalidade multifacetada, que leva em conta o econômico (a satisfação de necessidades materiais), mas também o ecológico, o filosófico, o político, o cultural, o social, na construção da riqueza dos homens. É por isso que ele não é "equilibrado", harmônico, unidimensional, padronizado, mas engloba ensaios e resultados de pesquisas empíricas, textos mais longos e mais curtos, uns escritos por adeptos das possibilidades de convivência da sustentabilidade com a economia de mercado e outros por proponentes de um (outro) modelo econômico que a incorpore.

E a escolha do turismo como o outro polo dessa relação se deve à sua importância crescente, em especial no Brasil, aliado a um sentimento de urgência e de inquietação. Este é um país com uma imensa potencialidade turística, que apenas recentemente passou a ser considerada como alvo de uma atividade *de massa*. A implementação de grandes projetos turísticos – da Estrada Real, abrangendo 188 municípios em Minas Gerais, Rio de Janeiro e São Paulo, da Serra da Tiririca, no Estado do Rio de Janeiro, o manejo dos parques nacionais, desde o da Foz do Iguaçu até o da Tijuca, para citar apenas alguns – suscita questões imperativas. Que tipo de turismo pode – e deve – ser feito nessas localidades: em grande, média ou pequena escala? Cultural, de negócios, de lazer, ecoturismo, de esportes radicais? Convencional ou solidário? Qual a participação das comunidades locais no planejamento e na implementação dos projetos? E, principalmente, como avaliar e controlar os impactos da atividade turística sobre o meio ambiente e as comunidades locais (suas tradições, seus costumes), cujos atrativos naturais e/ou culturais se constituem em motivos de atração turística, mas se veem ameaçados de destruição pelo fluxo de visitantes?

Contudo, outro sentimento também está presente: a expectativa, e mesmo a esperança, de que ainda seja possível pensar e agir coletivamente no sentido de estimular e promover um turismo sustentável, que suscite o desenvolvimento das localidades pela geração de renda e emprego e, ao mesmo tempo, respeite e preserve o que nelas atrai o visitante. O que frequentemente não se percebe é que o respeito e a preservação implicam uma mudança de mentalidade essencial: o turista visto como consumidor, como cliente apenas, tende a consumir as localidades como mercadorias – paisagens, pessoas, atrativos culturais, etc. Em uma perspectiva de sustentabilidade, ele precisa ser visto – e se ver – como protagonista sociocultural, alguém que age e modifica o local visitado e as pessoas com as quais interage, da mesma forma que se modifica no processo. Trata-se também da compreensão e da preservação do patrimônio cultural, do legado histórico socialmente determinado e preservado pela memória coletiva.

Talvez em decorrência dessa inquietação e dessa esperança este livro se inicie com um texto – "Explorando a contradição: Itabira e a memória poética em Carlos Drummond de Andrade", de Myriam Goulart de Oliveira – que, à primeira vista, parece ter pouco a ver com o turismo, a sustentabilidade e o meio ambiente, a não ser indiretamente, ao falar de Itabira, terra natal de Drummond, situada no roteiro do projeto turístico Estrada Real, que tem visto no poeta ilustre o principal fator de atração para o turismo cultural na cidade, como uma alternativa de desenvolvimento local. Mas a autora não nos fala disso, e sim da forma de se "apropriar" de um lugar, um espaço, uma comunidade: a imaginação, a memória, a afetividade, a condensação de algo que a autora denomina "arte poética", que faz com que de "tudo fique um pouco" (Drummond, "Resíduo"). Esse é o substrato do turista como protagonista sociocultural, e não apenas como consumidor de lugares, de pessoas, de paisagens. Ela nos lembra ainda do paradoxo de uma terra devorada pelas máquinas mineradoras e de um lugar "do coração e da saudade" que produziu poesia e revela histórias. Nesse sentido, esse é um texto emblemático que retrata as contradições que marcam o tema deste livro.

Após essa parte "introdutória" – que inclui a presente apresentação e o texto já mencionado – o livro se estrutura em quatro partes, cada uma aglutinando um conjunto de capítulos em torno do seu tema central.

Na primeira parte – Dimensões teóricas e conceituais – foram agrupados três ensaios. O primeiro, "Turismo, cultura e desenvolvimento na escala humana", de Luzia Coriolano, Cláudia Leitão e Fábio Vasconcelos, explora e analisa as contradições e desafios relativos à sustentabilidade do turismo, em face dos significados tradicionais de desenvolvimento adotados pelas políticas governamentais e sua desconexão com outras políticas. Esses desencontros comprometem a construção do turismo solidário, voltado para o fomento da diversidade cultural e a qualidade de vida das populações visitadas. No segundo texto, "Turismo, produção do espaço, ruralidade e gestão social", Fabiana Almeida aponta a necessidade de novos parâmetros para a intervenção turística em territórios de populações rurais e tradicionais. Preconiza novas estratégias sociais que favoreçam a reconstrução de antigas práticas coletivas, ou a (re)significação de modos territoriais necessárias à conquista de um futuro projetado de forma compartilhada e sustentável, em comunidades que têm sofrido um processo de descaracterização identitária em decorrência de um turismo que não leva em conta a preservação da identidade local. Fecha essa parte do livro o artigo "A 'insustentabilidade' do conceito de desenvolvimento sustentável", em que Cínthia Oliveira questiona incisivamente as possibilidades de um turismo sustentável sob a égide da economia de mercado.

Os três capítulos têm em comum o fato de que são contribuições teórico-conceituais em uma perspectiva crítica, assumindo claramente o desafio de buscar desenvolver e/ou consolidar bases teóricas capazes de sustentar um novo método de turismo – diferente da proposição funcionalista de um turismo de mercado –, que possa também subsidiar o desafio que está posto para os planejadores e técnicos. Ou seja, uma mudança de postura em relação aos projetos turísticos, que os transforme em processos de intervenção social educativa que levem à tomada de consciência coletiva das populações envolvidas quanto aos potenciais humanos e de usos do seu território. Mas, principalmente, que permitam a todos que se interessam pela preservação do meio ambiente e pelo turismo como atividade sustentável o acesso a uma abordagem crítica, múltipla, reflexiva, para além do modo convencional de pensar (e agir) nessa área.

Na segunda parte – Projeto turístico da Estrada Real: possibilidades e limites – foram agrupadas as contribuições que analisam as potencialidades e as contradições, os acertos e os equívocos, que essa grande intervenção turística significa para a vida de 188 municípios de três Estados da região Sudeste brasileira (Minas Gerais, Rio de Janeiro e São Paulo) desde o seu planejamento. Planejamento abordado por Glauco Umbelino, em "Proposta de criação do Plano de Ordenamento Territorial para o desenvolvimento turístico da Estrada Real", que analisa a necessidade de constituição de um Plano de Ordenamento Territorial da Estrada Real (POTER) calcado nas normas do Estatuto das Cidades, mas aplicado na escala regional da Estrada Real, em vez da escala municipal. Propõe que esse plano considere os 188 municípios de forma integrada, consistindo em um modelo de desenvolvimento turístico baseado na história e na geografia de toda a região analisada, priorizando a articulação e o envolvimento das comunidades locais no processo de planejamento, bem como os agentes da sociedade civil relacionados nesse processo.

Os três textos subsequentes são estudos teórico-empíricos da implementação do projeto Estrada Real, levando-se em conta o tamanho das localidades. O de Elvécio Brasil, Henrique Carvalho e Yana Magalhães, "Estrada Real: do abstrato ao concreto – perspectivas locais", faz um balanço sobre o que existe de concreto, após cinco anos, como resultado da implantação do projeto em Itabira/MG, uma cidade de porte médio, e seus distritos. O de Jorge Arndt e Solange Pimenta – "A precária globalização da aldeia: impasses do desenvolvimento pelo turismo em Milho Verde, Alto Jequitinhonha, Minas Gerais" – considera os impactos da crescente racionalização técnica capitalista da sociedade, via atividade turística, sobre essa pequena comunidade tradicional, discutindo a importância da cidadania e da participação como condições para a consecução de uma efetiva proposta de desenvolvimento local. O capítulo seguinte – "Desenvolvimento por meio do (micro)turismo: um estudo no povoado de Serra dos Alves - Itabira/MG" – de Daysa Oliveira, Sílvia Dias e Luciana Dias, volta-se para a análise dos impactos do turismo sobre uma comunidade minúscula, com apenas 200 habitantes, e assoberbada pelo aumento do fluxo de turistas, em decorrência do projeto. Encerrando essa parte do livro, encontra-se a contribuição de Ralfo Matos – "Dinâmica demográfica, sustentabilidade e turismo no Vale do Jequitinhonha" – cuja inclusão se justifica pelo fato de grande parte do Vale ser abrangida pelo projeto Estrada Real. Nesse sentido, é importante considerar a superposição que, de certa forma, se dá entre as dificuldades atuais de implantação do turismo e as condições específicas de uma das regiões mais pobres e complexas do País, que abarca desde Diamantina, com sua excepcional riqueza histórico-cultural, até alguns povoados realmente miseráveis.

A terceira parte – Projetos turísticos de áreas de preservação – focaliza as possibilidades e as limitações existentes nos projetos turísticos voltados para áreas não-urbanas, ao contrário do projeto da Estrada Real. O primeiro capítulo – "A sustentabilidade econômica e a preservação ambiental: as (im)possibilidades dos parques nacionais brasileiros" –, de Mariana Pimenta e Lucas Cezar, faz um balanço da situação dos parques nacionais, dos planos de manejo que têm sido implementados e das potencialidades (e dificuldades) do ecoturismo nessas áreas, concluindo que a análise dos parques nacionais evidencia a pouca importância por parte do poder executivo ao desenvolvimento dessa atividade quando da criação desses parques, o que compromete o avanço socioeconômico das comunidades que sofrem diretamente os efeitos da criação dessas unidades de conservação. O outro capítulo, "Caminho Darwin: breves considerações sobre o fomento da atividade turística como mecanismo de incremento da visibilidade do Parque Estadual da Serra da Tiririca (RJ)", de Evandro Sathler e Lucia Mendonça, aborda um projeto em uma área de preservação encravada em uma das regiões mais densamente povoadas do País, indicando e detalhando as iniciativas favoráveis ao turismo sustentável em uma área que ainda conserva resquícios da Mata Atlântica que precisam ser preservados.

A quarta e última parte do livro – Turismo e sustentabilidade: perspectivas empresariais – agrupa três contribuições. A primeira, de Vera Lúcia Provinciali e Luiz Alex Saraiva, "O uso da zona costeira de Aracaju é sustentável? Olhares de empresários e frequentadores do setor de alimentos e bebidas", apoia-se em um estudo empírico realizado com empresários e frequentadores de empreendimentos do setor de alimentos e bebidas da zona costeira de Aracaju. Tem o objetivo principal de analisar a percepção desses dois públicos sobre a exploração sustentável do turismo na região, de maneira a oferecer um *background* para caracterizar as atividades de respeito e proteção ambientais existentes (ou não) como parte da identificação da exploração sustentada do meio ambiente de forma a atender às necessidades do cliente. O segundo capítulo, de Rozália Soares-Baptista, "Em busca da sustentabilidade: desafios e limites para a comunicação empresarial", analisa, sob o ponto de vista da comunicação, como o debate sobre sustentabilidade tem sido incorporado ao discurso de organizações privadas que operam em territórios onde sua presença é questionada ou mal aceita e como lidar com a situação. O texto seguinte, de Adriane Vieira, Gilberto Pereira, Ivanete Vargas e Frederico Serrano, "Desenvolvimento de competências para um turismo sustentável: o setor hoteleiro de Belo Horizonte em análise", focaliza uma questão fundamental: a necessidade de formação profissional dos agentes envolvidos com a atividade turística, que implica o desenvolvimento de competências múltiplas e complexas. Esse estudo evidencia a defasagem entre as necessidades de capacitação dos trabalhadores de um dos setores envolvidos e a percepção dos gestores de empreendimentos hoteleiros.

Cumpre ressaltar a satisfação que a organização deste livro suscitou, desde as suas origens nas pesquisas desenvolvidas no âmbito do Grupo de Pesquisas sobre Gestão, Trabalho e Sociedade (GESTRAS) até as descobertas e os voos de imaginação que se originaram em tão diversas e instigantes contribuições, de recantos tão diferentes do Brasil (Minas Gerais, Ceará, Rio Grande do Norte, Rio de Janeiro e Sergipe), focalizando projetos e experiências turísticas as mais diversas – dos espaços urbanos às áreas de preservação –, e todas refletindo a mesma mescla de urgência, de inquietação e de expectativa/esperança de associar o turismo à sustentabilidade e à proteção do meio ambiente. É um ponto de partida, pois essa história apenas começa.

Explorando a contradição: Itabira e a poética de Carlos Drummond de Andrade[1]

Myriam Goulart de Oliveira

Se de tudo fica um pouco,
mas por que não ficaria
um pouco de mim?

(RESÍDUO)

A obra memorialística de Carlos Drummond de Andrade se assenta no binômio família/terra natal. A circulação do poeta por esse tempo e esse espaço demarcados se dá ora por conflito, ora por comunhão, e o que vem à tona são fragmentos do não esquecido ou do reinventado.

Interessa-nos a indagação do poeta acerca do que restou – resíduo, resumo, resgate –, que percorre toda a sua obra. Se de tudo fica um pouco, o que ficou do vivido: do homem, da família, da cidade? Se o tempo é inexorável, o que torna eterno o instante vivido?

A poesia – é a resposta do poeta. A linguagem poética, a despeito da ação corrosiva do tempo, recupera o menino antigo, restabelece o clã e devolve o poeta à terra natal: Itabira.

Sua memória poética transcende o círculo pessoal, ultrapassa os limites de um tempo e de um espaço, amplia o olhar sobre a existência humana e torna-se universal.

Uma vida

Carlos Drummond de Andrade nasce em Itabira do Mato Dentro, no Estado de Minas Gerais, em 1902. As primeiras leituras do menino Carlito são as revistas *Tico Tico* e *Careta* e a coleção *Biblioteca Nacional de Obras Célebres*.

Na década de 1920, em Belo Horizonte, o jovem Carlos Drummond inicia sua vida literária em jornais da capital, ao lado dos amigos Pedro Nava, Emílio Moura e Cyro dos Anjos, influenciado pela caravana modernista que visita Minas Gerais. Publica seu primeiro livro, *Alguma poesia*, em 1930, como uma declaração de princípios: "ser *gauche* na vida". Mas a cidade não é moderna o bastante para retê-lo, e o poeta-burocrata muda-se para o Rio de Janeiro, em 1934.

Como chefe de gabinete do ministro da Educação, Drummond vive na capital federal, onde acompanha a agitação política e cultural do País. Nele coexistem o funcionário e o intelectual com uma profunda consciência de seu tempo. É o poeta do "sentimento do mundo" e da "procura da poesia", autor dos poemas brasileiros mais significativos desse período conturbado da história mundial.

Em 1945, deixa o Ministério e tem uma atuação política curta e, segundo o próprio poeta, decepcionante, como simpatizante efetivo e atuante do Partido Comunista. Inicia nessa época o seu minucioso e reconhecido trabalho na seção de História da Diretoria de Patrimônio Histórico e Artístico Nacional, ao lado de sua luta pela classe dos escritores.

Desencantado, volta-se para a poesia existencial, em busca da compreensão de sua herança familiar e do enigma humano.

Considera-se um jornalista descrente da política; sua crônica, ao fazer uma análise humana e sensível da realidade, contribui para inscrever esse gênero na literatura brasileira.

No final da década de 1960 – na tensão da ditadura – o poeta começa a escrever a trilogia de *Boitempo*, na qual empreende a busca do tempo perdido proustiano. O sentimento de preservação da memória também o leva a sonhar com a criação de um "museu vivo que preserve a tradição escrita brasileira" (Vasconcelos, 2002, p. 4).

O Drummond setuagenário se rende às entrevistas e deixa depoimentos importantes em cartas a familiares e jornalistas. Retoma o caminho de Itabira pelas mãos dos jovens "irreverentes" do jornal *O Cometa Itabirano*.

Na década de 1980, despede-se da publicação semanal de crônicas e organiza livros para serem publicados após sua morte, entre eles *O amor natural*, com poemas eróticos.

Está assim traçado, em linhas gerais, o perfil do homem que saiu da província mineira e se tornou o precursor da lírica brasileira contemporânea.

Uma história de clã

Segundo Silviano Santiago (1990, p. 4), a escrita autobiográfica e memorialista percorre todos os livros de Carlos Drummond de Andrade. Entretanto, há duas dicções distintas em seu discurso poético nitidamente confessional.

Numa primeira fase, que iria do primeiro livro de poemas Alguma poesia até a 1968, ano em que publica Boitempo, os poemas sobre a família são longos, escritos em tom grandiloqüente, beirando o estilo épico, e podem até incorporar antigos documentos de antepassados que guardam velhos nomes e ortografia arcaica, como é o caso de "Os bens e o sangue". Numa segunda fase, que vai de 1968 até os derradeiros poemas colecionados em livro, o tom é quase o oposto. Os poemas são curtos, curtíssimos muitas vezes, outras vezes têm a aparência de meras anotações passageiras. A frase é pobre, o vocabulário restrito e são como sussurros líricos e infantis, ditos por alguém que, por ter palmilhado muitos e variados caminhos, chega contraditoriamente à conclusão de que a simplicidade é a maior virtude.

As diferentes posturas do poeta diante da própria vida explicam essas dicções poéticas. A rebeldia inicial e a luta contra os valores patriarcais mostram-se em poemas marcados pela ambiguidade. Nos anos sombrios da ditadura Vargas e da Segunda Guerra Mundial, o poeta quer lutar com palavras, cantar o tempo presente:

Não serei o poeta de um mundo caduco.
Também não cantarei o mundo futuro.
Estou preso à vida e olho meus companheiros.
(Mãos dadas)

Sua atitude de insubordinação prenuncia o *gauche*, que renega os bens e o sangue do clã:

Os parentes que eu tenho não circulam em mim.
Meu sangue é dos que não negociaram, minha alma é dos pretos,
minha carne, dos palhaços, minha fome, das nuvens,
e não tenho outro amor a não ser o dos doidos.
(Os bens e o sangue)

Sente-se dividido entre a negação, expressa na paródia "Oh, que saudades não tenho de minha casa paterna"(Edifício Esplendor – III) e a tentativa frustrada de comunicação com a família:

No país dos Andrades, secreto latifúndio,
a tudo pergunto e invoco; mas o escuro soprou; e ninguém me secunda.
(No país dos Andrades)

O poeta renuncia às utopias universais, em favor da retomada de suas raízes; volta-se para a paisagem de Itabira do Mato Dentro e para o clã familiar, sobretudo por meio da figura do pai, sintetizada na ceia imaginada em homenagem ao patriarca:

Estais acima de nós,
acima deste jantar
para o qual vos convocamos
por muito – enfim – vos querermos
e, amando, nos iludirmos
junto da mesa
vazia.
(A mesa)

Ele se transporta para o passado em busca de sua família – "amar depois de perder" –, em uma viagem imaginária e compreende que só pela evocação poderá recuperar a figura do pai, perdido no tempo e no silêncio:

No deserto de Itabira
a sombra de meu pai
tomou-me pela mão.
Tanto tempo perdido.
[...]
Senti que me perdoava
porém nada dizia.
(Viagem na família)

Vencidos os sentimentos contraditórios (negar a herança familiar ou reconciliar-se com os antepassados?), prevalece a ideia de família como união espiritual superior, que determina a aceitação dos valores do clã:

Já não distingo os que se foram
dos que restaram. Percebo apenas
a estranha idéia de família

viajando através da carne.
(Convívio)

No tempo além do tempo, resta a essência, o clã continua a existir pela linguagem poética de Drummond.

Nos poemas de *Boitempo*, a integração poeta/família se dá sob uma perspectiva peculiar. Aqui não há conflito entre tempo e espaço, passado e presente, pois a memória presentifica o passado. O poeta é outra vez menino.

Boitempo restabelece o tempo presente da família, centralizado na figura do pai – senhor da terra, patriarca – em contraste com a ternura da mãe:

O Pai se escreve sempre com P grande [...]
E Mãe, com M grande.
O Pai é imenso. A Mãe, pouco menor.

Com ela, sim, me entendo bem melhor.
(Distinção)

Há uma consciência atávica do poeta, que se manifesta também em sua "essência rupestre" e em sua forma de ser "de braúna":

Os pais primos-irmãos
avós dando-se as mãos
os mesmos bisavós
[...]
o mesmo instinto, o mesmo
fero exigente amor.
(Raiz)

O resgate da infância – "Com volúpia voltei a ser menino"(Intimação) –, pela memória sensorial – "Guardo na boca os sabores / da gabiroba e do jambo"(Antologia) – é impregnado de lirismo e nostalgia.

O menino vive em comunhão com a natureza, que ele perderá na vida adulta, como "fazendeiro do ar":

Entardece na roça
de modo diferente.
[...]
No gado é que dormimos
e nele que acordamos.
Amanhece na roça
de modo diferente.
(Boitempo)

Os valores superiores da tradição estão tão marcados que o menino tem dificuldade em deixar a casa paterna para estudar na capital; preferiria continuar submisso, como simples objeto:

Agora me retalha
o canivete desta descoberta:
eu não quero ser eu, prefiro continuar
objeto de família.
(Fim da casa paterna)

A casa determina a força do clã sobre os poderes locais, até o da serra que (ainda) envolve a cidade:

Há de dar para a Câmara,
de poder a poder.
No flanco, a Matriz,
de poder a poder.

Ter vista para a serra,
de poder a poder.
Sacadas e sacadas
comandando a paisagem.
(Casa)

O poeta, pelo olhar *boitempo*, rumina, remói as lembranças. Por elas passam os irmãos, Siá Maria, Cafas-leão, os fantasmas dos antepassados, o cometa, o brinquedo de pedrinhas, os selos, as leituras e o primeiro jornal.

O que resta do vivido está guardado na memória do menino-poeta:

Agora coleciono cacos de louça
[...]
Guardo uma fortuna em rosinhas estilhaçadas.
(Coleção de cacos)

Os fragmentos da memória, reunidos ao reiventado – "esquecer para lembrar" –, vão compor sua linguagem poética:

Esquecer: outra forma de lembrar.

É lembrar no segredo de mim mesmo
e tanto aprimorar essa lembrança
que ela viva sem mim, fluida, no ar.
(ANDRADE, 1985b, p.184)

Uma cidade, esta

A escrita memorialística de Drummond permite-nos compor a história de sua terra natal, profundamente entrelaçada à história de sua família. Essa viagem ao passado – entre o imaginado e o real – resgata a província, inserida no Mato Dentro de Minas Gerais. Minas, que "é dentro e fundo"(A palavra Minas).

Pelos traços e fragmentos do vivido, somos levados a uma época de transição de valores patriarcais e econômicos. A casa nos revela o tempo histórico:

Há de ser por fora
azul 1911.
Do contrário não é casa.
(Casa)

Percorremos com o poeta os arredores – a fazenda:"O eco, no caminho / entre a cidade e a fazenda, / é no fundo de mim que me responde"(O eco); o rio: "descobrir tesouro, bichos nunca vistos, / quem sabe se um feiticeiro, um ermitão, / a ondina ruiva do Rio do Tanque. / Igual aos índios. Igual a mim mesmo, quando sonho"(Flora mágica); a lapa:

> Os desenhos da Lapa, tão antigos
> que nenhum bisavô os viu traçar,
> esses riscos na pedra, indecifráveis,
> palavras sem palavra.
> (Inscrições rupestres no carmo)

Indagamos pelo coqueiro do Batistinha, mas só o encontramos na crônica de Drummond, reinventado pelo jogo da evocação:

> Um itabirano que há 50 anos não revia a cidade natal, deixada aos 15, voltou lá e ficou triste; e ficando triste, imprimiu um boletim de que me mandaram um exemplar. Queixa-se, entre outros males, de que acabaram com as árvores, notadamente o 'encantador e quase secular coqueiro do saudoso Batistinha'. Fecho os olhos e revejo o coqueiro; junto ao tronco rugoso, lá vem a imagem do Batistinha, com o bando de gente, fatos e sensações daquele tempo; e sinto – o que é normal nesse jogo da evocação – que, destruídas lá fora, as coisas se vão recompondo cá dentro, até que, com a nossa morte, se acabem de vez esses coqueiros internos, dos quais só um ou outro sobrevive guardado em página literária ou alusão história.
> (Arpoador. Em: ANDRADE, 1985b, p. 30)

E não enxergamos a serra, que "a cada volta de caminho aponta uma forma de ser, em ferro, eterna" – o pico do Cauê:

> Chego à sacada e vejo a minha serra
> a serra de meu pai e meu avô,
> de todos os Andrades que passaram
> e passarão, a serra que não passa.
> [...]
> Esta manhã acordo
> e não a encontro.
> (A montanha pulverizada)

Passamos por fábricas de vinho, tecidos e sonho (Tantas fábricas), vemos na Vila de utopia o ciclo do ouro: "a primeira Itabira, a Itabira do ouro", a segunda Itabira, que se prepara: "Tanta riqueza em potencial vem sendo, talvez, um grande mal para a Vila de Utopia" e o questionamento do poeta, no início da década de 1940: "Haverá uma terceira e diversa Itabira? (Vila de utopia. Em: ANDRADE, 1944, p. 143-144).

> Cada um de nós tem seu pedaço no pico do Cauê.
> Na cidade toda de ferro
> as ferraduras batem como sinos.

Os meninos seguem para a escola.
Os homens olham para o chão.
Os ingleses compram a mina.
Só, na porta da venda, Tutu Caramujo cisma na derrota incomparável.
(Lanterna mágica – IV/Itabira)

Também os "urubus no telhado" profetizam:

... e secado o ouro escorrerá ferro, e secos morros de ferro
taparão o vale sinistro onde não mais haverá privilégios.
(Os bens e o sangue)

Drummond não deixou de acompanhar a derrota incomparável anunciada por Tutu Caramujo – a destruição inexorável do pico do Cauê ("era todo ferro, supunha-se eterno") (15 de Novembro) – que simboliza o aniquilamento da cidade/terra natal. Um dos exemplos de manifestação do poeta está na crônica publicada na década de 1980:

Porque Itabira ficou sem a sua paisagem histórica, a sua cultura, os seus hábitos simples, a sua fisionomia moral e material, o seu modo de ser. E nesses quase quarenta anos, que é que se fez para compensar essas perdas com a implantação de uma infra-estrutura de serviços e bens, e ainda com alguma coisa mais do que isto, a essa coisa que torna perenes as cidades: a silenciosa e poderosa ação cultural das bibliotecas, dos centros de pesquisa, dos institutos de arte, das oficinas de criação em todos os níveis? (ANDRADE, 1980).

O poeta tenta resgatar o passado, salvando-o do esquecimento, pois sabe que tudo converge para a morte e a destruição. O que restou é celebrado, como a sensação proustiana de beber a água ainda fresca:

Já terei deixado perceber que as cidades me interessam antes por certas características profundas do que pela sua evidência econômica, histórica, social, jornalística. E no caso particular da terra onde nasceu o escriba, pede ele vênia para amar sobretudo o invisível, o esvoaçante, o esquivo. Nossa infância, em geral, constitui-se de bem mofinos episódios, que só para nós se identificam com a mais louca fantasia; há, é certo, um meio de transmitir essa herança personalíssima: a via poética. [...] A estrada para o pico do Cauê, por onde desfilam caminhões, abriu um sulco vermelho entre as folhas. A água que escorria trêfega e ia formar um delicioso banheiro de meninos está agora cativa de um rego de cimento; mas sua frescura, afirmo-o convicto, e meu irmão José, igualmente nostálgico e forasteiro, o afirma também, é a mesma de 1924, de 1914, pois que, sorvida sobre a relva, operou em nós aquele brusco sortilégio da memória sensorial, que um romancista descobriu no fundo de uma xícara de chá e de um bolo de madalena. (Antigo. Em: ANDRADE, 1952, p. 19-20)

Como visto no trecho acima, é o passado invisível que traz sempre Drummond de volta a Itabira, um sentimento de pertencimento, de se saber itabirano:

> [...] não preciso rever Itabira para estar em Itabira. Nela estou desde que nasci. É meu clima, limite e medula. Ainda que quisesse, não saberia arquivá-la. Cidade de zona de mine,ração, com seus vales de história e sombra, sua psicologia, seu mistério renitente à luz do sol, acompanha a gente por toda a vida. (Setuagenário. Em: ANDRADE, ca. 1972)

A ligação espiritual do poeta está ampliada em Minas Gerais, também terra natal, a quem invoca quando se sente exilado:

> Espírito de Minas, me visita,
> e sobre a confusão desta cidade,
> onde voz e buzina se confundem,
> lança teu claro raio ordenador.
> Conserva em mim ao menos a metade
> do que fui de nascença e a vida esgarça...
> (Prece de mineiro no Rio)

A viagem pela memória - sensível resgate da terra natal - está sintetizada na série de poemas "Imagem, terra, memória". Não mais o "intolerável" álbum de fotografias dos antepassados (Os mortos de sobrecasaca), não mais o "rude Cauê, a TNT aplainado" (Canto mineral), apenas o lirismo intenso da reunião de registros fotográficos do início do século XX, de Brás Martins da Costa, com textos poéticos de Drummond:

> Só agora reparo:
> Vai-me guiando Brás Martins da Costa,
> Sutil latinista, fotógrafo amador,
> Repórter certeiro,
> Preservador da vida em movimento.
> Vai-me levando ao patamar das casas,
> Ao varandão das fazendas,
> Ao ínvio das ladeiras, à presença
> Patriarcal de Seu Antônio Camilo,
> À ronha política de Seu Zé Batista,
> Ao semblante nobre do Dr. Ciriry,
> Às invenções de Chico Zuzuna,
> Aos garotos descalços de chapéu,
> A todo o aéreo panorama
> Da serra e vale e passado e sigilo
> Que pousa, intato, no retrato.

A fotoviagem continua
Ontem-sempre, mato adentro.
Imagem, vida última dos seres.
(Costa, ca., 1990, p. 97)

Mas o que resta?

Encontramos a resposta no poema "Os bens e o sangue": resta a arte poética, "riqueza só, abstrata e una", como forma de resgatar o que o tempo inexoravelmente destruirá.

A crença na atividade criadora como repúdio à dissolução faz com que a poética de Drummond se projete em direção ao futuro: "Ó vida futura, nós te criaremos" (Mundo grande).

Gilda Salem Szklo (1990, p. 424-430) nos dá a explicação da universalidade da obra de Carlos Drummond de Andrade. Suas reminiscências são fragmentos de uma memória ao mesmo tempo individual e coletiva, de uma tradição, de uma cultura, de um tempo abolido.

> Esse tempo de Drummond se organiza numa relação indissociável e particular com o tempo histórico. [...] O círculo pessoal é transcendido, a história de uma família se torna história dos outros e da sociedade, constituindo-se assim um texto particular, e ao mesmo tempo, exemplar. Drummond é o poeta e o filósofo. A dimensão humana, filosófica nos seus versos transcende a condição da história. Seus poemas exprimem visões de mundo. Inserem-se na história da cultura. São uma indagação sobre a condição humana, reflexões sobre o sentido da vida, sobre a natureza do conhecimento, sobre a origem dos valores e sobre a transcendência.

O poeta cansou de ser moderno, agora é eterno. Uma vez mais, buscamos em sua palavra poética a resposta à nossa indagação. Poeta não há mais, clã não há mais, e não há mais terra natal: há a transcendência da poesia, a circulação da poesia sem poeta. O poema-declaração que Drummond dedicou ao amigo Manuel Bandeira transforma-se em Declaração a Carlos:

> Teu verso límpido, liberto
> de todo sentimento falso;
> teu verso em que Amor, soluçante,
> se retesa e contempla a morte
> com a mesma forte lucidez
> de quem soube enfrentar a vida;
> teu verso em que deslizam sombras

que de fantasmas se tornaram
nossas amigas sorridentes,
teu seco, amargo, delicioso
verso de alumbramentos sábios
e nostalgias abissais,
hoje é nossa comum riqueza,
nosso pasto de sonho e cisma:
ele não te pertence mais.

(Declaração a Manuel)

Nota

[1] Os poemas citados neste capítulo, exceto "O observador no escritório", reportam-se a *Poesia completa* (2002).

Referências

ANDRADE, C. D. *Confissões de Minas*. Rio de Janeiro: Americ-Edit., 1944.

ANDRADE, C. D. *Estado de Minas*, Belo Horizonte, [*ca.* 1972].

ANDRADE, C. D. *Estado de Minas*, Belo Horizonte, 24 abril 1980.

ANDRADE, C. D. *Fala, amendoeira*. 9. ed. Rio de Janeiro: Record, 1985a.

ANDRADE, C. D. *O observador no escritório*. Rio de Janeiro: Record, 1985b.

ANDRADE, C. D. *Passeios na ilha*. 2. ed. Rio de Janeiro: José Olympio, 1952.

ANDRADE, C. D. *Poesia completa*. Rio de Janeiro: Nova Aguilar, 2002.

COSTA, B. M. *No tempo do Mato Dentro*. Belo Horizonte: Fundação João Pinheiro/Centro de Estudos Culturais, [*ca.* 1990].

SANTIAGO, S. Discurso memorialista de Drummond faz a síntese entre confissão e ficção. *Folha de S. Paulo*, São Paulo, 7 abr. 1990. Caderno Letras.

SZKLO, G. S. Vida e memória: Drummond. In: CONGRESSO ABRALIC – LITERATURA E MEMÓRIA CULTURAL, 2, 1990. *Anais...* Belo Horizonte, Abralic, 8, v. 2, 10 ago. 1990. 3 v.

VASCONCELOS, E. *O Arquivo-Museu de Literatura Brasileira. Um sonho drummondiano*. Rio de Janeiro: Casa de Rui Barbosa, 2002.

PRIMEIRA PARTE
DIMENSÕES TEÓRICAS E CONCEITUAIS

Turismo, cultura e desenvolvimento na escala humana

Luzia Neide M. T. Coriolano
Cláudia S. Leitão
Fábio. P. Vasconcelos

O turismo é um campo de estudo afeito a tensões e antinomias. De um lado, é considerado um dos fatores de aceleração do desenvolvimento moderno e, de outro, da intensificação das redes de relações sociais no planeta, características do novo século. As imagens do turismo consolidadas ao longo do século XX produziram signos e símbolos impregnados de significados simultaneamente criativos e destrutivos. Ao mesmo tempo que a atividade turística simboliza o uso e a apropriação (muitas vezes inadequada) de ambientes naturais e culturais, transfigurando-os em espaços de lazer e consumo, concentração de riqueza, especulação, segregação de espaços, degradação de ambientes, destruição de expressões culturais, exploração de trabalhadores, também simboliza o empreendedorismo, a conquista, a descoberta e o sonho de muitas pessoas.

A contradição é especialmente valiosa quando refletimos sobre a (in)sustentabilidade do fenômeno turístico nas sociedades contemporâneas. Tal reflexão torna-se gradativamente mais oportuna no contexto em que a atividade turística vem ampliando significados e éticas, ou seja, vem se libertando da imagem meramente econômica, passando a adquirir novas dimensões e transversalidades. Embora ainda de forma tímida e incipiente, é possível observar-se recente tendência de diálogo entre as políticas públicas para o turismo, especialmente com os campos ambiental e cultural. Tais observações propõem indagações para a nossa reflexão neste artigo: é possível definir indicadores de sustentabilidade para o fenômeno turístico? A atividade turística pode simbolizar nova compreensão de indústria, capaz de construir relações mais "ecológicas" entre os empreendimentos turísticos e o patrimônio cultural e natural em que estão inseridos? A reflexão sobre a atividade turística pode fazer rever os modelos mentais modernos e ampliar nosso repertório de imagens e símbolos, capazes de fazer perceber, de forma transversal, o fenômeno do turismo como criação de sociabilidades, atividade econômica, assim como repertório de imagens das sociedades?

Responder a essas indagações implica a compreensão de novas dimensões da atividade turística no século XXI. Os estudos acerca do "pensamento complexo" de Edgard Morin (2003), assim como das "estruturas antropológicas do imaginário" de Gilbert Durand (2002), poderão servir de referencial epistemológico para penetração no campo do turismo, mediante as perguntas anteriormente elaboradas. Ao refletir sobre o percurso das ciências até o século XX, Morin constata uma primeira grande distinção entre a cultura geral e a cultura técnica e científica. Enquanto a primeira é ampla e abraça tanto informações quanto ideias, a segunda compartimenta o conhecimento, tornando difícil sua contextualização. Utilizando-se de metodologia reducionista para conhecer (simbolizada pelo método lógico dedutivo, que parte do todo para o conhecimento das partes que o compõem, e pela obsessão determinista pelas leis gerais em que se ocultam o acaso, o novo e as exceções), o pensamento científico moderno empobreceu o mundo, retirou o objeto pesquisado do seu contexto, rejeitando conexões entre ele e seu ambiente.

As Ciências Sociais percorreram o mesmo caminho, pois reduziram sua atuação ao calculável e formulável, abstraindo os objetos de pesquisa dos contextos sociais, históricos, políticos, culturais e ecológicos nos quais foram gerados. Por isso, a Economia, entre as Ciências Sociais, por ser matematicamente a mais avançada, é, na perspectiva humana, a mais atrasada das Ciências. De forma analógica, também estamos atrasados relativamente aos estudos da disciplina do turismo, fatalmente "atropelados pelos movimentos desarmônicos do planeta, frustrados com o caráter aleatório do mundo" (MORIN, 2003, p. 69-70).

Por outro lado, a sociologia do imaginário de Durand convida a criar conexões entre as sociedades do espetáculo, sociedades da proliferação das imagens, do crescimento das indústrias criativas, e o fenômeno da transfiguração do turismo ao longo das últimas décadas. Pelas imagens do turismo, podemos observar tendências sociais, esboçar traços do "espírito do tempo", neste início de século, do retorno aos mitos, às artes, ao espetáculo, aos afetos, ao nomadismo das sociedades. Ora, não é exatamente com esse repertório do *Homo sapiens* que o turismo trabalha? Não carregaríamos, como afirma

Jung, imagens universais do nosso inconsciente coletivo, que definem nossas reações e empatias nos lugares visitados? Enfim, uma viagem turística não é menos o consumo de produtos e serviços, mas uma espécie de "trajeto antropológico" em que revisitamos nós mesmos pelas narrativas, símbolos e ícones construídos pelo "outro"?

Se a modernidade tem como grande símbolo a razão, a análise, a decomposição dos fenômenos para explicá-los, as sociedades contemporâneas, pelo contrário, vêm, pela imaginação, reinventar e reencantar o mundo, ou melhor, buscando abraçá-lo (origem etimológica do verbo compreender), tomá-lo por todos os lados, de forma a percebê-lo não somente pelas ciências, mas por outros caminhos: pelos afetos, sentidos, mitos, memória e imagens.

Um caminho metodológico

Os estudos e as pesquisas do fenômeno turístico seguem a herança aristotélica da modernidade, ou seja, do pensamento bipolar não-complexo, habituado à mera análise "causa x efeito" dos fatos sociais, sem buscar-lhes maior conexão e aprofundamento com outros campos do conhecimento. Se os novos tempos assentam-se sobre a multiplicidade e superposição de discursos que indicam a fusão e a (con)fusão entre antigas contradições (existência e intelecto, corpo e espírito, arte e vida, conquistas científicas e renascimento de guerras etnocêntricas e religiosas), vale avaliar em que medida os estudos turísticos foram submetidos, ao longo do século XX, às mesmas mazelas sofridas pelas Ciências Sociais. Mediante métodos ora quantitativos – fruto de visões positivistas, ora empíricos – produto de visões fenomenológicas, parte significativa dos estudos turísticos também simbolizam a dicotomia do pensamento moderno diante dos dilemas entre explicação x compreensão do mundo.

É evidente que não subestimamos, nas sociedades mundializadas, as velhas contradições suscitadas pelas tradicionais relações capital-trabalho, tão presentes no século XX. Nesse contexto, o turismo, como área de conhecimento acadêmico e atividade econômica, se desenvolve, contribuindo para a proliferação de desequilíbrios socioespaciais de toda sorte. No plano das relações trabalhistas, observamos, na atividade turística, acentuada exploração do mercado de trabalho, pela elevada porcentagem de trabalhadores em meio período; grande porcentagem de trabalhadores temporários e ocasionais; intensa presença de mulheres com contratos de meio período, especialmente em hotelaria e restaurantes; escasso número de mulheres em cargos de maior responsabilidade presença de trabalhadores estrangeiros ocupando cargos de maiores responsabilidades nos países em desenvolvimento, em detrimento dos profissionais locais; pouca qualificação dos prestadores de serviços na hotelaria e em alimentos e bebidas; menores níveis de salários em relação a outros setores; maior exploração do trabalhador na jornada de trabalho; poucos trabalhadores sindicalizados e com algumas atividades com curto ciclo de vida. No plano geográfico, observamos impactos relativos às transformações do território, assim como repercussões socioantropológicas para as comunidades e sociedades. Nos países periféricos, o turismo produz "ilhas de prosperidade" em conflito com espaços marginais, fazendo emergir contradições, as mais diversas, especialmente de ordem social, cultural e econômica.

As consequências do reducionismo são desastrosas para a atividade turística nas perspectivas pública e privada. No espaço público, é o turismo como mero "negócio" reduzindo políticas públicas em meras ações de marketing. No espaço privado, a cadeia produtiva do turismo é estruturada nas mesmas bases das economias dos setores primário e secundário. Dessa forma, os projetos públicos e privados para o setor turístico constroem-se pelos mesmos modelos mentais e mesmas bases semânticas fundadas na imagem do "turismo/mercadoria", o que também ocorre nos discursos políticos, jurídicos, econômicos e até ambientais relativos às questões de sustentabilidade. Marcados pela vagueza e ambiguidade, os mesmos serão particularmente omissos, mostrando-se incapazes de normatizar e institucionalizar o campo turístico.

O crescimento da economia do turismo impacta diversos setores da economia, especialmente o imobiliário, simbolizado pela construção de megaempreendimentos hoteleiros e equipamentos de lazer que, por sua vez provocam danos ambientais, além do que contribuem, como já afirmamos, para concentrar riqueza, causando disfunções e esgarçamentos do tecido social. Reações a esse quadro, no entanto, começam a acontecer pelos mais diversos movimentos sociais, os que clamam por garantias jurídicas que definam critérios de responsabilidade social para esses empreendimentos. As forças sociais se estruturam em reação ao próprio modo de produção capitalista, que vive de crises periódicas, pois as mesmas condições que proporcionam o crescimento do produto e da riqueza, do trabalho e do lazer, desencadeiam momentos de autodestruição, no movimento permanente de sustentabilidades e insustentabilidades. A imagem do mercado passa a simbolizar, gradativamente, espaço de instabilidades, uma espécie de "tabuleiro de xadrez", cujos vencedores e perdedores são indefinidos, circunstanciais e imprevisíveis.

As reações às atividades no campo turístico originam estudos e pesquisas que elaboram novos discursos, por meio de novas imagens e de novas representações simbólicas a eles agregadas. As mais significativas, nas últimas décadas, se referem às conexões entre turismo e ambiente. Esse relacionamento se traduz no crescimento da legislação sobre o direito ambiental, assim como no surgimento de relatórios capazes de salvaguardar contra os impactos negativos do turismo, tão comuns nas práticas do "segmento de massas", marcado pelo caráter predatório, relativo ao trato irresponsável, com a natureza e a cultura.

Por uma ampliação dos significados do turismo

A atividade do turismo vem sendo historicamente associada aos modos de produção do trabalho industrial, comercial e financeiro, nos diversos mercados internacionais. Dentro dos paradigmas modernos, o turismo transfigurou-se e fragmentou-se, indo de lazer para as elites até tornar-se atividade massificada. Foi transformado em mercadoria barata, invenção da sociedade de consumo, transfigurou-se, revelando, pelos significados e pelos dilemas, a complexidade das sociedades contemporâneas.

Como produto moderno, o turismo sofreu da mesma "anemia semântica" do chamado "individualismo possessivo". Finda a fortaleza do "eu", nas últimas décadas do século XX, surgem incertezas de ordens diversas. Ora, como conhecimento que almeja o *status* de ciência, o turismo também exemplifica os discursos monoteístas promovidos pelo racionalismo moderno. Suas bases e fundamentos alimentam-se, desde origens, do campo moral do "dever-ser", ou seja, são discursos que objetivavam construir uma sociedade com "s" maiúsculo, assegurando-lhe padrões normativos, regras de conduta, códigos fixos de ser e estar no mundo. Grande parte desses discursos foi se desmoralizando (referimo-nos ao sentido etimológico da expressão, ou seja, os discursos foram abandonando o campo da moral, por não serem capazes de prever, categorizar, normatizar ou sancionar a imensa diversidade dos comportamentos sociais). A desmoralização dos discursos sociais, políticos e jurídicos é perceptível por todos nós a olho nu, tornando-se espetáculos histriônicos a que assistimos diariamente pela televisão, lemos nos jornais ou acessamos pela internet. O desencanto diante das grandes narrativas "explicadoras" do mundo é um sintoma sobre o qual devemos refletir. Nossa herança iluminista encontra-se em grande encruzilhada; necessitamos construir nossos modelos mentais, rever dogmas e convicções, e por que não fazê-lo pela análise do fenômeno turístico nas sociedades contemporâneas?

O mundo parece encontrar-se cada vez mais em todos, embora todos não se encontrem no mundo. Expressões como "capital social", "desenvolvimento sustentável", "desenvolvimento com cooperação", "inclusão social", "cidadania", estão presentes nos discursos públicos e privados, e de tanto ouvilos e de tanto utilizá-los, temos a sensação de que, em vez de nos sentirmos estimulados ao debate, à imaginação e à criatividade, temos mentes cada vez mais paralisadas. O resultado e o perigo dos discursos "globalizantes" é que, quanto mais progride a crise, menos capacidade temos de pensá-la; quanto mais nos submetemos à "economia global", menos nos indagamos: afinal de contas, de que globalização falamos? No século em que o conhecimento, o ócio e o lazer tomam significados cada vez mais importantes no cotidiano das sociedades, o turismo pode, graças à riqueza da carga simbólica, tornar-se campo especialmente fecundo para a compreensão das transfigurações do *homo-faber* ao *homo-ludens*.

Os significados do turismo são essencialmente modernos, pois são originários do século XVII, com as principais teorias oriundas do período posterior à Segunda Guerra Mundial submetendo-se às representações sociais suscitadas pelo imaginário moderno. Dessa forma, os discursos político, econômico e acadêmico chamam de "indústria" a atividade turística, com o objetivo de dar-lhe status de vigor e importância social. No discurso legitimador de "indústria", o turismo abandona-se, ou mesmo desqualificamse suas imagens e símbolos de natureza antropológica ou cultural. Assim, enfatiza-se a imagem do turista como hóspede, consumidor ou cliente, e o turismo como mera fonte de renda e divisas, subestimando-se a imagem do turista como protagonista cultural, alguém que estabelece trocas simbólicas com outros indivíduos.

Com o desenvolvimento das ciências e das tecnologias, cresce o tempo livre, fruto contraditório da ampliação do trabalho especializado, assim como do desaparecimento de determinadas profissões. As transformações do trabalho produzem, ao mesmo tempo, grande contingente de multiespecialistas e um "exército" de desempregados, provocam maiores deslocamentos territoriais dos indivíduos, além do aumento do tempo dedicado às férias, movimentos migratórios, a banalização das viagens, a democratização do acesso aos meios de transporte, enfim, um cenário cada vez mais favorável à atividade turística. Se as inovações de Thomas Cook, em 1841, inseriram o turismo no mundo dos negócios, atividade beneficiada, cada vez mais, pela evolução dos transportes e do comércio de bens e serviços, esse movimento, levado ao paroxismo, mostra a atividade turística vítima das próprias contradições. Os processos massificadores da atividade turística produzem "não-lugares", desterritorializam indivíduos e comunidades, com efeitos perversos à vida comunitária e social, gradativamente mais órfã de imaginários e destituída de sentimentos de pertença.

Vale, portanto, repensar os modelos de desenvolvimento definidos ou praticados em países latino-americanos com grandes desigualdades como o Brasil. A desigualdade suscita desconfiança, assim como é produtora da lógica de distanciamento entre grupos e estratos sociais. Desse modo, como habitantes de países em desenvolvimento, podemos perguntar: como reaver o capital social de comunidades excluídas, de ex-colônias submetidas à domesticação de suas culturas, despossuídas de autoestima e de capacidade de mobilização? As perguntas referem-se não somente a continentes desiguais como a América Latina ou a África, mas dizem respeito a comunidades periféricas em todo o planeta.

As políticas públicas, na América Latina, especialmente no Brasil, ainda não construíram os necessários canais de intersecção entre os campos da cultura e do turismo, resumindo-se a compreender o turismo cultural como patrimônio cultural material (prédios e conjuntos tombados) e imaterial (festas e manifestações da cultura tradicional popular). No entanto, os consumidores da atividade turística começam a desenvolver novas éticas, demonstrando, graças às suas práticas, que os modelos mentais que produzem políticas e programas turísticos necessitam urgentemente de reestruturação. Os próprios turistas passam a exigir, de forma gradativa, um maior espectro, no que se refere à fruição das atividades. Ao mesmo tempo, vale enfatizar que, nas cidades, o lazer urbano vem sendo redimensionado.

Assim, as classes de menor poder aquisitivo vêm descobrindo o turismo social, permitindo que as populações das regiões não direcionadas ao turismo global descubram novas formas de inclusão na cadeia produtiva do turismo e nos roteiros de visitação. Mais uma vez, constatamos que a dinâmica turística revela a complexidade social, a tensão complementar entre centro e periferia, entre incluídos e excluídos. Afinal de contas, nesses tempos nômades, repletos de contradições e de redundâncias, o que nos faz realizar atividade turística? Como deslocar-se em um mundo, no qual, quanto mais nos movimentamos, mais parecemos estar no mesmo lugar? E, por último, estas indagações: os discursos modernos acerca de sustentabilidade podem aplicar-se à atividade turística? As limitações de natureza ambiental/natural e cultural ameaçam o caráter econômico da atividade turística ou, pelo contrário, podem representar seu renascimento e ressignificação?

No Brasil, o turismo cresce e se consolida como atividade geradora de riqueza, tornando-se importante produto de exportação. No Nordeste brasileiro, no Ceará (Estado emergente para o turismo nacional), o turismo ocupa o quarto lugar entre os produtos de exportação. No entanto, quanto mais se torna estratégia de desenvolvimento econômico, mais sua imagem é reduzida à dimensão mercadológica. O empobrecimento de significados para o setor pode ser percebido nos programas governamentais, nas práticas do chamado *trade* turístico e nos comportamentos dos empresários da cadeia produtiva.

Documentos publicados pela UNESCO (1977/2001) destacam-se como tentativas de disciplinamento do uso das zonas costeiras mundiais, tendo o turismo de massa como um dos vetores mais impactantes na relação socioeconômica-ambiental dos territórios locais. O desequilíbrio planetário resultante da progressiva degradação e destruição dos recursos naturais, em razão da ação equívoca do homem sobre o ambiente, traz repercussões e modificações nas formas harmoniosas de construção do cotidiano de culturas tradicionais. A alteração das aspirações dos diferentes grupos sociais e comunitários e seus modos peculiares de viver foi drasticamente substituída pela imposição de novos padrões comportamentais, ameaçando a diversidade cultural e a vida no planeta. Se os *resorts* simbolizam a acumulação e a concentração de capital no setor turístico, as pousadas ou os pequenos hotéis podem simbolizar novas imagens de um turismo menos concentrador e mais solidário, menos pasteurizado e mais atento à diversidade cultural. O turismo não somente mapeia territórios, mas cria territorialidades, pois define destinos e propõe roteiros, dando visibilidade a espaços até então "invisíveis". Além de construir espaços simbólicos, a atividade turística tece rede extensa de pequenos negócios que, por sua vez, cria sociabilidades as mais diversas.

Nesse sentido, o turismo suporta e ressignifica o trabalho, propondo-lhe lógicas menos especulativas e invasivas e mais abertas à diversidade e ao compartilhamento afetivo. Pela própria natureza, a atividade turística pode, ao mesmo tempo, concentrar lucro, riqueza e renda, mas também criar oportunidades de ganhos aos trabalhadores e às comunidades mais pobres, visto que a tese incorpora a antítese; o contraponto, o ponto e a contraposição, a posição. A própria transfiguração da atividade turística dá indícios de que o turismo como mera atividade capitalista voltada unicamente para o lucro financeiro perde força, fruto dos impasses entre os limites do capital e a própria sobrevivência do homem no ambiente natural e cultural.

Não obstante o surgimento de novas mentalidades voltadas para o campo turístico, constatamos que, em pleno século XXI, as reflexões acerca da (in)sustentabilidade do turismo ainda estão impregnadas das imagens emprestadas pela ciência econômica e que, se os discursos ambientais passam a estabelecer-lhe novos limites, o mesmo não ocorre, na mesma proporção, no campo cultural. As políticas públicas entre turismo e cultura, na América Latina, especialmente no Brasil, pouco dialogaram até aqui, não compreendendo que o patrimônio natural é também patrimônio cultural. O isolamento pode ser percebido pela pequena contribuição da cultura nos indicadores de (in)sustentabilidade para o setor turístico e pelo grande distanciamento entre os projetos de intervenção sobre a paisagem, em geral, realizados por ministérios e secretarias de infraestrutura, apoiados por conselhos do ambiente, sem a participação dos conselhos de cultura. O discurso ambiental que vem se integrando às discussões sobre sustentabilidade do turismo necessita, por conseguinte, da contribuição do discurso cultural, ou seja, o próprio direito ambiental deve estabelecer relação dialógica com os "direitos culturais", o que certamente contribuirá para indicadores de sustentabilidade mais transversais para o turismo.

A tendência de aproximação do diálogo entre os campos da cultura e do turismo é, pois, fruto das sociedades ditas pós-modernas ou pós-industriais, as quais produzem novas representações sociais menos marcadas pelas imagens mercadológicas e mais voltadas aos valores culturais, às identidades, aos sentimentos de pertença, ao poder dos mitos e à carga de simbolismo dos indivíduos e das comunidades consideradas destinos turísticos. A nova mentalidade compreende a atividade turística como rica e diversa cadeia simbólica capaz de reinventar territórios, criar novas sociabilidades e estabelecer novas solidariedades.

Meio ambiente e desenvolvimento

O meio ambiente é significado e estruturado por diferentes discursos, produzidos pelas ciências, pelo senso comum ou ainda pela normatização realizada pelos poderes legislativos. Alguns discursos, de escopo limitado, abrangem apenas as imagens, os símbolos ou as representações naturais. Outros, mais abrangentes, referem-se ao meio ambiente como espaço social, econômico, cultural e político, ou seja, como espaço de interação entre os homens e a natureza e do homem com seus pares. O ambiente é o próprio espaço do turismo, seja natureza, campo ou cidade. Milton Santos (1997) o entendia como o conjunto de complexos territoriais que constituem a base física do trabalho humano.

O meio ambiente é, pois, o conjunto, em um dado momento, dos agentes físicos, químicos, biológicos, culturais e dos fatores socioeconômicos susceptíveis de efeito direto ou indireto, imediato ou a termo, sobre os seres vivos e as atividades humanas (Poutrel; Wasserman, 1977). A natureza, as praias, as cidades, os lugares visitados pelos turistas, constituem o meio ambiente. Constituem ainda espaço complexo, pois contêm o ar, o solo, a água, as plantas, os animais e o homem, com todas as condições econômicas e sociais que influenciam a vida em geral. Desse ambiente depende a vida, em especial, a vida humana. Nele estão todas as construções, máquinas, estruturas e objetos feitos pelo homem ou objetos geográficos, assim como sólidos, líquidos, gases, odores, cores, calor, sons, vibrações, radiações e ações resultantes das atividades culturais e naturais. Portanto, é constantemente impactado, exigindo cuidados, ponderações e novas abordagens acerca de significados e conexões.

Trata-se, enfim, de espaço geográfico simultaneamente natural, social, econômico, político e cultural, que contém todos os seres vivos em interação, um espaço político e não neutro, pois se encontra eivado de ideologias, conceitos e preconceitos. Nele se desenvolvem as atividades humanas, animais e vegetais, possibilitando condições para a dinâmica imbricada e complementar entre o natural e o social. Constituem, enfim, espaços submetidos a sucessivas transformações, com formas de apropriação e usos variados. Não é o espaço absoluto da natureza infinita e passiva, mas o espaço relativo produzido e reprodutor de relações sociais, que também estão submetidas aos modos capitalistas de produção e de consumo.

O meio ambiente constitui, por último, território, alvo de políticas transdisciplinares e não somente ambientais. As questões ambientais ampliam-se para sociais, culturais e territoriais, incluindo as interações entre o homem, a comunidade e a natureza. Moraes (2002) entende o ambiental para além de vetor reestruturador da lógica científica (a razão ambientalista como propõem alguns), ou seja, como mais um fator a ser considerado na modelagem do espaço terrestre. Entretanto, a preocupação ambiental se dessacraliza, circunscrevendo um campo teórico mais restrito que o almejado pelas proposições holísticas. A redução ambientalista e a presunção holística acabam por gerar empobrecimento significativo na análise dos processos políticos e econômicos do ambiente.

O modo de produzir e de consumir tem a natureza como recurso, portanto reduziu-a também à imagem de "mercadoria", degradando-a até a exaustão, fazendo emergir, na pauta das discussões mundiais, as questões relativas à (in)sustentabilidade. Para o imaginário moderno, a natureza existe para ser dominada pelo homem, para servir às suas finalidades, mesmo que acabe por comprometer a própria sobrevivência. Desde os meados do século XX, verifica-se o fortalecimento da consciência ambiental (incluindo o social e o político) de grupos que se solidarizam com pessoas de todo o mundo, exigindo mudanças comportamentais, produção ecologicamente correta, responsabilidade social das empresas e modelos alternativos de turismo.

Buscamos avaliar os empreendimentos por fatores, com a consciência de que o planeta é a casa de todos, a "consciência planetária" tão discutida por Leonardo Boff (1999) que diz respeito às habilidades, responsabilidades, atitudes e visão de mundo e do cosmo, responsabilidade diante do planeta e senso de cidadania. Capra (2003) acredita que a chave para tal definição operacional é a tomada de consciência de que não precisamos inventar comunidades humanas sustentáveis a partir do zero, mas que podemos modelá-las, seguindo os ecossistemas da natureza, que são comunidades sustentáveis de plantas, animais e micro-organismos.

Uma vez que a característica principal da biosfera consiste na habilidade para sustentar a vida, uma comunidade humana sustentável deve ser planeja-da de maneira que as formas de vida, negócios, economia, estruturas físicas e tecnológicas não venham a interferir na habilidade inerente à Natureza ou à sustentação da vida. Mesmo que a natureza não ofereça modelos para todos os comportamentos sociais, como acreditam cientistas de visão crítica, todos são unânimes em admitir que a transição para um futuro sustentável ou uma sociedade sustentável se configura como postura política pautada em visão de mundo e de valores éticos.

As conceituações de meio ambiente incluem e se aproximam cada vez mais dos significados da cultura, pois nele estão contidos ritos, mitos, mani-festações do cotidiano, natureza, cidades, *habitats*, saberes e fazeres, enfim, tudo que o homem cria ou dá significado, tudo o que constitui sua memória, o que lhe é imposto e também o que ele espera. Desse modo, meio ambiente e cultura estão de tal forma imbricados que a atividade turística não poderá produzir indicadores de sustentabilidade sem a compreensão de que, ao criar espaços de diálogo com a natureza, necessariamente os criará com a cultura, pois o turismo necessita do espaço geográfico, do ambiente entendido nessa visão mais ampla. Turistas buscam paisagens, cultura, patrimônio histórico, tudo o que faz parte dos ambientes, dos lugares e territórios e de que essa atividade se apropria. É um tipo de consumo do espaço (natureza), portanto fazer turismo significa viver a própria natureza. Mesmo protegendo-a, é sempre uma atividade de risco que implica (in)sustentabilidade ou permanente controle das políticas territoriais ou ambientais.

Cultura e desenvolvimento

A Conferência Geral da UNESCO, logo após o dramático atentado de 11 de setembro de 2001, formata a "Declaração Universal sobre a Diversidade Cultural". O documento ratifica o esforço dos países na construção de um diálogo intercultural, capaz de contribuir para a cultura de paz entre os povos, considerando a diversidade cultural, patrimônio comum da humanidade. Identidade, diversidade, criatividade, solidariedade são palavras-chaves dos novos tempos, presentes nos discursos internacionais, nacionais e locais, em contextos políticos, educativos, econômicos, jurídicos ou sociais.

Ao mesmo tempo, agências de desenvolvimento, como o Banco Interamericano de Desenvolvimento (BID) passam a priorizar o financiamento de projetos pela capacidade de mobilização do capital social e da dinâmica cultural, específicos das populações às quais os projetos se aplicam. Ao se levar em conta a diversidade cultural, abole-se a concepção hierárquica do desenvolvimento, dando-se voz a populações que até então não constituíam parte integrante desse capital social. Vale aqui conceituar capital social a partir da visão de Pierre Bourdieu (1979), que o entende como um atributo individual e coletivo de distinção e, com isso, de domínio dos membros das categorias privilegiadas. O capital social, segundo o sociólogo francês, se apoia no capital econômico (na segurança material), no capital cultural (no manejo do idioma) e no capital social (na constituição de relações). Esses capitais convertem-se, por sua vez, em capital simbólico, instrumento maior da garantia de sobrevivência dos discursos dominantes.

Em 1999, em Paris, o Fórum "Desenvolvimento e Cultura", organizado pelo BID, traz novos significados a essas expressões. A cultura passa a ser percebida como matriz dinâmica das formas de ser, estar, relacionar-se e perceber o mundo. Desse modo, desenvolvimento significa pouco, se reduzirmos seus significados a meras representações de benefícios infraestruturais oferecidos às comunidades (saneamento, estradas, urbanizações, etc.), mas de forma crescente ele está associado às reações e às intervenções das pessoas atingidas por esses benefícios. Desenvolvimento, portanto, não significa unicamente geração de riqueza ou aumento do Produto Interno Bruto (PIB) dos países, embora o crescimento e a distribuição menos desigual da riqueza material sejam decisivos para a qualidade de vida dos indivíduos. Como se vê, desenvolvimento não se confunde com "desenvolvimentismo", tônica da América Latina dos anos 1950 e 1960, presente no projeto militar brasileiro resultante do golpe de 1964.

Se os significados de desenvolvimento submetem-se ao reducionismo da Ciência Econômica, no campo da Antropologia, os significados de cultura também são reduzidos. Os estudos da "cultura", assim como os de "desenvolvimento" fixaram e "congelaram" conteúdos e conceitos, criaram falsas oposições em vez de se abrirem para novas percepções das experiências humanas.

Ao reconhecermos a natureza fluida da realidade e o distanciamento cada vez mais desconcertante entre as abstrações teóricas e as experiências humanas no século XX, não queremos aqui defender o pensamento anárquico ou desestruturado para o século XXI. Pelo contrário, necessitamos rever a mentalidade categórica e reducionista para que possamos identificar princípios geradores e estruturadores externos a nós. Para compreendermos a complexa teia dos processos sociais, especialmente os de mais larga escala, necessitamos considerar a existência de interesses, instituições, agências e atores dos diversos campos sociais (ARIZPE, 2004). Essas redes, sobre as quais se constroem as relações entre Cultura e Desenvolvimento, possuem especial complexidade no Brasil, país onde a fusão do arcaico e do moderno invalida categorias sociológicas. É o caso da categoria "campo" de Pierre Bourdieu, a qual busca definir áreas de interesse profissional. No Brasil, os "campos" se sobrepõem, os indivíduos alternam papéis, vivem e convivem em diversas "constelações" que se territorializam e se desterritorializam, ao sabor de interesses, valores, crenças, hábitos e éticas.

Ao tratarmos historicamente o desenvolvimento pela matriz econômica, subestimamos os papéis da cultura como espaço da produção de mitos, símbolos e metáforas capazes de produzir novas categorias que, por sua vez, desempenhem papel estratégico para a própria ressignificação do desenvolvimento.

"É preciso unir a memória de nossa cultura com a intuição de nossas ciências mais avançadas. Precisamos juntar a ciência da nossa modernidade mais moderna com o saber tradicional" (Rocha Pitta, 2005, p. 62). A advertência de Gilbert Durand poderia simbolizar a chave para novas conexões entre cultura e desenvolvimento. No entanto, as reflexões do antropólogo francês não encontraram acolhimento digno de nota no pensamento ocidental, especialmente nas décadas em que os processos de globalização transformavam a criação, a transmissão, a apropriação e a interpretação dos bens simbólicos.

Na nova "paisagem cultural", de intercâmbio intenso entre pessoas que criam e se apropriam, dando significado aos bens culturais, nosso olhar limitou-se à mera descrição dos fatos, mostrando-se incapaz de produzir exegese sobre os diversos mundos e suas narrativas. Não construímos, como desejava Durand, um novo modelo mental capaz de aproximar e fundir o moderno e o tradicional. A incapacidade, por sua vez, produziu o colapso, um "beco sem saída" para o pensamento ocidental, simbolizado pelas narrativas apocalípticas sobre o "Fim da História". Afinal, o desenvolvimento do homem seria um mito? O discurso da evolução do homem do estágio de barbárie à civilização seria insustentável? Se não conduzimos a História, acabemos com ela, disseram muitos, ou brademos o nosso desapontamento diante de nossas tentativas de explicar os fatos.

Em busca de uma conclusão

A ideia de sustentabilidade foi proposta em 1987 pela Comissão Mundial do Meio Ambiente e Desenvolvimento (Comissão Brundtland – CMMAD/ONU) no relatório *Our commom future*, apresentando os princípios: equidade social – direito de cada um (de todos) se inserir no processo de desenvolvimento –, eficiência econômica – gestão dos recursos econômicos e financeiros para garantir o funcionamento eficiente da sociedade – e prudência ecológica – a racionalização do consumo, usos de tecnologias limpas, definição de regras para a proteção ambiental. Portanto, há mais de duas décadas se discute o tema, levantando algumas preocupações em relação à natureza e à sociedade.

Sustentabilidade significa política e estratégia de desenvolvimento econômico, social e cultural contínuos, sem prejuízo do ambiente (inclusive dos recursos naturais) e do homem. Desse desenvolvimento depende a continuidade da vida, da atividade humana, da capacidade dos animais e das plantas de se reproduzirem ao longo do tempo. Sustentabilidade e capitalismo estão sempre em contradição, mas, tratados como pensamento complexo, podem abrir caminhos para a construção de um modelo cuja matriz permita não a oposição, mas ação dinâmica entre as oposições. Consideremos, portanto, sustentabilidade um conceito complexo, no sentido em que abriga a objetividade que não deve excluir, de sua análise, o espírito humano, o sujeito individual, a cultura e a sociedade. Buscar variáveis para qualificar a sustentabilidade de um fenômeno significa criar consensos, mas também pressupõe o antagonismo dos conflitos presentes nas diversas formas de o homem ser e estar no mundo.

Nesse sentido, as variáveis e os próprios significados de (in)sustentabilidade são naturalmente abertos e passíveis a flexibilidades, adaptações, pois esse conhecimento é fruto de uma cultura dada, a qual, por sua vez, alimenta-se do repertório de noções, crenças, linguagens, etc. Por isso, categorizar um fenômeno de (in)sustentável significa antes construir um pensamento capaz de detectar as falhas, as lacunas, as contradições de todas as tentativas de redução da própria categoria (in)sustentabilidade e sua impotência diante das tentativas de generalização e definição de leis gerais acerca dos fenômenos sociais.

Dessa forma, algo é sustentável ou insustentável pela compreensão, *a priori*, de que o objeto pensado (no caso, o fenômeno turístico) possui uma relativa autonomia, não sendo necessariamente determinado por forças específicas (no caso, os modos de produção capitalista). Dessa forma, mitos e ideologias habitam os discursos e não mais se excluem, ou seja, para compreendermos as repercussões da (in)sustentabilidade do fenômeno jurídico, necessitamos rever a estruturação do pensamento, da capacidade de pensar. Necessitamos ir além da racionalização que escraviza os objetos estudados, buscando encerrá-los em sistema lógico e coerente.

Enfim, só avançamos na nova estrutura de pensamento se aliarmos diversas competências relativas ao ato de conhecer. No caso da (in)sustentabilidade do fenômeno turístico, urge que acrescentemos novos olhares e contribuições de outros campos do conhecimento humano. Pela própria constituição, o fenômeno se alimenta do conhecimento racional-empírico, associado à esfera simbólico-mítico-mágica, ou seja, no turismo é especialmente necessária a compreensão da dificuldade de permanecermos em conceitos claros, distintos, fáceis. Em face da constatação, podemos convocar os protagonistas do campo turístico a rever mentalidades, perceber que, tendo ou não o *status* de ciência, não existem ciências puras. E que as políticas públicas para o turismo são menos o fruto de pesquisas quantitativas que de bom senso capaz de superar preconceitos e visões maniqueístas da vida social. Aí está o desafio aos governantes, empresários, planejadores, investidores e, especialmente, às comunidades receptoras.

A "Carta da Terra" – documento da UNESCO (2000) – é uma tentativa de complementar a Declaração Universal dos Direitos Humanos, agregando a dimensão planetária, partindo do princípio de que não adianta garantir os direitos humanos se o planeta continuar em processo de devastação (a questão é que estes direitos humanos não foram garantidos a todos). O grande desafio é a defesa do homem, de seu trabalho, de sua dignidade, da extinção das desigualdades sociais e o da conservação do ambiente onde se vive. O documento afirma que humanidade é parte de vasto universo em evolução. Que a Terra, nosso lar, está viva com uma comunidade de vida única. As forças da natureza fazem da existência uma aventura exigente e incerta, mas a Terra providenciou as condições essenciais para a evolução da vida. A capacidade de recuperação da comunidade da vida e o bem-estar da humanidade dependem da preservação da biosfera saudável, com todos os sistemas ecológicos, uma rica variedade de plantas e animais, solos férteis, águas puras e ar limpo. O meio ambiente global, com seus recursos finitos, é preocupação comum de todas as pessoas. A proteção da vitalidade, diversidade e beleza da Terra é um dever sagrado. E erradicar a pobreza é imperativo ético, social, econômico e ambiental.

A Agenda 21, transformada em programa, procura integrar as atividades relativas ao desenvolvimento e ao meio ambiente, ou seja, quer realizar o desenvolvimento sustentável, evitando o esgotamento da natureza, e redirecionar as políticas. Alguns empresários, que entenderam os questionamentos, buscam agregar valor ambiental, cultural e social aos produtos, utilizando tecnologias brandas e políticas para diminuir impactos negativos, assumindo responsabilidade social, embora muitos outros permaneçam utilizando apenas a propaganda e o *marketing* da maquiagem verde para tentar passar imagem positiva.

Responsabilidade social é o compromisso contínuo da empresa em adotar a ética do desenvolvimento social, sustentada sobre o tripé da qualidade de vida, inclusão social e respeito ao homem, à natureza e às gerações futuras. Nela, estão presentes a responsabilidade ambiental e a responsabilidade cultural. A responsabilidade ambiental não se limita ao compromisso voltado para a natureza (flora, fauna, ar e água), mas cada vez mais se funde com a responsabilidade cultural, no que se refere à compreensão estratégica dos recursos culturais, históricos e sociais para o desenvolvimento humano. Não se deve poluir a praia, o ambiente, assim como não se pode depredar o patrimônio histórico, os modos de vida e as culturas.

Em alguns empreendimentos turísticos, podemos encontrar exemplos indicativos de possibilidade de mudanças sociais diferentes dos modelos vigentes. Algumas iniciativas, em Fortaleza, capital do Ceará e quarta maior cidade do Brasil, indicam tendências animadoras para o exercício da responsabilidade social, caminhando na busca de iniciativas turísticas mais solidárias:

- Combatendo e denunciando o trabalho infantil nos empreendimentos.
- Capacitando trabalhadores de bares e restaurantes populares localizados no entorno dos grandes hotéis e *resorts*.
- Patrocinando empreendimentos culturais e de lazer popular.
- Combatendo a prática de esportes inseguros, oferecendo condição para aqueles passíveis de controle de segurança.
- Combatendo a displicência e a desonestidade praticada contra o turista.
- Ajudando a organização comunitária na luta por seus direitos e concretização da cidadania.
- Apoiando a realização de estudos, pesquisas e programas com objetivos de desenvolvimento sustentável, de melhoria de ambientes, de recuperação ambiental.
- Discutindo a possibilidade de geração de oportunidades para os considerados excluídos do trabalho, da chamada cadeia produtiva do turismo.
- Tornando a qualidade de vida mais viável nas cidades, com políticas alternativas de habitação, de educação e de pequenos negócios.
- Participando da implementação local da Agenda 21 seguindo os princípios de sustentabilidade estabelecidos na Conferência Rio/92.

De algoz a protagonista de ações afirmativas na proteção de cidades, paisagens, serras, litorais, sertões, enfim, de grande variedade de geossistemas ou espaços geográficos, os programas governamentais começam timidamente a criar políticas alternativas de turismo voltado à diminuição das desigualdades regionais, disparidades sociais, à conservação ambiental, à manutenção de lugares saudáveis. Dessa forma, vão integrando novos elementos para a (re)definição de variáveis relativas à reflexão acerca da (in)sustentabilidade das ações do turismo, os quais passam a observar ou a refletir sobre:

- Um novo paradigma para o desenvolvimento.
- Uma sociedade mais justa e solidária.
- As práticas do consumo.
- Aumento da consciência ecológica, da cidadania e da educação ambiental dos visitantes e visitados.
- A biodiversidade e a diversidade cultural não como recursos produtivos, mas como patrimônios da humanidade.
- As formas compartilhadas de planejar e gerir com base local.
- A formação profissional voltada para o resgate da afetividade e da visão humanística.
- O comportamento ético das operadoras e agências especializadas – comprometidas cada vez mais com a prática turística responsável.
- A construção de sistemas de promoção e *marketing* turístico adequados aos ambientes frágeis utilizados para o ecoturismo.
- O apoio às pequenas e médias empresas.
- A proteção/conservação dos recursos naturais/culturais.
- O investimento em pesquisas científicas voltadas ao turismo.

Tais iniciativas são mais ou menos eficazes em função das respostas culturais das sociedades nas quais são experimentadas. No entanto mantêm-se, enquanto utopias, como possibilidade, sonho e desejo de nos conhecermos mais, pelo conhecimento e reconhecimento dos limites do homem. Muitos movimentos sociocultural-ambientais vêm propondo programas e ações nesse sentido, como é o caso da coalizão globalizada de Organizações Não Governamentais, pautada nos valores centrais da dignidade humana, base de quaisquer projetos ditos sustentáveis. Em 1999, as organizações realizaram protestos ao modelo de consumo insustentável da sociedade capitalista, na reunião da Organização Mundial do Comércio, em Seattle. A Coalizão de Seattle, como foi chamado o movimento (paralelo ao da Organização Mundial do Comércio), é a luta por outra globalização. Trata-se de movimento global pela justiça social, pela busca da sustentabilidade social, que vem realizando os Fóruns Sociais Mundiais, em Porto Alegre, Brasil. Todos os movimentos e encontros sistemáticos vêm estimulando o surgimento de contrapropostas políticas em busca de uma sociedade sustentável, para que se possa pensar na sustentabilidade do desenvolvimento, particularmente, por meio do fenômeno turístico. Os movimentos associam-se na busca de novas reflexões acerca das nossas relações com o mundo e para conosco, que definem papéis, espacialidades, hierarquias e formas de dominação. Que essas reflexões perdurem, pois são especialmente necessárias aos destinos da América Latina, historicamente constituída de ex-colônias ainda hoje periféricas aos processos de mundialização econômica e, por isso, ciosas de novas alternativas para o desenvolvimento dos povos.

Referências

AGENDA 21. *Diário Oficial da União*, 2 jun. 1992.

ARIZPE, L. *As dimensões culturais da transformação global: uma abordagem antropológica*. Brasília: UNESCO, 2004.

BOFF, L. *Saber Cuidar. Ética do Humano – compaixão pela Terra*. Petrópolis: Vozes, 1999.

BOURDIEU, P. *La distinction: critique sociale du jugement*. Paris: Les éditions de minuit, 1979.

CAPRA, F. *As conexões ocultas: ciência para uma vida sustentável*. São Paulo: Cultrix, 2003.

CARTA DA TERRA. *Ibase - Instituto Brasileiro de Análises Sociais e Econômicas*. Rio de Janeiro: UNESCO, 2000.

COMISSÃO MUNDIAL SOBRE MEIO AMBIENTE E DESENVOLVIMENTO. *Nosso Futuro Comum*. Rio de Janeiro: Ed. Fundação Getulio Vargas, 1991.

CORIOLANO, L. N. M. T. *Do local ao global: o turismo litorâneo cearense*. Campinas: Papirus, 1988.

CORIOLANO, L. N. M. T. *O turismo nos discursos, nas políticas e no combate à pobreza*. São Paulo: Annablume, 2006.

DURAND, G. *As estruturas antropológicas do imaginário*. São Paulo: Martins Fontes, 2002.

MORAES, A. C. R. *Meio ambiente e ciências humanas*. São Paulo: Hucitec, 2002.

MORIN, E. *Ciência com consciência*. Rio de Janeiro: Bertrand Brasil, 1999.

MORIN, E. *Introdução ao Pensamento Complexo*. Lisboa: Instituto Piaget, 2003.

POUTREL, J. M. ; WASSERMAN, F. *Prise en compte de l'environnement dans les procedures d'amenagement*. Paris: Ministère de l'Environnement et du Cadre de Vie, 1977.

ROCHA PITTA, D. P. (Org.). *Ritmos do Imaginário*. Recife: Ed. UFPE, 2005.

SANTOS, M. O mundo, o Brasil e a globalização: o horror não dura eternamente. *Rumos do Desenvolvimento*, Rio de Janeiro, n. 137, 1997.

UNESCO. *Guide to integrated coastal zone management*, 1977.

UNESCO. *Instrumentos y personas para una gestión integrada de zonas costeras*, 2001.

Turismo, produção do espaço, ruralidade e gestão social

Fabiana Andrade Bernardes Almeida

> As épocas se distinguem pelas formas de fazer, isto é, pelas técnicas. Os sistemas técnicos envolvem formas de produzir energia, bens e serviços, formas de relacionar os homens entre eles, formas de informação, formas de discurso e interlocução. (SANTOS, 1997, p. 141)

As formas do espaço (*lato sensu*) são criadas a partir da experiência do homem e são consideradas em três níveis: simbólico, funcional e tecnológico. O primeiro nível apresenta o significado que imprime conteúdo às formas, o segundo apresenta o padrão de organização e o terceiro nível abrange o conhecimento técnico, que trata do como fazer algo funcionar, e, assim, possibilita "a realização dos espaços significativos e funcionais ao mesmo tempo" (CENCIC, 1996, p. 42).

Nos dias de hoje é a chamada sociedade de consumo, resultante dos processos da modernidade, que produz o espaço e, também, o turismo. O turismo moderno resulta da demanda dessa sociedade que o utiliza para se satisfazer ideológica e materialmente. Nessa perspectiva, ele adquire natureza social e se manifesta como prática de massa, favorecida pela modernização dos transportes e pelas redes de comunicação, denominado como *turismo de massa*.[1]

Essa mesma sociedade utiliza de "bases científicas" para se apoiar em relação ao modo de organização dos diferentes setores. "Na economia moderna entende-se por infraestrutura a disponibilidade de serviços com que conta um país para sustentar suas estruturas sociais e produtivas" (BOULLÓN, 2002, p. 58). A infraestrutura, quando expressa na paisagem,[2] pode apresentar natureza fixa, tais como as instalações associadas à logística dos espaços e aos serviços sociais: saúde, educação e moradia, ou natureza dinâmica,[3] através de redes de circulação de pessoas, mercadorias, fluidos, energias e informações. Nesse processo de formação do território urbano, as redes se entrecruzam e uma trama cada vez mais complexa e artificial se forma, à medida que os lugares progridem em seu crescimento, se distanciando da superfície física que sustenta os territórios. Assim, a infraestrutura se refere a um conjunto de fixos e fluxos necessários à estruturação e ao funcionamento dos espaços urbanos.

Alguns teóricos do turismo, como Mário Beni (2001), apresentam modelos sistêmicos para o turismo. O autor situa o turismo como um sistema aberto, a partir do modelo oferta-demanda. Além disso, o turismo "realiza trocas com o meio que o circula e, por extensão é interdependente, nunca autossuficiente" (BENI, 2001, p. 51). Desse modo, admite-se um sistema técnico de produção aberto, caracterizado pela relação de interdependência com o contexto ou ambiente ao qual se insere. O fluxo de entrada do sistema se dá pelo consumo de uma rede de serviços e equipamentos (de alimentação, hospedagem, transporte, etc), chamada na linguagem técnica de cadeia produtiva do turismo.

Sobre as bases desse sistema, Ana Fani Alessandri Carlos (2002) afirma que o turismo no mundo moderno se resume a uma atividade econômica, por meio das relações entre oferta e demanda. Desse modo, os métodos de turismo preveem a existência de uma trama de equipamentos urbanos para atender à demanda em massa, assim como para sustentar uma cadeia produtiva que se relaciona com os demais ambientes dos territórios.

Apesar de a teoria sistêmica do turismo apresentar a inter-relação com os ambientes nos quais se instala a produção do turismo e com a superestrutura, o padrão de organização que rege o modelo dominante apresenta-se apoiado em bases teóricas da Economia e da Administração que sustentam um padrão de organização urbano-industrial. Em geral, essas relações não resultam em trocas equilibradas e adaptadas à diversidade ambiental, cultural e social nos territórios menos urbanizados. Nesse sentido, os participantes da cadeia produtiva do turismo, com o apoio do Estado, têm favorecido, no País, a produção em massa do setor, inclusive em ambientes com diversidade ambiental e cultural. Isso significa que paisagens com características "rurais e tradicionais" podem sofrer alterações em seus padrões, relacionados ao significado, à função e a organização das formas espaciais, como consequência da instalação de uma rede urbana que sustenta a produção do turismo.

Por outro lado, o modelo econômico exige das localidades e futuros investidores um capital compatível com os padrões do mercado turístico. Assim, se o turismo movimenta uma economia capitalista, as populações autóctones de territórios considerados periféricos frente aos centros econômicos dominantes, que se vêem sem oportunidade ou mesmo excluídos dos ganhos possíveis do turismo e das atividades produtivas associadas, como ocorrem de forma ampliada em regiões do Nordeste brasileiro e, por vezes, localizada em Estados como Minas Gerais.

A leitura crítica do fenômeno no Nordeste do Brasil apresenta o espaço produzido para atender a demanda do turismo, como valor de troca e base para a troca: o espaço do turismo se produz como mercadoria. Alguns trabalhos sobre o tema foram publicados com base em estudos no litoral nordestino brasileiro, a exemplo do artigo de Arlete Rodrigues (1996). Nessa região do País vem ocorrendo o processo de apropriação de faixas litorâneas por atores externos ao território, e a instalação de equipamentos e infraestrutura urbana, o que provoca uma urbanização ou territorialização turística. A respeito desse processo, Mark Gottdiener esclarece:

> Há também o consumo de espaço, ou o próprio espaço como objeto de consumo. Isso pode ser ilustrado pelo turismo, em que o próprio meio ambiente é consumido através da recreação, ou pela relocalização dos negócios devido a atratividades naturais. (GOTTDIENER, 1977, p. 129)

Edgar Morin (1969) apresenta o turismo no contexto da alta modernidade, quando o tempo livre passa a ser condicionado pelos meios de comunicação de massa, levando a um controle das ações do turista. Henri Lefebvre (1991) contribui com a questão ao tratar da ideologia do consumo e do caráter da publicidade. A propaganda apresenta-se como um instrumento de mediação entre o mercado e o homem consumidor, favorecendo o consumo de produtos. Nesse sentido, admite-se um predomínio do fazer turístico que corresponde a um dos valores da modernidade, a passividade. As intenções econômicas e o valor de troca predominam sobre o valor de uso social. A técnica do turismo, na perspectiva do turismo de massa, adquire um significado economicista, que condiciona o saber, o fazer e as formas espaciais.

É apresentada a valorização econômica das paisagens alvo do turismo também por meio da comercialização de imagens pelos meios de comunicação de massa: "tem-se um uso fugaz/efêmero do território coletivizado" (RODRIGUES, 1996, p. 60). Nesse contexto, o turista, ao consumir produtos pré-formatados, tende a usar superficialmente a paisagem, apreendendo pouco da vivência proporcionada pela viagem.

Não se podem negar os efeitos do consumo das imagens e dos objetos do espaço pelo turismo, principalmente, em territórios "rurais e tradicionais".

O estudo realizado no município de Maria da Fé, no sul de Minas Gerais (ALMEIDA, 2005), tradicionalmente rural, exemplifica os efeitos da intervenção de atores institucionais para a promoção do turismo rural sustentável no município. A reflexão se apoia no estudo das representações da paisagem, a partir das representações da paisagem por atores locais (representantes do poder público, privado e grupos sociais). Contrariamente, os resultados da pesquisa indicam os efeitos em relação ao significado, organização e função dos espaços, pelo início da urbanização turística na cidade, apesar de as intenções em âmbito público e privado sustentarem um projeto de turismo rural. Nas descrições em que os participantes foram estimulados a relatar as interferências do turismo em Maria da Fé, a partir de mapas cognitivos, foi possível observar signos e símbolos bem diferentes em relação à paisagem no ano de 2005 e à paisagem que antecedeu a institucionalização do turismo, em 1995. Apesar disso, foram identificados elementos comuns que imprimem significado ao sentido da paisagem nos dois períodos. Alguns elementos comuns correspondem às permanências, outros, às transformações da paisagem. A primeira característica comum dos mapas cognitivos relaciona-se ao território físico compartilhado, citado pelos participantes como montanha ou "mares de morros". A segunda refere-se a um padrão de comportamento das relações sociais, construído pelo convívio entre as pessoas e pelos valores solidários herdados do início da ocupação das terras pertencentes atualmente ao município. A terceira se relaciona diretamente às duas anteriores, pois corresponde aos processos de formação da identidade territorial, a partir de sentimentos de pertença a um território coletivo.

A representação do relevo – "os mares de morros" – esteve presente em todas as imagens representadas pelos atores. Para o mariense, esse gentílico é adotado em função da forma do relevo e, principalmente, pela névoa formada no alto dos morros durante o inverno, que fazem lembrar o movimento das ondas do mar. Assim, os morros são representados como território base da lavoura, do cultivo no campo. Apesar de estarem, geralmente, associados ao meio rural, a cidade, quando representada nos mapas, também apareceu incorporada aos "mares de morros", embora estes estejam geralmente associados ao meio rural. Esse é um primeiro fator que indica uma relação de contiguidade entre os ambientes do campo e da cidade. Os "mares de morros" simbolizam, nesse sentido, no conjunto das paisagens representadas, uma referência simbólica do território de Maria da Fé.

Por outro lado, o espírito solidário é apresentado como a base do sistema de valores que sustentam as relações no território. Essa característica é apontada pelos grupos como um padrão cultural da vida dos marienses. As referências exemplificadas, principalmente pelos representantes das comunidades rurais, sugerem que esse traço da identidade de Maria da Fé é originário de antigas relações de vida e trabalho no campo, que antecedem o sistema técnico da monocultura da batata.

Outras características relacionadas aos padrões de comportamento se referem à luta e resistência para melhoria das condições de desenvolvimento. A resistência do mariense foi demonstrada nas falas e atitudes proativas dos moradores. Essa condição foi identificada pelas iniciativas verificadas ao longo do processo turístico e, também, no espírito dos participantes da pesquisa, que, em situações de desmotivação real devido à pequena demanda turística, apresentaram-se esperançosos em relação ao futuro e persistentes em seus objetivos.

Assim, a identidade territorial construída ao longo da história de Maria da Fé sugere a existência de uma ruralidade baseada na solidariedade e na amizade, proporcionada pelo modo de vida e de trabalho no campo. O campo e a cidade, apesar das diferenças determinadas por cada ambiente e suas funções, são percebidos como pertencentes a uma mesma identidade territorial, por meio de relações de interdependência e complementaridade. A relação de pertencimento do homem a um território comum permite a formação do conceito de lugar, um *locus* das relações afetivas entre as pessoas, e das pessoas com o território.[4] A amizade, o amor por Maria da Fé, o amor pelo campo, foi expresso naturalmente pelos sujeitos pesquisados.

O território, portanto, envolve, sempre e ao mesmo tempo, mas em diferentes graus de correspondência e intensidade, uma dimensão simbólico-cultural, além de uma dimensão concreta marcada pelas bases físicas, forças de trabalho e pelas relações de produção (HAESBAERT, 1997). Para Milton Santos (1997, p. 97), "o sentido da atualidade vem do valor que as coisas têm para elas mesmas, para os outros e para o todo". Esse sentido é construído pelos homens como representação social.[5] As representações sociais, como um sistema de valores, dão sentido às coisas e aos objetos do espaço. Portanto, a pesquisa em Maria da Fé, ao envolver a percepção de diferentes atores, buscou desvendar a estrutura da representação social do turismo.

A leitura das representações dos atores locais sugere o reforço da inversão dos valores campo-cidade a partir das ações vinculadas ao turismo. Este resultado se deve ao fato de a cidade e suas imediações concentrarem os resultados econômicos mais expressivos proporcionados pelo "turismo rural", além de um maior número de equipamentos turísticos em funcionamento. A cidade deixa de exercer uma de suas principais funções, a circulação e comércio da lavoura, e passa a representar o local da produção e da vida, ao concentrar o comércio e os serviços que atendem tanto à população, que passa a morar e a trabalhar na cidade,[6] quanto aos turistas. Assim, a cidade é percebida como sede da produção econômica, mas, também, espaço de uso social e festivo. As obras e projetos realizados na cidade favoreceram o atendimento às necessidades básicas e a renovação do espaço público, o que fortaleceu a migração do campo para a sede de Maria da Fé e a valorização de novas formas de trabalho e de vida.

É possível perceber o aumento da dependência do campo em relação à cidade após a inserção das ações voltadas ao turismo, apesar de a dependência ter se estabelecido antes, na década de 1980, com a crise da batata. Apesar disso, o turismo para as comunidades rurais foi apresentado como uma esperança para a área rural, que não se percebeu beneficiada e pertencente ao projeto turístico do município. Por outro lado, os atores reconheceram as políticas públicas municipais e as ações do Sebrae-MG relacionadas à valorização do meio ambiente, da cultura e da participação dos moradores da cidade no desenvolvimento local. Além disso, apontaram como resultados expressivos a organização da sociedade, por meio da formação de associações ligadas ao turismo e à produção natural, assim como a formação de cooperativas de artesanato.

Essas considerações complementam a caracterização da representação social do turismo em Maria da Fé: a valorização econômica do espaço da cidade como sede da produção do turismo, por intermédio de um sistema técnico baseado no associativismo como padrão de organização, funcionamento e base de significação. Assim, a instalação do turismo em Maria da Fé demonstrou efetividade no crescimento econômico da sede do município, onde se concentraram as ações da gestão pública municipal e iniciativas privadas. Porém, foi constatado pouco alcance em relação ao desenvolvimento do território, que inclui 22 comunidades rurais (ALMEIDA, 2005) onde, de fato, se originou e se instalou uma crise generalizada com o declínio da monocultura da batata, a partir da década de 1980.

Assim, apesar de a gestão pública, juntamente com os agentes institucionais, atuar na formação de uma experiência de turismo rural sustentável, os gestores utilizaram-se dos mesmos parâmetros de desenvolvimento do turismo em espaços urbanos. Somam-se a este fato as dificuldades relativas ao reduzido poder de atratividade do município; às dificuldades de circulação de veículos no campo em períodos de chuva; ao perfil do turista regional, que prefere pousadas urbanas. Assim, verificou-se grande dificuldade na manutenção de ofertas de hospedagem nas poucas iniciativas no campo, assim como na capacidade da produção do turismo para o desenvolvimento econômico de alguns produtores rurais, que investiram recursos próprios nas propriedades rurais.

O estudo em Maria da Fé demonstrou os desafios da gestão social na escala territorial para a efetividade de um turismo rural, diante das características dos sistemas técnicos do turismo moderno, da estrutura social da gestão pública municipal, da diversidade e complexidade dos territórios e do padrão de comportamento do turista moderno.

Ruralidade e turismo

É sabido que a sociedade contemporânea vem passando por mudanças em diferentes graus, relacionadas ao seu desenvolvimento e dos territórios, e decorrentes do processo de natureza estrutural e institucional traduzido como globalização (HALL, 1997). A chamada globalização atinge, em diferentes escalas, os espaços ditos tradicionais, pela intensificação dos fluxos, bem como pela relativização das noções de distâncias geográficas. O estudo dos efeitos deste quadro tem proporcionado ricos debates e o surgimento de novos ensaios sobre antigas práticas e teorias rurais.

O termo ruralidade tem se destacado como suposto conceito capaz de explicitar a natureza móvel e ambígua das identidades nos territórios, não mais entendidos como urbanos ou rurais. Se, *a priori*, a questão norteadora das reflexões sobre o rural se apóia na sustentação de uma teoria de um rural puro, associado ao campo e contrário ao urbano, destaca-se entre os estudiosos o reconhecimento da inter-relação e interdependência dos espaços, em diferentes intensidades. A teoria da "sociedade urbana" elaborada por Henri Lefebvre (1995; 2002) foi um marco para o avanço das discussões sobre um "novo" rural, que estaria cada vez mais envolvido pelo tecido urbano.

Os estudos na Europa e, mais recentemente, no Brasil, apresentam um espaço rural renovado pela influência do urbano, através da atribuição de novas funções. Tais fatos têm sido explicados, principalmente, pelo aumento de atividades não agrícolas no campo e nas cidades-sede de distritos sustentados por uma economia de base agrícola. Atividades comerciais e de prestação de serviços estariam favorecendo o aquecimento de setores como a construção civil, pela instalação de novas empresas, residências, segundas residências e equipamentos turísticos.

Apesar de os estudos turísticos há tempos se referirem à fuga da rotina pelos moradores urbanos, associada às novas práticas de lazer da sociedade contemporânea, a teoria da ruralidade situa os movimentos em outras proporções, ao indicar as possibilidades de influência do turismo nas transformações socioespaciais que reforçam a vida urbana e, ao mesmo tempo, revitalizam valores tradicionais, ressignificando antigas práticas sociais e culturais.

Tal como no Brasil, em Minas Gerais, a partir da década de 1990, observa-se o crescimento de equipamentos turísticos nas áreas rurais dos municípios próximos a Belo Horizonte. Verifica-se um movimento de deslocamento, principalmente nos finais de semana, de moradores urbanos para segundas residências e sítios ao longo da região Metropolitana. Acrescenta-se a essa tendência o movimento de turistas em busca de descanso em ambiente com forte influência natural.

Áreas rurais do entorno de Belo Horizonte têm sido alvo de investidores urbanos interessados na construção de equipamentos de lazer, hospedagem e alimentação para atender à crescente demanda turística. Além da tendência relacionada à prática de lazer de moradores da capital, destaca-se a forte influência das políticas públicas de turismo em Minas Gerais, por meio "Projeto Estrada Real". Esses fatos estariam favorecendo o crescimento do fluxo em direção às rodovias que dão acesso às cidades históricas, pertencentes ao Projeto. No percurso de abrangência da região contemplada pela "Estrada Real", definida como prioritária ao desenvolvimento turístico em MG, foi selecionado Ipoema, distrito de Itabira, como área rural inicial para um estudo sobre ruralidade e turismo, em virtude do aumento do crescimento do fluxo anual, desde a instalação do Museu do Tropeiro. Os resultados reforçam a ideia de apropriação pela produção do turismo nas sede do distrito e imediações, reiterando o resultado demonstrado pela experiência de Maria da Fé. Entretanto, os resultados sugerem também novas perspectivas associadas aos efeitos na identidade, pela renovação e pela criação de práticas culturais que fortalecem valores locais.

Após a inserção de Ipoema nos circuitos turísticos Caminhos dos Diamantes, Circuito do Ouro e da Serra do Cipó e seu reconhecimento como um importante trecho da Estrada Real, o distrito passa a receber maior atenção da mídia e de investidores do setor. Esse movimento é intensificado pela criação, pela Prefeitura Municipal, do Museu do Tropeiro, em março de 2003, e a realização de um evento mensal. a Roda de Viola, que marca a intensificação, com certa regularidade, dos fluxos turísticos na região.

Durante o ano de 2006 iniciaram-se pesquisas em Ipoema[7] com o objetivo de entender as interferências do "turismo" na transformação da ruralidade. O desafio, a partir dos resultados da pesquisa em Maria da Fé, passou a ser o conhecimento dos processos de formação da ruralidade e o entendimento das causas e efeitos das ações de turismo.

As dinâmicas observadas nos espaços rurais revelam aspectos contraditórios da ruralidade, pois, se por um lado ela pressupõe a integração e a reformulação das dinâmicas sociais rurais a partir da incorporação de novos elementos considerados urbanos, por outro atua na contramão da padronização do espaço rural à luz do urbano, estimulando o fortalecimento das identidades locais, apoiadas na noção de localidade (CARNEIRO, 2000).

Nesse contexto, como um fator associado à ruralidade, se insere a produção turística convencional, também marcada pela ambiguidade, na medida em que contribui para um movimento pró-globalização, apresentando-se como mais um canal de ampliação das fronteiras com o global e de reprodução do capital (RAMALHO FILHO; SARMENTO, 2004), tanto quanto para ações de resistência e manutenção de identidades territoriais.

Em Ipoema, é possível observar alguns movimentos nesse sentido. O distrito, situado na zona rural do município de Itabira, Minas Gerais, tem buscado a sustentação de sua identidade territorial na cultura tropeira, elemento essencial na constituição daquele território. A formação tem início ainda no Ciclo do Ouro, com os primeiros movimentos de tropas na região, uma das principais características da rota turística Estrada Real. Localizada no trecho que liga Ouro Preto a Diamantina, Ipoema servia como um entreposto comercial e via de escoamento de produtos do Norte de Minas para o Rio de Janeiro, antiga capital do Brasil. Por essa rota passavam os tropeiros, responsáveis por conduzir tropas de burros e mulas carregadas de alimentos, principalmente toucinho e queijo, ferramentas, cartas, vasilhames, entre outros artigos. Após o período do tropeirismo, a economia local concentrou-se na agropecuária de subsistência e no comércio em pequena escala.

A cultura local ainda é marcada por traços interioranos, mas que também evidenciam a incorporação de novos elementos. Observam-se a presença de valores associados à família e à religiosidade católica, como a solidariedade, a hospitalidade, o respeito e o cumprimento dos deveres religiosos. Por outro lado, notam-se mudanças com relação a alguns valores e nos modos de vida local, principalmente entre os jovens, por meio do surgimento de novas formas de lazer e referências culturais, associados aos aparatos tecnológicos da mídia, como a TV e o computador, e ao comportamento de visitantes urbanos. Observam-se também mudanças nas relações de trabalho e na própria natureza dele, caracterizadas pelo surgimento de novas atividades econômicas dissociadas da atividade agropecuária, entre elas o turismo, que acaba por alterar, consequentemente, a noção de valor atribuído a terra.

Nesse sentido, identifica-se como efeito econômico da atividade turística em Ipoema, muito similar ao verificado em Maria da Fé, a expansão do setor terciário na sede. Essa expansão está associada à intensificação do turismo no distrito. Assim, destaca-se como consequência do aumento do fluxo turístico na sede de Ipoema e nas imediações o crescimento do número de estabelecimentos comerciais e de hospedagem, com a implantação de pousadas rurais e hotéis-fazenda, bem como a produção de artesanato voltado à comercialização turística. No espaço rural, a atividade turística tende a se tornar a base produtiva principal dos estabelecimentos rurais, substituindo, às vezes, as atividades agropecuárias. As interferências que caracterizam a ruralidade sob a influência do turismo se referem à apropriação do território por investidores do setor turístico de maior poder aquisitivo, morador local ou de fora do distrito. Verifica-se pouco resultado no aumento das chances de ganho da população que mais vem sentindo o declínio da produção agropecuária no Brasil nas últimas décadas, as famílias que compõem as comunidades rurais tradicionais. Além de exercer pouca influência no desenvolvimento das comunidades rurais mais carentes, nota-se que a instalação da produção do turismo tem reforçado o comportamento urbano na sede do distrito. Na contramão desse processo há a atuação do Museu do Tropeiro, que busca preservar os valores locais. O Museu do Tropeiro, denominado ecomuseu, tem como um de seus objetivos tornar-se um lugar de referência para a comunidade, além de buscar a revitalização da união e da vivência coletiva, comprometendo-se com o desenvolvimento de projetos de preservação histórico-cultural e ambiental na região.

A proposta do Museu busca reforçar, no contexto atual, traços do tropeirismo que serviram de base para a formação do território. As ações têm proporcionado a revitalização de valores identitários, incentivando a formação de grupos culturais e folclóricos baseados na cultura tropeira e nas tradições locais, por ora enfraquecidas no distrito. Assim, a partir da atuação desta instituição em grupos representativos de sua cultura e tradição surgiram manifestações culturais como o "Coral das Lavadeiras de Ipoema", "Os Estaladores de Chicote", os "Meninos Trovadores", que se configuram como uma releitura da identidade e das práticas tradicionais.

O desenvolvimento desse projeto tem atuado de forma positiva na reafirmação da identidade territorial, uma vez que tem proporcionado um aumento da autoestima em relação à cultura local, o fortalecimento dos laços de amizade entre a comunidade, o pertencimento ao lugar e a valorização da história, da memória e dos costumes. Membros dos grupos diretamente envolvidos com os projetos do Museu consideram-se beneficiados com ganhos de ordem pessoal, como o desenvolvimento de habilidades manuais, o reconhecimento pessoal e de antigos ofícios, assim como a valorização do idoso e a ampliação da rede social dos integrantes. Esses ganhos de ordem social e pessoal possuem uma relação direta com a atividade turística, pois o turismo exerce ação motivadora para a manutenção dos mesmos, com as regulares apresentações no evento Roda de Viola.

Verifica-se, pela atuação do Museu do Tropeiro em Ipoema, que as ações também se destinam a organizar a atividade turística local, distribuindo os fluxos e divulgando o distrito na mídia, desempenhando um papel do poder público. Também são realizadas ações de incentivo à estruturação do turismo em Ipoema, como o estímulo à organização das comunidades rurais e parcerias para realização de cursos de qualificação gratuitos para a população.

Destaca-se ainda a existência de organizações para planejamento do turismo no distrito, mas não se percebe um desejo de parceria entre grupos que exercem funções públicas e privadas, de modo que o Museu do Tropeiro assume, em certa medida, a função de um centro de referência ao turista.

Apesar do empenho da administração da instituição em envolver a população nos projetos e em fazê-la apropriar-se do Museu – que, na própria concepção, destina-se a refleti-la e envolvê-la, é possível observar que existem alguns aspectos que podem ser melhorados.

A administração de um ecomuseu fundamenta-se em uma gestão compartilhada entre funcionários, técnicos e comunidade, de maneira que esta se sinta parte e gestora desse espaço. Entretanto, percebe-se que em Ipoema a administração e a tomada de decisão acerca dos projetos que envolvem a instituição ainda ocorrem de maneira centralizada e pouco participativa, o que instiga a necessidade da reflexão acerca da gestão social desses espaços e de seus princípios de utilidade pública.

Dessa forma, destaca-se a importância de se refletir acerca da gestão social como base para o desenvolvimento territorial do turismo.

Ruralidade, turismo e gestão social

O sentido do termo ruralidade contempla as diferentes e complexas formas materiais e imateriais resultantes da relação do rural tradicional com imaginários, ações e objetos urbanos. Portanto, o termo abrange as lógicas e estruturas relacionadas ao campo tradicional, ao trabalho camponês, à rusticidade, como também identidades múltiplas associadas ao "novo" rural. O rural deve ser entendido como necessariamente territorial, não mais setorial, agropecuário (Marques, 2002). Nesse sentido, cresce a importância de estudos sobre o grau de influência do turismo na dinâmica da ruralidade no Brasil.

Em primeiro lugar, encontram-se as questões subjetivas relativas às novas imagens e significados atribuídos pelos neorrurais e pelos turistas às paisagens rurais. Se os espaços rurais eram compreendidos como espaços exclusivamente agrícolas, as características atuais de uma certa relação com a natureza, uma certa relação com as cidades e certa relação dos habitantes entre si (Abromovay, 2002) tornam essas áreas de interesse de moradores e turistas urbanos, principalmente aquelas com forte vinculação local. Em razão da intensiva territorialidade associada à natureza e à terra, os espaços ditos rurais tornam-se atraídos ainda mais pela possibilidade de melhor qualidade de vida e melhor educação para os filhos (Marques *apud* Kayser, 2001). Porém, esse fator de subjetividade tem transformado os espaços, interferindo nas solidariedades preexistentes.

De fato, as relações socioculturais nos contextos rurais estão em constante transformação na atualidade. Nesse sentido, ações de turismo podem acelerar processos e até provocar rupturas, sem gerar desenvolvimento, como verificado pelos resultados do Programa de Ação para o Desenvolvimento Turístico do Ceará – o PRODETUR (Coriolano, 2006). Há muito vimos assistindo aos impactos do turismo em espaços rurais e tradicionais, como as comunidades de pescadores do Ceará, notadamente aqueles relacionados ao meio ambiente.

Estudos de caso, principalmente de caráter geográfico, foram realizados para entender os impactos do turismo no meio ambiente. Alguns enfatizam os aspectos de degradação no ambiente natural ocasionados pelo processo de urbanização turística.[8] Outros estudos enfatizam os impactos sociais e econômicos por meio de quadros marcados pela desigualdade e pela exclusão social e espacial, além de ruptura na identidade cultural, da redução da autoestima, aumento do custo de vida, inflação e outras consequências desastrosas no contexto de vida das populações rurais periféricas e tradicionais.

Assim, identidades territoriais têm sido alteradas pela força política e econômica de empreendedores instalados nos territórios, às vezes, em sobreposição a antigas representações sociais. As realidades verificadas no Município de Maria da Fé e no distrito de Ipoema atestam que ações voltadas à valorização da cultura e do meio natural não são suficientes para minimizar os impactos da produção técnica do turismo convencional. Verifica-se, em geral, na esfera produtiva do turismo, mesmo em ambientes onde se encontram modos de vida e trabalho particulares, o predomínio de equipamentos e atividades turísticas de lazer alheias ao patrimônio preexistente, por meio de estruturas e práticas empresariais que seguem um modelo urbano e capitalista de desenvolvimento. As estruturas (objetivas) se reproduzem, em sua maioria, por intermédio de equipamentos de hospedagem de médio e pequeno porte, como hotéis-fazenda, além de pousadas rurais, restaurantes, geralmente substituindo antigas práticas familiares ou comunitárias, ou introduzindo novas atividades, pela ação de atores externos, em formato empresarial.

E a controvérsia se dá na medida em que os fatores de atratividade dos turistas urbanos são os modos de vida diferentes e as paisagens rurais e naturais. A integridade desses ambientes depende da sustentabilidade das bases que permitem os modos de vida e de trabalho familiares e particulares, hoje abaladas, também, pelas estruturas convencionais e produtivas do turismo.

A competitividade do sistema produtivo transforma as condições de vida e trabalho pela centralização econômica e política, podendo acentuar as diferenças sociais. Assim, as pressões provocadas pela crescente "urbanização turística" e a presença de novos atores podem deslocar as características essenciais dessas áreas, relativas ao ambiente de lazer, sociabilidade e trabalho. Essa constatação, entretanto, não significa uma determinação quanto ao arranjo social do turismo nos lugares com potencialidade turística. Ela evidencia as consequências de um projeto político de desenvolvimento turístico fundamentado em uma sociedade heterônoma, não comprometida com a inclusão social e responsabilidade ambiental.

Não há como negar que impactos acontecem no meio ambiente com o uso do território pelo turismo, pois toda intervenção provoca impactos ou mudanças, principalmente quando se dá a partir dos parâmetros de um sistema técnico de base funcionalista.

Nesse contexto, a conservação ambiental das áreas de interesse turístico tem sido tema de inúmeros debates, principalmente quando envolvem unidades de conservação. O termo sustentabilidade, em geral, é apresentado como princípio norteador das ações do turismo, visando a qualidade da atividade e a conservação do meio ambiente para a coletividade. Entretanto, a sustentabilidade, em geral, é proposta pelos agentes do turismo por meio de ações pontuais, de caráter reducionista, tais como medidas de controle de lixo, saneamento e outras. Essas ações são importantes para reduzirem impactos, mas constituem tão somente medidas mitigadoras.

Para Gustavo Krause (1997), há que se ter uma sólida e diversificada formação alicerçada do saber que elabora uma reflexão crítica sobre o atual modelo de civilização ocidental. Do contrário, as populações que ainda mantêm laços mais estreitos com a natureza sofrerão os efeitos mais perversos, como as comunidades de pescadores do Ceará, que apresentam um modo de produzir integrado, em que a natureza humanizada é parte da vida e meio de vida.

Admite-se aqui que as paisagens mudam de significação por meio da transformação do espaço pela instalação de novos sistemas técnicos. Desse modo, as paisagens não mudam de lugar, mas mudam de função e significação, permanentemente, conforme a dinâmica dos territórios. Pensar o turismo como fator de desenvolvimento em territórios de populações rurais e tradicionais, na qual se incluem as populações indígenas, remanescentes de quilombolas e comunidades que sobrevivem de modos de produção artesanais, requer grande zelo e estudo aprofundado em relação aos vários riscos e possibilidades do turismo. Além dos impactos sociais e ambientais do modelo urbano, tem-se a criação de expectativas econômicas que nem sempre são supridas pela atividade, em função das características próprias dos territórios ou por fatores externos relacionados ao mercado.

A produção do espaço envolve o campo político (espaço do poder e da dominação), o econômico (espaço de troca e produção do capital) e o social (espaço de uso e prática da vida social). Mark Gottdiener (1977), comentando Henri Lefebvre, expõe a problemática da dominação do espaço abstrato, produzido pelo Estado e pela economia, sobre o espaço social na sociedade atual. A aliança entre o Estado (poder político) e o mercado (poder econômico), em geral, tem favorecido a formação de um espaço dominado pela abstração.

Entretanto, Mark Gottdiener salienta o efeito da diferenciação dos espaços personalizado e coletivizado, resposta singular ao processo de padronização da sociedade moderna, o que faz surgir conceitos orgânicos de integração espacial "como espaço pessoal, espaço social, a imagem do espaço" (1977, p. 130).

Os sujeitos sociais, indivíduos politizados, agem transformando, produzindo espaço e mudando a si mesmos numa relação mútua e convergente, por meio de ações impregnadas de sentido. Desse modo, os sujeitos sociais agem nos espaços de vida e criam paisagens próprias decorrentes dos modos de vida e trabalho das coletividades. Assim, o espaço representa um universo vivo que alimenta permanentemente as paisagens. As formas de agir produzem formas paisagísticas que, por sua vez, são preenchidas de sentidos diferentes.

Milton Santos apresenta o espaço como meio da ação social. A sociedade, portanto, ao agir coletivamente sobre o espaço, lhe atribui um conteúdo, um valor às formas, ou seja, à própria paisagem. Porém, o atendimento às exigências do mercado turístico dominante tem condicionado a intervenção padronizada dos atores públicos e privados nos diferentes territórios.

No modo convencional de se conceber e praticar o turismo há o predomínio de uma visão funcionalista do sistema técnico. Na contramão desse processo, é reconhecida a importância do movimento da história, das crenças, dos valores culturais e sociais. Nessa direção, destaca-se a intenção do Museu do Tropeiro, em Ipoema, no reavivamento da memória dos valores indentitários do território.

Isso significa que o sistema técnico turístico atua e interfere na produção do espaço, e vice-versa. Mas os espaços não mudam de forma homogênea. Sobre a questão, Milton Santos (1997, p. 70) adverte: "hoje os objetos valorizam diferentemente as ações, em virtude de seu conteúdo técnico". Apesar disso, é a ação, em última análise, que dá sentido aos objetos.

Milton Santos incorpora a ideia de superação da abordagem estritamente tecnológica e da produção do espaço, ao afirmar que, sozinha, a dimensão técnica não explica nada. "É o lugar que atribui às técnicas o princípio de realidade histórica, relativizando o seu uso, integrando-as num conjunto de vida, retirando-as de uma abstração empírica e lhes atribuindo efetividade histórica" (SANTOS, 1997, p. 48).

O autor apresenta o conceito de lugar como espaço geográfico valorizado, *locus* da contradição do espaço no mundo global. O processo turístico, por meio das forças dominantes, revela uma tendência à produção homogênea dos espaços, mas a realidade histórica dos territórios e as características do meio asseguram resistências perante a desejada homogeneização.

Essa leitura traduz uma visão ampla do espaço, quando o lugar, transformado pelo tempo, é referenciado como uma realidade histórica. Assim, incorpora-se ao lugar uma natureza histórica mutuamente conversível entre espaço abstrato e espaço social. É o processo histórico, com suas contradições, que apresenta o princípio da diferenciação dos lugares na dita sociedade de consumo.

Se os lugares conferem diferenciação uns dos outros por intermédio da realização histórica, e se a história é construída pelo homem (homem, firma, instituição), como caracterizá-los de uma forma homogênea? Se existem lugares diferentes, é porque os homens agem e reagem aos processos espaciais de formas diferentes. Portanto, a forma resultante dos processos históricos depende em última instância da direção para a qual convergem as ações dos diferentes atores. Mas, ao reconhecer a possibilidade de diferenciação do espaço que se dá no lugar, admitir-se-ia a possibilidade de um sistema turístico também diferenciado?

Já se discutiu que a realização histórica "se dá sobre uma base material: o espaço e seu uso; o tempo e seu uso; a materialidade e suas diversas formas: ações e suas diversas feições" (SANTOS, 1997, p. 44). As condições preexistentes dos territórios condicionam as respostas às intervenções globais. Assim, as intervenções para o desenvolvimento surgem a partir do reconhecimento do lugar.

O lugar "pode muito mais significar recuo para si do que vontade de modernização para abertura ao exterior" (OTH, 1997, p. 85). Os territórios de populações rurais e tradicionais são apresentados, portanto, como *locus* de impulsão criativa. Um local de socialização potencial para a construção de novas formas de desenvolvimento e, por que não, de turismo?

Assim, torna-se fundamental a reformulação dos métodos do turismo com a incorporação das características próprias de cada território para a definição de novos parâmetros técnicos. A revisão do paradigma norteador dos métodos de turismo supõe a construção de uma nova base teórica para sustentar metodologias educativas e participativas, para que a construção do turismo possa contribuir, de fato, para os territórios de populações rurais e tradicionais.

Um primeiro conceito importante se refere ao patrimônio. O termo patrimônio é derivado do latim *patrimonium* e significa os bens herdados do pai. Incluiu-se nesse conceito tudo aquilo que tem valor e que se herda. Os bens constituem os elementos referenciais da existência dos indivíduos e resultam das relações estabelecidas com outros indivíduos e com os objetos. Essas relações contêm um pouco ou muito mais dos significados da vida de seus donos. Confundem-se com a própria identidade do indivíduo, com sua história pessoal, com os locais e as pessoas que amam ou amaram. Assim, o patrimônio deve nortear os estudos relacionados ao reconhecimento da identidade dos territórios.

O caso da Prainha do Canto Verde (MENDONÇA, 2004), no Ceará, demonstra o fortalecimento do vínculo com o território, atributo da identidade territorial, a partir do movimento de uma família que, ao tomar consciência da provável perda das terras coletivas para uma indústria imobiliária, inicia grande mobilização para consciência da comunidade em relação à situação de ameaça.

> A identidade é uma construção social e não um dado, se ela é do âmbito da representação, isto não significa que ela seja uma ilusão [...] a construção da identidade se faz no interior de contextos sociais que determinam a posição dos agentes e por isso mesmo orientam suas representações e suas escolhas. (CUCHE, 1999, p. 182)

É dessa forma que têm sido construídas identidades no Nordeste brasileiro e em outros países da América Latina, como o Equador. O histórico de ameaças pela tentativa de apropriação, às vezes pela grilagem, de territórios coletivos por setores mineradores, petrolíferos, imobiliários e turísticos tem provocado a organização de comunidades pela defesa de seus espaços de vida, como processo de diferenciação. O caso da Prainha do Canto Verde parece surgir como força propulsora da organização de um novo turismo, aquele que está por vir. Nesse caso o território coletivo está mantido sob o controle das populações, agora proprietárias de empreendimentos turísticos comunitários, apresentando-se, de fato, como beneficiadores ativos da economia turística.

Pode-se afirmar que a base do turismo comunitário, assim definido pelos sujeitos da Prainha do Canto Verde, está na mobilização do potencial coletivo para a defesa e a luta da manutenção de suas terras, de seu patrimônio. A experiência da Prainha do Canto Verde tem favorecido a expansão e fortalecimento de novas formas de turismo a partir da atuação de ONGs, como Instituto Terramar (MENDONÇA, 2004). O movimento tem gerado a realização de eventos internacionais e formação de redes de turismo solidário comunitário em âmbito nacional e estadual.

O fenômeno do turismo solidário comunitário fortalece a argumentação quanto à necessidade de reformulação das bases teóricas que sustentam o sistema do turismo, principalmente no campo da economia e da administração, pois se referem às bases produtivas, de planejamento e gestão. Portanto, a abordagem funcionalista de desenvolvimento, que fundamenta os sistemas técnicos de turismo, passa a não mais atender às necessidades dos territórios rurais e tradicionais, e hoje surgem expressões como socioeconomia, num esforço de atender às particularidades dos modos de produzir em territórios coletivos. Destacam-se as iniciativas para organização de arranjos produtivos de base comunitária.

Por outro lado, a gestão social apresenta-se como teoria potencial da administração para favorecer uma intervenção técnica baseada em instrumentos de planejamento e gestão participativos. Os princípios apresentados pela Rede de Turismo Solidário Comunitário (TURISOL) são avanços para a criação de critérios para a organização da prática. É importante ressaltar que conquistas de participação ocorreram em Maria da Fé, porém em um nível bastante distinto às das obtidas na Prainha do Canto Verde, em que a mobilização atingiu um poder de decisão que abrange todo o território. A experiência de Ipoema se destaca pelas ações culturais, mas baseadas em uma gestão centralizada. Entretanto, os conflitos são inerentes à construção das identidades e aos processos de negociação social, seja no meio rural de Maria da Fé, Ipoema, seja na Prainha do Canto Verde. Assim, o turismo solidário comunitário apresenta-se como novo paradigma para o sistema técnico do turismo, pois se apresenta em novo formato quanto aos processos de elaboração das políticas públicas, planejamento e gestão.

Sob a perspectiva acadêmica, colocam-se em xeque os métodos convencionais de planejamento e a gestão do turismo, onde o técnico é o detentor do conhecimento e o responsável pelo planejamento e pela definição das melhores estratégias de atuação, diante das necessidades do mercado. É lançado um desafio para os estudiosos da área e gestores do turismo quanto às formas de intervenções nos territórios. Assim, ao refletir sobre possíveis intervenções nos territórios de populações rurais e tradicionais, as noções de patrimônio, território coletivo e identidade tornam-se indissociáveis e fundamentais para nortear as políticas públicas, o planejamento e a gestão.

Apesar de todas as dificuldades para a mudança necessária, acredita-se que políticas públicas e ações de planejamento e gestão podem contribuir para facilitar processos de construção de identidades, por meio de uma intervenção com respeito aos territórios.

Um desafio válido para todos os atores envolvidos com a gestão do turismo consiste na criação de meios para estímulo a uma experiência ativa pelo turista, pois como bem definido por Luzia Coroliano (1998, p. 28), "o lazer pode e deve ser identificado como uma ação cultural, uma oportunidade para a participação democrática e de desenvolvimento pessoal e social". Assim, como uma experiência de lazer, a natureza da experiência do turista com as comunidades apresenta-se no âmbito cultural, o que reforça a importância de novos parâmetros para o planejamento dos "produtos turísticos", para que os próprios viajantes sejam estimulados a vivenciar de forma mais integrada e orgânica as realidades das comunidades. Nessa perspectiva, percebe-se o crescimento de práticas turísticas solidárias, em que o turista torna-se um colaborador da comunidade. Nesse caso, o controle das ações pela comunidade torna-se fundamental, para que a prática não resulte em assistencialismo.

A prática do lazer, nessa perspectiva, sugere a interação, o convívio e o aprendizado entre as pessoas do lugar e as pessoas de fora do lugar. Essa condição imprime um significado diferenciado para a experiência turística no mundo contemporâneo. Sugere a reflexão sobre a importância da vivência do turismo, do papel da viagem para o crescimento do ser humano. O desafio para os acadêmicos consiste no desenvolvimento de bases teóricas capazes de sustentar um novo método de turismo. Por outro lado, o desafio dos planejadores e dos técnicos se refere à mudança de postura para o início de um processo de intervenção social educativa, que leve à tomada de consciência coletiva da população quanto aos potenciais humanos e de usos do território. Nesse processo, o diálogo entre o saber técnico e o saber popular torna-se a âncora para facilitar tal processo.

A gestão social, como meio de intervenção, oferece instrumentos participativos para o planejamento e a gestão compartilhados, por meio de metodologias de planejamento participativo. A comunicação social, por intermédio das metodologias de mobilização social, também se apresenta como conhecimento importante para fundamentar os processos de turismo de base comunitária. Nessa ótica, um princípio norteador da intervenção social se refere ao caráter educativo. A abordagem da educação popular contribui como referencial teórico para os processos de problematização da realidade vivida e ressignificação das ações, no sentido de se alcançarem objetivos comuns e coletivos.

Gerir uma cidade, um território, não significa gerir apenas ou, sobretudo, coisas (substrato espacial, mobiliário urbano), mas planejar e gerir relações sociais (SOUZA, 2001). O autor enfatiza a dimensão social nos processos de gestão. Uma organização social integrada e crítica pressupõe o incentivo à autonomia, à participação ética dos atores do desenvolvimento e da criatividade dos homens do lugar, ou seja, de um processo educativo visando novas referências do viver e do morar. Instâncias públicas como o Museu do Tropeiro, presente na área rural de Itabira, apresentam-se como potenciais para um processo de gestão social. A relação de proximidade com o território, com as comunidades, favorece a comunicação e a ação social. Nesse caso, o desafio se encontra na cultura predominante da gestão pública dos municípios: quase sempre fundamentadas em estruturas hierárquicas e centralizadas.

Assim, a construção ou a reconstrução das identidades territoriais tornam-se fatores determinantes dos processos de desenvolvimento nos e dos territórios, assim como meios para a mobilização e a transformação social. As ações se iniciam e se processam pela dinâmica das identidades.

A organização do espaço-alvo do turismo com um reconhecimento do território supõe intervenções que visam o crescimento humano e coletivo, além do econômico. Assim, a gestão social torna-se viável, em termos práticos, se houver uma abertura e vontade de mudança pelos atores públicos, pelos planejadores e pelas populações. Isso condicionaria um novo saber turístico e espacial.

Num primeiro instante, talvez, seja sensato pensar que o conflito e/ou a cooperação no âmbito das ações comunitárias fazem parte da experiência espacial, ou deveriam fazer, já que seu uso manifesta-se por meio da negociação social entre os grupos.

> A negociação é uma atividade que coloca frente a frente dois ou mais atores que, unidos por uma interdependência, se engajam voluntariamente para enfrentarem as divergências existentes, em busca de um caminho satisfatório, não violento

(acordo afetivo), que leve em conta a realidade do outro, visando por fim a estas divergências e, deste modo, criar (ainda que temporariamente), manter ou desenvolver uma nova relação entre eles. (VARGAS, 2001, p. 115)

Nessa mesma direção, Milton Santos (1997) ressalta o papel da interação entre ações mediadas pelas técnicas e por sua racionalidade e ações mediadas pelos símbolos e pela ação comunicacional na produção dos sistemas sociais. É o processo de interação, por meio da informação e da comunicação, que possibilita a construção e a reconstrução dos valores, necessários para a mudança no saber-fazer espacial.[9] A negociação social pode resultar em um movimento de conflito, se baseada na informação, ou em movimento de cooperação, se fundada na comunicação. "Comunicar [...], etimologicamente, significa pôr em comum. [...] os 'esboços simbólicos', que providos pelo movimento de cooperação, prolongam a atividade própria do sujeito e abarcam a totalidade da tarefa comum" (SANTOS, 1997, p. 253).

A forma como a comunicação ocorre é determinante dos padrões de organização e desenvolvimento dos territórios. Isso significa que a experiência do espaço na sua totalidade se dá nas relações do cotidiano. Portanto, poder-se-ia afirmar a possibilidade de um agir, baseado na comunicação, que favoreça a formação ou a reconstrução de identidades territoriais para o desenvolvimento, tendo o turismo e outras atividades produtivas como estímulos à transformação das desigualdades socioespaciais. Portanto, a abordagem funcionalista de desenvolvimento, fundamentadora do turismo moderno, não atende às dimensões dos territórios, principalmente em se tratando de territórios com identidades específicas. Entende-se que os estudos na área das intervenções sociais e educativas são caminhos férteis para a ressignificação desejada e necessária. Assim, nem toda experiência turística determina a criação de espaços urbanos ou, pelo menos, não deveria. O formato dos arranjos relacionados aos sistemas turísticos deveria se dar conforme as leis próprias de cada território. Está lançado o desafio!

Notas

[1] O turismo de massa é um fenômeno que ocorre quando uma grande quantidade de pessoas viaja para o mesmo local ao mesmo tempo. É intensamente estimulado pelos pacotes turísticos que, pelo volume de pessoas transportadas, oferecem custos menores aos turistas (PELLEGRINI FILHO, 2000). O fenômeno resultante do crescimento e da prática de viagens em massa no mundo moderno, principalmente após 1950, é chamado de turismo de massa. Apesar de os conceitos incluírem uma abordagem quantitativa para o fenômeno, a prática traduz também a lógica de consumo da sociedade moderna.

[2] "[...] a paisagem é, pois, um sistema material e nessa condição, relativamente imutável: o espaço é um sistema de valores, que se transforma permanentemente" (SANTOS, 1997, p. 83).

[3] Denominada por Milton Santos (1997) como fluxos.

[4] Foi possível perceber também essa relação ao conversar com as pessoas nas ruas e nos estabelecimentos comercias.

[5] As representações são os produtos das interpretações significativas que os indivíduos usam para entender o mundo (MOSCOVICI, 1989).

[6] Os dados do último censo confirmam o aumento da população na cidade de Maria da Fé (ALMEIDA, 2005).

[7] MEDRADO; TOMAZ; ALMEIDA, 2007 e MEDRADO; DOMINGOS; ALMEIDA, 2008. Esses estudos constam de relatórios de pesquisa coordenada pela autora, envolvendo alunos do curso de graduação em turismo da UFMG.

[8] O conceito de urbanização turística vem sendo utilizado em referência à conexão entre o desenvolvimento de atividades turísticas e a emergência de novas paisagens, "[...] como expressão de uma forma de urbanização que, ao contrário da urbanização industrial, tem sua produção de significados e identidades sociais deslocadas da produção para o consumo" (LOPES JÚNIOR, 2000, p. 213).

[9] Sobre a distinção entre informação e comunicação, Milton Santos (1997, p. 253) afirma: "podemos nos comunicar com o mundo que nos rodeia, com os outros e até mesmo conosco, sem procedermos à transmissão de quaisquer informações, tal como podemos transmitir informações sem criarmos ou alimentarmos quaisquer laços sociais".

Referências

ABRAMOVAY, R. *O futuro das regiões rurais*. Porto Alegre: Ed. UFRGS, 2002.

ALMEIDA, F. A. B. *A produção do espaço pelo turismo: a paisagem e os conflitos de gestão em Maria da Fé-MG*. Dissertação (Mestrado) – Universidade Federal de Minas Gerais, Belo Horizonte, 2005.

AMORIM FILHO, O. B. A evolução do pensamento geográfico e a fenomenologia. *Sociedade & Natureza*, Uberlândia, v. 11, n. 21/22, p. 67-87, jan./dez. 1999.

BENI, M. C. *Análise estrutural do turismo*. 2. ed. São Paulo: Ed. SENAC, 2001.

BOULLÓN, R. C. *Planejamento do espaço turístico*. Bauru: EDUSC, 2002.

CARLOS, A. F. A. O turismo e a produção do espaço. *Revista Geografia & Ensino*, Belo Horizonte, ano 8, n. 1, p. 47-56, jan./dez. 2002.

CARNEIRO, M. J. *Ruralidade na sociedade contemporânea: uma reflexão teórico-metodológica*. Buenos Aires: CLACSO-Asdi, 2000. 22p. Disponível em: <http://www.ftierra.org/ftierra1104/docstrabajo/jmcarneirobr_nr.pdf>. Acesso em 23 fev. 2008.

CENCIC, A. *Estudo da paisagem cultural: o campus da UFMG*. 356 f. 1996. Dissertação (Mestrado em Geografia) – Instituto de Geociências, Universidade Federal de Minas Gerais, Belo Horizonte, 1996.

COROLIANO, L. N. *Do local ao global: o turismo litorâneo cearense*. Campinas: Papirus, 1998.

CORIOLANO, L. N. *O truísmo nos discursos, nas políticas e no combate a pobreza*. São Paulo: Annablume, 2006.

CUCHE, D. *A noção de cultura nas ciências sociais*. Tradução de Viviane Ribeiro. Bauru: Edusc, 1999.

GOTTDIENER, M. Paradigmas flutuantes: o debate sobre a teoria do espaço. In: GOTTDIENER, M. *A produção social do espaço urbano*. 2. ed. São Paulo: Edusp, 1997. p. 115-158.

HAESBAERT, R. *Des-territorialização e identidade: a rede gaúcha no Nordeste*. Niterói: EDUFF, 1997.

HALL, S. *Identidade cultural*. São Paulo: Fundação Memorial da America Latina, 1997.

KRAUSE, G. A natureza revolucionária da sustentabilidade. In: CAVALCANTI, C. (Org.). *Meio Ambiente, desenvolvimento sustentável e políticas públicas*. São Paulo: Cortez, 1997. p. 15-19.

LEFEBVRE, H. *A vida cotidiana no mundo moderno*. São Paulo: Ática, 1991.

LOPES JÚNIOR, E. População e meio ambiente nas paisagens da urbanização turística do Nordeste: o caso de Natal. In: TORRES, H.; COSTA, H. (Orgs.). *População e meio ambiente: debates e desafios*. São Paulo: Ed. SENAC, 2000. p. 213-232.

MARQUES, M. I. M. O conceito de espaço rural em questão. *Revista Terra Livre*. São Paulo, n.19, p. 95-112, jul./dez. 2002.

MEDRADO, L.; TOMAZ, F.; ALMEIDA, F. *Expressões da ruralidade na Paisagem de Ipoema: uma contribuição ao estudo do turismo rural*. UFMG, 2007 (Relatório de pesquisa).

MEDRADO, L., DOMINGOS, L., e ALMEIDA, F. *Dinâmicas do sistema cultural de Ipoema: um estudo das relações com o turismo*. UFMG, 2008 (Relatório de pesquisa).

MENDONÇA, T. C. M. *Turismo e participação comunitária: Prainha do Canto Verde, a "Canoa que quebrou e a "fonte" que não secou?* Dissertação (Mestrado) – Universidade Federal do Rio de Janeiro, Rio de Janeiro, 2005.

MORIN, E. *Cultura de massas no século XX: o espírito do tempo*. 2. ed. São Paulo: Forense, 1969.

MOSCOVICI, S. Des représentations colletives aux représentations sociales. In: JODELET, D. *Les representations sociales*. Paris: Presses Universitases de France, 1989.

OTH, V. O desenvolvimento: indicadores e tentativa de avaliação. *Revista Geografia*, São Paulo, v. 14, p. 79-114, 1997.

PELLEGRINI FILHO, A. Dicionário enciclopédico de ecologia e turismo. São Paulo: Manole, 2000.
RAMALHO FILHO, R.; SARMENTO, M. E. C. Turismo, lugar e identidade. *Revista Licere*. Belo Horizonte, v. 7, n. 1, p. 35-46, 2004.

RODRIGUES, A. M. A produção e o consumo do espaço para o turismo e a problemática ambiental. In: YÁZIGI, E.; CARLOS, A. F. A.; CRUZ, R. C. *Turismo: espaço, paisagem e cultura*. São Paulo: HUCITEC, 1996. p. 55-62.

SANTOS, M. *A natureza do espaço: técnica e tempo; razão e emoção*. 2. ed. São Paulo: HUCITEC, 1997.

SOUZA, M. L. *Mudar a cidade: uma introdução crítica ao planejamento e à gestão urbana*. Rio de Janeiro: Bertrand Brasil, 2001.

VARGAS, H. C. A arte da negociação. In: VARGAS, H. C.; RIBEIRO, H. (Orgs.). *Novos instrumentos de gestão ambiental urbana*. São Paulo: EDUSP, 2001. p. 107-124.

A "insustentabilidade" do conceito de desenvolvimento sustentável

Cínthia Soares de Oliveira

A partir de 1992 a Conferência das Nações Unidas sobre o Meio Ambiente e o Desenvolvimento, a Rio/92, elevou o conceito de sustentabilidade a patamares globais. As Nações Unidas (Comissão de Desenvolvimento Sustentável e Conselho de Presidentes para o Desenvolvimento Sustentável), a Comunidade Europeia (Programa de Política e Ação em Relação ao Ambiente e o Desenvolvimento Sustentável) e a Holanda (Sustainable Netherlands) são alguns exemplos (Nobre, 2002).

Paralelamente, a década de 1990 inspirou as mais diversas epifanias no Estado do Rio de Janeiro, Brasil. Abraços para salvar a Lagoa Rodrigo de Freitas (contaminação da água), caminhadas pela paz (em defesa, principalmente, dos bairros turisticamente mais visíveis), em favor de grupos minoritários (gays, lésbicas, negros, pobres, crianças abandonadas, etc.), movimentos relacionados à proteção da vida intra-uterina (aborto), entre outros, são exemplos de atividades coletivas que agregaram nos seus temas principais a questão da "sustentabilidade".

Em outro foco, congressos, encontros, seminários, palestras, tanto em universidades públicas e privadas quanto em instituições como o Ministério Público, a Ordem dos Advogados do Brasil, a Confederação da Indústria, para mencionar alguns, promoveram eventos com personalidades nacionais e internacionais de diversas áreas do conhecimento, com discursos que abrangeram inúmeras questões ambientais em tons variados do tipo "chamar a atenção para o assunto" até aos que "anunciavam a morte certa do planeta dentro em breve" e que, unidos pelo ímpeto de salvação, dirigiam-se à conscientização da população, ainda desinformada da maioria dos novos paradigmas ambientais e de sustentabilidade.

Especificamente sobre o termo "sustentabilidade", no início dos anos 1990 surge o desenvolvimento urbano sustentável. No entanto, ninguém sabia o que ele significava e, apesar de todos citarem o Relatório de Brundtland, elaborado em 1987 pela Comissão Mundial sobre Meio Ambiente e Desenvolvimento, não se sabia como aplicar seus conceitos, nem havia sequer um consenso sobre essa nova modalidade de se pensar e planejar o ambiente urbano (HALL, 2002).

Novas palavras correntes como biodiversidade, camada de ozônio, emissão de gases de efeito estufa, chuva ácida, reciclagem, legislação ambiental, poluição da água, ar, solo; erosão, desflorestamento, transgênicos, auditoria e educação ambiental; gestão ambiental, matas ciliares, povos da floresta, responsabilidade social, etc. tentavam transitar como palavras correntes e fluentes na boca do povo de modo confuso, pois a grande maioria da população não compreendia o que de fato significavam os termos. Os conceitos gerados no seio da nova modalidade proposta para a vida do planeta estavam maduros sem cumprirem suas etapas normais de percurso.

Ameaças vindas de todos os lados e a todo momento pareciam colaborar para a inundação desses novos significados (bem ou mal entendidos) para os ouvidos e a alma, causando um turbilhão de indagações e incertezas, principalmente nos grandes centros urbanos já tão sacrificados e cheios de problemas.

Hoje, passados 17 anos do ocorrido (Rio/92), podemos admitir que pouca coisa se transformou em favor de um futuro com mais dignidade e respeito à vida – de todos os tipos, qualidades e quantidades, e, notoriamente as comunidades que menos parecem ter se modificado são aquelas de menor recurso socioeconômico.

Como e onde situar as novas propostas de desenvolvimento sustentável tendo cotidianamente o antigo sentido conceitual de desenvolvimento a tumultuar as mentes, principalmente veiculado à mídia? Como compreender um desenvolvimento pautado em novas bases e concepções, se as metas e ações se direcionavam (e ainda se direcionam) ao lucro em todas suas dimensões?

Curiosidades e necessidades ambientais se misturavam, e se misturam, nos noticiários com assuntos sobre favelas, balas perdidas, trânsito caótico, assassinatos e corrupção nos grandes centros urbanos, mantendo a nova linguagem ambiental diariamente inserida no palavreado popular.

Claro que muita coisa importante e digna foi feita (e ainda é), mas queremos aqui contemplar outro ponto de vista e que diz respeito, principalmente, à questão de "escala". O global e o local em sua interdependência com o tempo e o espaço impõem à sustentabilidade um determinado sentido em escala local e um significado muito mais complexo e muito menos consensual, quando considerada em escala global (ou universal), e que se traduz no grande número de abordagens e significados para o tema, permitindo inúmeras discussões sobre várias perspectivas.

Contudo, neste texto, propomos analisar questões interrelacionadas com o homem e a natureza em um breve percurso histórico, seguidas de algumas considerações contemporâneas que envolvem em seu contexto a sustentabilidade, na direção da complexidade da noção do tema.

Enrique Leff (2006) explica que o conceito é ambivalente na medida em que aponta para dois significados: aquele que incorpora as condições ecológicas do processo econômico do tipo que atende a renovação da natureza, a diluição de contaminantes e a dispersão de dejetos, e outro, que implica a relação de durabilidade e permanência do progresso econômico no tempo.

Como será possível construir a sustentabilidade planetária com a concepção do termo no seio da sustentabilidade do desenvolvimento econômico e dos mecanismos de mercado existentes? Longa discussão que ainda não encontra caminho.

A aproximação do planeta dos seus limites ambientais advém, em parte, da visão de mundo baseada na crença encorajadora do uso e abuso da natureza. A relação entre o ser humano e a natureza respalda-se, frequentemente, naquela visão internalizada de natureza ilimitada e servil a todos os propósitos humanos. Os caminhos traçados para o pensamento ocidental foram pautados, inicialmente, nas ideias de uma natureza composta de inércia, podendo e devendo ser transformada para ganhos econômicos, os quais se traduzem, até hoje, em trabalho (não todos) como significante de progresso.

Além disso, a herança intelectual e a fonte dessas crenças têm respaldo nos filósofos gregos, na tradição judaico/cristã, no iluminismo, na revolução científica, no colonialismo europeu, na revolução industrial e, por fim e em trajeto indeterminado, no que talvez possamos denominar revolução tecnológica e cibernética. No entanto, configura-se na contemporaneidade um novo sentido para o conceito de sustentabilidade, que tenta extrapolar o econômico, sem excluí-lo, implicando a sua multidimensionalidade, que incorpora o social, o político, o filosófico e o cultural diante da percepção dos limites ambientais na interrelação do ser humano com a natureza. São essas reflexões que permeiam este texto.

Breve histórico das concepções sobre a interrelação do homem com a natureza

Nas civilizações mais antigas, o planeta era visto como organismo inteligente que expirava e inspirava, dando vida a tudo, inclusive ao homem, portanto natureza e homem eram iguais. Em seguida, surge o modelo geocêntrico e o modelo heliocêntrico, levando a crer que as transformações poderiam ocorrer, mas ainda assim estaríamos com a garantia desse "mundão de Deus".

Com a descoberta do átomo, o "mundo espírito" passa à categoria de "mundo máquina". A alma (sob a jurisdição da igreja) é diferente do corpo, e este, como todas as outras coisas, passa a ser regido pelas leis mecânicas, portanto passíveis de estudo, ajustes, modificações, transformações e domínio.

A revolução científica dos séculos XVI/XVII, sem desprezar outras épocas e revoluções, aponta a ideia de que a natureza pode e deve ser controlada. Dentre alguns pensadores influentes, Francis Bacon (1561-1623) teve importante destaque. Pautando suas ideias na Bíblia, defendeu a ciência como caminho para o paraíso, portanto a natureza estaria a ela subordinada. No curso da história, John Locke (1632-1704) provoca uma confusão na maneira de lidar com a terra, assegurando que Deus destinou o homem para herdá-la, donde então poder e riqueza seriam essenciais, e, portanto, os pobres poderiam ser pobres porque sempre teriam os ricos para quem trabalhar e tirar seu sustento. Consequentemente, o "ser pobre" passa a ser interessante para o "ser rico" e vice-versa, incluindo ainda que o "ser rico" seria o patamar *optimo*, pois estaria vivendo dignamente nesse propósito, ao oferecer meio de vida aos pobres.

Essa concepção, de algum modo, pesa ainda na contemporaneidade e remete ao pensamento de infinitude de recursos, ao mesmo tempo em que oferece a ideia de acumulação como sinônimo de riqueza, tanto material quanto espiritual, legitimada na garantia de sobrevivência dos que não a detém.

Mais adiante, expandir e conquistar (período das colônias) é visto por uma perspectiva honrada e necessária para proporcionar melhores condições (de cultura, religião, educação, de saúde, etc.) de vida.

Inserido nesse tempo/espaço, o caráter inicial de formação do Brasil das conquistas coloniais é fundamentalmente comercial (especiarias). Considerada como uma primeira etapa da globalização, a descoberta das Américas comporta duas questões fundamentais: o capital mercantilista e a necessidade de novos mercados, donde então as parcerias entre burguesia e Estado financiavam as expedições e repartiam os lucros, em sua maioria frutos da exploração do meio (principalmente vegetal).

Interessante notar que havia referências ao ambiente natural em Portugal de 1446, nas Ordenações Afonsinas, que mais tarde passam a Ordenações Manoelinas, e, em 1603, a Filipinas. Nesta última, tópicos especificam questões sobre poluição hídrica, referência a animais e punição para criminosos ambientais (curiosamente a punição era a extradição para o Brasil).[1]

No curso da história, além desses pensadores, outros influenciam nossa visão ocidental. Hobbes (1588-1608) postulou que tudo era matéria (homem, pensamento, cérebro) apontando as constantes de competição, riqueza e poder. A natureza não se inseria nessa concepção, portanto passou a ser perigosa e caótica, momento em que o homem deveria então lutar contra ela, subjugando-a e colocando-a a serviço das necessidades humanas.

Por outro lado, Adam Smith (1723-1790) afirma que o Estado deve conter-se. Não interferindo em nada, o homem saberia o que seria melhor para si e para o próprio Estado, a natureza incluída ao bel-prazer em qualquer das partes.

Em contraponto, Jeremy Benthan (1748-1832) teoriza que a natureza humana tendia a maximizar o prazer e minimizar a dor, o sofrimento, dando sentido de felicidade à moral. No contexto, verifica-se que a maximização pretende uma medida, que seria em quantidade de posses, e o ambiente, tanto natural quanto construído, serve a esse propósito.

Em outro ponto de vista, Thomas Paine (1737-1809) acompanhou o pensamento de Adam Smith e foi além com a ideia de que os governos não devem interferir nos direitos do ser humano de pensar, de buscar conforto, de liberdade. Mais tarde, atestamos esse conteúdo na Declaração de Independência dos EUA (direito à vida, à liberdade e à busca de felicidade), elevando o homem ao nível do Estado, sem lugar para a natureza.

O pensamento de Hobbes, por outro lado, teve influência na Reforma Protestante. Nele, tanto a moral quanto a religião sustentavam a busca de bens materiais. Na sequência, Calvino (1509-1564) afirma que trabalhar é divino e a geração de riquezas pelo trabalho é recompensa de Deus. A pobreza teria cunho de pecado, de castigo, pensamentos que ainda hoje passeiam pelas esquinas de nossas cidades e bem longe de alternativas sustentáveis para os grandes centros urbanos.

Max Weber (1864-1920) abre espaço para vincular ética protestante e capitalismo, ao ressaltar que aquela valorizava o trabalho e a acumulação dele decorrente como uma marca de santificação; por outro lado, Karl Marx (1818-1883) afirma que as relações sociais e os relacionamentos humanos (sociedade industrial) são definidos por suas dimensões econômicas. Os modos de produção teriam reflexos nas subestruturas nas quais superestruturas (artes, filosofia, religião) de interação social se constituem.

A industrialização, portanto, colocaria o homem na esfera econômica e ao contrário da via de produção agrícola, que favorecia a relação de proximidade trabalhador/produto. Contudo, a industrialização sedimentava um sentimento de conquista e orgulho do que era produzido como expressão do engenho humano, dos seus conhecimentos científicos e tecnológicos.

A despeito disso, na concepção de Marx o trabalho na produção agrícola e artesanal pré-capitalistas seria menos alienado do que na produção industrial capitalista, que é marcada pela divisão do trabalho (planejamento distante da execução, fragmentação das tarefas de produção) e pela questão socioeconômica não-igualitária – desigualdade, assimetria, hierarquia. Poucos detêm a propriedade dos meios de produção, e a maioria detém apenas a força de trabalho, estabelecendo-se uma relação injusta. Tais características da industrialização capitalista alienariam, então, o trabalhador do seu produto e da concepção deste.

Nesse sentido, a alienação destrói as bases do ser humano naquilo que ele é como protagonista, agente, sujeito, tornando menos sustentáveis as inter-relações ao longo do tempo entre ele enquanto "ser" e o ambiente.

Em outro sentido, Charles Darwin (1809-1882) aborda a teoria da evolução da espécie, bem como a teoria do simples para o complexo num paralelo com a sociedade agrícola e a industrial.

Uma hierarquia se estabelece na visão de cosmos. O conceito de progresso e a relação com o tempo linear advindos da visão grega e cristã (ordem linear de poder), inseridos no tempo-espaço, nos oferecem esse pano de fundo, instalando Deus como reinante sobre o homem, este ser que rege a mulher, as crianças, em seguida os animais, as plantas, os materiais inorgânicos, nessa ordem. Seguindo a escala, o homem é o segundo, e a mulher, o terceiro elemento e, por último, as plantas; onde estariam os descartes? O desconsiderado lixo proveniente do consumo, das transformações da matéria (orgânico-inorgânica) não se coadunava com os pensamentos, pelo menos nos que alcançavam um mínimo de divulgação.

Noutra abordagem, retomando à Grécia Antiga, Aristóteles organizou os seres em um *continuum,* uma escala natural de acordo com a perfeição. Esta, baseada em uma quantidade de almas ou realização potencial, diferenciaria os tipos de "ser" e definiria o quão perto estariam do topo – de Deus. Visão ainda presente, tanto para alguns religiosos quanto para os que, quando sofrem, se voltam para o alto na busca de resoluções de seus problemas. No céu tudo, na terra, a mediocridade, o sofrimento, as penas e as provas necessárias ao crescimento da alma e do espírito. Terra desprendida da natureza, do meio, portanto, das vidas dos seres humanos e de Deus.[2]

Instituições e estudos constituídos no seio da ideia linear, hierárquica, como as militares e acadêmicas, o campo da taxonomia botânica, entre outros, são exemplos práticos dos pensamentos que nos influenciaram ao longo dos tempos. A estrutura vertical de poder e *status,* de mãos dadas com o nicho do reducionismo científico que compreende o todo complexo feito de partes mais simples, corroboram e finalizam esse pequeno histórico. Complementando, há tempos que o simples é sinônimo de pouco.

Em conformação, é preciso estar atento para o fato de que as organizações verticais e o progresso linear formam duas tendências importantes na nossa visão de mundo ocidental, sendo talvez o pensamento linear de progresso o patamar e a instância na qual ainda idealizamos e exercemos nossas atividades cotidianas e, desse modo, continuamos a vagar na busca de um crescimento diferenciado do atual e não compreendendo como exercitar a tal sustentabilidade ou mesmo diminuir seu valor pragmático.

Em síntese, durante um longo período, a inter-relação homem – natureza foi marcada pela noção de domínio sobre os recursos naturais e do seu uso para o "progresso" da humanidade, sem levar em conta os limites ambientais que se colocam a esse uso predatório e imediatista, centrado essencialmente na valorização econômica como a principal – e mesmo única – dimensão a ser considerada.

Concepção contemporânea de sustentabilidade

Lefebvre (1970), estudioso da vida cotidiana, anuncia problemas, tanto em relação ao recorte a ser avaliado (escala) quanto aos que ocorrem nas tentativas de ações interdisciplinares – termo bastante necessário para o exercício da sustentabilidade planetária. Em poucas e sábias palavras, expõe que cada ciência, com suas particularidades e com seu olhar, colabora com a impossibilidade de conceber a ciência do fenômeno urbano de forma abrangente. Talvez essa seja uma das principais razões da insustentabilidade.

Nesse sentido, as dificuldades estariam baseadas nas terminologias variadas, na linguagem (palavras e conceitos), na incompatibilidade entre teses e teorias que tendem suas confrontações e afrontamentos para o êxito, e ainda no imperialismo científico, seja da economia, sociologia, geografia, seja da arquitetura e urbanismo, etc. Isso posto, quando se supõe conseguir algo em comum não se direciona para o bem comum, mas para "o próprio umbigo".[3]

Todos – os seres e suas áreas de conhecimento – têm um dos pés (quiçá os dois, o corpo todo, a alma e o espírito) na necessidade de viver a vida, mas questões de diversas ordens parecem sempre estar à frente dessa necessidade. Generalizando, não conseguimos nem mesmo priorizar questões ambientais nos nossos atos cotidianos.

Por outro lado, e atingindo a questão da sustentabilidade, a urbe se entrelaça aos problemas ambientais, assim como a industrialização se entrelaça ao nascimento das grandes cidades. Novas – velhas – dificuldades pedindo solução.

Peter Hall (1995) recorre à hipótese de que "[...] o planejamento urbano do século XX, como movimento intelectual e profissional, representa essencialmente uma reação contra os males produzidos pela cidade do século XIX" (HALL, 1995, p. 9). Acrescenta-se aqui à palavra "males" os desastres decorrentes da péssima utilização de recursos naturais (incluindo os meios de transporte e os subsídios para indústrias e fábricas), o mau uso do solo, do subsolo e das encostas, as doenças causadas tanto pela utilização de agentes agressivos à saúde quanto pela falta de planejamento sanitário, os aglomerados humanos insalubres, o descaso com a biodiversidade e as espécies, incluindo a humana.

O autor registra que, em 1890, os aproximadamente seis milhões de habitantes de Londres já passavam por sérios problemas habitacionais. Além da grande densidade populacional, acresciam-se os problemas de transporte e a competição pelo espaço na cidade, bem como outras dificuldades relacionadas ao saneamento, à insalubridade, à poluição da água, do ar, do solo, com registros de inúmeras mortes.

Nessa ocasião, Paris contava com 4,1 milhões e Berlim com 1,6 milhões de habitantes, a maioria de baixa renda e vivendo em moradias superlotadas e de baixo custo, sem condições mínimas de vida (famílias de 10 pessoas em um cômodo) ou mesmo sem proteção contra intempéries.

Em Londres, as mortes aconteciam a esmo e foi necessária a intervenção do Estado a fim de resolver tanto os problemas da cidade quanto o do próprio receio institucional sobre a impossibilidade de autorreprodução da espécie humana.

As cidades, então, passam a ser monstruosidades que condensavam pessoas em estado de decomposição social, propensas a cometer suicídio, portadores de doenças infecciosas, etc.

Nos EUA, a cidade de Nova Iorque, com alto índice de migrações causadas pela industrialização, era denominada "nociva à moral, à saúde e à liberdade dos homens [...], um câncer ou tumor instalado no corpo social e no corpo político (HALL, 1995, p. 38). Simultaneamente, a área rural desenvolve uma contínua desvalorização.

Em 1900 começa, em Londres, a construção de habitações para a classe trabalhadora nas regiões de áreas verdes periféricas da cidade. Em quatro anos foram construídos 11.000 cômodos para os conjuntos habitacionais que reagrupariam aqueles habitantes em situação de risco e que provavelmente os colocou em outra situação não menos arriscada em relação ao principal tema aqui discutido – o meio, o ambiente sustentável. Os bons ventos sopravam a industrialização, o desenvolvimento (insustentável) e as cidades.

Hall (1995) registra que ocorreu, em 1926, a iniciativa interessante de fundação do Conselho para a Preservação da Inglaterra Rural que se justificava pelo fato de a área estar ameaçada por rápidas e radicais mudanças que impossibilitavam qualquer ajuste. Em nota, o autor menciona o *Satanic Mill*[4] – máquina de poluição ambiental e social que se consagrou como expressão de William Blake (1767-1827) quando se referiu às fábricas da primeira metade do século XIX que tomavam o campo inglês e exploravam a mão de obra infantil.

De qualquer modo, não são muitas as considerações feitas nesta obra em referência à questão ambiental, seja nos idos do século XIX ou mesmo do século XX. Confirma-se, de certa forma, a falta de importância do tema "sustentabilidade" para uma área de relevante interesse nas questões ambientais, a arquitetura e urbanismo. Contudo, essa obra em que Peter Hall, de forma pioneira, discursa sobre as visões de importantes personalidades do movimento urbanístico e os efeitos que elas tiveram nas várias construções de cidades, algumas das quais implantadas com muita divergência das ideias e ideais de seus pensadores, termina com um lamento profundo, considerando a questão ambiental:

[...] ao fim de quase um século de planejamento moderno os problemas das cidades permaneceram tão numerosos quanto o haviam sido no início. [...] A isso se tem acrescentado um conjunto de imperativos ambientais: reduzir a poluição, evitar consumo de recursos não renováveis e evitar ações que possam acarretar em dano planetário irreversível. Muito amiúde, porém, essas preocupações mais amplas podem ser orientadas para caminhos que servem interesses individuais e setoriais: que se restrinja o uso do carro particular, especialmente o dos outros; que se pare de enterrar campos verdes debaixo de tijolo e cimento, especialmente em frente a minha casa. (HALL, 1995, p. 493).

Harvey (2000), em contraponto, considera que na qualidade de sujeitos ativos da evolução vamos juntando modos de transformar o mundo, e esses modos são fundamentais para nos definir, futuramente, como espécie. Caberia então saber: no que estaríamos implicados com relação a uma natureza externa a nós?

Sob a perspectiva antropocêntrica afirmaríamos, então, nossa identidade de espécie, o que nos colocaria no centro da questão sustentável do planeta, pois não podemos deixar de incidir sobre este mundo em que habitamos e nem ele em nós (inter-relação). Pensar diferente disso seria, como Harvey salienta, uma alienação, um engano. Consequentemente, com relação à afirmação de sermos seres intervenientes no processo evolutivo, podemos realmente decidir o que desejamos nos tornar, onde e como viver?

Na rota dos acontecimentos, o autor cita enchentes, desmoronamentos, queimadas, invasões de pragas, doenças, etc. como eventos totalmente fora de nosso controle e afirma que "essa questão tem com respeito ao nosso ser de espécie e ao nosso destino de espécie um caráter tão especulativo quanto o de toda e qualquer coisa que algum arquiteto já tenha tido de considerar." (HARVEY, 2000, p. 280).

Contudo, inúmeros assuntos implicariam outros de vultoso alcance e, em acordo com o autor, premiariam concepções centradas na ecologia e na biologia, as quais competem de modo dualístico com o conceito de antropocentrismo: I. Individualismo e coletivismo; II. Concepções de caráter particularista (a exemplo dos povos indígenas) e princípios universais ditados por cientistas; III. Acessos e oportunidades de vida pautadas na economia/consumo e as visões religiosas, estéticas e espirituais; IV. Atitudes de domínio e de humildade perante as forças da natureza; V. Os carrascos das políticas ambientais que são usados com propósitos específicos tanto de modo individual quanto em grupos (a modernidade, a racionalidade científica, o materialismo, a tecnologia, as multinacionais, o Banco Mundial, a indiferença, a estupidez, etc.).

De qualquer maneira, estaria ainda faltando um debate englobando fins e meios e que parece não chegar a consenso, levando a política ambiental a uma multiplicidade de vozes. Vozes que, se pautadas no "natural", conseguem *status* de inevitabilidade e probidade.

Ampliando a discussão e em acordo com Lefebvre (1978), ao considerar planejamentos urbanos, Harvey discute sobre os problemas de escala – a falta de exatidão dos domínios de um ecossistema ou de uma comunidade e de compreensão de mundo – o que importa para uma geração não necessariamente será importante para outra. Os dois autores somam ao exposto os problemas conceituais e os argumentos de diversas ordens que detonam debates acadêmicos, filosóficos, etc., fornecendo material, para discussões intermináveis. Os conceitos formulados em determinada especificidade científica não têm, necessariamente, a mesma significância para outra, podendo ter seu sentido modificado, confrontado ou controverso, o que dificulta muito uma compreensão mais geral de temas importantes e recorrentes.

O difícil seria então o consenso sobre o significado da sustentabilidade. Para alcançar a empreitada, Harvey (2000) delineia alguns pontos que possibilitariam uma meta a alcançar:

I. Uma linguagem comum que abrangesse a científica, a legislativa, a popular, a crítica, etc.;

II. A construção de uma área comum, pois sem ela as decisões continuariam a ser em bases autoritárias e sob práticas hegemônicas, o que impossibilitaria criar o meio necessário para desenvolver possíveis alternativas ambientais.

O autor atenta, também, para o fato da utilização não apropriada e apolítica do que se diz ambiental, considerando um modo de atrair atenções para longe do campo das lutas de classe e trazendo para a questão a necessidade de atuar em alguma alternativa capaz de salvar o mundo. Ele observa nesse discurso a dissociação entre seres humanos e mundo natural, o que de fato dá a ideia de desligamento, de alguma outra forma de vida e trajetórias independentes da evolução da espécie humana e do planeta. Nessa perspectiva, nossa simbiose com o meio estaria aniquilada.

Outro assunto que permeia a discussão em pauta sinaliza na direção do conhecimento ampliado da questão em si. Os apontamentos sobre aquecimento global, degradação de ecossistemas, perda de biodiversidade, componentes tóxicos de utilização cotidiana, entre outros problemas, causam inúmeros impactos. O grande desafio seria, no entanto, dimensionar esse impacto, pois a capacidade científica de prever com precisão tanto os impactos quanto os resultados deles é ainda muito limitada, o que leva a outra indagação: estariam as comunidades ambientalistas preparadas para as consequências de atos que resultassem em respostas não pretendidas ou esperadas? Ou seja, o gerenciamento "ótimo" de bacias hidrográficas de uma determinada região, por exemplo, incidiria em quanto no volume pluviométrico dessa região, ou mesmo do planeta, aumentaria, modificaria, produziria efeitos benéficos ou catastróficos? Em que proporções? Quais e quantos fatores, em escala global, estariam atuando no processo?

De qualquer modo, ao apontar para a questão de escalas temporal e espacial vitais para identificar, avaliar e propor ações que contemplem os problemas ambientais, seria necessário incluir antecipadamente as consequências, inclusive as que não se espera obter.

O problema da escala de abrangência para a área ambiental é fato. Esquece-se que incertezas e tragédias não escolhem raça, gênero, classe. Ignora-se, frequentemente, as questões que afetam os pobres, os marginalizados, as classes trabalhadoras quando a proposta é resolver os problemas ambientais. A miséria, por exemplo, não é citada como causa da redução da expectativa de vida, mas a falta de ar puro, de exercícios e o hábito alimentar, sim. Exclui-se e inclui-se no discurso e nas ações o que interessa a um viés social particularizado. A localização (zoneamento da cidade) de depósitos de resíduos sólidos, tóxicos, hospitalares são exemplos claros disso – situam-se bem distantes das áreas nobres metropolitanas.

Ideal seria que as instâncias determinantes (Estado, empresas e o capital financeiro, a ciência e a tecnologia) agenciassem mudanças que promovessem as conjunturas ambientais e sociais para a direção exitosa da aliança, da reconstrução das relações sociais e dos modos de produção e consumo. Exemplos já existem e apontam a incompatibilidade dessa ideia com a sociedade contemporânea em sua essência capitalista. A rigor, a essência capitalista sinaliza para a valorização e a acumulação do capital como a finalidade essencial, o que, no modelo atual de utilização dos recursos naturais, leva ao seu esgotamento e à destruição do planeta.

Continuando no problema de escala e, rumando na direção do indivíduo, a questão das experiências sensoriais distintas carece de maiores diálogos. As interrelações entre as pessoas em si e delas com o ambiente precisam ser construídas considerando o pensar como outros, sejam esses outros nós, natureza ou todas as vidas, pois mesmo que haja o nível pessoal imaginativo e que traduza os pensamentos em linguagem, podemos construir outros modos que envolvam tanto o "eu" como o "outro" na direção do cuidado e da afetividade. O conhecimento é construido e a maneira de construí-lo é fundamental em nossa aptidão de representar cotidianamente a vida.

Questões relativas a espaço, tempo, ambiente e escala de um lado, e escolhas políticas, éticas e culturais de outro seriam, consequentemente, importantes para pautar novas concepções e considerações teóricas e práticas acerca do tema ambiental. Tanto as questões quanto o tema, imersos em permanente movimento, exigem uma postura dialética, um constante processo no qual ocorrem modificações em todos os sentidos.

Portanto, o desafio de construir uma linguagem direcionada à ecologia pode vir a ser uma alternativa, uma possibilidade para o enfrentamento das ações humanas e a vontade de criar inerente ao ser enquanto espécie.

Por outro lado, de acordo com Kenneth Frampton (*apud* NESBITT, 2006, p. 480) o ato de construir situa-se entre os domínios infraestruturais e supraestruturais da produção humana:

> Nesse ponto, ele atende às necessidades do homem de realizar suas potencialidades na natureza e faz a mediação, como elemento catalisador fundamental, entre os três estados da existência humana: primeiro, sua condição de organismo que tem necessidades fundamentais; segundo, sua condição de ente sensível e hedonista; terceiro sua condição de consciência cognitiva auto-afirmativa.

O autor afirma algumas condições contemporâneas incidentes na arquitetura e urbanismo intervenientes no conceito de habitar e que englobam a questão ambiental: I. a não distinção entre arquitetura e construção e a condição de arquitetura enquanto obra; II. a aceitação da construção industrializada; III. a busca de uma prática que se opõe à produção de lugar e ao estar no mundo; IV. o afastamento do ser humano da natureza, causando a destruição dos recursos naturais pela tecnologia.

O sentido de lugar colaboraria, portanto, com a sensação integral de uma existência satisfatória e inserida na natureza, que estaria interligada à própria capacidade e ressonância desse lugar (interrelação pessoa – ambiente), o que ao mesmo tempo os validaria. A percepção do ambiente seria fator determinante dessa inter-relação.

Nesse sentido, o conceito de percepção ambiental pode ser entendido como o conjunto dos processos individuais relacionados a sensações, experiências, memória e sentimentos ligados ao contexto sociofísico, cultural e temporal em que ocorrem (Tuan, 1980). O ser humano seleciona as informações do ambiente e, em contrapartida, tanto interfere nesse conjunto avaliado quanto sofre influência do mesmo (Ittelson *et al.*, 1974).

> Percepção ambiental é um processo individual fortemente dependente de nossas características pessoais e interesses específicos do observador [...], e que se altera em função do tempo e dos diferentes tipos de contato da pessoa com o lugar (Elali, 2007).

Nessa visão, alguns traços contextuais da cultura de um povo entrariam em cena, assim como outros como sotaques, culinária. Somando-se, além disso, a necessidade de considerar elementos como altitude, limpeza, ordem, pacificidade, humor, etc. à definição de lugar (Yázigi, 2001).

Carlos (1996, p. 15) sugere que "[...] o lugar guarda em si e não fora dele o seu significado e as dimensões do movimento da história em constituição enquanto movimento de vida, possível de ser apreendido pela memória, através dos sentidos do corpo". A autora articula o significado de lugar ao próprio significado de vida experimentada pelo corpo que se move e aprende por meio dos sentidos.

Neste aspecto, a escala de metrópole ou mesmo de cidade em sentido *lato* fugiria à condição de lugar. O lugar não se verificaria, portanto, em um ambiente macro, mas em uma porção de espaço menor, uma escala de menor dimensão como uma pequena vila, um bairro, etc. possível de ser vivenciada. O ambiente seria, então, a instância na qual o ser humano e a natureza têm garantidas as relações sociais, a instância na qual sua identidade e seu reconhecimento enquanto ser se processam. "[...] O sujeito pertence ao lugar como este a ele, pois a produção do lugar liga-se indissociavelmente à produção da vida [...] é aí que se dá a unidade da vida social" (Carlos, 1996, p. 51). O ambiente vivido cotidiana e satisfatoriamente poderia, portanto, vir a ser um aliado poderoso na defesa do ambiente maior, global e da tão almejada sustentabilidade.

A complexidade da noção contemporânea de sustentabilidade

Ainda sob outro campo de estudos que engloba o da conduta e bem-estar humano em relação com o meio sociofísico, Iñiguez e Pol (1996) enfatizam: a) os processos psicossociais conectando a psicologia ambiental à psicologia social; b) a multiplicidade de formas para se entender as relações pessoa – ambiente; c) a necessidade de atender a vários níveis de análise; d) a necessidade de um âmbito interdisciplinar.

Alguns temas, nesse contexto, são pesquisados: I. A relação entre os aspectos do espaço físico e a conduta espacial (espaço pessoal, privacidade, territorialidade, aglomeração); II. Adaptação das pessoas às variáveis ambientais (ruído, iluminação, vibrações, temperatura, bem como suas incidências em hospitais, lugares de trabalho, etc.); III. Modo de acesso das pessoas ao conhecimento ambiental (percepção, cognição, mapas mentais, representação do entorno sociofísico, análise dos ambientes e de seus aspectos emocionais e afetivos); IV. Avaliação ambiental (personalidade e ambiente, atitudes ambientais e conduta ecologicamente responsável); V. Grupos específicos de população e suas relações com o ambiente sociofísico imediato (principalmente grupos infantis); VI. Estudo de *behavior settings*,[5] centrados nos ambientes construídos e naturais; VII. Percepção de risco ambiental, problemas socioambientais e os relacionados à pós-ocupação. (OLIVEIRA, 2007).

Em psicologia, quatro importantes visões de mundo são abordadas, corroborando a importância das pesquisas na área: individualista, interacionista, organicista (ou sistêmica) e transacionista. A perspectiva individualista tem seu foco na pessoa e suas características pessoais; na perspectiva interacionista, pessoa/ambiente são duas unidades separadas que interagem e onde o comportamento se explica pelas variáveis ambientais e pessoais (independentes; comportamento como dependente e as variáveis pessoais como mediadoras). A perspectiva orgânica ou sistêmica é considerada holística tanto em relação à pessoa quanto ao ambiente, contemplando a gestáltica[6] – de que o todo é mais que a soma das partes, o conjunto, portanto, daria sentido às partes. Por fim, a perspectiva transacionista enfatiza o estudo de unidades de análises holísticas, com fenômenos definidos em termos de aspectos psicológicos, contextuais e temporais que são inseparáveis, que parte de cinco premissas básicas (SAEGERT; WINKEL, 1990): 1. Pessoa no ambiente como unidade de análise; 2. Pessoa e ambiente são dinâmicos em relação ao tempo; 3. Estabilidade e mudança coexistem mutuamente; 4. A direção da mudança não é pré-estabelecida; 5. Fontes e formas de mudança são importantes e ao afetar um determinado nível afetam as relações pessoa – ambiente.

Nesse sentido, a importância do lugar na oferta de imagens (do passado, presente e futuro), seja ele agradável ou não, é abordada por Rivlin (2003) em estudos na área de psicologia ambiental. A autora revê alguns pressupostos e apresenta suas perspectivas expondo que, nesse contexto e nessa escala, o ambiente é a esfera onde as pessoas estão integradas. O ambiente seria, então, o provedor de ordem, desordem, diversidade, estímulos e imagens. A revisão feita oferece uma visão geral da experiência humana no âmbito das inter-relações pessoa – ambiente e valem a pena ser observados separadamente (OLIVEIRA, 2007):

I. "O ambiente experienciado como campo unitário" é o primeiro pressuposto e refere-se ao ambiente onde se dá a experiência holística e de natureza fenomenológica. Ittelson *et al* (1974, p.12) assinalam que "significa que as experiências de se movimentar através dos ambientes da vida diária são integradas em uma série de lugares e eventos, alguns dos quais mais estimulantes do que outros". Uma vida constante, estável, que envolva lugares e experiências repetitivas (com *settings*[7] e pessoas familiares) pode oferecer uma perspectiva de mundo diferente daquela em contínua mudança.

II. "A pessoa tem qualidades ambientais tanto quanto características psicológicas individuais", no qual a pessoa é parte integrante do ambiente, mantendo com ele um intercâmbio mútuo que pode servir como base para compreensão do comportamento em dada circunstância.

Este fenômeno é especialmente evidente em instituições, escolas, hospitais psiquiátricos, prisões e similares, mas também acontece em outros locais. Professores compreendem essa dinâmica ao sentirem o impacto da ausência de um estudante em um determinado dia. Toda a dinâmica da turma pode ser alterada pelo conjunto dos presentes. Pessoas são componentes daquilo que está acontecendo, do nível sonoro e da ambiência; sua chegada, sua aparência visual e suas reações podem permear os demais, influenciando a atmosfera e as atividades (ITTELSON *et al*. ,1974, p. 12).

III. "Todo ambiente físico está envolto por um sistema social sendo, ao mesmo tempo, inseparável deste", o terceiro pressuposto revisado por Rivlin (2003), abrange além do sistema social, o cultural, econômico e político, sugerindo que este enunciado poderia ser estudado englobando, inseparavelmente, as considerações sobre o ambiente físico envolvido por todos estes sistemas e relacionado a eles.

IV. "O grau de influência do ambiente físico no comportamento varia de acordo com o comportamento em questão" (ITTELSON *et al.*, 1974, p. 13), volta-se para a tentativa de evitar o determinismo, ressaltando a complexidade das inter-relações pessoa-ambiente, principalmente em referência a algumas variáveis intervenientes (áreas de preservação ambiental não transformam pensamentos, mas podem interferir no comportamento de quem as frequenta).

V. "O ambiente freqüentemente opera abaixo do nível de consciência" (ITTELSON *et al.*, 1974, p. 13) indica que a pessoa se torna consciente do lugar quando algo se modifica nele, adaptando-se a isso. Como exemplo, o primeiro contato de uma pessoa com a mata amazônica. A princípio, a pessoa precisa se adaptar ao novo, aprender sobre suas qualidades e sobre as possibilidades, para depois se sentir segura e começar a exercer suas atividades.

VI. "O ambiente observado não é necessariamente o 'real'" (ITTELSON *et al.,* 1974, p. 13) tenta uma investigação considerando as diferenças individuais entre pessoas de diversas culturas, religiões, estágios de vida, gênero, condições econômicas, personalidades, humores, na busca de reconhecer as diferenças individuais que atuam nas distintas percepções do ambiente. Reconhece-se, no entanto, as dificuldades implícitas nesse pressuposto, pois o "real" pode ter vários significados dependendo da pessoa, das circunstâncias, do local, dos momentos, etc. (OLIVEIRA, 2007).

VII. "O ambiente é organizado como um conjunto de imagens mentais" (ITTELSON *et al.*, 1974, p. 14) aponta para a compreensão de que as imagens são advindas de um conjunto de percepções que integram o sentimento de segurança de uma pessoa em determinado ambiente. As pessoas, normalmente, suscitam elementos conhecidos do local para sentirem que estão no percurso ou no lugar certo, o que indica que previsibilidade e estabilidade são variáveis necessárias para sensações de conforto nos ambientes que constituem uma vida. Como exemplos, o percurso habitual, o edifício que se reconhece, a rua de determinado bairro, o parque frequentado.

VIII. "O ambiente tem valor simbólico", apresenta as dimensões visíveis e invisíveis dos lugares.

Os significados simbólicos que se desenvolvem ao longo do tempo estão contidos nas lembranças, tanto de ambientes específicos quanto das pessoas lá presentes (domínio sócio-físico), e também nos elementos simbólicos dos locais que nos fazem lembrar de alegrias, prazeres, qualidades estéticas e terror. (ITTELSON *et al.*,1974, p. 14)

Rivlin (2003), no entanto, propõe que o estudo se estenda a outras premissas ainda não consideradas: a) o ambiente virtual a partir do novo modelo com a utilização do computador e da internet; b) a necessidade de redimensionar aspectos éticos de pesquisa e da prática ambiental, considerando também os comitês de revisão institucionais na tentativa de dar conta de todos os estágios de um estudo; c) o aspecto holístico intrínseco à experiência ambiental, devendo ser observadas, por exemplo, questões referentes a clima, estações do ano e temperatura, por vezes isoladas dos componentes da pesquisa e que ampliariam a escala de compreensão do fenômeno (OLIVEIRA, 2007).

À guisa de conclusão

Certamente precisamos nos deter mais na questão da sustentabilidade. Para defini-la, preferimos imaginar que em algum momento conseguiremos vislumbrar que o limite da natureza não é o limite do consumo e que não precisamos estabelecer um ponto final para nenhum percurso, e nem devemos, senão estaremos na contramão da própria vida, suas mudanças, surpresas e transformações.

Refletir sobre o ser humano e a questão da sustentabilidade numa abordagem interdisciplinar com a psicologia ambiental, a arquitetura e o urbanismo, a geografia, as ciências ambientais, a filosofia e a sociologia implicou nessa escolha de tecer considerações sobre escala, ou seja, sobre as possíveis dimensões para a abordagem do tema. No entanto, seria pertinente que outras futuras reflexões focalizassem a tentativa de construir um consenso para a área ambiental e, a partir daí, tecer novas perspectivas, tanto em consideração ao planeta e ao ser humano quanto em suas inúmeras inter-relações.

Pensar escala sugere também pensar possibilidades de escolha. Lefebvre (1978, p. 88) poetiza a questão quando diz que "as possibilidades exigem opções, tão numerosas quanto são as aberturas ao possível, pois o possível e o impossível vão juntos; há que escolher, e o possível não escolhido se torna impossível."

Resta saber se esse possível será o da escolha ambientalmente sustentável e se terá um percurso na direção de um planeta mais justo e equilibrado em todas as dimensões (ambiental, social, econômica, cultural, política e institucional) que envolvem a vida presente e a que ainda virá a ser.

Notas

[1] Notas de aula: disciplina "Meio ambiente e sociedade" do curso de Formação Profissional em Ciências Ambientais do Núcleo de Atividades Didático-Científicas (NADC) da Universidade Federal do Rio de Janeiro/UFRJ, 2002.

[2] Notas de aula: disciplina de Psicologia Ambiental do Programa de Pós-Graduação em Psicologia da Universidade Federal do Rio Grande do Norte (UFRN).

[3] Grifo da autora.

[4] Nota da autora: Moinho Satânico.

[5] *Behavior settings* (ou *settings*): de acordo com Wicker (1979) é um sistema limitado, autorregulado e ordenado, composto de integrantes humanos e não-humanos substituíveis, que interagem de um modo sincronizado para realizar uma sequência ordenada de eventos denominada programa do *setting*.

[6] A palavra *gestalt* vem do alemão e não tem tradução literal para o português, mas indica um sentido de forma, de um todo, de uma estrutura organizada.

[7] *Settings*: outra denominação para *behavior setting* – ambientes imediatos do comportamento humano.

Referências

BACON. São Paulo: Abril Cultural, 1979. (Coleção Os pensadores).

CARLOS, A. F. A. *O lugar no/do mundo*. São Paulo: Hucitec, 1996.

ELALI, G. A. Imagem sócio-ambiental de áreas urbanas: um estudo na Ribeira, Natal-RN. *Psicologia para a América Latina*, número temático. La Psicoligá y la Ciudad, 2007.

HALL, P. *Cidades do amanhã*. São Paulo: Perspectiva S.A., 2007.

HARVEY, D. *Espaços de esperança*. São Paulo: Loyola, 2004.

HOBBES. São Paulo: Abril Cultural, 1979. (Coleção Os pensadores).

ÍÑIGUEZ, L.; POL, E. (Org.) *Cognición, representación y apropiación del espacio*. Barcelona: Publicacions Universitat de Barcelona, Capitulo I, 1996.

ITTELSON *et al. An introduction to environmental psychology*. Nova York: Holt, Rinehart & Winston, 1974.

LEFEBVRE, H. *De lo rural a lo urbano*. Antologia preparada por Mario Gavaria. Barcelona: Provenza, 1978.

LEFEBVRE, H. *Du rural à l'urbain*. Paris: Antrhopos, 1970.

LEFF, E. *Racionalidade ambiental - a reapropriação social da natureza*. Rio de Janeiro: Civilização Brasileira, 2006.

NESBITT, K. (Org.). *Uma nova agenda para arquitetura*. São Paulo: Cosacnaif, 2006.

NOBRE, M.; AMAZONAS, M. C. (Orgs.). *Desenvolvimento Sustentável: a institucionalização de um conceito*. Brasília: IBAMA, 2002.

OLIVEIRA, C. *Muitas históricas, uma imagem*. Dissertação (Mestrado em Arquitetura e Urbanismo) – Universidade Federal do Rio Grande do Norte, Natal, 2007.

PROGRAMA DE FORMAÇÃO PROFISSIONAL EM CIÊNCIAS AMBIENTAIS. Rio de Janeiro: NADC/UFRJ, 2002. (Notas de aula).

PROGRAMA DE PÓS-GRADUAÇÃO EM PSICOLOGIA AMBIENTAL. Rio Grande do Norte: PPGAU/UFRN, 2005. (Notas de aula).

RIVLIN, L. G. Olhando o passado e o futuro: revendo pressupostos sobre as inter-relações pessoa-ambiente. *Revista Estudos de Psicologia*. Tradução de Gleice A. Elali. Natal, v. 8, n. 2, 2003.

SAEGERT, S.; WINKEL, G. Environmental psychology. *Annual Review of Psychology*, n. 41, 1990.

TUAN, Y.-F. *Topofilia.* *Um estudo da percepção, atitudes e valores do meio ambiente.* Tradução de Lívia de Oliveira. São Paulo: Difusão Editorial S.A., 1980.

YÁZIGI E. *A alma do lugar*. São Paulo: Contexto, 2001.

Sites consultados. Acesso em: 28 de novembro de 2008:

www. geocities.com/discursus/filotext/benthfil.html

www.algosobre.com.br/biografias/adam-smith.html - 31*k*

www.saberhistoria.hpg.ig.com.br/nova_pagina_106.htm -

www.culturabrasil.pro.br/weber.htm - 62k

www.historyguide.org/intellect/marx.html - 21k

www.naturlink.pt/canais/Artigo.asp?iArtigo=171&iLingua=1 - 38k -

Segunda Parte
PROJETO TURÍSTICO DA ESTRADA REAL: POSSIBILIDADES E LIMITES

Proposta de criação do Plano de Ordenamento Territorial para o desenvolvimento turístico da Estrada Real

Glauco Umbelino

O turismo é caracterizado como um fenômeno interdisciplinar complexo, que permite abordar temas relevantes e que merecem consideração acadêmica, como a sua importância econômica e seus efeitos sobre o meio ambiente, as comunidades visitadas e a economia local. São essas condições que fazem do turismo uma temática atraente, possibilitando entrelaçarem-se diversas concepções teóricas e práticas de várias áreas do conhecimento como a Geografia, a Sociologia, a Antropologia, a Economia, a Demografia, entre outras.

A ideia de elaboração deste texto surgiu durante a execução de uma consultoria realizada para o Instituto Estrada Real (IER), que teve como objetivo principal a elaboração da Lista Tentativa de propriedades da Estrada Real para submissão à UNESCO, visando a sua inscrição na Lista do Patrimônio Mundial (UMBELINO; ANTUNES, 2007).

A região da Estrada Real possui um enorme patrimônio histórico-cultural e ambiental, fundamental para a compreensão dos processos envolvidos na ocupação e apropriação do território mineiro e centro-sul brasileiro. O conhecimento das vias e rotas que possibilitaram essa ocupação / apropriação é de fundamental importância para a implementação de políticas que visem a preservação, a recuperação e a manutenção desse patrimônio.

Inicialmente, é apresentada a denominação de "Estrada Real", dado que o termo recentemente tem adquirido diversas conotações, sendo muitas delas desprovidas de caráter histórico.

Breve histórico da Estrada Real

Os caminhos da Estrada Real constituíram vias fundamentais para a ocupação da América portuguesa, pontuaram o interior de núcleos urbanos em pouco mais de três décadas, no início do século XVIII, e conformaram os traços e limites do território brasileiro. Além da sua importância para a formação do Brasil, a Estrada Real foi um dos vértices do triângulo comercial intercontinental entre a Europa, a América portuguesa e a África. Por essas vias, o ouro e o diamante brasileiro foram exportados para a Europa através de Lisboa. Por elas, chegavam às minas mão de obra de milhares de escravos arrancados da África, alimentos e produtos de consumo para a crescente população de mineiros e sofisticados produtos europeus.

Renger (2007) constata que o surgimento das estradas reais em Minas Gerais é uma decorrência natural da descoberta do ouro no final do século XVII e, depois, dos diamantes, com a consequente inserção dessa parte do "sertão interior" do Brasil na política fiscal exercida pela Coroa Portuguesa. Frutos disso, os caminhos do ouro e dos diamantes teriam papel estratégico para o povoamento e a colonização do centro-sul brasileiro.

A vastidão do território e a facilidade para o contrabando das riquezas minerais levaram a Coroa Portuguesa a instituir caminhos oficiais de circulação de pessoas e mercadorias, para fins de controle e fiscalização. Ao longo dos caminhos oficiais, denominados então estradas reais, foram instituídos registros e postos para a cobrança de pedágios, direitos de entrada e do quinto do ouro. Os vestígios de alguns deles ainda hoje podem ser contemplados, assim como trechos calçados, localizados sobretudo em terrenos íngremes, de passagem mais difícil dos viajantes, comboios de escravos e tropas nos períodos de chuva.[1]

Como afirmam Cunha e Godoy (2003), a economia mineradora foi responsável pelo primeiro movimento de articulação macrorregional no território da colônia. Além disso, a economia mineradora promoveu acelerado adensamento populacional, urbanização e diversificação e dinamização da economia colonial. Em função da grande demanda dos núcleos mineradores, configurou-se um circuito interno de abastecimento de alimentos e mercadorias diversas no interior da colônia (que extravasava os limites do atual Estado de Minas Gerais). Por essa ótica, a Estrada Real deve ser entendida como uma extensa e dinâmica malha viária – e não uma rota única como o nome, no singular, pode sugerir, pois muitos trechos foram importantes somente em determinados momentos, sendo substituídos gradualmente por trechos mais funcionais/transitáveis.

O projeto de desenvolvimento turístico da Estrada Real, criado pela Lei Estadual nº. 13.173/99, considera que ela engloba "os caminhos e suas variantes construídos nos séculos XVII, XVIII e XIX, no território do Estado". Desde a criação do Instituto Estrada Real, em 1999, o conceito deixou de ter uma conotação fiscal e tornou-se "quase sinônimo do riquíssimo acervo de patrimônio cultural e natural de bens tangíveis e imateriais ao longo dos antigos caminhos que ligam as áreas de mineração ao litoral fluminense" (RENGER, 2007, p. 136).

Foram incluídos no projeto de desenvolvimento turístico da Estrada Real os chamados "Caminho Velho", "Caminho Novo" e "Caminho dos Diamantes", que são os eixos principais da Estrada Real, pois ligavam as cidades de maior importância do percurso durante o Ciclo do Ouro, como pode ser verificado na FIG. 1.

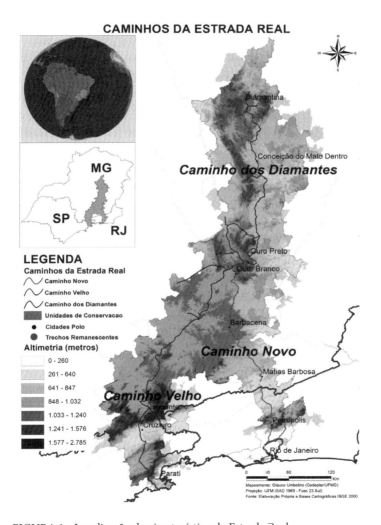

FIGURA 1 - Localização do eixo turístico da Estrada Real

Antes do descobrimento das minas, o chamado "Caminho Geral do Sertão" (ou "Caminho dos Paulistas") era a única via de ligação de São Paulo com o território que corresponde hoje ao Estado de Minas Gerais (RENGER, 2007). Foi aberto pelos bandeirantes paulistas (que muitas vezes utilizavam antigas trilhas indígenas), primeiramente visando o aprisionamento de indígenas e, em seguida, a busca por ouro. Esse caminho encontrava-se com a rota que partia de Paraty em direção à Vila Rica (atual Ouro Preto) na altura de Taubaté, percurso que ficou conhecido como "Caminho Velho", pois foi o primeiro a ser utilizado oficialmente desde o descobrimento das minas.

Em 1698, o então governador da Capitania do Rio de Janeiro, Artur de Sá e Menezes propôs a Dom Pedro II a abertura do "Caminho Novo", ligando as Minas dos Cataguases diretamente ao Rio de Janeiro, o que diminuiria consideravelmente o tempo de viagem (RENGER, 2007). A sugestão foi acatada prontamente e Garcia Rodrigues Paes, filho do bandeirante Fernão Dias Paes, foi encarregado do empreendimento. Por volta de 1720, a Coroa Portuguesa determinou a exclusividade do tráfego por essa rota. Foi proibido assim o tráfego no "Caminho Velho" e a passagem pelo tradicional "Caminho da Bahia" ou "dos Currais", para impedir a sonegação e o contrabando no sertão do rio São Francisco. Além disso, foi criada, em 1720, a Capitania de Minas Gerais, desmembrada do controle da capitania de São Paulo, pelo fato de a região das minas contar com certa autonomia administrativa (GUERRA; OLIVEIRA; SANTOS, 2003).

O chamado "Caminho dos Diamantes" era o caminho oficial, instituído pela Coroa Portuguesa, que ligava Vila Rica, atual Ouro Preto, ao distrito Diamantino. Segundo Guerra, Oliveira e Santos (2003), após a descoberta do diamante na região do Serro Frio e do Tijuco, atual Diamantina, esse caminho tornou-se "uma das vias regionais mais destacadas, senão a mais, da capitania".

Caracterização da Estrada Real

Conforme informações do Instituto Estrada Real (IER), presentes em Umbelino e Antunes (2007), o eixo turístico da Estrada Real atualmente possui 1.793 km de extensão e abrange um total de 188 municípios. Desses, 162 localizam-se em Minas Gerais, 11 estão no Rio de Janeiro e 12 pertencem ao Estado de São Paulo.

A extensão da via mais antiga, o Caminho Velho, e de suas vias subsidiárias é de 898 quilômetros. Por sua vez, a extensão do Caminho Novo e de suas vias subsidiárias é de 467 quilômetros, e o Caminho dos Diamantes tem um comprimento de 428 quilômetros. Os remanescentes da Estrada Real identificados em campo têm cerca de 50,5 quilômetros de extensão não linear, divididos em 29 seções que revelam antigos calçamentos, pontes de pedra, sistemas de drenagem de água, muros de contenção, minas e edificações do século XVIII. A grande maioria dos remanescentes está inserida em unidades de conservação ambiental, como parques e reservas federais, estaduais e/ou municipais, que abrangem cerca de 15% dos 77.724 quilômetros quadrados da área da Estrada Real (PROJETO UNESCO, 2007).

O patrimônio cultural material é representado por 193 bens imóveis tombados pelo Instituto do Patrimônio Histórico e Artístico Nacional (IPHAN) em 35 municípios, além das cidades Diamantina, Serro, Ouro Preto, Mariana, Congonhas, Paraty, Tiradentes e São João del Rey (PROJETO UNESCO, 2007).

Conforme dados de 2007 da contagem populacional realizada pelo IBGE, a região atualmente conta com 11,4 milhões de habitantes. A população distribuída ao longo do território é bastante heterogênea, pois o contingente populacional varia entre 1.630 habitantes em Paiva (MG) e 6.093.472 habitantes na capital Rio de Janeiro. A FIG. 2 mostra que, na distribuição espacial dos municípios da Estrada Real, os 166 municípios de pequeno porte (população inferior a 20 mil habitantes) estão distribuídos uniformemente ao longo da região. Em contrapartida, os 13 municípios de porte médio a grande estão distribuídos na porção centro-sul da Estrada Real.

Partindo para uma interpretação de indicadores socioeconômicos, é apresentado o Índice de Desenvolvimento Humano Municipal (IDH-M), que permite captar a situação de desenvolvimento humano dos Estados e municípios brasileiros para 2000.

O IDH-M é uma medida sintética que captura, em um único indicador, características de expectativa de vida, alfabetização, educação e renda de uma população, de maneira que se possa estabelecer a comparação de padrões de vida em sociedades distintas. Ele é um índice que varia de 0 a 1, sendo que, quanto mais próximo de 1, melhor a condição de vida em um país. Para classificar os municípios, o Programa das Nações Unidas para o Desenvolvimento estabeleceu as seguintes faixas:

- IDH < 0,5 - Baixo Desenvolvimento Humano
- IDH entre 0,5 e 0,8 - Médio Desenvolvimento Humano
- IDH > 0,8 - Alto Desenvolvimento Humano

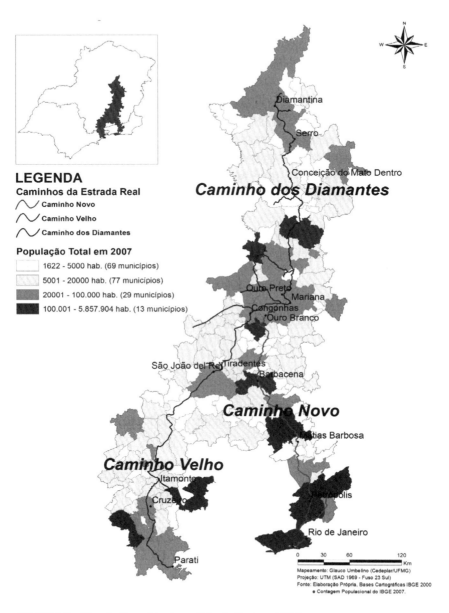

FIGURA 2 – População residente na Estrada Real em 2007

O IDH resulta da combinação de três dimensões: longevidade (medida pela esperança de vida ao nascer); educação (medida pela combinação da taxa de alfabetização de adultos com a taxa combinada de matrícula nos três níveis de ensino) e renda (medida pelo PIB per capita, expresso em dólares PPC, ou paridade do poder de compra).

A partir da interpretação da FIG. 3, que mostra o IDH-M dos municípios integrantes da Estrada Real, verifica-se que não existe nenhum município na classe de Baixo Desenvolvimento Humano e que a maioria dos municípios possui Médio Desenvolvimento Humano. O menor IDH (0,635) foi apresentado por São Gonçalo do Rio Preto e Santo Antônio do Itambé, ambos localizados na porção setentrional da Estrada Real. Por sua vez, o maior valor foi encontrado na capital Rio de Janeiro (0,842). Analisando isoladamente os três componentes do IDH, que são os indicadores de educação, longevidade e renda, percebe-se que a tendência individual dos indicadores é similar à do IDH em quase todos os municípios.

Turismo na Estrada Real

Na região da Estrada Real as possibilidades de investimento no turismo são enormes, com opções de atividades nos diversos tipos de turismo, como o turismo religioso, gastronômico, histórico-cultural, rural, educacional e ecológico. Os municípios que integram a região possuem um rico patrimônio cultural e natural que atrai milhares de turistas por ano, sendo que atualmente a Estrada Real é considerada o roteiro com maior potencial turístico no Brasil.

Em reconhecimento ao seu significado cultural e histórico altamente significativo, três áreas de herança cultural foram inscritas na Lista de Sítios de Patrimônio da Humanidade da Unesco: Ouro Preto (1980), Santuário do Bom Jesus do Matosinhos em Congonhas (1985) e Diamantina (1999). Atualmente, toda a região da Estrada Real encontra-se no processo de elaboração da Lista do Patrimônio Mundial, que poderá oficializar a região como Patrimônio da Humanidade (PROJETO UNESCO, 2007; UMBELINO; ANTUNES, 2007).

Ainda merecem destaque os diversos festivais, as festas religiosas e os eventos culturais que são realizados todo ano pelas autoridades privadas e instituições públicas. A associação da história com a arquitetura, a culinária, a biodiversidade e a hospitalidade de seus habitantes torna a Estrada Real um destino atraente para turistas de todo o mundo.

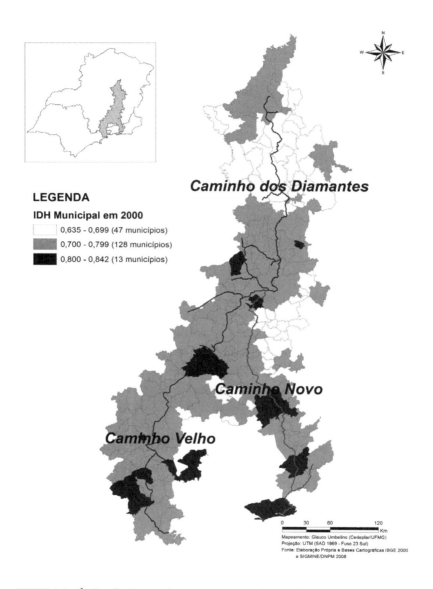

FIGURA 3 – Índice de Desenvolvimento Humano da Estrada Real em 2000

Segundo Mariuzzo (2007), a meta do IER era atrair 2,5 milhões de turistas por ano no circuito até 2007. A autora também cita que a Secretaria de Turismo de Minas Gerais coordena um projeto estruturador para desenvolver os municípios da região da Estrada Real, que inclui várias ações, como recuperação e manutenção das vias, implantação de telefonia rural e criação de novos empregos para atender à demanda de novos turistas. Esse fluxo anual de turistas estimado pelo Instituto Estrada Real não se sustenta com a atual realidade, e tais ações estruturadoras ainda não se concretizaram, dado que a maioria dos municípios é desprovida de infraestrutura turística (GUERRA et al, 2003; ÁLVARES; CARSALADE, 2005; BECKER, 2007).

Atualmente, os planejadores de políticas públicas, associados com instituições empresariais e grupos organizados da sociedade, possuem uma série de ferramentas para alavancar o turismo na Estrada Real. O turismo é uma atividade que movimenta cerca de 50 segmentos da economia, sendo em sua maioria micro e pequenas empresas. Os benefícios do turismo chegam à população por meio da abertura de novos negócios, com a geração de trabalho e renda, com o desenvolvimento profissional da mão de obra local, a melhoria dos serviços públicos, o crescimento cultural da comunidade e com a garantia de melhoria geral das condições de vida urbana e rural (BRAZTOA, 2007).

Os investidores do turismo devem atentar para a busca de modelos de gestão de toda a cadeia produtiva do turismo, com destaque para hospedagem, alimentação, transporte, guias, atrativos culturais e naturais, serviços, infraestrutura urbana e agências de turismo que atendam a toda região analisada, e não somente às principais localidades acima mencionadas.

No Brasil, os atrativos culturais ainda são pouco trabalhados para serem ofertados aos turistas. Em todo o mundo, os locais que se destacam com o título de Patrimônio da Humanidade vêm a cada ano promovendo e divulgando melhor seus atrativos. As cidades desses locais buscam a elaboração de um Plano Diretor que leve em conta o planejamento de desenvolvimento do turismo, para que haja um aumento no tempo de permanência do turista na região e maior aproveitamento durante o tempo da viagem.

Para isso, é preciso conhecer muito bem os municípios, avaliar os equipamentos e serviços existentes, levantar os atrativos naturais e culturais, conquistar parcerias e principalmente chamar a comunidade para ser corresponsável no processo de planejamento dos roteiros turísticos (ÁLVARES; CARSALADE, 2005; BECKER, 2007; BRAZTOA, 2007).

Plano Diretor nos municípios da Estrada Real

O Estatuto da Cidade, ou Lei 10.257/2001, foi um marco regulatório para a política urbana dos municípios brasileiros, criado com a função de efetivar o capítulo da política urbana da Constituição Federal de 1988 (Arts. 182 e 183), estabelecendo suas diretrizes e regulamentando a aplicação de importantes instrumentos de gestão e reforma urbana, com destaque para o Plano Diretor (Brasil, 2001; Estatuto da Cidade, 2005).

Em termos gerais, pode-se considerar que o Estatuto da Cidade possui três objetivos principais. O primeiro é colocar em prática a reforma urbana e combater a especulação imobiliária. O segundo é promover a ordenação do uso e ocupação do solo urbano. O terceiro é subsidiar a gestão democrática da cidade. Desse modo, ao definir os fundamentos da política urbana, o Estatuto da Cidade torna-se também um importante instrumento de gestão do turismo, dado que essa atividade demanda uma estrutura urbana e rural adequada (Estatuto da Cidade, 2005).

O Estatuto da Cidade instituiu o Plano Diretor como instrumento básico da política de desenvolvimento e expansão urbana dos municípios brasileiros, permitindo que esses estabeleçam metas e programas que tenham como objetivo principal garantir que a cidade cumpra sua função social. O Plano Diretor pode ser entendido como um conjunto de regras básicas de uso e ocupação do solo, que orientam e regulam a ação dos agentes sociais e econômicos sobre o território de todo o município. Sua implementação deve ser feita de forma participativa e seu conteúdo deve orientar a elaboração dos demais planos municipais, como o Plano Plurianual, a Lei de Diretrizes Orçamentárias e a Lei do Orçamento Anual (Brasil, 2001; Braga; Carvalho, 2001, Santoro; Cymbalista, 2004).

O Capítulo III do Estatuto da Cidade, que trata do Plano Diretor, por ser o instrumento básico da política urbana municipal, conforme o artigo 40 do Estatuto da Cidade, configura-se como o instrumento fundamental da política ambiental urbana. Além disso, a implementação dos instrumentos de gestão urbana previstos no Estatuto da Cidade depende, direta ou indiretamente, do Plano Diretor (Brasil, 2001; Estatuto da Cidade, 2005).

De acordo com o Art. 41 do Estatuto da Cidade, o Plano Diretor é obrigatório para cidades:

I. com mais de 20 mil habitantes;

II. integrantes de regiões metropolitanas e aglomerações urbanas;

III. onde o Poder Público municipal pretenda utilizar os instrumentos previstos no § 4º do Art. 182 da Constituição Federal;

IV. inseridas em áreas de especial interesse turístico;

V. inseridas em área de influência de empreendimentos ou atividades com significativo impacto ambiental de âmbitos regional e nacional.

Para fins do presente capítulo, entretanto, será considerado principalmente o item IV, dado que a área da Estrada Real é uma área de amplo interesse político e turístico, como mencionado anteriormente.

Os resultados da Pesquisa Plano Diretor 2007, divulgada pelo Ministério das Cidades em março de 2007, mostram que, dos 188 municípios que integram a Estrada Real, somente 39 declararam possuir Plano Diretor[2]. Destes, 36 possuíam população acima de 20 mil habitantes em 2000 e se enquadraram no item I do Art. 41 e três são integrantes da Região Metropolitana de Belo Horizonte, se enquadrando no item II do Art. 41. Nenhum município elaborou seu plano diretor considerando o item IV do Art. 41, ou seja, considerando a região como área de especial interesse turístico (Ministério Das Cidades, 2007).

Dos 39 Planos Diretores analisados, 31 apresentaram uma abordagem socioambiental e de preservação dos recursos naturais e somente 22 apresentaram um planejamento envolvendo o patrimônio histórico-cultural e o potencial turístico do município. A distribuição dos municípios que possuem Plano Diretor pode ser observada na Figura 4, onde também são mostrados os municípios que não possuem Plano Diretor, mas deveriam tê-lo, considerando-se o Art. 41 do Estatuto da Cidade.

A partir dessa interpretação, acredita-se necessária a constituição de um Plano de Ordenamento Territorial da Estrada Real (POTER) calcado nas normas do Estatuto das Cidades, mas aplicado na escala regional da Estrada Real, em vez da escala municipal. Esse plano deve considerar os 188 municípios e sua proposta deve consistir em um modelo de desenvolvimento turístico baseado na história e na geografia de toda a região analisada, priorizando a articulação e o envolvimento das comunidades locais no processo de planejamento, bem como os agentes da sociedade civil relacionados nesse processo.

Para isso, torna-se necessária uma ação conjunta e eficaz entre governo, profissionais e sociedade, que deve ser coordenada pelo IER. Uma preocupação existente sobre as ações desse órgão é que o mesmo já considera a Estrada

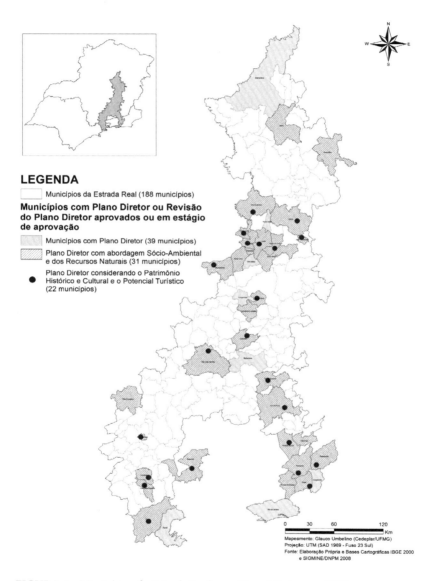

FIGURA 4 – Municípios da Estrada Real com Plano Diretor em 2007

Real como um produto turístico constituído e acabado, o que ainda não se configurou (GUERRA *et al.*, 2003; MARTINS, 2006; BECKER, 2007). Cabe ao Instituto Estrada Real consolidar a estrutura turística de toda a região, por meio de ações que promovam a sustentabilidade local e a preservação dos espaços naturais, como, por exemplo, colocando em prática a ideia do PO-TER, ou mesmo acelerando o pedido à UNESCO de tombamento na Lista do Patrimônio Mundial da Humanidade.

Plano de Ordenamento Territorial da Estrada Real

A proposta de criação de um plano integrado de desenvolvimento dos municípios da Estrada Real teve inspiração no caso do Distrito Federal, que criou, em janeiro de 1997, seu Plano Diretor de Ordenamento Territorial (PDOT), abrangendo todas as cidades que o compõem (DISTRITO FEDERAL, 1997).

A necessidade de criação do POTER ficou mais evidente a partir das campanhas de campo realizadas na região para a elaboração do Projeto Unesco (2007), no qual se constatou que a maioria dos municípios possui incipientes serviços e equipamentos turísticos, ou não os possui, e está pouco engajada com a temática da Estrada Real. O patrimônio histórico e cultural (principalmente localizado nas áreas rurais) em sua maioria está abandonado, encontrando-se em ruínas e coberto pelo mato. A infraestrutura urbana (vias de circulação, coleta e armazenamento do lixo, coleta e tratamento do esgotamento sanitário, sistema de comunicações e transporte) de todos os pequenos municípios precisa ser melhorada para atender a um fluxo turístico razoável. Grande parte dos guias locais que trabalham na Estrada Real possui escassa informação histórica sobre os três caminhos e necessitam de maior capacitação técnica para atender com qualidade a demanda turística. A associação desses fatores, aliada à falta de um Plano Diretor municipal, inviabiliza a classificação atual de toda a Estrada Real como um produto turístico.

Guerra *et al* (2003) alertam que se a Estrada Real continuar a sofrer uma divulgação maciça prematura, sem o planejamento devido e a preocupação com a sustentabilidade e a participação das comunidades locais, corremos o risco de atrair turistas que ficarão decepcionados com as diversas deficiências que se apresentam em todo o percurso. Os autores ainda ressaltam que são grandes as possibilidades de se comprometer negativamente a imagem desse atrativo de imenso potencial se o mesmo continuar apresentando uma incorreta exploração turística e a falta de uma boa política pública.

Acredita-se que as disposições gerais que devem servir de alicerce para o Plano de Ordenamento Territorial da Estrada Real (POTER) sejam:

- O POTER seria o instrumento básico da política territorial e de orientação aos agentes públicos e privados que atuam na produção e gestão das cidades e do território que abrange a Estrada Real;

- O POTER teria por finalidade realizar o pleno desenvolvimento das funções sociais da propriedade urbana e rural e a prática da atividade turística de forma socialmente justa e ecologicamente equilibrada em seu território, assegurando o bem-estar de seus habitantes e dos turistas;

- Os Planos Diretores, previstos no Estatuto das Cidades, serão desenvolvidos em consonância com o POTER, sendo parte do processo contínuo e integrado de planejamento territorial da Estrada Real;

- Os instrumentos que compõem o planejamento governamental (Plano Plurianual, Lei de Diretrizes Orçamentárias, Plano Diretor, Zoneamento Ecológico-Econômico e POTER) deverão ser compatíveis entre si.

Como objetivos principais, o POTER deveria:

- Romper com a segregação socioespacial e com o desequilíbrio entre as cidades ou núcleos urbanos da Estrada Real;

- Ampliar e descentralizar as oportunidades de desenvolvimento das atividades turísticas no território, prevendo espaço para a geração de emprego e renda, priorizando sua localização próxima aos núcleos urbanos;

- Disseminar no território as oportunidades de desenvolvimento turístico oferecidas pelos avanços científicos e tecnológicos;

- Elaborar rotas, calendário de eventos, circuitos culturais e expedições temáticas que sejam funcionais em todos os 188 municípios integrantes da Estrada Real;

- Definir o potencial de uso e ocupação do solo a partir da sustentabilidade do ambiente, otimizando a ocupação dos espaços e o uso dos equipamentos públicos urbanos e comunitários instalados, bem como a estrutura viária;

- Preservar e valorizar toda a Estrada Real como Patrimônio da Humanidade;

- Reforçar a autonomia de cada município, configurando centros locais dotados de equipamentos, serviços, mobiliário urbano e espaços qualificados que garantam urbanidade;

- Elaborar estudos de capacidade de carga[3] nas áreas de ecossistemas sensíveis;
- Preservar os diferentes tipos de Unidades de Conservação Ambiental, conforme orientação dos órgãos competentes, considerando, para efeito da gestão territorial, as diretrizes estabelecidas para as unidades de conservação de proteção integral e para outras áreas de preservação existentes;
- Exigir das empresas exploradoras de recursos naturais não renováveis a recuperação das áreas degradadas por suas atividades.

Por fim, acredita-se que o POTER deva estimular a atividade turística de forma a promover o respeito à identidade das comunidades, fomentar projetos que preservem e estimulem os valores culturais das comunidades e organizar e comercializar toda a cadeia produtiva do turismo cultural de forma sustentável, para alcançar um resultado favorável.

Conclusão

O produto turístico é resultado de um processo complexo que envolve ações do governo, dos empreendedores locais, e da comunidade sobre os recursos e patrimônios locais. A implantação do POTER poderá proporcionar a criação de produtos turísticos de qualidade, operacionalizáveis e comercializáveis no mercado nacional e internacional.

A preparação de cidades detentoras do título de Patrimônio da Humanidade concedido pela UNESCO tem sido objeto de preocupação das organizações internacionais de Turismo. Além das obrigações e compromissos dessas cidades para com as normas de tombamento e proteção de monumentos e conjuntos urbanos, impostos por legislações de proteção e que já determinam condutas especiais por parte da população, é hoje consensual que a compreensão e a adesão da comunidade à formação de uma consciência comum de preservação é essencial. E essa consciência se formará e se consolidará na medida em que a exploração turística represente ganho econômico e melhoria real da vida local (BRAZTOA, 2007).

Transformar a Estrada Real em atrativo turístico é a oportunidade de reverter seu sentido anterior, ou seja, de caminho por onde as riquezas minerais eram retiradas do Estado para um caminho por onde entrarão receitas, fazendo com que os municípios localizados ao longo da estrada possam se consolidar e desenvolver social e economicamente.

Finalmente, para que a Estrada Real possua um POTER implementado e desenvolvido com sustentabilidade e crescente demanda de turistas nacionais e internacionais, é necessário um planejamento concreto, com vontade política, e um empenho efetivo no aprimoramento dos serviços existentes e na valorização dos saberes das comunidades.

Notas

[1] Esses calçamentos encontram-se muitas vezes degradados, e provavelmente a maior parte deles já não existe mais, em função de expansão de áreas urbanas, soterramento (no caso dos trechos localizados em matas densas), falta de manutenção, construção de rodovias, vandalismo, entre outras causas.

[2] Esses municípios possuem o Plano Diretor ou revisão do mesmo, aprovados ou em estágio de aprovação.

[3] Instrumento de manejo aplicado em estratégias de controle de fluxos turísticos em determinadas áreas, a partir do cálculo de um número máximo de visitas/dia que uma determinada área pode suportar, antes que ocorram impactos negativos no ambiente.

Referências

ÁLVARES, L. CARSALADE, F. Planejamento e gestão de políticas públicas para o turismo sustentável: o caso do programa estrada real. *Revista de Turismo PUC Minas*, v. 1, n. 1, nov. 2005.

BECKER, L. Tradição e modernidade: a luta por reconhecimento no Brasil profundo. In: SEMINÁRIO NACIONAL MOVIMENTOS SOCIAIS, PARTICIPAÇÃO E DEMOCRACIA, 2, 2007, Florianópolis. *Anais Eletrônicos...* Florianópolis: NPMS/UFSC, 2007. Disponível em: <www.sociologia.ufsc.br/npms/luzia_costa_becker.pdf>. Acesso em: 12 fev. 2008.

BRAGA, R.; CARVALHO, P. (Orgs.). *Estatuto da cidade: política urbana e cidadania*. Rio Claro: LP&M. 2001. 114p.

BRASIL. Lei n. 10.257 de 10 de julho de 2001. Regulamenta os arts. 182 e 183 da Constituição Federal, estabelece diretrizes gerais da política urbana e dá outras providências. *Diário Oficial da União*, Poder Executivo, Brasília, DF, 11 jul. 2001. Seção 1. (Estatuto da cidade: guia para implementação pelos municípios e cidadãos.) Disponível em: < http://www.planalto.gov.br/ccivil_03/leis/LEIS_2001/L10257.htm>. Acesso em: mar. 2008.

BRASIL. Ministério das Cidades. *Pesquisa Plano Diretor 2007*. Brasília: Ministério das Cidades, 2008. Disponível em: <http://www.cidades.gov.br/secretarias-nacionais/programas-urbanos/programas/programa-de-fortalecimento-da-gestao-municipal-urbana/campanha-plano-diretor-participativo-1/pesquisa-plano-diretor-2007-1/introducao/>. Acesso em: fev. 2008.

BRASIL. Senado Federal. *Estatuto da Cidade. Guia para implementação pelos municípios e cidadãos*. Lei nº 10.257 de 10 de julho de 2001 que estabelece diretrizes gerais da política urbana. Brasília, DF, 2005. 273 p.

BRAZTOA. *Caderno de subsídios do turismo cultural na Estrada Real*. São Paulo: Braztoa, 2007. 42 p. Disponível em: <http://www.braztoa.com.br/site/arquivos/ benchmark_2007/vivencias_brasil_2007/estrada_real/subsidios.pdf>. Acesso em: fev. 2008.

CUNHA, A.; GODOY, M. O espaço das Minas Gerais: Processos de diferenciação econômico-espacial e regionalização nos séculos XVIII e XIX. In: CONGRESSO BRASILEIRO DE HISTÓRIA ECONÔMICA, 5, 2003. Caxambu. *Anais Eletrônicos...* Caxambu: ABPHE, 2003. Disponível em: <http://econpapers.repec.org/paper/abphe2003/007.htm>. Acesso em 12 fev. 2008.

DISTRITO FEDERAL. Lei Complementar n. 17 de 28 de janeiro de 1997. Aprova o Plano Diretor de Ordenamento Territorial do Distrito Federal - PDOT e dá outras providências. *Diário Oficial da União*, Brasília, DF, 28 jan. 1997. Disponível em: <http://www.distritofederal.df.gov.br/sites/100/155/PDOT/leisumar.htm>. Acesso em: mai. 2008.

GUERRA, A.; OLIVEIRA, E.; SANTOS, M. *Estrada Real – análise crítica das políticas de exploração turística da Estrada Real adotadas pelo Governo do Estado de Minas Gerais no período de 1999 a 2003.* 2003. 56 f. Monografia (Especialização em Turismo) – Instituto de Geociências, Universidade Federal de Minas Gerais, Belo Horizonte, 2003.

MARIUZZO, P. Projeto para transformar a Estrada Real em roteiro turístico. *Cienc. Cult.*, São Paulo, v. 58, n. 4, 2006. Disponível em: <http://cienciaecultura.bvs.br/scielo. php?script=sci_arttext&pid=S0009-67252006000400008&lng=pt&nrm=iso>. Acesso em: mar. 2008.

MARTINS, G. Inovação estratégica do setor turístico em minas gerais: o caso Estrada Real. In: SEMINÁRIO SOBRE A ECONOMIA MINEIRA, 12, 2006. Diamantina. *Anais Eletrônicos...* Diamantina: Cedeplar, 2006. Disponível em: <www.cedeplar.ufmg.br/seminarios/seminario_diamantina/2006/D06A108.pdf>. Acesso em: 18 abr. 2008.

PROJETO UNESCO. *Mapeamento de Remanescentes dos Caminhos da Estrada Real. Lista Tentativa de Candidatura da Estrada Real a Patrimônio da Humanidade.* Instituto Estrada Real/FIEMG/SEBRAE, 2007.

RENGER, F. A origem histórica das estradas reais nas Minas Setecentistas. In: RESENDE, M.; VILLALTA, L. (Orgs). *História de Minas Gerais – As Minas Setecentistas.* Belo Horizonte: Autêntica; Companhia do Tempo, 2007. v. 1. p. 127-137.

SANTORO, P; CYMBALISTA, R. Plano Diretor. Colaboração de Kazuo Nakano. *Dicas: idéias para a ação municipal*, São Paulo: Instituto Pólis, n. 221, 2004, p.1-2. Disponível em: <http://www.polis.org.br/publicacoes/dicas/dicas_interna.asp? codigo=93>. Acesso em: set. 2006.

UMBELINO, G.; ANTUNES, A. Uso da cartografia histórica para a reconstituição dos Caminhos da Estrada Real – Brasil. In: SIMPÓSIO LUSO-BRASILEIRO DE CARTOGRAFIA HISTÓRICA, 2, 2007. Lisboa. *Anais Eletrônicos...* Lisboa: IGEO, 2007. Disponível em: <http://www.igeo.pt/servicos/CDI/simposio/IISimposioLBCH_files/GlaucoUmbelino. pdf>. Acesso em: 08 fev. 2008.

Estrada Real: do abstrato ao concreto – perspectivas locais

Elvécio Ribeiro Brasil
Yana Torres de Magalhães
Henrique Duarte Carvalho

O turismo apresenta possibilidades reais de geração de emprego, renda e inserção social, além de aprimorar o meio ambiente, prover fundos para conservação, estabelecer limites sustentáveis de utilização e proteger atrações naturais, incentivar a preservação e restauração de monumentos antigos, locais históricos e arqueológicos que, de outra forma, poderiam ser degradados e até mesmo destruídos. Em relação aos aspectos socioculturais, o turismo favorece o intercâmbio cultural, estimula a conservação do patrimônio histórico e cultural, desperta maior interesse pela arte e pelo artesanato local e ajuda a recuperar antigas manifestações culturais, valorizando tradições e costumes.

O turismo favorece o aumento da renda do lugar visitado. A entrada de divisas, advindas da atividade turística, é de grande relevância para a economia daquela localidade. Tal atividade deve ser estimulada como forma de melhorar a distribuição de renda que não circula, na maioria das vezes, nas camadas mais pobres da localidade receptora. Os turistas pagam vários tipos de impostos, direta e indiretamente, durante uma visita. Dessa forma, as receitas oriundas desses impostos são repassadas para todos os níveis de governo. O turismo favorece, também, um maior investimento em equipamentos, que geralmente exigem grandes aplicações de capital (MOURA, 2005).

O Brasil, por ser um país de dimensões continentais, possui potencial turístico vasto e diversificado, tanto no aspecto histórico e cultural quanto pelas riquezas e belezas naturais. Diante desse contexto, o turismo no Brasil vem se desenvolvendo e ocupando papel expressivo na economia. Segundo levantamento estatístico (FIPE, 2002), em 1998, 38 milhões de brasileiros realizaram viagens domésticas. Em outro levantamento, denominado "Caracterização e dimensionamento do turismo doméstico no Brasil-2006" (FIPE, 2006), identificou-se, em 2001, 40.730 milhões de turistas domésticos e, em 2005, houve, aproximadamente, 48 milhões de viagens domésticas.

Segundo Goeldner, Ritchie e Mcintosh (2002) o turismo é subestimado em sua condição de empregador por aqueles que não conhecem o campo, sua força de trabalho e seu potencial de crescimento. Estima-se que o setor deve crescer até atingir um patamar econômico de US$8 trilhões em faturamento, gerando 328 milhões de empregos até 2010.

O Estado de Minas Gerais possui significativo potencial turístico pelas suas belezas naturais, culturais e históricas. A história do País passa por Minas Gerais, pelos seus movimentos políticos, seus ideais democráticos e libertários, sua cultura, seu patrimônio histórico, suas riquezas e belezas naturais. Esse quadro, aliado à estratégia política de desenvolvimento econômico e social, poderá se tornar importante alternativa para crescimentos locais e regionais, contribuindo para a inclusão social das classes mais pobres e fortalecendo a cidadania, por meio da geração de emprego e renda (MOURA, 2005).

Em 2003, o governo de Minas Gerais estabeleceu o roteiro da Estrada Real como uma proposta para estimular a economia do Estado. O percurso denominado "Estrada Real" foi originalmente utilizado por bandeirantes, escravos, tropeiros e aventureiros interessados na exploração das riquezas das Minas Gerais do século XVII ao século XIX. Esse roteiro é apoiado pelo Ministério do Turismo e engloba ainda os Estados de São Paulo e do Rio de Janeiro. Saindo de Diamantina, passa por várias cidades de Minas Gerais, São Paulo e termina na cidade de Paraty/RJ, compreendendo, inicialmente, um total de 177 municípios e abrangendo atualmente 188 municípios.

Muito se fala, principalmente na mídia, sobre o roteiro da Estrada Real e suas oportunidades. Cinco anos depois, o que existe de concreto? Há diversas questões relevantes a serem levantadas e discutidas para o sucesso do empreendimento e para um resultado economicamente sustentável. Neste capítulo, com base na pesquisa de campo, pretende-se analisar essas e outras questões correlatas, para entender como as comunidades locais estão sendo inseridas e quais são suas perspectivas, bem como para observar a atuação do poder público como definidor de políticas públicas.

Estrada Real

A partir de uma análise histórica, constata-se que o processo de povoamento e interiorização do Brasil se deu com os bandeirantes, principalmente na região Sudeste, com a descoberta de ouro pelos paulistas em Minas Gerais. Tem-se então um intenso ciclo de busca por tesouros e riquezas.

Para Moura (2005), o ciclo minerador se extinguiu. Minas Gerais empobreceu. Mas as curvas da Estrada Real seguiram como ponto principal de circulação de mercadorias. A expansão e a interiorização do País no século XIX devem muito a ela, como sustenta o historiador Márcio Santos (2001). Com a abertura das grandes estradas de rodagem no século XX, os caminhos da Estrada Real tornaram-se, na maioria das vezes, estradas vicinais.

Moura (2005, p. 7) no seu estudo relata ainda que,

> [...] para os novos exploradores da estrada, essa notícia não poderia ser mais alvissareira. Por ligar regiões de grande beleza e variedade: o caprichoso litoral fluminense, os mares de Morros de Minas, estâncias hidrominerais, jóias da arquitetura barroca, a transição para o cerrado, cidades consideradas Patrimônio Cultural da Humanidade, a Estrada Real se inscreve entre os roteiros cênicos do continente. E por estar normalmente longe dos grandes eixos rodoviários, está apta a receber ciclistas, cavalgadores, andarilhos eautomobilistas que querem um contato mais vívido com a natureza.

A expansão das atividades de exploração mineral, a necessidade de controle da Coroa portuguesa, o grande fluxo de pessoas, migrando e transitando por essas novas áreas, oriundas de várias partes do Brasil, o crescimento do comércio, entre outros fatores, levaram à divisão da Estrada em três caminhos: o caminho Velho de Paraty a Ouro Preto; o Caminho dos Diamantes, ligando Diamantina a Ouro Preto; e o Caminho Novo, entre o Rio de Janeiro e Ouro Preto. A Estrada Real passa hoje por cidades de Minas Gerais, Rio de Janeiro e São Paulo e tem, em parte de seu itinerário, trechos de calçamento original, como em Paraty, Diamantina e Magé.

Hoje, a grande dificuldade de demarcação de um trajeto muito próximo do original se dá porque parte do que foi a Estrada Real corta propriedades particulares e áreas urbanas. É possível, por exemplo, percorrer um pequeno trecho original dentro do parque Estadual do Itacolomi, em Ouro Preto, e as pedras do calçamento da Serra do Mar, próximo a Paraty, que estão dentro de uma propriedade particular. Em outros pontos, a Estrada Real coincide com o trecho entre Ouro Branco e Ouro Preto, onde há pontes de pedra conservadas. Num certo ponto, próximo ao município mineiro de Carrancas, a estrada é uma travessia de balsa por sobre o lago da represa Camargos.

Esta é uma breve caracterização da Estrada Real, sem nenhuma pretensão de aprofundamento histórico-cultural, pois não é o foco do trabalho proposto.

Entretanto, faz-se necessária uma caracterização rápida das localidades onde essa pesquisa foi realizada: Itabira/MG, aqui denominada Itabira – Sede, e seus dois distritos, Ipoema e Senhora do Carmo.

Itabira/MG – Sede

Itabira surgiu no princípio do século XVIII, quando foram descobertos aluviões de ouro em sua topografia montanhosa. Localizada a 102 km de Belo Horizonte, capital mineira, o município de Itabira está situado na região Centro Leste de Minas Gerais e possui uma área de 1.305 Km quadrados, com dois distritos: Ipoema e Senhora do Carmo (Brasil, 2005).

A tradição indica o ano de 1720 como marco inicial da história da formação do núcleo urbano de Itabira – data da chegada dos irmãos Francisco e Salvador Albernaz e da descoberta de ouro na região.

Atraídas pela mineração, pessoas de várias regiões do Brasil, e até mesmo portugueses, chegaram ao povoado, fazendo com que o povoamento da região mineradora e sua consequente urbanização ocorressem de forma assustadoramente rápida e desordenada.

Em 1827, o povoado foi elevado à categoria de Arraial, pertencente à Vila da Rainha, hoje município de Caeté-MG. Em 21 de janeiro de 1833, foi criada a Vila de Itabira do Mato Dentro. No dia 9 de outubro de 1848, mediante Lei Provincial número 374, a Vila de Itabira do Mato Dentro foi elevada a cidade. Em 1891, foi retirada a expressão Mato Dentro.

No século XIX, o município viveu período de certa euforia econômica, recuperando-se da depressão do ciclo do ouro por meio de atividade siderúrgica rudimentar, a qual recebeu sério golpe com a abolição da escravatura, uma vez que a mão de obra era, em sua maioria, composta de escravos.

Em 1º. de junho de 1942, o Decreto-Lei nº 4352 cria a Companhia Vale do Rio Doce (CVRD), hoje, Vale, que nasce em pleno contexto da II Guerra Mundial, mediante o chamado "Acordo de Washington", celebrado entre Estados Unidos, Inglaterra e Brasil, que temiam a escassez de matéria-prima para a indústria, principalmente a bélica (Brasil, 2005).

A exploração do minério de ferro pela Vale produziu modificações culturais, econômicas, sociais e espaciais na cidade, até então em fase de decadência, vivendo principalmente do setor primário. Processou-se, então, um conjunto de mudanças na reorganização social do espaço urbano, nas relações de produção, na estrutura socioeconômica e política e nos ecossistemas locais.

Em 1997, a então Companhia Vale do Rio Doce foi privatizada, o que causou relevantes impactos no município, como o desaquecimento da economia local, redução nos índices de emprego formal, falências e incertezas.

Na sequência, a Vale retomou investimentos no município e região, e Itabira começou a buscar, de forma mais efetiva, alternativas para a retomada do seu crescimento. A cidade começou a investir em seu patrimônio histórico-cultural, em educação (nos níveis básico, médio e superior) e no turismo, como fontes indutoras de desenvolvimento econômico.

Com relação ao turismo, Itabira faz parte do Circuito do Parque Nacional da Serra do Cipó e do Circuito do Ouro, é cidade natal do poeta Carlos Drummond de Andrade e ainda integra a Estrada Real. Apresenta belos atrativos naturais em forma de *canyons*, cachoeiras, riachos, matas, montanhas; possui atrativos culturais, como o Centro Histórico, o Memorial de Drummond, projetado pelo arquiteto Oscar Niemeyer, os Caminhos Drummondianos, a Casa do Brás, o Museu do Ferro, o Museu do Tropeiro, entre outros. Tudo isso permite afirmar que Itabira possui grande potencial turístico.

Ipoema

Ipoema é um distrito pertencente à cidade de Itabira, tendo sido fundado em 1893 e reconhecido pela Lei Municipal nº 214, de 7 de dezembro de 1901. Sua economia é predominantemente informal e ainda está muito centrada na atividade rural (agropecuária) (MALTA; ALMEIDA, 2008).

Por ser dotado de belezas naturais, o distrito faz parte dos circuitos turísticos do Ouro, da Serra do Cipó, situado no Caminho dos Diamantes e da Estrada Real. Possui acervo histórico-patrimonial rico, composto de fazendas centenárias, entretanto em péssimo estado de conservação. Ipoema possui ainda forte tradição em culinária, folclore e artesanato.

Em março de 2003, foi inaugurado na área urbana do distrito o Museu do Tropeiro, que hoje representa um grande atrativo da região, promovendo uma série de eventos, o que vem trazendo grande número de turistas e despertando a comunidade local para a importância dessa atividade (MALTA; ALMEIDA, 2008).

Senhora do Carmo

O distrito de Senhora do Carmo pertence à Itabira/MG. Situado na zona rural, é cortado pelo rio Tanque, no qual se explorava ouro. Antes de se chamar

Senhora do Carmo, teve vários nomes: Fazenda das Cobras, Andaime, Onça, Carmo de Itabira e Nossa Senhora do Carmo.

De 1937 a 1939, o distrito de Senhora do Carmo teve, primeiramente, o nome de Onça. O Onça era uma vasta região de terras que também servia à localidade para pouso das bandeiras que vinham de Caeté e de Vila Rica para minerarem ouro no rio Itambé. Mais tarde, essa estrada tornou-se a real de Vila Rica (Ouro Preto), dirigida para o Serro e Diamantina. Toda região pertencia a Caeté e a Mariana. Em 1833, com a criação da Câmara da Vila de Itabira, Onça passou a pertencer a Itabira. No ano de 1891, com a Lei Estadual nº 2, o Onça passou a ser designado distrito do Carmo de Itabira. Em 7 de setembro de 1923, com a Lei Estadual número 843, passou a se chamar Nossa Senhora do Carmo. Atualmente, denomina-se distrito de Senhora do Carmo por designação da Lei Estadual assinada no dia 17 de dezembro de 1948 (ITABIRA, 2008).

No início do século XVIII, a mineração na região era o principal objetivo das bandeiras. Porém, os resultados das explorações não foram significativos como os de Mariana e Ouro Preto; daí a origem rural do distrito. Nessa época, a população do distrito, incluindo a dos povoados, excedia 3800 habitantes, enquanto a da cidade de Itabira não chegava a 1.000 habitantes (ITABIRA, 2008).

Assim como o distrito de Ipoema, o distrito de Senhora do Carmo também possui forte potencial turístico, pois é dotado de belezas naturais, fazendo parte dos circuitos turísticos do Ouro, da Serra do Cipó, situado no Caminho dos Diamantes, e faz parte da Estrada Real. O distrito também possui acervo histórico-patrimonial rico, composto de fazendas centenárias, porém em péssimo estado de conservação. Há uma forte tradição em religiosidade, culinária, folclore e artesanato.

Metodologia

Este estudo caracteriza-se como uma pesquisa de campo de caráter descritivo. A abordagem qualitativa mostrou-se mais adequada já que se pretendeu ter um maior conhecimento sobre o que há de concreto sobre a Estrada Real, a partir da percepção dos agentes locais.

Foram realizadas entrevistas semiestruturadas com 14 agentes locais, sendo três do setor público, cinco de entidades e organizações da sociedade civil, quatro membros da comunidade envolvidos com atividades produtivas de serviços associados ao turismo e dois líderes comunitários.

Os dados foram apurados por meio da análise de conteúdo, de forma a instituir uma relação entre as respostas das entrevistas e o referencial teórico como pilar de comparação. Essa análise pode ser definida como um conjunto de técnicas de análise de comunicação, visando, por procedimentos sistemáticos e objetivos de descrição do conteúdo das mensagens, a obter indicadores quantitativos ou não que permitam a inferência de conhecimentos relativos às condições de produção/ recepção (variáveis inferidas) das mensagens (BARDIN, 1977).

Políticas públicas de turismo

A política pública é parte do processo de planejamento governamental e envolve tudo aquilo que um governo decide fazer, ou não, com relação a um dado setor da vida social.[1] Partindo desse princípio, a política pública é uma parte componente de um planejamento essencial ao desenvolvimento das atividades programadas pelo setor público.

No sistema de planejamento, busca-se eliminar incertezas e potencializar o crescimento do setor, implementando uma política organizada, dinâmica, planejada e com um processo de produtividade de longo prazo. Pode-se ainda classificar as políticas como componentes do sistema de mercado, associadas a baixa tecnologia, pouca organização, pouca necessidade de planejamento, baixa densidade de capital e com processo de produção de curto prazo.

No Brasil, a indústria do turismo possui políticas representadas nos dois sistemas. É possível se deparar com estruturas altamente organizadas, com planejamento bem definido e com aquelas com gestão ineficiente ou até mesmo sem nenhum planejamento.

Muitos dos subsistemas do turismo integram a ação de governos por meio de atribuições como estradas, saneamento básico, sistema educacional, segurança pública e saúde, além de serviços públicos como energia elétrica, correios, transportes, rodoviárias e aeroportos. Os governos devem criar um ambiente favorável ao turismo, apoiando e estimulando iniciativas de produtividade e competitividade.

O turismo permite o deslocamento de pessoas entre cidades, regiões e países, gerando mudanças sociais, culturais, econômicas e ambientais no local de destino. A partir dessas mudanças surge a necessidade de orientar a atividade turística, pois as consequências positivas ou negativas surgirão em decorrência do planejamento ou não dessa atividade.

Cruz (2001) estabelece que a política deve anteceder o plano, sendo ela um conjunto de diretrizes e ações deliberadas pelo poder público com o objetivo de ordenar o desenvolvimento da atividade turística em um determinado território. Para desenvolver o turismo, a participação do poder público é fundamental, por meio, principalmente, das políticas e planos de turismo.

Segundo Robbins (1978), o planejamento é a determinação antecipada dos objetivos a serem atingidos e dos meios pelos quais esses objetivos devem ser atingidos. É a decisão do que fazer, de como fazê-lo e de quem deverá fazê-lo.

Para Bissoli e Marques (2001, p. 33),

> [...] o planejamento turístico é um processo que analisa a atividade turística de um determinado espaço geográfico, diagnosticando seu desenvolvimento e fixando um modelo de atuação mediante o estabelecimento de metas, objetivos, estratégias e diretrizes com os quais se pretende impulsionar, coordenar e integrar o turismo ao conjunto macroeconômico em que está inserido. Deve ser entendido como uma ação social, no sentido de que vai ser dirigido à comunidade e racional, na medida em que é um processo que tende a estabelecer e consolidar uma série de decisões com um alto grau de racionalização.

De acordo com Pereira (1999), o planejamento do turismo pelo Estado tem seus antecedentes na França, na década de 1940, com a elaboração do Plano Quinquenal do Equipamento Turístico para o período de 1948 a 1952.

Inicialmente, os planos de turismo tinham um enfoque urbanístico, atentando apenas para a criação de infraestrutura, planejamento e uso do solo. De acordo com Pereira (1999), o planejamento do turismo na América Latina seguiu as orientações europeias e buscava adequar-se às demandas dos turistas internacionais, negligenciando os efeitos ambientais e socioculturais causados pela atividade.

O setor do turismo representa hoje uma das maiores indústrias no cenário mundial, sendo considerada uma das mais importantes atividades econômicas em termos de geração de empregos, renda, representatividade no balanço de pagamentos, geração de impostos e captação e deslocamento de renda entre países.

Em relatório publicado pela *World Tourism Organization* (2001), observa-se que as viagens internacionais aumentaram em 25 vezes desde os anos 1950. No ano 2000, a geração de renda oriunda do turismo internacional foi 200 vezes maior que na década de 1950. O *World Travel & Tourism Council*

(2001) ainda prevê uma taxa de crescimento anual das viagens internacionais de 4% em termos reais até 2011.

A indústria do turismo possui a característica de promover, voluntariamente, a integração de um conjunto de variáveis econômicas, sociais e ambientais, além de boas práticas sociais em suas operações.

Nessa linha, as autoridades governamentais devem buscar integrar objetivos econômicos, sociais e ambientais em políticas e planejamento do turismo para prover um ambiente propício no intuito de potencializar o crescimento da atividade, tanto por iniciativas públicas quanto privadas.

As responsabilidades governamentais devem ser orientadas para guiar políticas de turismo nacionais, regionais e locais visando a integrar organizações e planejamentos a fim de gerar melhores resultados; devem identificar estruturas e processos apropriados para formulação de políticas, propor metas para políticas eficientes e apresentar um conjunto de ferramentas capazes de assegurar os objetivos da política definida.

Para sustentar essas responsabilidades é primordial que o governo busque coerência em suas políticas e que o setor privado esteja atento aos impactos sociais, econômicos e ambientais do retorno de suas ações. Dessa forma, as autoridades e os gestores de turismo, ao almejarem melhorias de qualidade e produtividade do setor, devem estar aptos a se transformarem em agentes de mudanças. Na indústria do turismo, o processo de mudanças envolve agentes de todas as esferas, como instituições dos governos federal, estadual e municipal, organizações não governamentais, sindicatos, associações civis e representantes dos setores empresariais.

De acordo com Gomes e Santos (2007), para o desenvolvimento do turismo, tão importante quanto induzir à articulação dos agentes em uma região turística são os investimentos do Estado em saneamento, transportes e educação. Como coloca Cabrera (2002), um dos fatores que impedem que o turismo se desenvolva no Brasil é a falta de infraestrutura básica.

O Brasil possui um ministério específico para o setor: o Ministério do Turismo. Esse órgão, criado em 01/01/2003, possui como missão desenvolver o turismo como uma atividade econômica sustentável, com papel relevante na geração de empregos e de divisas, proporcionando a inclusão social.

Segundo Cruz (2001), somente a partir dos anos 1990 foi adotada uma política de turismo para o Brasil. Essa política possuía, entre suas estratégias, a descentralização da gestão turística, por meio do Plano Nacional de Municipalização do Turismo (PNMT), que foi um plano utilizado pelo governo com o intuito de implantar uma gestão do turismo descentralizada, uniformizada e integrada. O governo federal distribuiu responsabilidades para o setor privado e para os Estados e municípios.

Hoje, entre os macroprogramas, programas e ações do Ministério do Turismo destacam-se:

a. Planejamento e Gestão

b. Informação e Estudos Turísticos

c. Logística de Transportes

d. Regionalização do Turismo

e. Fomento à Iniciativa Privada

f. Infraestrutura Pública

g. Qualificação dos Equipamentos e Serviços Turísticos

h. Promoção e Apoio à Comercialização

i. Programa Turismo Sustentável & Infância

Além das Secretarias Nacionais de Políticas do Turismo e de Políticas de Desenvolvimento do Turismo, o Ministério ainda conta com o Instituto Brasileiro de Turismo, uma autarquia responsável pela execução da Política Nacional de Turismo no que diz respeito à promoção, ao marketing e ao apoio à comercialização de destinos, serviços e produtos turísticos brasileiros no mercado internacional, para contribuir na consecução e gestão desses programas e ações.

Pouco tempo após a medida administrativa que criava o ministério, foi estabelecido o Plano Nacional de Turismo para o período de 2003 a 2007 objetivando a organização e o desenvolvimento do setor no Brasil.

Esse plano foi atualizado no segundo mandato presidencial do governo Lula para o período de 2007 a 2010, com metas como (BRASIL, 2008):

a. Promover a realização de 217 milhões de viagens no mercado interno.

b. Criar 1,7 milhões de novos empregos e ocupações.

c. Estruturar 65 destinos turísticos com padrão de qualidade internacional.

d. Gerar 7,7 bilhões de dólares em divisas.

O objetivo principal do Ministério do Turismo com esse plano é fortalecer o turismo interno e permitir que a população de baixa renda passe a ter oportunidade de viajar pelo País. No plano, são priorizados 65 destinos turísticos presentes nos 27 Estados brasileiros para que recebam investimentos e se tornem pontos de atração na busca de aumentar a quantidade de viagens internas. Segundo o Ministério do Turismo, em 2005, foram 139,5 milhões de viagens internas. A intenção é chegar a 2010 com a marca de 217 milhões.

O plano ainda deseja transformar o turismo em setor potencial de geração de emprego e renda, além de redutor das desigualdades regionais. Para isso, aposta na qualificação.

Em Minas Gerais o turismo também tem ganhado expressão. O número de turistas brasileiros que visitaram o Estado em 1998 foi de 2,6 milhões, ao passo que em 2001 esse número foi de 3,9 milhões, demonstrando um crescimento de 50% (Fipe, 2002). Segundo dados da FIPE (2006), em 2006, Minas foi o segundo maior receptor do turismo doméstico brasileiro (10,5%), atrás apenas do Estado de São Paulo (27,3%).

A Secretaria de Estado de Turismo de Minas Gerais foi criada em 1999 para planejar, coordenar e fomentar as ações do negócio turismo, objetivando a sua expansão, a melhoria da qualidade de vida das comunidades, a geração de emprego e renda e a divulgação do potencial turístico do Estado.

A Secretaria de Estado de Turismo de Minas Gerais formula e coordena a Política Estadual de Turismo e apoia projetos para promoção, divulgação e desenvolvimento do turismo no Estado. Para isso, definiu uma linha de atuação para o desenvolvimento dos seus municípios, que se convencionou chamar Circuitos Turísticos, definidos como conjuntos de municípios de uma mesma região com afinidades culturais, sociais e econômicas, consolidando uma identidade regional. De acordo com essa secretaria, atualmente o Estado conta com 58 Circuitos Turísticos formatados e 45 certificados, que contemplam aproximadamente 469 municípios dos 853 existentes.

Em 2001, dois anos antes do surgimento do Plano Nacional de Turismo, o Estado lançou essa política de circuitos para estimular a sua criação. Esses Circuitos Turísticos são administrados por uma entidade sem fins lucrativos, com autonomia administrativa e financeira, regida por um estatuto, formada por membros da sociedade civil e do poder público, e por um profissional (gestor) contratado para executar as ações necessárias.

O roteiro turístico da Estrada Real é, sem dúvida, um grande beneficiário do desenvolvimento da indústria do turismo no País, por representar um dos maiores e mais importantes circuitos turísticos do país.

Segundo a Secretaria de Estado de Turismo/SETUR, espera-se que os mais de 1.400 km do percurso atraiam cerca de 2,5 milhões de turistas por ano, gerando mais de 178.000 empregos e U$S 1,25 bilhão para as economias municipais. O projeto tem como finalidade promover e desenvolver os municípios mineiros da área de influência da Estrada Real, recuperando e aproveitando o potencial local, de modo a formatar um produto turístico de destaque no cenário nacional e internacional (Minas Gerais, 2008).

Segundo Guerra, Oliveira e Santos (2003), entre 1999 e 2002, o governo do Estado de Minas Gerais elaborou uma legislação objetivando resguardar o patrimônio histórico, cultural e paisagístico do entorno da Estrada Real. A Lei nº 13.173/99, que dispõe sobre o "Programa de Incentivo ao Desenvolvimento do Potencial Turístico da Estrada Real", passou a nortear as ações da Secretaria de Estado do Turismo, no que diz respeito à sua política de desenvolvimento para a Estrada Real, e o decreto nº 41205/00, que regulamentou a lei, estabeleceu a Empresa Mineira de Turismo (Turminas) como órgão gestor do programa.

A partir dessas medidas foram criadas políticas e um planejamento para a exploração da Estrada Real que, diferente do que previa a lei e o decreto, ficou sob a responsabilidade do Instituto Estrada Real, uma sociedade civil sem fins lucrativos, criada por iniciativa da Federação das Indústrias do Estado de Minas Gerais (FIEMG). Pela lei nº 13.173/99, o Instituto Estrada Real fazia parte do Conselho Consultivo da Estrada Real, mas, por vezes, trabalhou de forma independente e até ignorando a existência das demais entidades com representação nesse colegiado, o que gerou críticas de instituições ligadas à Estrada Real quanto à organização, ao planejamento e aos programas (Guerra, Oliveira e Santos, 2003). O Instituto Estrada Real possui parcerias com o Governo de Minas Gerais, o Ministério do Turismo, a Federação das Indústrias de Minas Gerais/FIEMG, o Sistema Brasileiro de Apoio às Micro e Pequenas Empresas/SEBRAE-MG e o Banco do Brasil.

Percebe-se ao longo da gestão pública do turismo uma maior abertura do Estado à participação do setor privado no intuito de promover o desenvolvimento desse setor. Embora não se negligencie a importância das contribuições do setor privado no desenvolvimento do turismo no Brasil, importa considerar que é relevante resguardar o setor público de um aspecto bastante comum das economias modernas, qual seja, o de "simbiose burocrática", em que empresas do setor privado buscam influenciar sistematicamente as políticas públicas, provendo os técnicos e nomeando políticos que tomarão as decisões relevantes para o desenvolvimento das suas atividades privadas. Esse efeito é muito comum em várias instituições públicas no Brasil, e é de extrema importância que o desenvolvimento do turismo seja fruto de políticas sérias, de um planejamento realista e ao encontro dos objetivos de toda a estrutura social.

Do abstrato ao concreto – perspectivas locais

Ao realizar essa pesquisa partiu-se do pressuposto potencial turístico do Brasil e, em especial, de Minas Gerais, por possuir um cenário propenso ao crescimento e à atuação nessa área, bem como a capacidade de o turismo promover desenvolvimento econômico e social. Tal perspectiva poderá se tornar importante alternativa para crescimentos locais e regionais, contribuindo para a inclusão social das classes mais pobres e fortalecendo a cidadania, por meio da geração de emprego e renda.

Em 2003, o governo de Minas Gerais designou o roteiro da Estrada Real como uma proposta para estimular a economia do Estado, contando até com o apoio do Ministério do Turismo.

A escolha de Itabira e seus distritos, sediados no trajeto da Estrada Real, para desenvolver esta pesquisa deve-se aos estudos já desenvolvidos por vários pesquisadores e também pelo muito que se fala, principalmente, na mídia e pelo senso comum sobre o roteiro da Estrada Real e suas oportunidades.

Buscou-se analisar a percepção dos entrevistados quanto ao planejamento e à implantação do roteiro turístico da Estada Real e ao que ela é.

Pela fala dos entrevistados, deduz-se que a Estrada Real ainda é muito abstrata para a comunidade. Estando em construção, é algo que pode ser bom e que poderá contribuir para o desenvolvimento local, entretanto apresenta-se de forma ainda muito vaga e distante, quando não crítica, para a maioria dos entrevistados, a exemplo dos seguintes depoimentos:

> Eu vejo que o Projeto Estrada Real é um projeto muito mais de marketing do que mesmo do Estado. Ele é um projeto de *marketing*, do governo do Estado. (Entrevistado 10)

> A percepção que eu tenho é que é um projeto ousado, viável, mas como a linha de tempo pra se pensar nesse resultado, é muito longe ainda pra gente já estar testando resultados, que são colocados hoje como sucesso. (Entrevistado 3)

Alguns entrevistados evidenciaram outro nível de percepção, mas foram pouco numerosos e reproduziram falas "oficiais" e da mídia:

> Entendo que a Estrada Real é um nome forte, é uma marca forte, e o governo pra ter uma visibilidade de ações começou a investir em propaganda, investir em *marketing* desse projeto. (Entrevistado 2)

O exposto leva à dedução de que o planejamento desse empreendimento não seguiu o que defende Cruz (2001), ou seja, de que a política deve anteceder o plano, sendo ele um conjunto de diretrizes e ações deliberadas pelo poder público, com o objetivo de ordenar o desenvolvimento da atividade turística em um determinado território. Para desenvolver o turismo, a participação do poder público é fundamental, principalmente por meio das políticas e dos planos de turismo, que devem buscar o envolvimento e a participação das comunidades locais.

Quanto ao que existe de concreto após o advento da Estrada Real, constatou-se que a sinalização e a telefonia celular são as principais mudanças percebidas pelos entrevistados, embora alguns mencionem o aumento do número de turistas, a exemplo dos seguintes depoimentos:

> Com a Estrada Real veio a telefonia celular aqui para Ipoema. Isso já afetou diretamente não só todos moradores, mas também o turista, e isso nos deu muito orgulho. Veio também a sinalização. (Entrevistado 1)
>
> Falava que em dez ou onze anos a gente ia começar a perceber uma mudança nesse sentido. Mas trabalhou-se muito de uma forma equivocada, projetando uma coisa que ainda não está pronta. (Entrevistado 3)
>
> No dia-a-dia, a gente vê que vários turistas vêm através da indicação da Estrada Real. Eu acredito que, de concreto, o que a gente tem visto aí são os marcos e a telefonia celular, que têm dado prazer aos municípios. (Entrevistado 5)
>
> Eu acho que a Estrada Real, pra nós, está muito virtual. Na realidade, na prática, ela não existe. A Estrada Real é linda e maravilhosa, mostrada na TV, mas na prática inexiste. Existem os atrativos, como as cachoeiras, mas esses não estão preparados. (Entrevistado 7)

Percebe-se, pelos trechos citados, que, para a localidade estudada, o empreendimento turístico Estrada Real está muito distanciado do que deve ser um programa definido politicamente, planejado e implementado de forma sustentável. Percebe-se também que o programa trouxe expectativas para a comunidade local, cuja região possui potencial para o empreendimento, faltando realmente atuação e vontade política dos governos e dos responsáveis. Os entrevistados apontam uma diferença entre o produto turístico que é divulgado e vendido e o que existe realmente de concreto nessas localidades.

Para compreender de que forma se deu a implantação do roteiro Estrada Real na região pesquisada, foram analisados o conhecimento e/ ou a percepção dos entrevistados quanto à metodologia utilizada para mobilizar e sensibilizar os agentes locais, as estratégias desenvolvidas e se há conhecimento de algum diagnóstico da realidade local.

A respeito da metodologia, pelas respostas apresentadas, percebe-se a inexistência de uma preocupação quanto a esse quesito, ou, se houve essa preocupação, não é de domínio nem de conhecimento dos agentes locais envolvidos:

> Que eu saiba, não tem metodologia para mobilizar os agentes locais. (Entrevistado 6)

Cabe ressaltar que, para que esse circuito se desenvolva, é necessária a participação e o envolvimento dos agentes locais, responsáveis pelos atrativos turísticos, pela hospedagem, pela alimentação dos turistas, entre outros fatores. Entretanto, essas pessoas não se sentem envolvidas no processo, demonstrando a falta de ação dos responsáveis pelo desenvolvimento da Estrada Real.

Em relação às estratégias para a implantação e a divulgação do roteiro em estudo, pode-se perceber que, na visão dos entrevistados, a mídia foi utilizada nas suas várias formas. A ênfase dada na divulgação foi para o projeto como um todo, não se detendo quanto às particularidades locais:

> A principal estratégia foi o *marketing*, inclusive na televisão, e o seminário que teve em Belo Horizonte, do qual eu participei. Mas o principal foi a mídia mesmo. (Entrevistado 1)
>
> Na minha avaliação o projeto Estrada Real foi mal implementado. O governo se preocupou em dar visibilidade ao maior projeto de turismo do Brasil, mas ele não teve um alicerce pra consolidá-lo como um projeto realmente de grande porte. (Entrevistado 2)
>
> Acredito que foi uma grande jogada de marketing, eu espero que isso passe agora para o concreto. (Entrevistado 5)

A divulgação de um roteiro e/ ou circuito turístico deve fazer parte do planejamento e da ação dos órgãos competentes. A partir do momento em que essa divulgação não é acompanhada pela mobilização dos agentes locais e por ações que realmente possibilitem o desenvolvimento do potencial turístico de uma localidade, criam-se expectativas que não serão atendidas e se transformarão em frustração, tanto para a comunidade local quanto para os visitantes.

Buscou-se verificar também o conhecimento dos pesquisados quanto à realização de um diagnóstico, objetivando conhecer as realidades locais. Dos entrevistados, apenas dois se lembram de trabalhos feitos nesse sentido, a exemplo do seguinte relato:

> Foi feito, sim. O Instituto Estrada Real esteve aqui pra saber dos nossos potenciais, a gente mantém um contato direto com eles. Eles sabem tudo que a gente tem aqui. Tudo o que a gente vai fazer, eles colocam no site da Estrada Real. Nós não podemos reclamar disso. (Entrevistado 6)

Dentre os dois que afirmaram ter sido feito um diagnóstico, um disse que ele teve como objetivo gerar informações para desenvolver um site da Estrada Real, e não a estruturação de um planejamento turístico do roteiro Estrada Real. O outro demonstrou não ter conhecimento mais aprofundado acerca do resultado do trabalho. Não soube dizer se foi usado para algum planejamento.

Para que se tenha um resultado satisfatório de qualquer empreendimento é necessário um mínimo de planejamento, principalmente quando se trata de um projeto de abrangência interestadual e de repercussão nacional e internacional, como é o caso do roteiro Estrada Real. Devem-se observar alguns critérios fundamentais, como citam Bissoli e Marques (2001). Os autores afirmam que o planejamento turístico é um processo que analisa a atividade turística de um determinado espaço geográfico, diagnosticando seu desenvolvimento e fixando um modelo de atuação mediante o estabelecimento de metas, objetivos, estratégias e diretrizes com os quais se pretende impulsionar, coordenar e integrar o turismo ao conjunto macroeconômico em que está inserido. Como tal, deve ser entendido como uma ação social, no sentido de que vai ser dirigido à comunidade, e racional, na medida em que é um processo que tende a estabelecer e consolidar uma série de decisões com alto grau de racionalização.

Quanto às expectativas e percepções com relação ao empreendimento da Estrada Real, os entrevistados se manifestaram, em geral, de forma positiva, antevendo que, com uma concretização real do projeto, a região poderá ser beneficiada, entendendo que o turismo é um caminho para o desenvolvimento econômico e social por meio da geração de negócios e que trará emprego e renda:

> A minha expectativa é que haja mais união desse pessoal e que consiga levar Ipoema pra um desenvolvimento sustentável, um desenvolvimento que a gente não precise mais ver o jovem sair de Ipoema pra sobreviver. (Entrevistado 1)

> Eu acho que tem muito a evoluir, a questão da integração dos diversos atores que militam nessa atividade do Turismo na Estrada Real especificamente. (Entrevistado 3)
>
> Acho que o caminho é o turismo pra gente ter uma condição de arrecadação, de sobrevivência mesmo. (Entrevistado 5)

Analisou-se ainda se os entrevistados consideram que estão preparados para atuar e atender às demandas exigidas pelo empreendimento. As respostas podem ser ilustradas pelos trechos a seguir:

> Nos últimos tempos eram mais presentes essas ações aqui [...] vinha aqui diretor da Estrada Real, pessoas ligadas à Estrada Real ou até membros do governo pra conversar com a gente aqui, mas hoje tem sido muito pouco. (Entrevistado 1)
>
> Nós estamos sendo preparados, sim. De que forma? Pelos cursos que já aconteceram aqui. Até hoje nós temos dado conta do recado. Contudo, se vai ter uma grande movimentação aqui, ainda não estamos preparados. Temos muito que fazer ainda, tem que ter muitas palestras, tem que ter muitos cursos. (Entrevistado 6)

A partir da análise das entrevistas, pode-se deduzir a inexistência de um processo mais sistemático de qualificação e formação de mão de obra para trabalhar com turismo e turistas. Constata-se a implementação de ações isoladas e cursos já prontos, que não levam em consideração as características e necessidades locais; palestras esporádicas, fruto muitas vezes de interesses outros que não o desenvolvimento e a capacitação de pessoal para atuação efetiva de acordo com as exigências de um empreendimento dessa natureza. Pôde-se perceber ainda a falta de ações políticas mais concretas e direcionadas especificamente para a Estrada Real. O governo municipal tem feito investimentos em infraestrutura na região que beneficiarão o turismo. Entretanto, o fator determinante de tais investimentos não é uma política voltada para o desenvolvimento de tal atividade. O governo estadual também vem investindo em asfaltamento de estradas, porém também não faz parte de um projeto voltado para o turismo da Estrada Real.

Foram verificados os impactos culturais e ambientais que os entrevistados consideram serem causados às comunidades e como eles estão sendo tratados. Também nesse item foi percebida certa desinformação e desconhecimento acerca do assunto. Foram relatados pontos de atuação isolados, demonstrando falta de planejamento integrado voltado principalmente para as questões ambientais. O seguinte comentário ilustra essas posições:

Eu acho que o povo ainda está com pontos de interrogação, não sabe a fundo. (Entrevistado 5)

As pessoas demonstram sensibilidade às questões ambientais e culturais, porém ação e atuação efetiva e consistente não foram verificadas. A seguir, algumas falas que demonstram a assertiva acima:

A prefeitura está fazendo a parte dela. Começou a construir a ETE (Estação de Tratamento de Esgoto), a implantar fossas sépticas. Mas a política tem que ser de todos nós. Não dá mais pra você ter desmatamento, porém ele existe ainda, não existe a consciência ecológica ainda. Precisa ser feito um trabalho, não cortar mata, não cortar nascente. Hoje a agricultura toma medidas obrigatórias: a pessoa não está arando na beirada de rio mais, estão respeitando, mas precisa ainda haver uma educação nesse sentido. Nós temos tudo preparado pra implantar a coleta seletiva aqui em Ipoema, mas ainda não é uma realidade. O distrito ainda pega seu lixo e leva pra Itabira. (Entrevistado 1)

Esse é o grande receio da população. Amanhã ou depois pode vir aquele turismo desordenado, aquele turismo que não traz nenhum benefício. Então as pessoas realmente têm esse receio e torcem para que haja um turismo bem estruturado, bem organizado. Que venha um turismo que não cause nenhum dano ao nosso meio ambiente, que não cause nenhum dano à nossa sociedade, que não provoque assim nenhuma dificuldade para os moradores. (Entrevistado 8)

Constatou-se uma disposição de todos para uma ação solidária e em rede. Informalmente, acontecem encontros para discussões e ajudas mútuas, demonstrando uma pré-disposição para formação de redes solidárias. Foi verificada ainda a necessidade de orientações teóricas e lideranças comunitárias para a efetivação e "perenização" do processo. Abaixo são transcritas falas acerca da questão:

Eu acredito que precisamos só de um órgão, uma entidade, uma ONG. Precisa-se de uma liderança. (Entrevistado 5).

Essa questão nós precisamos trabalhar muito aqui, a chamada rede, porque não é cada um por si e Deus por todos. Essa parceria precisa ser muito trabalhada aqui. (Entrevistado 6)

Fica evidenciada, portanto, a falta de uma política integrada das três esferas de governo, demonstrando não haver planejamento. Há apenas ações isoladas e esporádicas, trazendo dúvidas, incertezas, desinformações e nenhum resultado objetivo e concreto de maior alcance.

Considerações finais

O turismo tem a capacidade de promover a integração de um conjunto de ações que são capazes de fomentar variáveis econômicas, sociais e ambientais.

Para isso, os governos (federal, estadual e municipal) devem buscar integrar esse conjunto de ações em políticas e planejamento do turismo para prover o ambiente e as condições adequadas para potencializar o crescimento da atividade tanto por iniciativas públicas quanto privadas, transformando assim os seus gestores em agentes de mudanças.

Embora os governos federal e estadual tenham desenvolvido políticas voltadas ao turismo, criando o Ministério do Turismo, a Secretaria Estadual de Turismo de Minas Gerais, o Plano Nacional de Municipalização do Turismo (PNMT), as Secretarias Nacionais de Políticas do Turismo e de Políticas de Desenvolvimento do Turismo, o Plano Nacional de Turismo, entre outros, isso não chegou à maioria dos municípios, por falta de conhecimento e/ou interesse.

O roteiro turístico da Estrada Real foi criado nesse período, tendo como principais incrementadores o governo do Estado de Minas Gerais e o governo federal, por intermédio do Ministério do Turismo. Entretanto os municípios situados no seu trajeto ou não foram todos priorizados e/ou não foram envolvidos efetivamente.

É o que demonstra a pesquisa realizada no município de Itabira e em seus distritos, situados no roteiro da Estrada Real e que apresentam grande potencial turístico.

Outro aspecto importante a ser destacado é quanto aos impactos causados à comunidade e ao meio ambiente local, resultando em desequilíbrio e frustrações. O programa foi lançado e divulgado sem o cuidado de se criar infraestrutura, que requer investimentos em estradas, hospedagens, alimentação, saúde, saneamento, pessoal capacitado e qualificado para trabalhar e receber o turista.

Falta política de incentivo, apoio técnico e acesso a créditos para investimentos. Programas de incremento e apoio aos pequenos produtores, artesãos e pequenos comerciantes.

A proposta de qualquer empreendimento precisa se situar nos moldes de um modelo de desenvolvimento sustentável. Para isso, é fundamental que todas as variáveis sociais, econômicas e ambientais sejam observadas. É preciso que a comunidade participe efetivamente do processo, pois a ela é necessário assegurar o controle sobre seus recursos e seu futuro. O Programa Estrada Real constitui-se em variável complexa, porque envolve várias localidades com características próprias. Consequentemente, o seu planejamento e sua implantação também se tornam complexos.

A pesquisa mostra que, no município de Itabira e em seus distritos, não houve participação da comunidade no processo de planejamento e implantação do Programa Estrada Real. A percepção é de que foi um programa pronto implantado pelos governos do Estado e federal, com uma repercussão de mídia muito grande, porém, sem nenhuma base consistente, sem estratégias e metas definidas por localidades.

A comunidade passou a ouvir sobre a Estrada Real e que seu trajeto passava pelo município, criando expectativas e reproduzindo falas do senso comum: "A Estrada Real é uma grande oportunidade..."; "Com a Estrada Real virão os turistas trazendo receitas..."; "O turismo vai aumentar e trazer melhoras para todos..."; e assim por diante.

Vieram também caminhantes, expedições, cavaleiros, representantes do Instituto Estrada Real, palestras, cursos, pesquisadores. Porém, reforçando a percepção desta pesquisa, o que se pode deduzir é que são ações pontuais, não integradas, feitas por atores diferentes, reforçando assim a desconexão entre o que se fala e divulga e as realidades locais.

Ao longo do trajeto da Estrada Real existem cidades estruturadas para o turismo, porém seus processos de desenvolvimento não se deram em função desse programa. São cidades com turismo sedimentado (Diamantina, Ouro Preto, Mariana, São João Del Rey, entre outros). Outras cidades, como é o caso de Itabira, começam a despertar para o turismo, muito mais em função de suas potencialidades do que como consequência de política direcionada para a Estrada Real. Essa poderá ser uma atratividade, porém não é determinante para a implantação de um projeto político para incremento ao turismo.

Nota

[1] Segundo Hall (2001, p. 26), "a política pública para o turismo é tudo o que os governos decidem fazer ou não com relação ao setor."

Referências

BARDIN, L. *Análise de conteúdo*. Lisboa: Persona, 1977.

BISSOLI, A.; MARQUES, M. A. *Planejamento turístico municipal com suporte em sistemas de informação*. 2. ed. São Paulo: Editora Futura, 2001.

BRASIL, E. R. *Gestores e Competências nas Organizações do Terceiro Setor em Itabira/MG*. 2005. Dissertação (Mestrado em Administração) – FEAD, Belo Horizonte, 2005.

BRASIL. Ministério do Turismo. Disponível em: <http://www.turismo.gov.br/>. Acesso em: 1º out. 2008.

CABRERA, G. *Subsídios à formulação da política nacional de turismo*. São Paulo: Anhembi Morumbi, 2002.

CRUZ, R. C. *Política de turismo e território*. São Paulo: Contexto, 2001.

FIPE. *Estudo do Mercado Doméstico de Turismo no Brasil*. São Paulo: FIPE/USP, 2002.

FIPE. *Estudo do Mercado Doméstico de Turismo no Brasil*. São Paulo: FIPE/USP, 2006.

GOELDNER, C. R.; RITCHIE, J. R.; MCINTOSH, R. W. *Turismo: princípios, práticas e filosofias*. Porto Alegre: Bookman, 2002.

GOMES, B. M. A.; SANTOS, A. C. Influências das políticas públicas de turismo nas transações entre os agentes: uma análise sob a ótica da ECT. *Revista Brasileira de Pesquisa em Turismo*, v. 1, n. 2, p. 72-100, dez. 2007.

GUERRA, A.; OLIVEIRA, E. H.; SANTOS, M. *Estrada Real: análise crítica das políticas de exploração turística da estrada real adotadas pelo governo do estado de Minas Gerais no período de 1999 a 2003*. Monografia (Especialização em Turismo e Desenvolvimento Sustentável) – Instituto de Geociências, Universidade Federal de Minas Gerais, Belo Horizonte, 2003.

HALL, C. M. *Planejamento turístico: políticas, processos e relacionamentos*. São Paulo: Contexto: 2001.

ITABIRA. *Distrito de Senhora do Carmo*. Itabira: PMI, 2008

MALTA, G.; ALMEIDA, F. B. Turismo, Cultura e as Transformações na Vida dos Sujeitos de Ipoema - Distrito de Itabira/MG. In: II SEMINÁRIO INTERNACIONAL DE TURIS-MO SUSTENTÁVEL, 2, 2008. *Anais...* Fortaleza: [s.e.], 2008.

MINAS GERAIS. Secretaria de Estado de Turismo de Minas Gerais. *Estrada Real*. Disponível em <http://www.turismo.mg.gov.br>. Acesso em: 23 set. 2008.

MOURA, F. G. *Programa de Qualificação Profissional e Capacitação das Entidades, Protagonistas, Atores e Cadeia Produtiva da Estrada Real*. Itabira: Funcesi, 2005.

PEREIRA, C. A. S. Políticas públicas no setor de turismo. *Turismo em Análise*. São Paulo, v. 10, n. 2, p. 07-21, 1999. ECA-USP.

ROBBINS, S. P. *O processo administrativo: integrando teoria e prática*. São Paulo: Atlas, 1978.

SANTOS, Márcio. *Estradas Reais*. Belo Horizonte: Ed. Estrada Real, 2001.

MINAS GERAIS. Estrada Real. Disponível em http //www.turismo.mg.gov.br. Acesso em: 23 set. 2008

A precária globalização da aldeia: impasses do desenvolvimento pelo turismo em Milho Verde, Alto Jequitinhonha, Minas Gerais

Jorge Renato Lacerda Arndt
Solange Maria Pimenta

Pequena sede de distrito no município do Serro, vizinha da nascente do rio Jequitinhonha, Milho Verde surgiu da lavra de minerais preciosos no início do séc. XVIII. De aspecto e modo de vida tradicionais, com casario e igrejas antigas cercados de montanhas de pedra e cachoeiras da Serra do Espinhaço e afastada da velocidade e tecnologia do mundo moderno, Milho Verde veio a se tornar um dos mais vívidos cartões-postais de Minas Gerais, sendo muito visada pela atividade turística e atraindo um grande número de novos moradores, com impactos diversos para a população local. Distante poucos quilômetros de Diamantina, integra roteiros turísticos de cunho histórico, cultural e ecológico, tais como o que vem sendo implementado pelo Programa de Desenvolvimento da Estrada Real, iniciativa público-privada liderada pelo governo estadual e pela Federação das Indústrias do Estado de Minas Gerais (FIEMG). Encontra-se, entretanto, pouco equipada para satisfazer aos critérios de consumo geralmente associados aos padrões aos globalizados de atividade turística. Não possui hotéis, cafés, museus, casas culturais, bancos e comércio. As pousadas são simples e a atividade noturna é restrita a alguns poucos bares e restaurantes.

Do distrito de pouco mais de 1.000 habitantes, aproximadamente metade vive na área urbana (Piva *et al.*, 2007, p. 6), onde foram instaladas, ao longo dos últimos vinte anos, luz elétrica e telefonia, serviços que ainda não atingem a zona rural. O turismo gera diretamente, em pousadas, bares e restaurantes, por volta de 60 empregos informais. Praticamente todas as famílias têm uma atividade dirigida às demandas dos turistas, entre casas de aluguel, hospedagem domiciliar, venda de produtos culinários ou prestação de serviços como os de construção e manutenção doméstica. Mesmo nos estabelecimentos comerciais destinados às demandas cotidianas da população, o turismo participa em proporções significativas das vendas.

A disparidade entre o baixo desenvolvimento da região e a atividade turística foi o contexto determinante de fenômenos enfocados por um estudo de caso que embasou o presente capítulo. Tematizando a pequena localidade de Milho Verde e demandando uma abordagem etnográfica, em que se empregaram observações participantes e entrevistas, o estudo foi apresentado na dissertação de mestrado em Administração *Entre tradição e modernidade: sustentabilidade do desenvolvimento pelo turismo em uma comunidade tradicional de Minas Gerais* (ARNDT, 2007).[1]

Empreendeu-se, ao longo da pesquisa, uma avaliação das condições de aprestamento para o trabalho pela comunidade, historicamente periférica ao sistema capitalista, ao ser instada a emergir dos modos de produção e convívio de uma pré-modernidade, em que economia e sociedade ainda se estruturam de acordo com modelos pré-industriais e em que o trabalho organiza-se em formulações produtivas familiares, agrárias ou informais urbanas, quando não voltadas estritamente à subsistência. Partindo desse ponto, a comunidade é estimulada a aderir a modos de organização produtiva e de interação capitalistas, dentro da modalidade de prestação de serviços de turismo (atividade situada entre as áreas produtivas de maior evolução recente em importância econômica e em aprimoramento técnico), sendo impactada pela chegada praticamente simultânea de energia elétrica, meios de comunicação de massa, telefonia fixa e móvel, Internet, turistas e novos habitantes de todas as partes do planeta.

Milho Verde tem-se inserido, assim, em um conjunto de solicitações mercadológicas e culturais referenciadas além de uma etapa de modernização não atingida, ou não cumprida, no decurso da evolução social local. A cidadania, a autodeterminação individual e coletiva, a reivindicação de direitos civis e a democratização e a participação, necessárias à interação com as instâncias que afetam o modo de vida da comunidade, não se constituíram ali. Nesse contexto, a macroestrutura de mercado, atingindo a esfera local, tem, de certa forma, substituído uma estrutura de vínculos de submissão – e de desvínculos de exclusão – configurada anteriormente, desde os primórdios mineradores coloniais.

Entretanto, a proposição de empreendedorismo para o habitante local é paradigmática nas iniciativas de desenvolvimento, propugnadas em um ambiente político em que a livre iniciativa, o livre mercado e a responsabilização da sociedade civil constituem credos fundamentais. Apresenta-se aí, portanto, como necessária, uma consideração acerca da aplicabilidade de se promover a adoção de padrões racionais de mercado em um contexto social em que, por força de circunstâncias historicamente delineadas de fragilidade econômica e social, laços familiares, comunitários e mesmo produtivos dependam de referências tradicionais para subsistir.

Os âmbitos profissional e comunitário estudados comportam, assim, aspectos significativos da expansão de uma racionalidade capitalista sobre meios sociais tradicionais. Algumas das questões que se apresentam quanto à promoção de atividades de turismo em Milho Verde podem, inclusive, ser balizadas em termos de um conflito entre um modelo cooperativo e baseado na solidariedade e a crescente solicitação ambiental a uma racionalização capitalista dos esforços produtivos.

Analisar como pequenos empreendimentos situados naquele destino turístico estão se inserindo no contexto capitalista globalizado, tendo como referencial a crescente racionalização das atividades econômicas e de toda a sociedade, é o escopo do presente capítulo. Inicialmente, apresenta-se e comentam-se alguns dos depoimentos colhidos de empreendedores locais e de membros de mobilizações locais e de órgãos de fomento; empreende-se, posteriormente, uma revisão acerca do tema da racionalidade capitalista, cabedal teórico que enquadrará as conclusões apresentadas. O tema pode ser considerado de interesse para pesquisadores, consultores e gestores em turismo e para organizações privadas, públicas e do Terceiro Setor atuantes em localidades onde o turismo afete significativamente o modo de vida e a economia locais, bem como para as comunidades em seu geral, dado o impacto que a crescente atividade turística já tem representado e irá cada vez mais representar.

Da subsistência à competição

> [...] e caminhando para lá eu encontrei os últimos, por enquanto últimos, postes do programa Luz para Todos. E de repente eu entendi – "Mas, luz para todos... que luz nós estamos dando para essas pessoas?" As pessoas agora vão cair na solidão, porque a primeira coisa que um dos filhos vai arrumar para o pai e para a mãe vai ser uma televisão. Que mundo é esse que a televisão traz para um mundo no qual até agora a pobreza material era algo digno? Era um mínimo de material, mas sua galinha, sua vaquinha, as frutas, tudo isso agora vai ser pouco. Eles vão ter uma geladeira.

Essa narrativa de observações e reflexões, feitas por um membro de uma organização de Terceiro Setor atuante na região do Jequitinhonha, por ocasião de uma excursão à zona rural do município de Diamantina, traduz uma visão distinta da noção comum de se dar boas-vindas ao progresso – representado pela chegada de luz elétrica ao local visitado. Um ponto de vista completamente diverso caracteriza-se no trecho de entrevista apresentado a seguir, de um membro de uma organização que atua no fomento do desenvolvimento por meio do turismo. O entrevistado caracteriza uma situação hipotética de imigração para uma região ou localidade não especificada de baixo desenvolvimento:

> [...] algumas pessoas vão para essa região, se adaptam às condições de vida local... Vão para um lugar que não tem energia elétrica, que não tem água tratada, o chão é de terra batida... Não tem médico, nem atendimento dentário, as crianças não vão à escola... Sob nosso ponto de vista, isto seria uma grande heresia. [...] eu diria em outros termos: seria nivelar por baixo. [...] é inconcebível para mim que uma pessoa não usufrua da energia elétrica e de seus benefícios.

O contraste entre os depoimentos exemplifica a controvérsia mantida entre um público específico da região estudada, em sua grande parte formado por novos habitantes para lá emigrados nos últimos vinte anos – público que, em sua maioria, opõe-se à visão convencional de desenvolvimento –, e os pressupostos de atuação das iniciativas de fomento à atividade turística que ora abordam a região.

Os dois comentários a seguir (de um desses moradores imigrados e de um membro de uma organização que atua no fomento ao empreendedorismo, nesta ordem), também contrastados entre si, delineiam diferentes expectativas ou posicionamentos quanto à proposta de sustentabilidade que norteia as iniciativas de desenvolvimento:

> [...] o que o Vale tem? Cultura. Qual é o "ouro" do Vale do Jequitinhonha? Cultura. Que é o que o mundo inteiro quer. Essa questão do saber primitivo, esse é o ouro da região. E quem vai viver dele? Pelo discurso da sustentabilidade, deveria ser o povo do lugar. Mas pela planificação do turismo, que estabelece um nível de consumo, utiliza-se essa cultura que foi mantida guardada – que na verdade só existe porque o Vale do Jequitinhonha nunca foi objeto de nenhum projeto de desenvolvimento... O que o Vale tem hoje é que ele foi esquecido. Isso que se esqueceu vira o *boom*, e aí vem todo o discurso do desenvolvimento, coloca-se toda a proposta de desenvolvimento do Estado em cima disso, e usa-se o discurso da sustentabilidade.

> [...] tem que ser feito um trabalho para que se desenvolva o capital humano, para que se desenvolva, a partir do desenvolvimento do capital humano, o capital social – para que os dois se desenvolvam juntos. O capital humano, o social e o capital empresarial, porque também não existe turismo sem as empresas que operem as atividades, que recebam os turistas, que passem as informações, que

façam gerar riquezas e socializem a riqueza naquele lugar [região ou localidade não especificada, de baixo desenvolvimento].

Deve ser mencionado, a propósito dessa controvérsia, que a orientação de propostas de desenvolvimento planificado para a região tende a configurar uma pequena crise social local. Em um grande número de casos, novos moradores de Milho Verde e da vizinha São Gonçalo do Rio das Pedras radicaram-se na região em busca de formulações alternativas de atividade econômica e existenciais. Porém, a viabilidade desses arranjos alternativos baseou-se em alguns fatores providos pela relativa inacessibilidade do reduto e pela defasagem local com relação às regiões mais desenvolvidas, defasagem caracterizada, principalmente, por um baixo custo de vida, associado a uma fraca atividade econômica, ausência de competição pelos recursos e indisponibilidade de meios de comunicação. Os obstáculos a uma intensificação das atividades econômicas vêm sendo, entretanto, paulatinamente removidos, a par – ou por meio mesmo – da chegada de projetos de turismo planificado à região.

Porém, a visão dos públicos adventícios locais estaria distorcida e incompletamente caracterizada se fosse descrita nos termos de um interesse pela manutenção das condições de um reduto. O foco da controvérsia reside em um questionamento, baseado no conhecimento que os moradores adventícios têm das condições locais, quanto à efetividade das propostas de desenvolvimento; um conhecimento originado do prolongado convívio, experiência com as mobilizações comunitárias e as atividades produtivas e de uma empatia com as condições sociais e culturais locais.

O que se tem ponderado é que, a partir do momento em que a economia local seja vinculada a premissas globais de competitividade, eficiência e consumo, dadas as condições formacionais e as possibilidades econômicas locais, já se terá conformado, *a priori*, uma "insustentabilidade". Em outras palavras: a partir do momento em que as comunidades locais estiverem mais e mais vinculadas a roteiros turísticos que estipulam demandas formatadas em expectativas padronizadas de consumidores globais, ou seja, expectativas a serem atendidas por meio de recursos tecnológicos e de financiamento e por ferramentas logísticas e de administração oriundas de uma realidade externa, bastante diversa e muito mais desenvolvida, a população local encontrar-se-á descompassada em relação à nova atividade turística que vem sendo promovida.

Também não seria apropriado dizer que as entidades de fomento da atividade turística e do empreendedorismo, tais como o SEBRAE, o Instituto

Estrada Real, o Banco Interamericano de Desenvolvimento (provedor de recursos para o Programa de Desenvolvimento da Estrada Real e para o PRODETUR NE II), não estejam conscientes dessa problemática implícita de descompasso local em relação ao conteúdo geral, e geograficamente abrangente, das propostas de desenvolvimento. O último entrevistado citado prossegue, mencionando o que pode ser, talvez, um dos aspectos mais polêmicos da dinâmica de desenvolvimento pelo turismo, da forma como tem sido experimentada em cidades históricas de Minas Gerais:

> [...] se não se desenvolver o capital humano, você cria destinos não sustentáveis, onde os bens foram desenvolvidos e os empresários de fora chegam e se apossam daquela matéria-prima, que é belíssima: Ouro Preto, Tiradentes, Diamantina. O empresário chega com uma visão mais elaborada, capitalista, e simplesmente se apossa da matéria-prima que... não tem dono. Não é dizer que é só de quem mora lá, porque não há uma fronteira. O mundo é de todo mundo.

O que muitos dos entrevistados da localidade questionam, porém, é que essa dinâmica excludente não tem sido evitada na própria concepção de iniciativas encetadas. Seguem-se os comentários de dois empreendedores de turismo, moradores adventícios, que, sob os diferentes aspectos de qualificação profissional e financiamento, abordam esse mesmo tópico:

> [...] o foco dos projetos de fomento ao turismo é um turista que tem um certo poder aquisitivo e grau de exigência. Aqui [a região do Alto Jequitinhonha] nunca recebeu nenhum investimento em formação, capacitação, profissionalização, nada. Então, quem vier aqui, essas pessoas daqui não irão atender. Então, a exclusão começa nos projetos.

> Essas garantias que eles [órgãos financiadores] pedem são para grandes empreendedores, não para pequenos, para comunidades como essa daqui, em que as pessoas não têm a escritura de nada, porque isso tudo era terra devoluta, que foi sendo cercada e construída. Então, quando se acenou com a possibilidade de uma linha de crédito, ou coisa assim, ela não é para a gente. É para quem? Para grandes empresários, pra quem tem.

Com base nas observações e análises empreendidas acerca do quadro comunitário global de Milho Verde, parece ser possível indicar que a principal questão local a ser enfrentada por iniciativas de desenvolvimento pelo turismo, nos termos em que essas mesmas compreendem sua sustentabilidade, é a inclusão econômica da população. Sem essa inclusão, como alguns exemplos de impactos observados em Milho Verde – urbanísticos, ecológicos e culturais – parecem demonstrar, comprometer-se-á a própria atratividade turística local.

Assim, a controvérsia manifestada pelas opiniões de entrevistados a respeito da sustentabilidade das propostas ora encetadas pode ser expressa também pelo seguinte questionamento: é possível incluir Milho Verde e localidades semelhantes a ela em um roteiro turístico que opere a partir de paradigmas convencionais de mercado, sem automaticamente criar condições de exclusão social que, por sua vez, comprometerão a atratividade local e, por conseguinte, a sustentabilidade da atividade turística? Ou, talvez, como foi expresso por Coriolano (2003, p.67):

> Há uma relação intrínseca entre a pobreza, a exclusão social, o desenvolvimento, os Direitos Humanos e o turismo [...] não podemos dizer: "Isso é o turismo e isso é a sociedade". Isso aqui é o turismo e essas aqui são as mazelas sociais.

O questionamento sobre "o que vem primeiro", se o turismo (e o desenvolvimento por meio do turismo) ou a comunidade, aparece em um trecho da entrevista de um membro de uma organização do Terceiro Setor sediada na região, transcrito a seguir:

> Porque o turismo verdadeiro... vai ser uma consequência da beleza, da hospitalidade, das igrejinhas históricas, das ruínas que existem. Isso é uma consequência. E não o produto de um produto. De uma coleção de produtos. Eu detesto esse discurso [...] que faz de tudo um produto. Bandeirantes à procura de nichos de comercialização.

A alternativa de inclusão econômica para a população apenas como mão de obra estandardizada é também questionada, veementemente, por Coriolano (2003, p. 65): "Queremos transformar nossas comunidades em comunidades de garçons?" O depoimento seguinte, de um empreendedor local de turismo, morador adventício, menciona, entretanto, eventos que hoje têm lugar em Milho Verde e nas localidades vizinhas:

> "Visão: desenvolver a comunidade." Colocaram vários cursos para serem feitos. Mas esses cursos visam qualificar mão-de-obra. Ou seja, treinar as pessoas daqui para serem empregadas. Qualificam mão-de-obra: curso de higiene de alimentação, curso de cozinheira, curso de camareira, curso de guia... De que adiantaria qualificar o empresário, sendo que aqui é um lugar pobre? A gente não cursa "Administração de meios de hospedagem". [...] Ninguém tem grana. É, e precisa de crédito.

Dadas as condições locais observadas, pode ser estabelecido que a rentabilidade do trabalho para a população, como empreendedores autônomos ou como trabalhadores em posições mais bem qualificadas e remuneradas, dependerá de uma elaboração prévia que crie condições sociais para o trabalho. Porém, o que parece estar se desenhando atualmente é que os projetos de desenvolvimento pelo turismo, dada a sua lógica primordial de financiamento de condições infraestruturais e de financiamento e capacitação de meios de hospedagem, com vistas a uma intensificação de demanda capaz de atender ao requisito de valorização do capital empregado, estabelecem uma exclusão *a priori*, ao determinarem uma elitização e não uma socialização das condições do trabalho.

Essa elitização tende a ocorrer em função da implícita promoção da competição das populações locais com investidores-empreendedores externos que, pelo volume de negócios que são capazes de gerar, constituem o *moto* fundamental para a valorização de capitais a serem empregados e para a geração de impostos, e são, portanto, privilegiados na concepção dos projetos. Outro fator excludente, já mencionado, é que a demanda estimulada, também com vistas à necessária rentabilidade dos capitais financiador e investidor implicados, se destina a serviços de maior valor agregado do que o dos oferecidos atualmente pelas comunidades. Assim, passa a ser requerido um nível de qualificação não disponível entre a mão de obra das localidades. A baixa qualificação de trabalhadores locais tende a ser vista no âmbito empresarial de turismo como um obstáculo à rentabilidade de empreendimentos, e não sob o prisma de implicações que afetem a sustentabilidade. Sob a lógica predominante nos empreendimentos de turismo, as comunidades locais compõem, basicamente, um recurso a ser empregado: uma fonte abundante e barata de mão de obra – porém mais ou menos qualificada conforme sinalize o IDH municipal (cf. ANUÁRIO EXAME, 2007, p. 77).

Uma síntese, ou definição, que vai ao âmago das questões controversas relacionadas às propostas de desenvolvimento pelo turismo que ora abordam Milho Verde e região, pode, talvez, ser disposta nos termos de uma dissonância ou de impasses decorrentes da instrumentalização de todo um universo de "recursos" relacionados à atratividade turística e à estruturação para a prestação de serviços de turismo – incluindo-se aí a natureza, as comunidades e os patrimônios culturais, históricos, urbanísticos e arquitetônicos. Essa é uma orientação finalística de condutas – uma instrumentalização – que condiciona as ações de desenvolvimento a serem encetadas ao pressuposto de rentabilidade dos investimentos empregados, subordinando os contextos e as dinâmicas locais a referências de ações e objetivos que não provêm, em última análise, dos objetivos, valores ou necessidades próprias dos indivíduos, comunidades, ecossistemas, culturas e tradições implicados. Calcadas em um estímulo a uma maior demanda, a ser atendida por uma infraestrutura melhorada, e uma mais capacitada estrutura de serviços, ambas alavancadas por investimentos volumosos, as propostas de desenvolvimento estabelecem um "jogo de grandes", que pode ser dissonante, não apenas com relação a parcelas das populações implicadas, mas com toda a coerência de uma noção de desenvolvimento local.

Nesse contexto, podem ser apontadas como dissonantes em relação a uma proposta efetiva de desenvolvimento algumas das atividades de qualificação de empreendedores e trabalhadores em Milho Verde, encetadas no âmbito dos projetos de desenvolvimento e que, embora visem compensar as deficiências ou defasagens dos empreendedores e trabalhadores locais com relação ao contexto externo, parecem estar, entretanto, justamente ignorando essas mesmas deficiências. Como um exemplo, parecem ter sido especialmente discordantes, em relação às condições locais de Milho Verde, os cursos destinados à qualificação de meios de alimentação. O comentário transcrito a seguir, de uma empreendedora de turismo, natural da localidade, assinala a dissonância com relação aos próprios meios típicos – e turisticamente atrativos – da culinária local:

> Não, tem que azulejar tudo... Onde que eu vou buscar dinheiro pra fazer isso? Minhas panelas têm que ficar bem branquinhas. Como que eu vou usar fogão a lenha, se as panelas têm que *ficá branquinha, branquinha*? Não tem como, não. Por muito que você *limpa*, ainda não fica tão clarinha, *num fica nada*? Porque suja muito.

Este outro comentário, de uma empreendedora de turismo, natural da região, além da preocupação com a atrativa tipicidade local, enfoca aspectos de cordialidade e informalidade:

> [...] era bacana, falava sobre a questão da higiene, mas aí já veio falar que aqui tem que mudar a cozinha da gente. – "Ah, que a cozinha não pode ficar assim, não pode ficar assado" – quer que a gente muda põe tela na janela, esse negócio todo, tipo assim, padronizar, mas num padrão mais de cidade grande. Se fizer isso aqui, vai ficar muito feio! O turista vai sumir daqui... [...] diz que tenho que pôr um vidro ali, que tenho que tapar o fogão para não ficar gelado. Eu gosto de ficar é no meio do pessoal. Claro que eu não vou ficar toda suja, mas eu acho que é bom esse contato que a gente tem aqui. Acho que o pessoal fica mais à vontade.

O empreendedor de turismo citado a seguir, morador adventício, enfatiza o aspecto de carência de recursos financeiros em relação a padrões externos que, nas descrições feitas pelos que assistiram aos cursos, constaram mais como "exigências" do que como alternativas ou modelos para os empreendedores locais:

> Te falam que tem de ter o abatedor de calor na cozinha, é claro, teria de ter. Mas um equipamento que custa dez mil reais, quem vai comprar? Te falam: – "Na cozinha, você tem de ter uma mesa para picar carne, uma mesa para picar verdura, uma pia pra lavar as verduras, uma pia pra lavar louça, uma pia pra lavar as panelas." Aqui, graças a Deus tem uma pia pra lavar. Em uma só, na cozinha, você faz tudo. Tem que adaptar o curso pra realidade, não adaptar a realidade pro curso.

A entrevistada citada no primeiro comentário acerca dos cursos prossegue, caracterizando a insegurança do empreendedor local com relação a financiamentos:

> [Pelos padrões que estão sendo requeridos nos cursos,] pra você montar um negócio hoje, um restaurante, seja ele simples, comer uma coisa simples, feita com amor, com carinho – a gente recebe do jeito que pode... –, gasta muito dinheiro. Você tem que investir muito naquilo. Esse curso que eu fiz, pelo menos, nós [empreendedores locais] não temos condições de montar, porque gasta dinheiro demais, eu morro de medo de pegar empréstimo, que diz que o governo está liberando, nesses bancos de desenvolvimento, tem vários bancos. Mas, imagina, se a gente pegar um empréstimo grande, pra montar uma coisa, de repente aquilo não dá certo, de onde você vai tirar o dinheiro pra pagar?

A insegurança e a inacessibilidade em relação aos financiamentos, manifestada por vários entrevistados, caracteriza, por si só, a informalidade, a baixa qualificação e a baixa capitalização dos empreendedores locais. Entre os entrevistados que mencionaram esse temor, a maior parte, provavelmente, não preenche requisitos para a obtenção de crédito, como, por exemplo, esta empreendedora, natural da região, que desconhecia o termo jurídico "razão social":

> Se eu quiser pegar um empréstimo no banco... como é que pega empréstimo no banco? É dose! Eu tenho um medo desse trem, danado. Não mexo de jeito nenhum. Prefiro passar meus apertos pra cá do que ficar devendo uma pessoa de fora, assim, se é banco, é muito mais fácil falir. Eu não tenho esse *poder aquisitivo*.

Ao potencializar-se uma demanda que requeira serviços de maior valor agregado, considerando-se I) a dependência econômica da comunidade em relação ao turismo; II) a fraca capacitação para a oferta do novo tipo de serviço requerido e III) o surgimento de competidores externos qualificados para o atendimento da nova demanda, é razoável pressupor que tende a se estabelecer em Milho Verde uma competição predatória entre os empreendedores locais. Uma condição de concorrência predatória local, sacrificando-se a margem de lucro dos serviços prestados, pode vir a reforçar uma vulnerabilidade em face da competição com novos empreendedores vindos de fora e com outros destinos, e um consequente processo de eliminação dos concorrentes locais.

A competição com demais destinos se reforça na medida em que Milho Verde tem sido cada vez mais apenas uma escala ao longo de um roteiro. É o que demonstra este depoimento de um empreendedor de turismo, radicado na localidade:

> [...] até agora, o primeiro impacto que eu vejo da Estrada Real é isso, olha, Milho Verde está começando a ser um lugar mais de passagem. E se a gente não se organizar e criar atrativos, e não colocar quebra-molas aí na entrada, ninguém vai parar, não. Vai virar lugar de passagem. E essas pessoas de passagem não conhecem realmente o lugar e vão embora assim: – "Eu ouvi tanto falar de Milho Verde, é isso aqui?" Outro dia um motorista falou: – "É isso aqui?! Milho Verde?" Falei: – "É." – "Ah, vou embora que estou com pressa." E foi embora.

Deve-se considerar aqui outro aspecto a ser questionado, em termos das condições locais de Milho Verde, quanto à dinâmica das propostas de desenvolvimento pelo turismo ora encetadas: ao se reforçar o contexto competitivo (em razão do incremento da demanda e do estímulo à presença de novos competidores, em meio a uma acentuada dependência local em relação à economia do turismo), ao mesmo tempo em que se aqueça a economia local, tender-se-á a comprometer caracteres ambientais e culturais da comunidade. Lançando mão dos recursos que lhe são disponíveis para aumentar o volume de negócios e rentabilidade, o habitante local, em razão de limitações culturais e sociopolíticas, tem colocado em risco aspectos de importância fundamental até mesmo para a própria sobrevivência do negócio – menção destacada deve ser feita às questões urbanísticas e ecológicas locais, entre elas o fracionamento de propriedades, o adensamento não planejado da ocupação urbana, a descaracterização do patrimônio arquitetônico, o desmatamento e a ocupação de áreas de preservação e o manejo não-sustentável de locais de visitação.

O esvaziamento dos valores humanos, comunitários e ecossistêmicos repercute negativamente na possibilidade de reprodução da atividade turística – pelo menos, na reprodução de uma atividade turística que privilegie a população local. De maneira bastante afetiva, uma empreendedora de turismo, moradora adventícia, menciona este tópico:

[...] aonde mais você vê esse carinho das pessoas de chegar e de ser bem recebido como você é recebido aqui por eles? E o que caracteriza Milho Verde, que trouxe o turista, que traz há anos, é essa história de ser bem recebido. Eles te recebem com carinho.

Deve ser observado que a atenção às condições locais e uma ênfase à participação estão oficializados como conduta para gestão de políticas públicas brasileiras no âmbito federal; a participatividade é uma decorrência evidente da orientação política da atual gestão e configura-se em obediência a preceitos dispostos na Agenda 21 (BRASIL, 2006).

Pelo alinhamento com as necessidades e os interesses locais e pela promoção de participação nas decisões que afetam essas necessidades e interesses é que, talvez, de uma "comunidade-meio" (que é como se pode afirmar que a entidade local tende a ser encarada, dado o ponto de vista finalístico predominante nas propostas de desenvolvimento – por mais que se tenham adotado referenciais de sustentabilidade para as ações empreendidas) poder-se-á passar a uma "comunidade-fim", em que o conteúdo de práticas, modelos e objetivos adotados em uma maior integração à economia do turismo conciliem-se com os valores e as possibilidades, internamente coerentes, da população e do ecossistema locais.

Nesse sentido, pode ser indicada uma iniciativa em que a efetividade de um desenvolvimento pelo turismo tem sido buscada, contemplando-se a realidade social local. O entrevistado citado a seguir, atuante em uma entidade de fomento ao empreendedorismo, faz menção a uma formulação alternativa de atividade turística (e de desenvolvimento pelo turismo) geralmente designada como "turismo social" (KRIPPENDORF, 2001, p. 7; GOELDNER, RITCHIE; MCINTOSH, 2002, p. 363), e que se caracteriza, em essência, por uma adequação da demanda às condições do local visitado, e não o contrário:

> Existe um turista hoje no mundo que busca conhecer o que acontece, sem maquiagem, com as localidades [...] como é a dinâmica social [...]. Então, a gente começou a trabalhar com essas localidades do Serro: Milho Verde, Capivari e São Gonçalo do Rio das Pedras. [...] Preparar a [...] própria casa deles, sem ter que sair de casa pra receber os turistas. O Turismo Solidário não é para qualquer lugar, programas como este são direcionados a partir do conhecimento da realidade local.

A denominação Turismo Solidário provê uma dupla conotação de economia solidária (cooperativa) no âmbito das comunidades abordadas e de solidariedade no que se refere à atitude do visitante. A cooperação entre membros é vista, nos termos da proposta, como uma ferramenta para a constituição de serviços ao turista (meios de hospedagem, alimentação e entretenimento) de maior capacidade e mais diversificados, sem que para isso se demandem meios outros que não os da própria mão de obra e da estrutura domiciliar e urbana locais. Experimentando níveis variados de receptividade e efetividade nas diferentes comunidades que aborda, a aplicabilidade dessa proposta tem sido avaliada como muito abrangente, pois, dentro das condições socioeconômicas a que se destina, podem ser encontradas miríades de pequenas localidades brasileiras em que o potencial turístico acompanha-se de um baixo desenvolvimento.

A comunidade de Milho Verde tem se mostrado receptiva à proposta do Turismo Solidário; uma penetração maior talvez não tenha sido atingida em função de que o recurso principal demandado para efetivação do programa é algo que constitui uma carência local: mobilização comunitária. Vinculados apenas em níveis primordiais, de clãs, os cidadãos de Milho Verde não compõem articulações que possam sustentar posições comunitárias perante oposições internas ou externas, ou estipular reivindicações coletivas, atuando como um grupo de pressão nos diversos âmbitos políticos de que participam, sequer no mais imediato, o municipal. Assim como ocorre no âmbito das mobilizações comunitárias, a desarticulação local manifesta-se também com relação à coletividade dos empreendimentos.

Ao evanescimento, ou destituição, do poder senhorial, obliterador da autonomia do cidadão local, parece não haver sucedido ainda, pelo menos não perceptivelmente, a constituição de uma instância efetiva de representação comunitária. Nas atividades da Associação Comunitária, por exemplo, desde sua fundação em 1985, tem predominado uma participação retraída, espectadora mesmo, da comunidade, em meio a disputas oportunistas por poder ou por benefícios isolados. A atuação da instituição é reputada assim como espúria, incapaz de se impor em razão das próprias divisões internas da comunidade e às sanções mafiosas que têm sido exercidas contra lideranças, especialmente as que proponham medidas contrárias a interesses individuais.[2]

A comunidade empreende, de forma voluntária, algumas atividades esparsas de manutenção das instalações públicas – limpeza urbana, limpeza de reservatórios de água, restrições no sistema viário. Não havendo institucionalidade que coordene efetivamente a mobilização, a captação e a utilização de recursos, o empreendimento dessas atividades baseia-se em lideranças informais e em um senso de obrigação com relação a determinados valores comunitários.

Outro senão a se considerar em relação à aplicabilidade local do Turismo Solidário deriva da cada vez mais acentuada exposição de Milho Verde a um ambiente competitivo de atividade turística, determinando-se assim alguns aspectos contextuais relativos à aplicabilidade local do Turismo Solidário que precisam ser observados. Dado que I) a localidade insere-se na economia do turismo há mais de três décadas e considerando também II) a atratividade turística local e III) o pertencimento a um roteiro de interesse histórico, cultural e ecológico, observe-se que a comunidade como um todo encontra-se exposta a um ambiente competitivo de negócios de turismo. Assim, programas de turismo social tendem a secundar, ou contrapesar, uma macro-dinâmica turística que permanecerá impactando de maneira crescente a localidade, nos termos de uma competição capitalista. Acrescente-se mais um item, constituído pelas iminentes IV) modificações no sistema viário, a serem implementadas no contexto do PRODETUR NE II (asfaltamento da MG 010 até o Serro e asfaltamento e calçamento da estrada entre Diamantina e Milho Verde, criando alternativas mais curtas que o trajeto Curvelo, Gouveia e Serro utilizado atualmente).

A conexão facilitada com o centro metropolitano potencializa a demanda, havendo possibilidade de que a localidade se torne um destino de visitação em massa. Assim, a adequação local a uma proposta de turismo social pode ser considerada ainda mais delicada, pois é de se esperar um engajamento da população na elaboração de serviços competitivos e voltados a uma demanda massificada e uma descaracterização de peculiaridades sociais e culturais locais que constituem o foco mesmo de interesse de uma atividade turística alternativa.

Uma formulação de turismo social parece ser especialmente válida quando em referência a uma comunidade desconectada de outros contextos e modalidades turísticas. Parte da visitação verificada em Milho Verde nas três últimas décadas enquadra-se na caracterização de um turismo social, e esse mesmo tipo de visitação, em sintonia com as condições socioeconômicas locais, segundo a opinião mesma de vários dos entrevistados, já não corresponde mais ao quadro geral observável da atividade turística atual. O que se verifica hoje, cada vez mais, é um menor envolvimento dos visitantes com a realidade local, além da necessidade de adequação dos serviços prestados às exigências de maior valor agregado, manifestadas por uma parcela cada vez mais significativa da demanda.

Racionalidade capitalista e modernização

A progressiva hegemonia da racionalidade técnica sobre a civilização ocidental foi importante objeto (senão o mais importante) das considerações de Max Weber (1996), autor seguido, nessa linha de reflexão, entre outros, por Karl Mannheim (1962) e por integrantes da Escola de Frankfurt, dentre esses últimos Horkheimer (1985), Adorno (1985), Marcuse (1979) e Habermas (1983). Pensadores de linha marxista também abordaram o problema, adotando enfoques distintos do weberiano e, entre eles, além de pioneiramente o próprio Marx (1977), podem ser citados Lukács (1973) e Castoriadis (1985).

Hebert Marcuse abordou a racionalidade capitalista sob a ótica da psicanálise freudiana em *Eros e civilização* (1969). Também na psicanálise, Eugène Enriquez (1990, p. 260-263) aborda a questão da marcha da racionalidade capitalista rumo à hegemonia, avaliando-a sob o cunho de um "fetichismo generalizado" que induz à substituição da autoimagem e demais referências dos indivíduos por uma funcionalização crescente de todos os aspectos da vida, em um mundo de contínuas, mas mal-sucedidas, tentativas de transformação definitiva das "relações humanas em relações pecuniárias", de prometida mas nunca efetiva abundância e sim de concreta solidão. Segundo Herbert Marcuse, a tendência histórica apontada por Max Weber, de uma progressiva racionalização da sociedade, seria também uma "racionalização" no que se refere à exata acepção do termo na teoria freudiana dos instintos. Ou seja, a racionalidade tecnológica encobriria uma dominação, escamoteando-a sob imperativos técnicos postulados (*apud* HABERMAS, 1983 [1968], p. 316).

Habermas discute essa concepção de Marcuse da racionalidade como ideologia assinalando que uma estipulação da técnica racional como instrumento de dominação pressuporia a possibilidade de uma técnica alternativa, revolucionária, de caráter emancipatório. Diversamente de Marcuse, Habermas atribui um caráter imanente à razão técnica, sustentando ser ela uma projeção natural ao proceder da espécie humana, contendo em si um aspecto de dominação relacionado à capacidade de adaptar culturalmente (ou seja, controlar) as circunstâncias ambientais às necessidades de sobrevivência (HABERMAS, 1983, p. 317, 321, 338).

Habermas coloca, porém, a racionalidade em perspectiva, em face de outra característica humana – a capacidade de mediação, ou linguagem, habilidade vista como capaz de estender a socialização para além de uma consciência tecnocrática em que vigora um interesse exclusivo de manipulação técnica. Buscando referenciar a racionalidade para além do estágio que ele qualifica como uma categorização subjetiva estabelecida por Weber (que haveria de maneira bem-sucedida elucidado o "como" da propagação da racionalidade, descrevendo suas formas, seu "caráter", mas sem definir-lhe exatamente os porquês), Habermas aprofunda o conceito de racionalidade weberiano, desvinculando-o de uma pertinência ou subordinação à política tal como proposto por Marcuse (1979, p. 142) e também focalizando-o acima de especificidades históricas de uma "sociedade do capitalismo em fase tardia", apontadas por Weber como não abrangidas pelas proposições marxistas. O conceito de racionalidade se tornaria, assim, apropriado à compreensão do amplo fenômeno sócio-histórico de transição das sociedades tradicionais para uma sociedade moderna (HABERMAS, 1983, p. 319-320):

Habermas distingue em Weber dois processos de racionalização: o primeiro, correspondente à secularização das instituições, em que as formas tradicionais de legitimação da dominação perdem, progressivamente, sua obrigatoriedade e são substituídas pelos "padrões da racionalidade-com-respeito-a-fins" – processo que Habermas também identifica como associado à aplicação de orientações valorativas privadas, subjetivas, mas sinérgicas à racionalização do contexto (tais como a ética protestante, analisada por Weber), à supremacia do direito natural racional (tal como prevista no Iluminismo) e ao surgimento das ideologias (no lugar das formas tradicionais de dominação). Todas essas como ações substitutivas e reapropriativas de material desligado das tradições e distintas de um segundo processo correspondente à adaptação progressiva de todo o meio social e de todas as instituições à lógica produtiva e econômica do sistema capitalista (HABERMAS, 1983, p. 325-326):

> [...] coagida pela modernização, surge a infra-estrutura de uma sociedade. Ela toma conta de todos os setores da vida, um depois do outro: do sistema militar e escolar, da saúde pública e mesmo da família, impondo, tanto na cidade como no campo, uma urbanização da *forma* de vida, isto é, impondo subculturas que exercitem o indivíduo na habilidade de poder, a qualquer momento, passar de uma contextura de interação para o agir racional-com-respeito-a-fins (HABERMAS, 1983, p. 326 – grifado pelo autor).

Efetuada a transição para a modernidade, a legitimação da dominação passa a se dar, portanto, por meio do modo de produção capitalista, "que não apenas põe o problema, mas também o soluciona". A racionalidade do modo de produção, antes confinada à condição de subsistema (ou seja, subordinada ou integrada às formas tradicionalmente legitimadas de interação), passa a ocupar todas as esferas da organização social, invadindo, no dizer de Habermas, o "mundo da vida" (*Lebenswelt*) e gerando a incongruência entre uma subjugação ativa da natureza e uma "adaptação passiva" do quadro institucional (HABERMAS, 1983, p. 315, 325, 339).

O cerne da questão, que Habermas acredita haver deslindado, é que a racionalidade técnica, ao contrário das formas de dominação presentes nas sociedades tradicionais, não se baseia em uma interação mediada – "simbolicamente mediatizada" –, sendo, em vez disso, automaticamente aplicável a partir de condicionantes racionais e concretas (regras, sistemas de valores, avaliações estratégicas, critérios de controle factual). Daí a proposição habermasiana de distinção, complementaridade ou oposição dialética entre trabalho, ou agir-racional-com-respeito-aos-fins – conceito que abrange as noções de escolha racional e estratégica, de ação instrumental –, e interação, ou linguagem, ou ação comunicativa – que compreende o estabelecimento de referências para as ações a partir de expectativas e compromissos entre pelo menos dois sujeitos agentes, e em que o cumprimento de normas e a aplicação de sanções dentro dos acordos não corresponderia automaticamente a um insucesso perante a realidade técnica, mas a uma "disciplina das estruturas de personalidade" (1983, p. 320-321).

Assim, a racionalização das forças produtivas pode vir a realmente representar um potencial de liberação, na medida em que não substitua a interação verbalmente mediatizada no que se refere a uma progressiva, e inevitável, racionalização dos quadros institucionais (1983, p. 340-341). Em outras palavras, à medida que as relações de produção não se tornem também o parâmetro das relações políticas (1983, p. 325), demandando-se para tanto o estabelecimento de reciprocidades, confiança e mediação e, nesse sentido, o reconhecimento da alteridade. Descrevendo a ação comunicativa, Habermas salienta que, por meio da linguagem, os interlocutores não somente referem-se a um mundo supostamente objetivo e real a ser descrito pela comunicação, mas de fato criam esse mundo, estabelecendo construções de consenso e compromisso que alargam as possibilidades interativas por meio da referência aos (e mesmo de uso dos) recursos subjetivos dos participantes (HABERMAS, 2002b [1985], p. 447-449).

Advertindo que um "universalismo" amorfo e genérico, resultante de uma falsa alternativa entre comunidade e sociedade, "faz desaparecer a estrutura relacional da alteridade e da diferenciação", Habermas propõe uma moral baseada no mesmo respeito por todos e na responsabilidade geral solidária de cada um pelo outro:

> O mesmo respeito para *todos e cada um* não se estende àqueles que são congêneres, mas à pessoas do outro e dos outros em sua alteridade. [...] "inclusão do outro" significa que as fronteiras da comunidade estão abertas a todos – também e justamente àqueles que são estranhos um ao outro e querem continuar sendo estranhos (HABERMAS, 2002a [1997], p. 7-8 – grifado pelo autor).

A ação comunicativa, no sentido amplo, implica uma recontextualização da racionalidade, deslocando-a da noção ocidental de subjetividade – de uma "consciência reificada", de uma razão reificada, fulcro de questionamentos deixados sem resposta face aos impasses da civilização contemporânea (HABERMAS, 1984 [1981], p. 1) – e centrando-a na comunicação entre sujeitos, grupos, ciências, culturas e povos. Assim, a ética comunicativa constitui uma abrangente e ambiciosa resposta formulada pelo autor à crise da modernidade, que hoje se desenrola em um panorama de relativismo cultural, fragmentação social, esvaziamento ("desencantamento") das tradições e banalização, artificialização e opressão da vida em um ambiente de hegemônico tecnocapitalismo (SIEBENEICHLER, 2003, p. 157).

Em termos de um encontro entre povos, entre culturas, tal como o patrocinado pelo turismo e em que, a par de preocupações quanto ao desenvolvimento e à sustentabilidade, propaga-se a hegemonia de um modelo racional capitalista, pode ser apreciada, portanto, esta presente referência à ética comunicativa habermasiana. Por se posicionar alternativamente ante uma inexorabilidade da instrumentalização das formas de vida é que o projeto habermasiano de ação comunicativa se torna importante e faz demandar sua aplicabilidade.

Frederico Tofani (2004) ressalta a importância da reconfiguração da atividade turística em moldes outros que não o empobrecedor nivelamento de todo o planeta a uma estrutura homogeneizada de serviços, salientando que "o verdadeiro encontro", subjacente a uma legítima experiência de viagem de conhecimento, de descoberta, "é, acima de tudo, um exercício de alteridade":

> Perdendo a capacidade de conhecer a um "outro" e ao seu "mundo", perdemos a capacidade de conhecer a nós mesmos e ao nosso próprio "mundo". Nesse processo, o planeta perde sua mais eficiente proteção: a que advém do estabelecimento de relações significativas com as pessoas e coisas concretas; se algo é significativo, é portanto protegido. (TOFANI, 2004, p.24)

Uma empreendedora de turismo radicada na região de Milho Verde correlaciona os impactos do turismo à proliferação da ordem capitalista e assinala os riscos que percebe para a gradativa prevalência de uma cultura capitalista na sociedade local:

> [...] a poluição do turismo é cultural. Assim, a gente vê a destruição de lugares como Lavras Novas, Tiradentes, a gente tem outros exemplos, em que você detona com a cultura local. Ela [indústria de turismo] não acaba com o ambiente externo. Ela acaba com o homem, porque ela desvaloriza e ignora a cultura. Porque, na verdade, o que a indústria de turismo faz quando chega num lugar como esse, por exemplo, em que tem muita solidariedade? Ela vem com uma proposta capitalista e de consumismo enorme. O impacto do consumo, o impacto do capital é muito grande. E você imagine o impacto do capital de um grande investidor num lugar desses aqui.

Uma implicação das noções configuradas por Habermas, no que se refere ao contexto atual, é a de que a linha de confronto social não se dê mais em termos de uma luta de classes e de ideologia. Confrontos sociais dar-se-iam hoje em função de inclusão e exclusão, já que a propagação da racionalidade capitalista – e de seus benefícios – termina por cooptar todos os integrantes do sistema produtivo (em uma "latência do conflito de classes"), sendo, assim, os grupos marginalizados os que interpõem situações conflitivas à organização social:

> [...] todos os conflitos que surgem de tais situações de *subprivilégio* são caracterizados pelo fato de provocarem duras reações por parte do sistema – reações que não são mais conciliáveis com a democracia formal – sem que propriamente sejam capazes de revolucioná-lo. Pois os grupos subprivilegiados não são de modo algum classes sociais; eles nunca representam, nem mesmo potencialmente, a massa da população. O *processo de privação dos seus direitos* e sua *pauperização* não coincidem mais com a exploração, pois o sistema não vive mais de seu trabalho. (HABERMAS, 1983, p.334 – grifos do autor)

Habermas propõe, portanto, com relação às interpretações marxistas, uma análise alternativa, por um lado menos circunscrita a um contexto histórico do que o conceito de luta de classes e, por outro, menos abstrata que uma "racionalização", tal como descrita por Weber, que não se adapte aos quadros institucionais específicos de cada momento histórico (muito embora a racionalização weberiana também tenha sido uma proposta de atualização teórica em face das restrições de aplicabilidade dos conceitos marxistas em uma sociedade de capitalismo regulado pelo Estado).

No quadro institucional da atualidade delineado por Habermas, o Estado tem se restringido a um papel reativo, ou negativo, de empreendimento tão somente de ações técnicas administrativamente acessíveis, destinadas a preservar a estabilidade de um sistema geral que mantenha operativos os mecanismos de valorização do capital. Os Estados atuam emergencialmente sobre zonas de risco sociológicas, cada vez mais rapidamente detectáveis, e prevalece sobre a sociedade e sobre a ação dos Estados uma ideologia tecnocrática de "eliminação da diferença entre *praxis* e técnica", aplicando-se, portanto, padrões que só seriam questionáveis caso existisse uma formulação realmente democrática da conduta do Estado, de sua *praxis* (HABERMAS,1983, p. 329-330, 337).[3] Também nesse sentido, o de uma reformulação política – de uma formulação mediada do quadro institucional e das condutas – a ação comunicativa pode ser alinhada e, assim, as ideias de Habermas têm sido incorporadas a uma discussão sobre o papel e a validade de um Terceiro Setor como palco de articulação da sociedade civil. Dos moldes propostos por Habermas para uma reconstrução política configura-se também o modelo de democracia discursiva, ou deliberativa (AVRITZER, 2000, p. 37-40).[4]

É ainda com relação a esse tópico de proposição de mediação mediante uma conduta tecnocrática de gestão que as ideias de Habermas também podem ser focalizadas ao tema pesquisado, pois a inserção de Milho Verde (e de uma inumerada quantidade de pequenas comunidades) em propostas de desenvolvimento planificado pelo turismo requer o atendimento à premissa de adequada integração com as necessidades, possibilidades e interesses de públicos locais.

Dadas as condições contemporâneas de reduzida presença e importância do Estado, o advento de projetos econômicos e sociais de desenvolvimento pelo turismo pode até mesmo vir a configurar, para as regiões implicadas, sob alguns aspectos (designação de infraestruturas e de serviços públicos às localidades e subsídio e financiamento ao empreendedor), um Estado substitutivo, uma instância paraestatal configurada a partir de uma unidade regional – histórica, cultural e econômica –, em que, porém, a racionalidade técnica e de mercado vigore como um imperativo administrativo, uma premissa para além da deliberação acerca das necessidades e direitos das coletividades implicadas. Considerando-se o contexto aqui analisado, uma tal ausência de deliberação poderia ser indicada até mesmo na identidade visual adotada para o roteiro da Estrada Real.

FIGURA 1 – Iconografia utilizada na logomarca do roteiro turístico Estrada Real e do Instituto Estrada Real (imagem obtida a partir de impresso promocional do Instituto Estrada Real – IER 2005, p. 1)

Muito da iconografia da divulgação da Estrada Real evoca elementos da história colonial. Embora esse simbolismo remeta eficientemente ao conceito global do roteiro – um conjunto de antigos percursos controlados, destinados ao tráfego de minerais extraídos e demais mercadorias taxadas e que constituíam as principais vias entre as localidades, correspondendo aproximadamente aos trajetos a serem utilizados pelos visitantes (o principal público-alvo) –, cumpre questionar se, como mensagem também dirigida às comunidades integrantes, essa iconografia é adequada à promoção de autonomização, construção de cidadania e modernização e, no que se refere aos empreendedores locais, de estímulo à construção e consolidação de condições locais sustentáveis.

Ao utilizar símbolos como o brasão contendo a coroa e o emblema da Ordem dos Cavaleiros de Cristo (adotado pela casa real portuguesa desde a acolhida em Portugal dos remanescentes da então recém-dissolvida Ordem dos Templários e associado ao início das navegações e à constituição do império colonial português), a abordagem de divulgação do roteiro turístico parece incorrer na dissonância descrita por Colin Hall (1998, p. 178), em que elementos culturais do destino turístico são massivamente divulgados, porém de forma defasada, ou mesmo distorcida, com relação à realidade social e formacional, o que o autor denomina "sensualização da história".

É interessante também indicar a consonância, explorada na logomarca, entre o brasão nobiliárquico, identificador de possessão e soberania, e os brasões numerados que, nos padrões simbólicos adotados em mapas, identificam as diferentes rodovias.

A incorporação às atuações do Instituto Estrada Real de elementos que evocam anteriores relações de dominação arrisca-se a criar um efeito subliminar de chancela "real" – de autoridade acima da deliberação e de representação democráticas – para os moldes e objetivos de atuação propostos no decorrer da implementação do programa de desenvolvimento associado ao roteiro. Essa seria uma condição contraproducente no que se refere à constituição de uma participatividade – que pode ser considerada essencial à própria consolidação da atividade turística ao longo do roteiro – e dissonante com relação aos moldes mesmos em que o projeto se apresenta. É possível perguntar-se, provocativamente, mas de uma forma não destituída de fundamento conceitual, nem de intenção de um debate aberto e integrador: essa Estrada pertence ao Rei?

Considerações finais

Com base nas observações empreendidas, pode-se afirmar que, em meio às pressões econômicas determinadas pelo turismo, Milho Verde não esteja se integrando ao mercado, mas sim, sob muitos aspectos, de fato, subordinando-se a ele. E, nesse contexto, o livre empreendedor local pode vir a representar mera figura de retórica, pois não havendo se tornado, ainda, sequer civicamente "livre", não representa, pelo menos não com uma paridade mínima de condições, um competidor no jogo de mercado que ora se configura. Esse quadro local reforça-se em meio ao panorama geral do País, em que, tal como assinalado por Pimenta e Corrêa (2006, p.12), vigora uma "superposição da capacidade econômica ao direito a ter direitos".

Em quase nenhuma medida os esforços produtivos de membros da comunidade de Milho Verde têm apontado para a composição de uma formulação de autogestão participativa e negociada, atenta às dimensões institucionais e políticas dos processos de desenvolvimento encetados. O que tem prevalecido é tão somente a reatividade – sob esse aspecto, tão brasileira – de se considerar a política uma coisa "complicada", um assunto "dos outros", um tema "das elites" (Pimenta, 2001, p. 24, 26).

A comunidade precisaria, na conjuntura atual, de ser capaz de estabelecer mecanismos internos que lhe provessem melhores condições para lidar competitivamente com organizações mais estruturadas e capitalizadas – como, por exemplo, utilizando regimentos comunitários que restrinjam a ação de concorrentes predatórios e especuladores imobiliários (também a questão da utilização da mão de obra local poderia ser abordada). Os agentes produtivos em turismo de Milho Verde – expressando-se a questão em termos idealizados, e não em termos de uma prescrição que pareça poder ser atendida hoje, dadas as condições locais observadas – deveriam ser capazes de considerar que os processos vividos no âmbito profissional afetam sua condição geral e a de todos em seu contexto, podendo comprometer negativamente seu padrão de vida, criar vínculos e dependências indesejados e afetar a sustentabilidade de sua atividade.

Para pensarem eficientemente seus negócios, os empreendedores locais precisariam ter em vista um conjunto maior e mais complexo de fatores do que têm em mente hoje, abrangendo-se a vida comunitária e a natureza. Em outras palavras, o negócio do empreendedor local depende, em grande parte, de se preservar, o quanto possível, os valores comunitários – que têm sido, pelo menos até o presente, os fatores atrativos para a atividade turística. Dispostos, porém, entre as formas sociais e produtivas tradicionais que lhes dão base e a modernização globalizante, acelerada pela presença local do turismo, esses valores encontram-se em processo de diluição e dissolução.

A valorização da interação e da integração entre as propostas de atuação econômica e a vida comunitária constitui a essência de propostas específicas ora encetadas, como a do Turismo Solidário. O incentivo a um fluxo de demanda e a uma modalidade de prestação de serviços em que se constitua um turismo não erosivo, e sim nutritivo para as condições locais, encontra-se implicado também na própria definição das propostas de desenvolvimento da Estrada Real e do PRODETUR, podendo ser apontado assim um grande potencial para uma preocupação efetiva com a inclusão social no âmbito destes projetos, e não uma mera instrumentalização das localidades visadas.

Os senões apontados ao longo deste capítulo para a aplicação do Turismo Solidário em Milho Verde não invalidam a utilidade local imediata do programa, nem a fecundidade da proposta em seus termos gerais. E deve ser considerado também que, em termos de uma dialética entre as visões convencionais de desenvolvimento (incluindo-se aí a de desenvolvimento sustentável), externamente determinadas e a inadequação local dessas propostas (acompanhada da tênue defesa local de uma visão de desenvolvimento alternativo), o Turismo Solidário pode ser apontado como uma síntese. Em última análise, podendo ser apontada como uma institucionalização e um apoio para a manutenção de uma dinâmica turística preexistente, a proposição de um turismo solidário em Milho Verde parece mesmo equilibrar-se em meio a um conflito de racionalidades: a visão capitalista, atinente aos processos de desenvolvimento ora encetados e às pressões globalizantes que atingem a região, e as visões de desenvolvimento alternativo, representadas pelas formas incipientes, informais e tradicionais de desenvolvimento organizacional observáveis na comunidade e também pela relação, anteriormente experimentada, entre a comunidade e seus públicos turísticos, onde um enquadramento em relação a um contexto de economia solidária pode mesmo ser indicado. A propósito da orientação em meio a estas duas conjunturas – comunitária e capitalista –, Srour (1994) delineia algumas limitações:

> [...] toda forma de gestão constitui uma articulação política de relações de poder [...] assim como toda forma de produção constitui uma articulação econômica de relações de produção [...] todavia, entre essas diferentes articulações existem determinações estruturais [...] [As] formas de gestão autogestionárias [...] remetem a formas de produção comunitárias. E essas formas de gestão não são compatíveis com formas de produção capitalistas, na justa medida em que o sistema de apropriação e de reprodução da propriedade privada exige algum tipo de controle dos processos de trabalho (necessidade de assegurar e estimular a produção de excedentes econômicos). Em função disso, as formas de produção capitalistas delimitam o espaço das alternativas de gestão que lhes são "adequadas" e que só podem ser de tipo heterônomo, enquanto a autogestão é seu antípoda. [...] Isso significa que as formas de produção demarcam um campo de "possíveis históricos" que não podem ser impunemente ultrapassados sem afetar estruturalmente as relações de propriedade e de trabalho que as alicerçam. (SROUR, 1994, p. 37)

O diagrama a seguir (FIG. 2) prognostica as possibilidades de atuação econômica dos grupos sociais locais de Milho Verde em face das modificações da demanda turística em direção a uma exigência de maior valor agregado, requerendo-se maior estruturação e capacitação para a prestação de serviços por parte dos empreendimentos locais.

O que se procurou demonstrar neste capítulo, portanto, é que um simples desencadeamento do quadro amplo de fomento à demanda e de implementação de infraestruturas poderá se revelar, em muitos de seus efeitos, desagregador e excludente. O que se discute não é apenas a distribuição dos benefícios econômicos do desenvolvimento: o que está em jogo é a própria integridade do fomento à atividade, dadas as condições regionais de fragilidade econômica e social, integradas a um vertiginoso mercado contemporâneo.

A região de Milho Verde, como um todo, encontra-se ainda em estágios preliminares, infraestruturais à ativação da demanda por meio das iniciativas

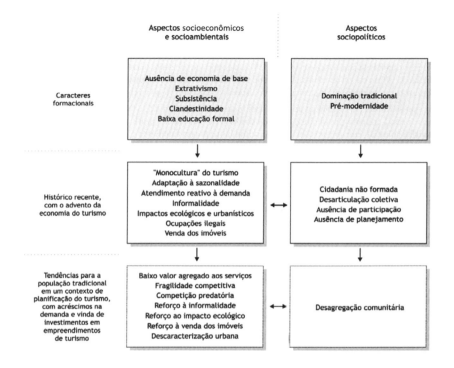

FIGURA 2 – Prognóstico e análise das condições de sustentabilidade para a economia do turismo em Milho Verde, como decorrências de fatores histórico-formacionais e em meio a solicitações econômicas e sociais a serem determinadas pelo incremento da demanda em propostas de desenvolvimento planificado do turismo

de desenvolvimento pelo turismo planificado, e o momento pode ser oportuno para o amadurecimento da abordagem a ser empregada no manejo das questões locais. Nesse contexto, pode ser também oportuno estipular que as incipientes manifestações de autonomia observáveis em Milho Verde não devam ser consideradas sob o prisma de uma "insuficiência", mas como fatores primordiais de um desenvolvimento possível e indispensável, por mais defasado que se encontre de uma proposta contextualizada. São essas mesmas fragilidade e defasagem que reforçam a necessidade de integração comunitária à consecução das iniciativas, como condição *sine qua non* para a sustentabilidade da atividade turística e para que uma proposta de desenvolvimento efetivamente atinja as necessidades das populações locais.

Notas

[1] O estudo empreende uma análise da temática do turismo em Milho Verde sob o prisma da modernização, racionalização e globalização da sociedade. Discute também a atuação de organizações do Terceiro Setor, enfocando a inserção sociopolítica de entidades presentes na região, e aborda a polêmica acerca da noção de sustentabilidade com relação à conjuntura de desenvolvimento econômico em comunidades tradicionais. O trabalho está disponível para *download* em http://www.fead.br.

[2] Há que se indicar, com relação às condições histórico-formacionais primordiais das regiões mineradoras, a transitoriedade intrínseca à atividade da mineração, praticada sempre, conforme o espírito colonial, com propósitos de ganho imediato. A essa imediatez e transitoriedade some-se a extorsão fiscal e a inserção precária dos extratos sociais intermediários ante a impermeabilidade da estrutura socioeconômica hegemônica, oficial, de cunho escravista e mercantil. A mentalidade imediatista de utilização dos recursos naturais, bem como, por assim dizer, a inacessibilidade dos "recursos sociais" – a indisponibilidade da cidadania – pode ter legado a tal contexto uma cultura "extrativista" e não comprometida com um vínculo social institucionalizado – não-cidadã (o estudo de caso identificou diversos indícios dessa influência formacional; como referência historiográfica para as inferências desenvolvidas utilizou-se, entre diversos outros, Laura de Mello e Souza (1997, p. 73; 1999, p. 153).

[3] A racionalização capitalista pode ser aferida, em termos da organização estatal, em relação à contemporânea hegemonia do modelo neoliberal e, destacadamente nesse contexto, a racionalização das condutas de gestão pode ser acompanhada por um viés político. Maria Célia Paoli descreve, em meio ao panorama de desregulamentação da economia e da responsabilização social empresarial, uma sacralização de diretrizes econômicas, em que as demandas da sociedade por políticas públicas tendem a ser instrumentalizadas por interesses privados, e em que se institucionaliza o que ela denomina um "contrato leonino" de dessocialização da economia. Como consequência, a autora indica um confinamento de parcelas excluídas da população "a um novo estado de natureza", em uma sociedade dicotomizada – um *apartheid* social, caracterizado por um duplo padrão de ausência e presença do Estado (PAOLI, 2003, p. 389).

[4] O modelo de democracia deliberativa, segundo proposições distintas de John Rawls e Jürgen Habermas, é desenvolvido por autores como Cohen e Bohman, que discutem formulações que o operacionalizam (AVRITZER, 2000, p. 31-45; FARIA, C. F., 2000, p. 48-67). Boaventura Santos e Leonardo Avritzer organizaram em artigo uma visão de conjunto do pensamento e práticas em democracia e participatividade, em que mencionam o princípio deliberativo tal como proposto por Habermas (caracterizando-se como alternativa a uma formulação de democracia representativa): "apenas são válidas aquelas normas-ações que contam com o assentimento de todos os indivíduos participantes de um discurso racional" (*apud* SANTOS; AVRITZER, 2003, p. 52).

Referências

ADORNO, T. W.; HORKHEIMER, M. (1944). *Dialética do esclarecimento: fragmentos filosóficos*. Rio de Janeiro: Zahar, 1985.

AMORIM, M. M. *Labirintos da autonomia: a utopia socialista e o imaginário em Castoriadis*. Fortaleza: UFC, 1995.

ANUÁRIO EXAME. *Turismo 2007-2008*. São Paulo: Abril, 2007.

ARNDT, J. R. L.; OLIVEIRA, L. G. M. A racionalidade e a ética da ação administrativa na gestão de organizações do Terceiro Setor. In: PIMENTA, S. M.; SARAIVA, L. A. S.; CORRÊA, M. L. (Orgs.). *Terceiro Setor: dilemas e polêmicas*. São Paulo: Saraiva, 2006.

AVRITZER, L. Teoria democrática e deliberação pública. In: *Lua Nova – revista de cultura e política*, n. 50, 2000, [s.l.].

BRASIL. Ministério do Meio Ambiente. Programa Agenda 21. Disponível em: <http://www.mma.gov.br/index.php?ido=conteudo.monta&idEstrutura=18>. Acesso em: 27 ago. 2006.

CORIOLANO, L. N. M. T. O turismo de base local e o desenvolvimento na escala humana. In: I SEMINÁRIO INTERNACIONAL DE TURISMO SUSTENTÁVEL, Fortaleza, 2003. *Anais...* Fortaleza: EDUECE, 2003.

ENRIQUEZ, E. Da horda ao Estado: psicanálise do vínculo social. Rio de Janeiro: Zahar, 1990.

FARIA, C. F. Democracia deliberativa: Habermas, Cohen e Bohman. In: *Lua Nova – revista de cultura e política*, n. 50, 2000, [s.l.].

GOELDNER, C. R.; RITCHIE, J. R. B.; MCINTOSH, R. W. (2000). *Turismo: princípios, práticas e filosofias.* 8 ed. Porto Alegre: Bookmann, 2002.

HABERMAS, J. (1997). *A inclusão do outro: estudos de teoria política.* São Paulo: Loyola, 2002.

HABERMAS, J. (1985) *O discurso filosófico da modernidade.* São Paulo: Martins Fontes, 2002.

HABERMAS, J. Técnica e ciência enquanto "ideologia" (1968). In: *Textos escolhidos – Benjamin, Horkheimer, Adorno, Habermas.* São Paulo: Abril, 1983.

HABERMAS, J. *The theory of communicative action. Reason and the rationalization of society.* (1981). Boston: Beacon Press, 1984. v. 1

HALL, C. M. (1994) *Tourism and politics: policy, power and place.* Chichester (England): Wiley, 1998.

INSTITUTO ESTRADA REAL. *Roteiros da Estrada Real,* n. 4. Belo Horizonte, 2005.

KRIPPENDORF, J. (1985). *Sociologia do turismo.* 2 ed. São Paulo: Aleph, 2001.

LUKÁCS, G. A consciência de classe. In: SCHAFF, A. *Sobre o conceito de consciência de classe.* Porto: Escorpião, 1973.

MANNHEIM, K. *O homem e a sociedade: estudos sobre a estrutura social moderna.* Rio de Janeiro: Zahar, 1962.

MARCUSE, H. *A ideologia da sociedade industrial: o homem unidimensional.* Rio de Janeiro: Zahar, 1979.

MARCUSE, H. *Eros e civilização: uma interpretação filosófica do pensamento de Freud.* Rio de Janeiro: Zahar, 1969.

MARX, K. *Formações econômicas pré-capitalistas.* Rio de Janeiro: Paz e Terra, 1977.

MATOS, O. C. F. *A Escola de Frankfurt: luzes e sombras do Iluminismo.* São Paulo: Moderna, 1993.

PAOLI, M. C. Empresas e responsabilidade social: os enredamentos da cidadania no Brasil. In: SANTOS, B. S. (Org.). *Reinventar a emancipação social para novos manifestos,* v. 1, *Democratizar a democracia: os caminhos da democracia participativa.* Rio de Janeiro: Civilização Brasileira, 2003.

PAOLI, M. C. Trabalho e cidadania: as possibilidades de uma (re)construção política. In: PIMENTA, S. M.; CORRÊA, M. L. (Orgs.). *Gestão, Trabalho e Cidadania – novas articulações*. Belo Horizonte: Autêntica/CEPEAD/FACE/UFMG, 2001.

PAOLI, M. C. Terceiro Setor, Estado e cidadania: (re)construção de um espaço político? In: PIMENTA, S. M.; SARAIVA, L. A. S.; CORRÊA, M. L. (Orgs.). *Terceiro Setor: dilemas e polêmicas*. São Paulo: Saraiva, 2006.

PIVA, A. *et al*. Os cantos sagrados de Milho Verde. *Catálogo de divulgação do projeto Tradição dos Cantos Sagrados de Milho Verde*. Milho Verde: edição dos autores, 2007.

RAMOS, G. *Administração e o contexto brasileiro – Esboço de uma teoria geral da administração*. Rio de Janeiro: Editora Fundação Getúlio Vargas, 1983.

SANTOS, B. S.; AVRITZER, L. Introdução: para ampliar o cânone democrático. In: SANTOS, B. S. (Org.). *Reinventar a emancipação social para novos manifestos*, v. 1, *Democratizar a democracia: os caminhos da democracia participativa*. Rio de Janeiro: Civilização Brasileira, 2003.

SIEBENEICHLER, F. B. *Razão comunicativa e emancipação*. Rio de Janeiro: Tempo Brasileiro, 2003.

SOUZA, L. M. *Norma e conflito: aspectos da história de Minas no século XVIII*. Belo Horizonte: UFMG, 1999.

SOUZA, L. M. *Opulência e miséria das Minas Gerais*. São Paulo: Brasiliense, 1997.

SROUR, R. H. Formas de gestão: o desafio da mudança. In: *Revista de Administração de Empresas*, v. 34, n. 4, p. 31-45, São Paulo, 1994.

TOFANI, F. P. Os desafios do desenvolvimento turístico sustentável em comunidades tradicionais frágeis. In: *Topos – Revista de Arquitetura e Urbanismo*, v. 1, n. 2, p. 13-25. Belo Horizonte: NPGAU/UFMG, 2004.

WEBER, M. (1905). *A ética protestante e o espírito do capitalismo*. São Paulo: Pioneira, 1996.

WEBER, M. *Staatssoziologie*. Berlin: Duncker & Humblot, 1956.

Desenvolvimento por meio do (micro)turismo: um estudo no povoado de Serra dos Alves – Itabira/MG

Daysa Andrade de Oliveira
Sílvia Menezes Pires Dias
Luciana Dias Rosa

O povoado Serra dos Alves surgiu por volta de 1850, quando os bandeirantes começaram a explorar ouro e cristais na região. Entretanto, os resultados da extração ordenada pelo governo português, a exemplo de Itambé, Itabira, Serro e Conceição do Mato Dentro, não eram tão significativos quanto os de Ouro Preto e Mariana. Serra dos Alves pertence a Senhora do Carmo, distrito de Itabira. Sua pequena população com menos de 200 habitantes é constituída basicamente por trabalhadores rurais, aposentados e donas de casa. O turismo no povoado é recente, e em consequência de houve instalação de telefone e banheiros públicos por parte da prefeitura para atender aos turistas, que começaram a chegar em maior volume.

O aumento da presença de visitantes no povoado se deve a vários fatores: 1) o movimento de deslocamento que tem se dado no Brasil, como em Minas Gerais, a partir da década de 1990, principalmente nos finais de semana, de moradores urbanos para segundas residências e sítios ao longo da região metropolitana; 2) a tendência ao movimento de turistas em busca de descanso em ambientes com fortes atrativos naturais, como o povoado, tais como o Morro da Pedreira, que está dentro de uma área de proteção ambiental (APA), o Rio Tanque com suas cachoeiras, destacando-se o Canyon do Marques, além da Cachoeira do Sereno, Córrego Boca da Serra, Córrego do Cocho e Córrego do Campo; 3) os atrativos culturais, como a Capela São José, com características coloniais do século XIX, e as manifestações religiosas, como a festa de Nossa Senhora do Rosário, que abriga apresentações da Banda de Marujo Senhora do Rosário há 102 anos. Tais manifestações, ancoradas na religiosidade tradicional, congregam cada vez mais visitantes, atraídos pela propaganda boca a boca; 4) a localização do povoado no roteiro do projeto turístico Estrada Real. É de se observar, no entanto, que não existem dados sobre o número de turistas que passaram a frequentar o povoado nos últimos anos.

O presente trabalho tem como objetivo principal analisar se a atividade turística contribui para o desenvolvimento do povoado. Como objetivos secundários, analisar as influências socioeconômicas e culturais provocadas pela atividade turística na localidade, de acordo com a percepção da comunidade e dos turistas, e ainda investigar a aceitação do turismo pelos moradores.

A importância do turismo no processo de desenvolvimento de um determinado local não está ligada unicamente à existência de recursos naturais e culturais transformados em produtos turísticos. Para que haja desenvolvimento local deve haver participação, conscientização e engajamento da comunidade. O turismo só trará resultados se envolvido pela cumplicidade dos moradores do local, para que aceitem o turismo e possam se engajar em seu processo de evolução.

O desenvolvimento por meio do turismo só ocorre quando, paralelamente ao crescimento econômico, dá-se também a melhoria da qualidade de vida da população receptora, seja pela realização de investimentos em obras de infraestrutura, seja pela geração de emprego e renda.

Desenvolvimento por intermédio do turismo

Muitas regiões almejam o desenvolvimento do turismo para atrair investimentos, promover o crescimento da economia local e gerar emprego. Entretanto o turismo só promoverá desenvolvimento quando proporcionar melhorias para os núcleos receptores. A atividade turística não deve ser vista somente como forma de acumular rendimentos.

A mudança da qualidade de vida dos indivíduos resulta também da contribuição efetiva de outros atores, a exemplo dos governos federal e municipal, de comunidades e empresários.

Em se tratando de uma atividade econômica, exige-se do turismo eficiência operacional e qualidade competitiva como fatores determinantes do aumento de produtividade e, consequentemente, de prosperidade. Considerado uma atividade produtora de riqueza, o turismo vem recebendo tratamento que não é apenas residual, como se fora eventual excedente do crescimento econômico (Cassio, 2002).

Para que a atividade turística alcance resultados positivos, são necessárias ações planejadas envolvendo o governo, como agente integrador e facilitador desse processo, e a iniciativa privada, na condição de agente empreendedor das atividades econômicas.

A abertura de novos postos de trabalho é um dos benefícios que o turismo pode gerar, mas só a criação de vagas não é suficiente para o desenvolvimento da localidade. Para a inserção da população local no fenômeno turístico, essas novas vagas de trabalho precisam ser ocupadas pelos trabalhadores locais e o mínimo possível por pessoas que se deslocaram para essa região em busca desses novos empregos.

Os gastos feitos pelos turistas na comunidade receptora possibilitam uma maior circulação monetária e com isso um aumento na renda do local. Os investimentos em infraestrutura para receber os turistas e melhorar a qualidade da visita também geram aumento na entrada de recursos financeiros na região turística.

A chegada de investimentos em turismo tem sido vista pelo setor público e pelo privado como alternativa real de desenvolvimento econômico local e regional. Porém, o que se teme é que ocorra um crescimento desordenado do turismo, comprometendo a qualidade de vida da população local e mesmo a própria atividade turística.

Desenvolvimento local

Quanto mais a economia se globaliza, mais a sociedade tem necessidades de criar suas âncoras locais. Assim, surgem iniciativas visando diversificar a atividade econômica e enfrentar a deterioração das condições de vida local.

Segundo Rodrigues (1999), o desenvolvimento local é uma nova estratégia de indução ao desenvolvimento, que prevê a adoção de uma metodologia participativa, pela qual mobilizam recursos da sociedade civil, em parceria com o Estado e o mercado, para a realização de diagnósticos da situação de cada localidade, a identificação de potencialidades, a escolha de vocações e a confecção de planos integrados de desenvolvimento. Trata-se de uma tecnologia social inovadora de investimento em capital humano e em capital social.

A relação entre uma boa articulação política e uma ação gerencial que incorpora instrumentos de gestão pública são os principais fatores do desenvolvimento local. Juntas ambas recuperam o vigor econômico dos municípios, buscando fortalecer as políticas de fomento ao desenvolvimento socioeconômico.

O desenvolvimento local envolve fatores sociais, culturais e políticos que não se regulam exclusivamente pelo sistema de mercado. O crescimento econômico é uma variável essencial, porém não suficiente para ensejar o desenvolvimento local. O processo de globalização e as mudanças tecnológicas e estruturais mudaram a natureza e as condições do desenvolvimento local. As localidades devem ser vistas como espaços ativos dotados de cultura, história, recursos humanos e materiais diferenciados.

Geração de emprego e renda; educação; cultura e lazer; habitação; assistência social a crianças e adolescentes; saúde e saneamento; promoção da cidadania e modernização da gestão são prioridades para que haja desenvolvimento local (Bava, 1996).

As mudanças ocorridas são percebidas no esforço de revitalização de espaços com finalidades turísticas, despoluição de rios, abertura de trilhas para cachoeiras e construção de mirantes, além da preocupação com sinalização e limpeza dos locais.

Os interesses de desenvolvimento, centrados na dinâmica capitalista, são hoje indissociáveis do tema população, por isso, para que haja desenvolvimento local, deve haver participação, conscientização e engajamento da mesma.

A atual complexidade do desenvolvimento local exige um planejamento que não seja voltado para regiões isoladas, pois, se assim for, ele não é capaz de dar respostas adequadas. O foco do planejamento local passa a ser a localidade, pois o desenvolvimento está enraizado nas condições locais.

Diante do que foi apresentado, percebe-se que o processo de desenvolvimento local deve ter a participação de todos os níveis sociais: os órgãos governamentais, a iniciativa privada, a comunidade local e os turistas. Não se pode esperar que só um desses participe do processo, é preciso que haja participação de todos, para garantir que o desenvolvimento aconteça e gere benefícios.

Planejamento do turismo

O planejamento envolve a antecipação e a regulamentação das mudanças, estimulando o desenvolvimento adequado, de modo que se aumentem os benefícios sociais, econômicos e ambientais do processo real.

Segundo Molina (2005), o planejamento é constituído por *diagnóstico* (análise e avaliação da situação histórica e atual do objeto que vai ser planejado); *prognóstico* (projeção da situação atual para o futuro. Somente a partir do diagnóstico pode-se estabelecer um prognóstico para qualquer atividade); *planos* (documentos que reúnem as orientações fundamentais que surgem do processo de planejamento. É no plano que se integra a filosofia do crescimento e do desenvolvimento de um país, região ou setor); *objetivos* (os fins, os propósitos ou as situações a que se deseja chegar); *metas* (as valorizações quantitativas dos objetivos. Entre os objetivos e as metas existe uma estreita relação, uma vez que a partir dos primeiros são formuladas as segundas); *estratégias* (os conjuntos de delineamento que assinalam a forma em que se conseguem os objetivos. O conceito de estratégia indica que é a fase do processo de planejamento que orienta a respeito da forma em que os objetivos serão atingidos); *seleção de alternativas* (pressupõe a existência infinita de alternativas para atingir certos objetivos, e apenas uma delas, ou uma determinada combinação de opções irá configurar a estratégia geral de desenvolvimento); *programas* (os documentos nos quais se detalha ou especifica a informação contida nos planos); *projetos* (constituem as unidades menores de planejamento. O processo se materializa ou concretiza nos projetos, ou seja, é neles que comprova a efetividade do esforço de planejamento) e *avaliação* (constante medição das vantagens e desvantagens das atividades implícitas no processo e dos resultados que o mesmo promove sobre o objetivo que se planeja. É uma fase que está presente de forma permanente nas demais fases do processo).

O planejamento do turismo é um processo que implica os aspectos relacionados com a oferta, a demanda e, em suma, todos os subsistemas turísticos, em concordância com as orientações dos demais setores de um país. Segundo Banducci e Barretto (1991), o planejamento turístico, como o planejamento de forma geral, poderá ser um instrumento que irá conduzir o crescimento organizado da atividade em uma região, minimizando os impactos provocados por ela e maximizando os benefícios para o local.

Por meio do planejamento do turismo é possível preparar as comunidades que desenvolvem atividades turísticas, preservando sua cultura e inserindo-as no processo de desenvolvimento do turismo sustentável, de forma que o turismo possa ser proveitoso para todos os envolvidos.

É necessário partir da busca pela valorização do potencial do lugar. A revitalização da autoestima da comunidade torna-se elemento-chave, pois os valores são resgatados e assim esses lugares criam suas identidades e aceitam o turismo.

O processo educativo passa a ter fundamental importância para o desenvolvimento. Nesse sentido é importante primeiro se trabalhar com a educação da comunidade para, a partir daí, desenvolver um planejamento turístico em conjunto com esta, visando seus interesses e suas necessidades.

É nesse contexto que o planejamento do turismo adquire relevância, no momento em que é capaz de induzir e controlar manifestações úteis para a aprendizagem e o desenvolvimento dos indivíduos e grupos.

O turismo é uma atividade que pode proporcionar desenvolvimento econômico, cultural e social para uma localidade, desde que feito com responsabilidade e planejamento. Algumas cidades vivem quase que exclusivamente do turismo, tendo as outras atividades econômicas somente uma pequena participação econômica.

> Ocorre que, por o turismo crescer a uma velocidade assombrosa, faltam profissionais qualificados. O imediatismo oportunista começa a perder espaço na operação dos negócios do ramo e o amadorismo esta igualmente batendo em retirada. Atividade econômica poderosa, o turismo exige planificação adequada, por isso os cursos de turismo, sejam superiores, técnicos ou as especializações, crescem cada vez mais no país. (FERNANDES; COELHO, 2002, p. 28).

É possível perceber que o turismo só atingirá o crescimento quando realmente forem implantados os princípios básicos de planejamento. Porém, para que o planejamento seja eficiente, é necessário que a população seja inserida no processo para que se sinta parte do mesmo, pois mudanças serão necessárias, e a população só mudará seu jeito de ver o turismo, passando a aceitar a atividade, quando se sentir parte dele, se beneficiando com a atividade.

Impactos causados pela atividade turística

Segundo Dias (2003), o turismo foi, durante muito tempo, considerada uma atividade econômica limpa, não poluente, geradora de amplo leque de oportunidades. Contudo, como toda atividade que envolve pessoas e o meio que as rodeia, o turismo impacta positiva ou negativamente todo seu entorno. Estes impactos podem ser ambientais, econômicos e socioculturais.

De acordo com Lemos (2001, p. 6), "o turismo é hoje a terceira maior fonte de renda do mundo", portanto sua atividade, dada a sua relevante importância, deve ser acompanhada de modo que este não se transforme em mais uma ameaça ao meio ambiente, ainda que, em razão seu caráter social voltado ao lazer, dificulte a sua identificação como tal.

Segundo a Organização Mundial do Turismo (2001), os impactos socioculturais numa atividade turística são resultados das relações sociais mantidas durante a estada dos visitantes, cuja intensidade e duração são afetadas por fatores espaciais e temporais restritos.

Os impactos socioculturais do turismo no geral são analisados por seu lado negativo, porém, o turismo pode contribuir de forma positiva ao promover o contato entre comunidades diferentes. Dentre os benefícios causados pela atividade turística, destacam-se a recuperação e a conservação de valores culturais; a melhoria nas comunidades e nas instalações sanitárias da localidade turística e o aumento da tolerância social entre culturas e classes diferentes. Dentre os negativos, pode-se citar a aculturação, que é o desaparecimento da cultura local quando a comunidade copia a cultura do turista; o turismo de massa que não permite a existência de um verdadeiro intercâmbio cultural entre os turistas e os moradores do local.

Diante dos impactos socioculturais positivos e negativos do turismo, percebe-se a importância de um planejamento adequado da atividade turística, de modo que os impactos negativos sejam minimizados, e os positivos, maximizados.

No que diz respeito aos impactos ambientais, a realização de toda atividade econômica envolve a utilização de recursos e, em consequência, o entorno, no qual se realiza, é, sempre afetado.

> O ambiente seja ele natural ou artificial, é o ingrediente mais fundamental do produto turístico. Entretanto no momento em que a atividade turística acontece, o ambiente é inevitavelmente modificado, seja para facilitar o turismo ou durante o processo turístico. A preservação ambiental e os programas de melhoramento são agora fundamentais como estratégias de desenvolvimento. (RODRIGUES, 1999, p. 29)

Todo turismo deveria ser ecológico no sentido de que para usufruir da natureza é preciso ter conhecimento prévio do ambiente a ser colocado à disposição do uso turístico. Petrocchi (1998) afirma que a expansão do turismo deve ocorrer até o limite da capacidade territorial de receber visitantes, por isso deve-se impor limites ao crescimento do turismo, pela preservação do meio ambiente, tanto do ponto de vista físico como do ponto de vista social. Preservar o ambiente é a única forma de garantir a sobrevivência em longo prazo da atividade turística.

Dias (2003) descreve os seguintes impactos ambientais positivos causados pela atividade turística: geração de empregos alternativos; contribuição financeira com origem na atividade turística; aumento da consciência ambiental e criação de área, programas e entidades de proteção de fauna e flora.

Existem também os aspectos negativos do turismo em relação ao meio ambiente. Esses impactos surgem, por exemplo, no mau planejamento da infraestrutura para o turismo em áreas naturais e no desrespeito à capacidade de carga, onde o elevado número de visitantes afeta os ecossistemas mais frágeis.

É possível, pela atividade turística, criar formas alternativas de desenvolvimento local que podem ter impacto positivo no meio ambiente natural. Pessoas que se dedicam a atividades predatórias tornam-se guias turísticos, contribuindo com a preservação. Desenvolve-se o artesanato, substituindo outras atividades econômicas não-sustentáveis.

Segundo Cunha (1997), o turismo tem grande repercussão na economia de um país, e o desenvolvimento deste pode trazer benefícios econômicos para as regiões na qual se desenvolve, como a geração de emprego e o efeito multiplicador.

O efeito multiplicador, um dos mais importantes impactos econômicos do turismo, pode ser medido pelo grau por meio do qual o dinheiro gasto pelos visitantes em bens e serviços consumidos na comunidade local permanece na região de destinação para ser reciclado pela economia local, gerando emprego e renda. O impacto de um rendimento inicial originado por uma despesa turística é maior do que o rendimento inicial em virtude das sucessivas despesas com ele relacionadas.

Dentre os impactos negativos da atividade turística, destacam-se os custos derivados das flutuações da demanda turística, a inflação derivada da atividade turística e a distorção na economia local.

Em função desses aspectos é que se enfatiza a necessidade de planejamento da atividade turística.

Estudo de caso: Serra dos Alves

A comunidade está a 15 km do distrito de Senhora do Carmo, à qual pertence, e a 50 km de Itabira. Segundo um morador do povoado,[1] a primeira família a se instalar por lá foi a dos "Alves". Destaca-se no povoado o grande adro gramado, onde a maior expressão é a capela São José, construída em 1866, pelos próprios moradores e fazendeiros locais. Essa capela apresenta características arquitetônicas coloniais. O cruzeiro e as casas se alinham, formando o adro da capela. A comunidade mantém ainda a Banda de Marujos Senhora do Rosário, hoje com 110 anos de existência, que foi a primeira a surgir na região de Itabira.

De acordo com os moradores de Serra dos Alves, o turismo no povoado teve início em meados de 2003, porém ainda não existem restaurantes na localidade. Os turistas levam seus próprios alimentos ou negociam com os habitantes locais a comercialização de refeições. A hospedagem é ofertada por três casas de locação e uma pequena pousada.

Festas religiosas ainda são tradicionais, como as do Padroeiro da Serra dos Alves, São José, ou as de Senhora da Conceição, Senhora do Rosário, Nossa Senhora Aparecida, Santo Antônio e Divino Espírito Santo. Além dessas, ocorrem na localidade eventos como festas juninas, passeios a cavalo e o festival de cultura, que se iniciou em 2007 e está previsto para acontecer anualmente.

Serra dos Alves encontra-se inserida na Lei de Proteção Ambiental, como área de preservação dentro do Parque Nacional da Serra do Cipó, APA Morro da Pedreira, e é considerada uma área de importância biológica e de investigação científica do Estado.

Possui clima úmido e frio determinado pela altitude. A localidade é um dos divisores de águas entre as bacias hidrográficas dos rios São Francisco e rio Doce e onde nasce o rio Tanque. Sua paisagem é caracterizada por campos naturais de altitude e rupestre, também pode ser encontrada uma vegetação de transição de Mata Atlântica e de cerrado.

O fato de o relevo do povoado apresentar aflorações rochosas e a irregularidade dos terrenos em grande parte de sua região torna-o propício para a realização de eventos ligados ao turismo de aventura, como *rallys*, trilhas de motocicletas e rapel.

Metodologia da pesquisa

Foi adotada a estratégia qualitativa, uma vez que essa abordagem compreende um conjunto de diferentes técnicas interpretativas que visam descrever os componentes de um sistema complexo de significados. O tipo de pesquisa foi descritiva, desenvolvendo-se por meio do método de estudo de caso. Conforme Yin (2005), o estudo de caso é uma técnica de pesquisa que busca verificar um fenômeno contemporâneo dentro do seu contexto da vida real, essencialmente quando esse fenômeno e o contexto não estão claramente definidos.

Nesta pesquisa foram considerados dois grupos relevantes do universo – a comunidade local e os turistas. Sendo a amostra não-probabilística intencional, foram realizadas entrevistas semiestruturadas com 15 pessoas da comunidade e com cinco turistas.

Os dados obtidos foram analisados por meio da análise de conteúdo.

Perfil dos entrevistados

Os moradores do povoado em sua maioria nasceram em Serra dos Alves ou vieram das localidades vizinhas. Isso explica porque grande parcela da população (34%) mora no povoado há mais de 40 anos. Outro fator que incide sobre o perfil populacional é a necessidade que os jovens têm de trabalhar, o que os leva a abandonar seus estudos (no povoado não existe escola) para trabalharem em fazendas vizinhas, uma vez que a agricultura predomina como a maior atividade econômica. Entre os moradores, porém já se discute a possibilidade de o turismo ser, futuramente, uma nova fonte de renda para a região.

Os turistas que vão a Serra dos Alves têm acima de 41 anos, 60% contam com uma renda mensal que varia entre três a cinco salários mínimos, 20% apresentam uma renda de seis a 10 salários mínimos e outros 20% possuem renda de até dois salários mínimos.

No que se refere à profissão dos moradores entrevistados, 40% são donos do próprio negócio, são pequenos empresários em diferentes áreas. Os visitantes possuem, na sua maioria, terceiro grau completo ou em curso. Por constituírem um grupo de visitantes instruídos, sabem que o povoado sofre impactos com a atividade, e se preocupam com o assunto, já que os mesmos têm interesse em voltar a Serra dos Alves.

Relação entre a comunidade local e o turismo

Por intermédio da pesquisa de campo foi possível perceber que a maior parte (60%) dos moradores é contra o turismo. Isso porque a prática da atividade no povoado alterou as suas rotinas. No geral, eles não gostam de dar informações e se sentem incomodados com os visitantes circulando pela praça. Por isso, muitos ainda acreditam que os impactos provocados pela atividade no povoado são negativos, totalizando 53% dos entrevistados, embora 47% acreditem que os resultados são positivos.

Dos impactos negativos por eles citados se destacam o lixo nas margens do rio (53%), o consumo de drogas e barulhos durante a noite (27%). Segundo os moradores, boa parte dos turistas não tem o hábito de levar o lixo quando vão embora, deixando-o na beira do rio, quase sempre entre as pedras, ocasionando degradação ambiental.

Isso confirma a informação da OMT (2001) de que, onde há turismo, existe degradação ambiental, porque passa nas localidades turísticas um maior número de pessoas que não se interessam em cuidar do lugar visitado.

Tal situação é preocupante para os moradores, pois o turismo em Serra dos Alves depende diretamente da natureza e, se essa for destruída, as chances de desenvolvimento por meio do turismo acabam, visto que acaba também a própria atividade turística na região.

Diante disso, nota-se que, além de planejamento, o turismo necessita de profissionais que tenham competência administrativa, pautada nos valores humanos e no respeito ao meio ambiente, que venham a garantir a proteção ambiental necessária.

Os moradores ressaltam, também, como aspectos negativos os gritos à noite e o consumo de bebidas alcoólicas e drogas. Dos que citaram o consumo de drogas como um impacto negativo, disseram nunca terem visto a ingestão, mas suspeitam que seja feito o uso e até mesmo que as drogas sejam oferecidas aos seus filhos, quando estes saem com os turistas para mostrar os atrativos locais.

Já dos impactos positivos provocados pela atividade, alguns destacaram, dentre outros, a geração de renda e emprego (27%) e a futura melhoria na infraestrutura do povoado (27%), incluindo melhoria nas vias de acesso. Foi citada também a divulgação do povoado, com as imagens positivas (20%), e 13% acreditam que o turismo traz novas experiências aos moradores, outros 13% valorizam a troca de informações entre moradores e turistas.

Para que possam aumentar suas rendas pela prestação de serviços aos turistas, foi sugerido que a prefeitura apoie a comunidade nesse aspecto, com cursos de especialização e ajuda financeira para o início das atividades. Afinal, uma das funções do setor público é realizar a conscientização e a integração dos agentes que intervêm na atividade turística, por meio de cursos de capacitação e palestras explicativas, para que esses possam se inserir na atividade de forma a transformá-la em uma nova fonte de renda (OMT, 2001).

Contudo, o que se pode perceber é que 50% dos moradores não se interessam em prestar esses serviços relacionados ao turismo, devido ao medo de se arriscar em uma nova atividade econômica, contra 29% dos que têm interesse e 21% dos que já os oferecem. Para se prestar algum tipo de serviço, é necessário que os moradores tenham um investimento inicial e que se dediquem à atividade, o que demanda tempo. E os moradores, no geral, não têm esse dinheiro para suprir gastos iniciais e, por viverem da atividade agrícola, alegam também não terem tempo.

Dos serviços oferecidos pelos moradores, destacam-se: hospedagem (25%); alimentação e guia local (25%); confecção de camisas temáticas sobre o povoado (25%) e bar e mercearia (25%).

Embora boa parte dos moradores não se interesse em oferecer serviços aos turistas, uma pequena porcentagem (21%) diz que futuramente pretende oferecer algum tipo de serviços aos turistas, a exemplo dos 34% que têm interesse em ter quitandas de doces, dos 33% que ofereceriam serviços de alimentação, dos 22% que se disporiam a oferecer hospedagem e dos 11% que veem possibilidades no artesanato local.

Não obstante, 33% dos entrevistados afirmaram não acreditar no desenvolvimento do povoado por intermédio do turismo e mostraram-se contra a atividade turística na região, mesmo se beneficiando dela. Banducci e Baretto (2001) asseguram que, em algumas regiões, onde o turismo está se iniciando e a população ainda não se sente parte da atividade turística, é comum os moradores não simpatizarem com a atividade, além de não acreditarem no desenvolvimento da localidade por meio da mesma.

Em Serra dos Alves não é diferente, os moradores não se sentem parte da atividade, mesmo quando estão se beneficiando dela. Embora a maioria dos moradores não tire o sustento do turismo, as pessoas que alugam suas casas e fornecem alimentação para os turistas têm aumentado suas rendas com isso. Contudo, ainda não acreditam que a comunidade pode se desenvolver por intermédio da atividade turística.

Todavia, os que acreditam estão lutando pela organização da atividade na região. Prova disso é que formaram a Associação de Moradores de Serra dos Alves, com a finalidade de inserir o maior número de moradores na atividade turística e evitar a degradação dos atrativos ambientais.

Mesmo com o interesse de alguns, a reação dos moradores em relação à atividade turística preocupa, porque não se percebe uma visão crítica acerca do assunto. Não há também uma opinião formada sobre o que é o turismo – os que disseram saber o que significava o termo (33%), ao explicá-lo, se confundiram.

Muitas vezes as pessoas que moram em localidades turísticas, como é o caso de Serra dos Alves, não conhecem bem suas atratividades, por isso não se interessam em procurar saber o significado de turismo. Isso acontece porque os "donos" dos atrativos que, quase sempre, se encontram em propriedade particular, nem sabem o valor que aquele atrativo tem, por isso não se preocupam em explorá-lo ou conhecê-lo profundamente.

Para que haja essa exploração, é necessário identificar os recursos do local, analisar se realmente são potenciais, respeitando o proprietário e saber se ele possui interesse em transformar o local para visitação e as reais condições da cidade, para depois pensar na promoção do lugar. Por isso, há necessidade de orientação dos moradores para a atividade que será desenvolvida na sua localidade, porque só assim eles vão aceitá-la e passar a entendê-la. À medida que a comunidade se sente envolvida, torna-se mais motivada e desenvolve o senso de responsabilidade, por ser "guardiã" dos patrimônios natural, histórico e cultural do local onde vive.

Dessa forma, constata-se que a comunidade já está vivendo alguns dos impactos socioculturais que podem ocorrer no local do turismo, a fase da "euforia", que ocorre quando o turismo começa a ser desenvolvido na localidade, despertando o entusiasmo de alguns dos moradores, e fase da apatia, quando o turismo é visto como um negócio lucrativo e o contato formal é intensificado.

Entre as principais deficiências que são a carência dos serviços de telefonia e saúde e a irregularidade do transporte coletivo, a má conservação das estradas foi considerada pelos moradores como um dos maiores problemas relacionados à infraestrutura local. Porém, nem o difícil acesso inibe o fluxo de visitantes.

Quanto à sinalização, não existe nenhuma placa indicando Serra dos Alves na rodovia, somente Senhora do Carmo. Já no distrito só existe uma placa que indica a localidade, sendo que a mesma fica no final da rua principal. No decorrer da estrada até o povoado existem algumas placas diferenciando a comunidade das demais. Considerando a sinalização turística da região, o morador que às vezes presta serviços de guia na região afirma que os turistas reclamam que as placas não atenderam suas necessidades no deslocamento até os atrativos, necessitando da orientação de moradores e guias locais.

Os que não contratam os serviços de guia, o que quase sempre acontece devido à escassez desses, acabam se desviando para outros locais diferentes do procurado. Isso mostra que não existem ou existem poucos meios de informação e indicação referentes à localização dos atrativos turísticos em Serra dos Alves. E permite acrescentar que os existentes apresentam-se em condições inviáveis como auxílio ao turista.

Não existe calçamento nas ruas do povoado, o acesso às casas distantes e ao rio é feito por trilhas, onde não há passagem para veículos. Esses trechos também não são iluminados. A iluminação pública é feita pela Companhia Energética de Minas Gerais (CEMIG), porém apenas o entorno da igreja é bem iluminado. Não há rede de esgoto no local, são utilizadas fossas sépticas fornecidas pela Prefeitura Municipal de Itabira, no final do ano de 2004. Ainda existem casas que destinam seus esgotos diretamente no rio.

Há também problemas com a coleta do lixo. Segundo moradores entrevistados, existem as lixeiras, fornecidas pela prefeitura, porém são eles próprios que têm de dar fim ao lixo deixado pelos turistas que, na maioria das vezes, precisa ser queimado e/ou enterrado. Foi feito um compartimento de tela que serviria para armazenar o lixo, que seria buscado toda semana pela Empresa de Desenvolvimento de Itabira (ITAURB), que faz a coleta de lixo do município de Itabira, porém isso não acontece.

A água consumida pelos moradores não é tratada e vem de nascentes, seguindo até duas caixas d'água que abastecem as casas centrais da comunidade. As mais distantes tiram sua água do rio ou de nascentes dentro dos seus terrenos.

O serviço de telefonia é insuficiente, pois só há um telefone celular para atender aos moradores e visitantes, e o mesmo se encontra numa residência afastada do centro.

Para que a atividade turística se desenvolva com sucesso em uma região, a mesma deve ter pelo menos a infraestrutura básica, e Serra dos Alves ainda não possui água encanada, serviço de coleta de lixo, posto médico, e são apenas dois banheiros públicos, sendo um feminino e um masculino.

Embora o povoado tenha infraestrutura precária, existe especulação imobiliária significativa – os moradores vendem lotes a preços baixos, onde já foram construídas, desde 2004, de 18 a 20 casas de veraneio. Considerando-se a infraestrutura existente, essa expansão já está causando alguns transtornos, como falta de água.

Segundo os entrevistados, os moradores não buscam se capacitar e nem receberam treinamento para lidar com a atividade turística. Essa falta de profissionalização se deve ao fato de a renda mensal dos moradores ser baixa e de escolas de especialização serem distantes. Algumas pessoas da comunidade oferecem os serviços de guia local, embora sem regulamentação necessária e sem ter sequer noção dos procedimentos básicos de segurança.

Entretanto, os moradores se dão conta de que a localidade não dispõe de infraestrutura turística. Não são oferecidos serviços nem equipamentos turísticos. Não há hotéis, restaurantes, lanchonetes e farmácias. Existe somente uma mercearia e um bar no povoado, que tentam atender à demanda dos turistas, porém sem formalização dos serviços.

Algumas casas são alugadas aos turistas pelos moradores, assim como a Associação, que aluga a escola, hoje desativada, e a casa paroquial. É possível hoje também contar com uma pousada que fica distante do adro, cujo acesso é feito somente por meio de cavalo ou jipe.

Relação entre turista e a atividade turística

Todos os turistas entrevistados dizem que deve haver melhorias na infraestrutura de Serra dos Alves, até mesmo para que haja maior visitação e pernoites por parte dos visitantes que têm condições de pagar e interesse em passar a noite no povoado, mas não encontram meios de hospedagem.

Os visitantes do povoado se dizem exigentes e sentem falta de meios de hospedagens que os atendam com mais conforto e se interessam em contratar um guia que os acompanhe aos atrativos. Um dos visitantes entrevistados disse estar interessado em comprar um terreno no povoado e construir alguns chalés para alugar, diversificando sua área de atuação. Entretanto, seria necessário investir também em infraestrutura, uma vez que a localidade não dispõe de serviços adequados.

Para que a atividade turística seja desenvolvida com sucesso, a região receptora deve possuir os equipamentos e a infraestrutura básica para tal, caso contrário, os turistas só passarão pelo local durante o dia e irão pernoitar nos locais onde vão encontrar tais serviços. Por outro lado, construí-los implica investimentos que, em geral, são feitos pelo poder público.

A estrada em condições precárias, a falta de meios de hospedagens e o serviço de telefonia foram citados pelos os turistas como as maiores deficiências do povoado. De acordo com eles, esses problemas devem ser solucionados para que a localidade tenha condições de receber mais visitantes e para que esses visitem o local também em períodos chuvosos.

Por participarem diretamente da atividade, 100% dos turistas entrevistados acreditam que Serra dos Alves pode se desenvolver por meio do turismo.

É preciso que os interessados pelo desenvolvimento da atividade na comunidade se organizem, de forma a buscar recursos para tal, para que, assim, a atividade turística possa trazer grandes benefícios para todos os envolvidos. Os turistas ressaltam que o turismo só trará resultados se houver a cumplicidade dos moradores do local, pois só assim aceitarão o turismo e irão se engajar em seu processo de geração de emprego e renda.

A degradação ambiental e a modificação na rotina de Serra dos Alves é uma preocupação dos visitantes, que temem a perda rápida dos atrativos em virtude da falta de respeito por parte de alguns visitantes com o local.

O turismo em Serra dos Alves é visto como uma atividade que pode trazer impactos positivos. Geração de emprego, divulgação da localidade, aumento de renda da comunidade e investimentos por parte da prefeitura na infraestrutura foram citados pelos turistas como benefícios que podem ser gerados pelo turismo.

Porém, segundo um visitante,[2] o fato de achar que o turismo gera renda e emprego não quer dizer que o turismo seja a solução imediata para os problemas econômicos que os pequenos povoados, assim como Serra dos Alves, enfrentam e que são interpretados muitas vezes de uma forma equivocada pelos gestores municipais e pelos moradores.

Os turistas se ressentem do fato de que são poucos os moradores que oferecem algum tipo de serviço. Dentre os serviços que os turistas sentem necessidade, destacam-se: a venda de quitanda e de artesanato, fornecimento de alimentação e serviços de guia e hospedagem adequada.

É sabido que os visitantes têm a necessidade de levar alguma lembrança dos locais que visitaram para suas casas – exemplo disso são as camisetas temáticas e o artesanato local. Ao adquirirem os produtos, os visitantes estão contribuindo para o aumento da renda dos moradores. Em Serra dos Alves não é diferente: os visitantes também procuram por esses produtos, mas a moradora que vende camisas relata que, por ser a única que oferece esse tipo de produto, tem ocorrido uma demanda que não consegue atender, ocasionando a falta do produto, que vem de Belo Horizonte e, às vezes, demora a chegar. Não se observa a existência de atividades artesanais na localidade.

Considerações finais

Este trabalho teve como objetivo geral analisar se a atividade turística contribui para o desenvolvimento do povoado Serra dos Alves, ou seja, se em uma escala micro o turismo pode ser uma atividade significativa do ponto de vista econômico, cultural e social. Constatou-se que os benefícios trazidos pela atividade turística para o povoado em questão ainda não são muitos e que os moradores esperavam mais investimentos e melhorias para a localidade, pois há um fluxo de visitantes expressivo. Das melhorias que já aconteceram, os habitantes citam: a instalações de fossas sépticas, água encanada, sede para a associação local e telefone comunitário. No entanto, essas melhorias não são suficientes na percepção dos moradores, pois esses supunham que, com a intensificação da prática do turismo na região, haveria mais melhorias por parte da prefeitura e/ou do Estado. Enfim, do poder público.

Na análise da aceitação do turismo pelos moradores, conclui-se que os moradores não possuem informações sobre o turismo e se acham inúteis na atividade, mantendo-se distantes, quando não resistentes, ao fluxo já existente de visitantes. Por isso, fica difícil o desenvolvimento e a manutenção da atividade turística no lugar.

Avaliando os impactos econômicos, sociais e culturais provocados pela atividade turística na comunidade, de acordo com a percepção dos moradores e dos turistas, constata-se que o turismo ainda não gerou impactos econômicos considerados positivos, pois são poucos os moradores que se beneficiam da atividade, e o fato de não existir os equipamentos necessários para o desenvolvimento da atividade, como restaurantes, hotéis, agências e outros, não permite que haja arrecadação de impostos ou maior geração de emprego. Não há registro de nenhuma pessoa que tire o seu sustento da atividade, somente de algumas que complementam sua renda prestando serviços como limpeza das casas, preparo de refeições, serviços de guia e aluguel de cavalos e de casas.

Já os impactos sociais e culturais começam a despontar, pois, ao prestarem serviços aos turistas, em especial aos que construíram casas no povoado, os moradores mantêm contato direto com tais "novos moradores", nos fins de semana e feriados. O fato de possuírem cultura e hábitos diferentes faz com que esses estejam cada vez mais sendo copiados, isso por estarem convivendo constantemente com os habitantes de Serra dos Alves e por doarem objetos pessoais aos moradores

De acordo com os moradores, o turismo tem gerado na região alguns impactos negativos, como o acúmulo do lixo deixado por turistas nas margens das cachoeiras e das trilhas e a coleta de orquídeas e bromélias nas trilhas que levam às cachoeiras. Dentre os positivos, pode-se destacar a divulgação do lugar e a troca de experiência entre moradores e turistas e alguns benefícios que poderão ser obtidos futuramente, como melhoria na infraestrutura do povoado, incluindo as vias de acesso. Os moradores não buscam se capacitar e nem recebem treinamento para lidar com a atividade turística. Para que a atividade turística possa se desenvolver em Serra dos Alves, de forma que a mesma gere desenvolvimento, os moradores interessados em se inserir na atividade devem receber treinamento para atender os turistas, mas a idade dos moradores (predomínio de idosos), a tradição econômica baseada no trabalho rural e o baixo grau de escolaridade dos moradores dificultam a busca pela profissionalização.

A área ambiental do povoado também é motivo de preocupação para os entrevistados. Com o aumento do fluxo de visitantes, é preciso ser feito um estudo de impacto ambiental para se definir a capacidade de carga. Hoje não há nenhuma limitação quanto ao número de visitantes, o que impacta negativamente a região. Aliás, como já se viu, não há sequer um levantamento sobre o número de turistas no povoado.

Nesse sentido, turistas e moradores têm necessidades e anseios parecidos, que são o envolvimento e a orientação dos moradores quanto ao turismo e a seus impactos, levando-os a entendê-los, para que possam buscar sua organização, podendo assim cobrar das lideranças municipais ações nesse sentido e a implantação de um planejamento turístico eficiente que organize a atividade turística na região.

Pôde ser observado, ainda, que os problemas do povoado não são exclusivos do turismo, a atividade turística sem planejamento é apenas mais um problema da localidade. Os maiores problemas são os sociais: a população sobrevive com uma renda baixa e desprovida de serviços básicos como água tratada, esgoto e coleta de lixo.

Notas

[1] Trata-se de um morador de Serra dos Alves há mais de 30 anos e presidente da associação local. Conhece toda a região e sua história. Além de intermediar o contato entre turista e comunidade, também acompanha os turistas pelos atrativos do povoado.

[2] Visita Serra dos Alves há mais de três anos e tem ajudado a associação local a buscar apoio dos órgãos públicos e privados para implantar um planejamento eficiente na região.

Referências

BANDUCCI, A.; BARRETTO, M. *Turismo e identidade local: uma visão antropológica.* Campinas: Papirus, 2001.

BAVA, S. C. *Desenvolvimento local: geração de emprego e renda*. São Paulo: Pólis, 1996.

CÁSSIO, F. *Aspectos econômicos das experiências de desenvolvimento local*. São Paulo: Pólis, 2002.

CUNHA, L. *Economia e política de turismo*. Lisboa: McGraw Hill, 1997.

DIAS, R. *Turismo sustentável e meio ambiente*. São Paulo: Atlas, 2003.

FERNANDES, I. P.; COELHO, M. F. *Economia do turismo*. Rio de Janeiro: Campus, 2002.

LEMOS, A. I. G. *Turismo: impactos socioambientais*. São Paulo: Hucitec, 2001.

MOLINA, S. *Turismo: metodologia e planejamento*. Bauru, S/P: Edusc, 2005.

ORGANIZAÇÃO MUNDIAL DO TURISMO (OMT). Impactos do turismo sobre o meio ambiente. In: *OMT. Introdução ao turismo*. São Paulo: Roca, 2001.

PETROCCHI, M. *Turismo, planejamento e gestão*. 2. ed. São Paulo: Futura, 1998.

RODRIGUES, A. B. *Turismo e ambiente, reflexões e propostas*. 2. ed. São Paulo: Hucitec, 1999.

YIN, R. K. *Estudo de caso: planejamento e métodos*. 3. ed. Porto Alegre: Bookman, 2005.

TERCEIRA PARTE
PROJETO TURÍSTICO DOS PARQUES NACIONAIS E DE OUTRAS ÁREAS

A sustentabilidade econômica e a preservação ambiental: as (im)possibilidades dos parques nacionais brasileiros

Mariana Antunes Pimenta
Lucas de Araujo Cezar

O desenvolvimento sustentável, na definição da Comissão Mundial sobre Meio Ambiente e Desenvolvimento das Nações Unidas (Rio-92), é aquele que supre as necessidades da geração atual sem com isso prejudicar o abastecimento e a qualidade de vida das gerações futuras. Essa sustentabilidade tem sido uma meta universal em tempos de crise ambiental. No entanto, para Sachs (2002), esse conceito deve abranger mais critérios que não só o ambiental, como é comumente tratado, citando, entre eles: o equilíbrio socioeconômico, com equidade social e igualdade no acesso aos recursos e serviços; o cultural, a harmonia entre tradição e inovação; e o político, com democracia, coesão social e cooperação internacional.

Para se atingir um objetivo dessa grandeza, é essencial a regulação do Estado pela adoção de práticas e políticas consistentes. Desde a década de 1980, o governo federal tenta estabelecer metas para promover o crescimento do ecoturismo no Brasil, em determinados momentos com o foco no desenvolvimento econômico gerado pelo turismo, em outras na preservação ambiental. Os planos nacionais do turismo foram elaborados recentemente por comissões interdisciplinares e "procuram traduzir uma concepção de desenvolvimento que, além do crescimento, busca a desconcentração de renda por meio da regionalização, interiorização e segmentação da atividade turística" (BRASIL, 2003, p. 7). Ecoturismo é definido por Ceballos-Lascuráin (1996) como a viagem ambientalmente responsável e a visitação a áreas naturais relativamente pouco perturbadas, com o propósito de desfrutar e apreciar a natureza e os aspectos culturais relacionados a ela. Indo ao encontro dos Planos Nacionais do Turismo, o turismo ecológico deve ainda promover a conservação, causar baixo impacto ambiental e envolver as populações locais, visando a repartição dos benefícios socioeconômicos gerados. É uma forma de desenvolvimento que representa um meio prático e efetivo de atrair melhorias sociais e econômicas para todos os países e é um poderoso instrumento para a conservação das heranças naturais e culturais pelo mundo. Além disso, o ecoturismo contribui para a conservação, por meio da geração de fundos para as áreas protegidas, e a promoção de educação ambiental e ainda cria oportunidades de trabalho para as comunidades locais.

As políticas de defesa ao meio ambiente por parte do Estado podem ir desde incentivos fiscais e legislação orçamentária até o apoio a comunidades pequenas e a proteção de áreas ambientalmente ameaçadas, seja por exploração econômica, seja por ampliação da malha urbana. No Brasil, instituiu-se então, a partir da Lei 9.985/00, o Sistema Nacional de Unidades de Conservação da Natureza (SNUC), que normatiza as unidades de conservação, territórios de características naturais relevantes que têm como objetivo, além da preservação e da proteção de recursos naturais, a promoção de práticas sustentáveis de desenvolvimento em sua área. As unidades de conservação se dividem em dois grandes grupos, que refletem a dualidade do sistema: proteção integral e uso sustentável. Enquanto as áreas de proteção integral permitem pouco ou nenhum uso econômico e turístico, nas áreas de uso sustentável são mantidas comunidades tradicionais e até exploração por empresas, desde que de forma ecologicamente sustentável.

Os Parques Nacionais se enquadram, no SNUC, como unidades de proteção integral em que é admitido apenas uso indireto dos recursos naturais. Visam à

> [...] preservação de ecossistemas naturais de grande relevância ecológica e beleza cênica, possibilitando a realização de pesquisas científicas e o desenvolvimento de atividades de educação e interpretação ambiental, de recreação em contato com a natureza e de turismo ecológico. (SNUC)[1]

São escolhidas como áreas de parque nacional aquelas que possuem atrativos turísticos importantes no contexto nacional ou áreas importantes ecologicamente que estão ameaçadas. Recentemente foi criado o *Programa de Visitação nos Parques Nacionais,* desenvolvido pela Diretoria de Ecossistemas do IBAMA (DIREC) em parceria com a Diretoria de Áreas Protegidas do Ministério do Meio Ambiente (DAP), que parte do princípio de que os Parques Nacionais são fundamentais para o ecoturismo (SILVA, 2005).

Algumas linhas preservacionistas acreditam que a presença humana em UC (unidade de conservação) é uma ameaça à proteção da biodiversidade em razão dos impactos que esta presença causa em trilhas, lixo, barulho, entre outros. Essa linha entende que a natureza tem um valor intrínseco e, portanto, a interferência humana deve ser a mínima possível. Alguns parques foram criados com base nesses argumentos, objetivando impedir acesso e o estabelecimento de atividades impactantes em qualquer grau naquela área por causa de importâncias de natureza biológica, hídrica, geológica, etc. Irving (2002) afirma que, no Brasil, prevalece a concepção de que a intervenção humana é, por definição, degradante, e, desse modo, as pessoas não devem interagir com a área a ser preservada, sejam elas populações tradicionais residentes na área, sejam de qualquer cidadão. Nessa concepção, o Estado deve ter controle total e exclusivo na criação e na gestão de unidades de conservação. O estabelecimento de uma UC obedeceria, então, a interesses nacionais que devem prevalecer em relação a interesses locais.

Há outras linhas de pensamento que defendem a integração do foco social e ambiental, através da participação das comunidades locais na gestão dos parques. O conservacionismo, por exemplo, acreditava que os recursos naturais deveriam ser usados pela geração presente para benefício da maioria dos cidadãos, mas sem desperdício, de forma que a natureza fosse usada sustentavelmente e a sua conservação estivesse vinculada a um fim social.

Em 1962, no Congresso Mundial de Parques, realizado em Bali (Indonésia), os objetivos de um parque nacional se expandiram até sua integração ao desenvolvimento socioeconômico, de forma que a proteção da natureza somente teria sentido se contribuísse para a melhoria da qualidade de vida dos países em desenvolvimento (DIEGUES, 2001).

A visitação em parques nacionais é uma das estratégias que pode contribuir em grau relevante para que a conservação da natureza ganhe um sentido amplo, não se restringindo apenas às áreas protegidas, mas também influenciando as pessoas, especialmente as urbanas, sensibilizando-as para a importância do meio ambiente e estimulando atitudes que auxiliem na sua conservação (ZIMMERMAN, 2006).

De acordo com Zimmerman, os parques nacionais brasileiros nasceram de bases preservacionistas. Por essa visão, a criação de um parque pode ser também um mecanismo regulador do avanço de algum empreendimento que coloque em risco uma área de grande relevância. Num caso como esse, uma vez implantado um Parque Nacional, as regiões vizinhas a ele que dependiam do uso direto de recursos naturais naquela área perderiam sua fonte de sustento e desenvolvimento. O ecoturismo vem, então, como uma alternativa (de uso indireto dos recursos) a essa prática econômica anterior, uma vez que traz para as comunidades vizinhas diversas possibilidades de trabalho e oferta de serviços de apoio ao turismo.

Vários parques ainda são fechados à visitação, que seria premissa obrigatória ao desenvolvimento do ecoturismo no local, sob argumentos de escassez de recursos financeiros e pessoais ou pela falta de objetivo traçado na política de criação do parque. Para Pádua (2000), isso é parte de um ciclo vicioso em que a ausência de visitação inviabiliza uma reestruturação da região com o fim de se promover o turismo. Além disso, a dificuldade de se alterar completamente a atividade econômica da região, tendo em vista questões territoriais e culturais daquela sociedade, torna imprescindível um diálogo com a comunidade afetada por essa mudança. Esse diálogo, bem como outras medidas necessárias para o funcionamento do Parque Nacional, deve estar presente no Plano de Manejo da unidade, que é um documento técnico que estabelece o zoneamento e as normas de uso da área, de acordo com os objetivos da criação do parque (IBAMA, 2002).

Tendo em vista a importância do ecoturismo como atividade econômica sustentável em regiões vizinhas a parques nacionais, este capítulo tem por objetivo avaliar os estímulos governamentais para a implantação dessa atividade por meio dos planos de manejo desses parques e avaliar o ecoturismo desenvolvido em alguns parques brasileiros. Com isso, pretendemos traçar um panorama do ecoturismo nos parques nacionais brasileiros sob uma perspectiva sustentável, articulando políticas públicas com retornos socioeconômicos nas unidades de conservação e na comunidade do entorno com o turismo.

Parâmetros e processos do ecoturismo sustentável

A sustentabilidade do ecoturismo é tratada em diversos meios como a melhor forma de praticá-lo, e diversas tentativas teóricas de defini-lo já foram feitas. Em contrapartida à ideia tradicional de áreas protegidas, de que o ser humano deve permanecer externo a elas, o socioambientalismo surgiu como uma tentativa de suprir a demanda de diversas pressões populacionais que estão ditando que a presença humana deve fazer parte de unidades de conservação. No entanto, a sustentabilidade deve ir além disso: conforme Swarbrooke (2000, p. VIII), "o turismo sustentável não é apenas proteção ao meio ambiente; ele também está ligado à viabilidade econômica a longo prazo e à justiça social". O Parque Nacional de Brasília é um exemplo de parque criado não só pela preservação do ambiente, como também por uma demanda de turismo dos novos habitantes da cidade.

Portanto, por ser um setor que envolve diversos grupos sociais e econômicos e interesses diferentes, é necessário traçar alguns indicadores de sucesso de um turismo sustentável ou, pelo menos, parâmetros objetivos de discussão da sustentabilidade de experiências. Alguns desses indicadores foram estudados em uma tentativa de avaliar o ecoturismo em alguns parques brasileiros. O primeiro deles corresponde à demanda de turismo em um determinado local, que pode ser medido pelo volume de visitantes que essa área recebe. Como um dos problemas enfrentados pelas unidades de conservação, de acordo com o Ministério do Turismo, é a falta de infraestrutura, a existência deve ser considerada como outro indicador importante, tanto da capacidade de se receber turistas quanto do desenvolvimento econômico trazido para a área pela presença do parque. A União Internacional para Conservação da Natureza (IUCN) leva as diretrizes de administrações de parques mundiais para um contexto antropocêntrico, aparentemente a forma mais eficaz de se atingir a preservação da natureza, ao dizer que "as áreas de proteção devem ser administradas de modo que as comunidades locais, os países envolvidos e a comunidade mundial sejam beneficiados" (INTERNATIONAL, 1992, p. 52). A participação da comunidade local também foi levada em conta como indicador, principalmente pela participação de guias locais no ecoturismo. O último dos indicadores é o papel do governo em traçar as diretrizes de sustentabilidade do turismo por meio de políticas públicas, incentivos e documentos regulatórios.

O turismo em áreas preservadas parece ser uma tendência mundial crescente e marcante pela onda ambientalista e pela necessidade de resgate de valores no contexto urbano. No Brasil, a busca por esses ambientes aumenta a cada dia por diversos grupos com interesses particulares (desde a contemplação de paisagens até a prática de esportes de aventura), o que torna as questões de manejo e normatização das visitas aos parques mais frequentes e, cada vez mais, urgentes. A visitação para o SNUC é um instrumento para a conservação não só em termos de educação ambiental e sensibilização, como também como fonte de renda para o sistema que, obrigatoriamente, deve ser revertida em benefícios para o seu melhor funcionamento, como por exemplo, pelo aumento de infraestrutura. No Brasil, a visitação aos parques nacionais é uma das fontes de renda do orçamento federal, que se dá com a cobrança de ingressos, taxas para realização de atividades recreativas e utilização de instalações, venda de mercadorias e alimentos. Entretanto, esses recursos captados ainda são insuficientes e mal distribuídos. Uma pesquisa feita pelo Ministério do Meio Ambiente (MMA) mostrou que, em 2005, havia 23 parques atualmente com infraestrutura mínima para receber visitantes no Brasil e que de todos os visitantes de parques nacionais, 72% estão concentrados nos parques da Tijuca e do Iguaçu (BRASIL, 2007). Apesar do grande número e da diversidade de parques, o Brasil não ocupa uma posição de destaque na América Latina em relação ao desenvolvimento do turismo, e apenas o Parque Nacional do Iguaçu é considerado rentável. O número de visitantes é, portanto, um indicativo da demanda de uso do turismo pelo parque e da renda atraída, revertida diretamente em aumento de pessoal e de infraestrutura.[2]

São diversos os problemas enfrentados pelos parques nacionais que os impedem de receber turistas em número e condições adequadas, entre eles a falta de infraestrutura e pessoal qualificado. Uma das diretrizes do MMA para a visitação em unidades de conservação é a promoção de infraestrutura mínima, conforme previsto nos instrumentos de planejamento da UC (BRASIL, 2006). Essa infraestrutura mínima compreende uma portaria, ou sistema de portarias, que possibilite o controle da entrada de visitantes; uma diretoria que implemente uma gestão efetiva de acordo com os objetivos traçados no plano de manejo do parque e trilhas bem demarcadas com as informações necessárias à visitação.

No entanto, as condições mínimas devem estar presentes não só no parque como também nas cidades próximas que lhe dão suporte, principalmente porque a presença de elementos essenciais ao turismo, como hotéis e restaurantes, dentro dos parques nacionais se mostra mais problemática à preservação do que incentivadora ao turismo. O Parque Nacional do Iguaçu, por exemplo, em seu plano de manejo, avaliou a presença do hotel dentro dos limites do parque por sua alta demanda de serviços, a produção de lixo e esgoto e o livre-acesso de seus hóspedes à área do parque, como um grande empecilho à conservação e ao controle da visitação nessa unidade de conservação.

O incentivo à criação de infraestrutura nas cidades vizinhas aparece como uma solução plausível e confortável tanto para os turistas quanto para a administração do parque. A comunidade das cidades vizinhas, frequentemente, em vez de se beneficiar da existência das unidades de conservação, torna-se resistente à existência dessas, uma vez que áreas protegidas por força de lei impedem a reprodução e o desenvolvimento social e cultural que ali podem ocorrer (Sansolo, 2002). O desenvolvimento do turismo voltado ao parque pode ser um movimento na contramão dessa resistência.

A obrigatoriedade ou uso voluntário de guias ou condutores locais é uma forma de desenvolver a economia nas comunidades vizinhas ao parque e aumentar sua qualidade de vida. O guia turístico hoje é uma profissão regulamentada, sujeita a atestados de competência e desempenho profissional, o que certifica e qualifica o profissional. Condutores não são credenciados pela EMBRATUR, mas podem estar habilitados a acompanhar visitantes. A resolução CNTur 04/1983 obriga que agências de turismo utilizem guias locais em cada uma das localidades turísticas brasileiras em que estiver prevista a realização desses serviços. É um dos objetivos do Plano Nacional do Turismo "promover o turismo como um fator de inclusão social, por meio da geração de trabalho e renda e pela inclusão da atividade na pauta de consumo de todos os brasileiros" (Resolução..., 2007, p. 16) e, no entanto, o documento não menciona guias de turismo como uma possibilidade de geração de renda e desenvolvimento local. Além disso, por serem da própria região, têm potencial grande de sensibilização dos visitantes em relação ao parque visitado. O governo e diversas ONGs têm ajudado na qualificação desses profissionais e na obrigatoriedade de seu acompanhamento nas unidades de conservação. O exemplo do Parque Nacional da Chapada dos Veadeiros, que será mais detalhadamente tratado posteriormente, mostra a importância da regulamentação do parque para incentivar o uso de guias e condutores na recuperação da economia da comunidade após a criação do parque e a extinção das práticas anteriores.

O Estado influencia o turismo de diversas formas, tanto pela criação de unidades de conservação quanto por legislação e regulamentação das atividades, profissões e definição de normas. Mundialmente, existe pouca legislação ligada diretamente ao turismo, como normas de comportamento do turista, condições de trabalho das profissões ligadas ao turismo e sobre os impactos socioculturais e ambientais, mas o Brasil nesse campo torna-se pioneiro ao apresentar uma legislação ampla e de cunho sustentável em todos esses quesitos.

Planos de manejo são uma importante ferramenta no direcionamento e na estratégia do turismo na unidade de conservação, principalmente por meio do Programa de Uso Público, que lida tanto com o ecoturismo quanto com a educação ambiental. Como uma unidade de conservação tem papéis sociais, políticos e ambientais importantes, é necessário que um plano de manejo seja adequado às demandas sociais, como a busca de fontes alternativas de renda para a unidade de conservação e o planejamento participativo. Todo parque deveria ter um plano de manejo, conforme a lei até cinco anos após a sua criação, mas, como é mostrado no GRAF. 1, não é o que vemos hoje.[3]

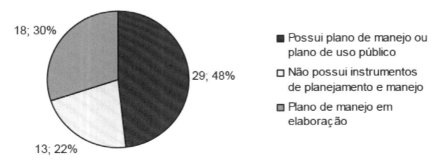

GRÁFICO 1 – Parques nacionais e ocorrência de planos de manejo
Fonte: ZIMMERMAN, 2006.

Ação e esforço governamentais

Foi analisada, para os Parques Nacionais do Brasil, a frequência de adesão desses parques ao ecoturismo, como objetivo primário de criação ou aspecto relevado em seus planos de manejo, com base em informações do Instituto Chico Mendes de Biodiversidade (ICMBio), órgão responsável pela gestão das unidades de conservação federais. Segundo Zimmerman (2006), 48% dos parques nacionais até 2005 possuíam plano de manejo (GRAF. 1). Nos planos de manejo estão previstos os objetivos do parque, as análises dos contextos sociais, ambientais e econômicos e um zoneamento, que direciona as atividades que são permitidas em cada área do parque. Esses dados são essenciais para garantir que o ecoturismo seja feito de forma ambientalmente sustentável. Os planos de manejo não estão disponíveis para consulta na internet e vários deles não estão sequer em acervos do IBAMA (ou ICMBio). Sabendo da importância do plano de manejo, este deveria ser mais amplamente divulgado e questionado, pela sociedade civil como um todo.

A criação de um parque pode acontecer por diversos motivos, como já citados neste texto, e são traçados alguns objetivos tanto no momento da criação quanto no plano de manejo. Esses objetivos podem ser promover a pesquisa na área, conservar algum bioma ou espécies em risco de extinção ou alguma formação geológica interessante e, em alguns casos, promover o ecoturismo na área. Conforme os dados obtidos no MMA, 32% não têm como objetivo específico a promoção do ecoturismo dentro dos limites do parque (GRAF. 2).

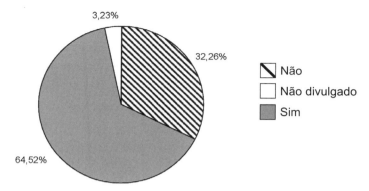

GRÁFICO 2 – Visitação como objetivo específico dos Parques Nacionais
Fonte: ICMBio/MMA.

Esses dados, associados ao grande aumento na criação de parques nacionais ao longo das últimas quatro décadas (GRAF. 3), mostram um aparente incentivo à preservação ambiental.

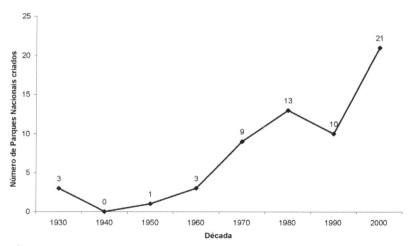

GRÁFICO 3 – Número de Parques Nacionais criados por década (até 2006)
Fonte: ICMBio/MMA.

De um modo geral, pode-se dizer que os parques nacionais nasceram de bases preservacionistas para manter intactas algumas áreas ante a intensa urbanização e industrialização de algumas regiões (ZIMMERMAN, 2006). Essas origens preservacionistas podem ainda ter um peso considerável sobre as decisões dos atores que regulamentam a visitação nas unidades de conservação, com o receio constante de que a presença humana seja incompatível com a preservação ambiental. Por isso, boa parte do incentivo de criação dos parques não se concretizou em abertura ao turismo, uma vez que apenas 50% dos parques declaram que são abertos à visitação regulamentada (GRAF. 4).

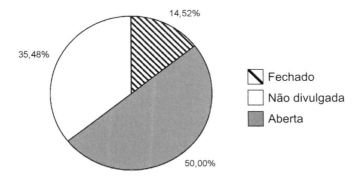

GRÁFICO 4 – Situação dos Parques Nacionais com relação à visitação
Fonte: ICMBio/MMA.

De acordo com o MMA, em 2007, fazem parte do SNUC 62 parques nacionais, sendo que, desconsiderando os 16 parques criados nos últimos cinco anos, temos apenas 23 parques nacionais abertos à visitação, ou seja, que apresentam infraestrutura mínima para a visitação, outros 17 que não recebem visitantes ou que não têm a visitação manejada e seis que exigem autorização especial para visitação (voltada, principalmente, para pesquisadores). No entanto, a visita é bastante desigual, já que 72% dos visitantes visitam apenas Iguaçu e Tijuca (BRASIL, 2007). Uma outra pesquisa, realizada pela diretoria do Programa Nacional de Áreas Protegidas, concluiu que 27% dos parques não possuem visitação (sendo que 29% dos parques não participaram do estudo) e que, das atividades realizadas nos parques, caminhadas de um dia e banhos estão entre as mais populares (MANOSSO, 2005).

O Ministério do Meio Ambiente criou, recentemente, as diretrizes para visitação em unidades de conservação. O documento busca aprimorar e explicitar os princípios da visitação, além de apresentar um conjunto de diretrizes, entre elas a participação das comunidades locais e o desenvolvimento local e regional (MANOSSO, 2005).

> A visitação no Sistema Nacional de Unidades de Conservação da Natureza – SNUC, contudo, deve ser cuidadosamente planejada para que possa cumprir os objetivos de sua criação, além de funcionar como uma ferramenta de sensibilização da sociedade sobre a importância da conservação da biodiversidade e como um vetor de desenvolvimento local e regional. MMA (BRASIL, 2006)

São propostas algumas diretrizes para que a visitação atinja esses objetivos ambientais e socioculturais, entre elas promover e fortalecer a participação e a corresponsabilidade dos atores interessados no planejamento e na gestão da visitação, incluindo comunidade local, entidades representativas dos praticantes de atividades recreativas, operadores de turismo, associações locais, entre outros; envolver a sociedade local no processo de elaboração dos instrumentos interpretativos; promover o pacto entre os interesses e as demandas da população local e de comunidades tradicionais, procurando estabelecer a corresponsabilidade e ações conjuntas, de acordo com os objetivos específicos da UC; apoiar a capacitação das comunidades locais e populações tradicionais a fim de promover a sua participação no planejamento e gestão da visitação.

Em 2003 foi criado pelo MMA o Proecotur (Programa para o Desenvolvimento do Ecoturismo na Amazônia Legal), um programa de investimentos em ecoturismo na região da Amazônia, priorizando a criação de empregos, estrutura, oportunidades de negócios de natureza sustentável e alternativas para atividades degradantes do meio ambiente. Por meio de investimentos públicos, o programa pretende atrair negócios de natureza privada dentro de critérios sustentáveis. É uma região com enorme potencial e diversos parques nacionais, mas de difícil acesso e pouca infraestrutura. Dos parques abertos a visitação, poucos se encontram na região Norte do País, principalmente pelos objetivos específicos que as unidades de conservação locais possuem, mas isso dificulta a integração do público não-local com os parques da região e a melhoria da economia local por meio do turismo.

Um dos três grupos temáticos do fórum nacional de áreas protegidas é a sustentabilidade financeira do SNUC. A criação e a implementação de áreas protegidas, obviamente, dependem da disponibilidade, em volume adequado e regular, de recursos financeiros, e uma das fontes de renda com potencial de aumento é a visitação a unidades de conservação, por meio de várias fontes: venda de ingressos, taxas para realização de atividades recreativas, taxa para utilização de instalações do parque (*camping*, estacionamento, abrigos), taxas de concessão de serviços, venda de alimentos e mercadorias (presentes, artesanato). O turismo em áreas naturais é uma tendência mundial, cujo crescimento estimado é de 10% a 30% ao ano (MCKERCHER, 2002).

Um breve balanço de uma amostra dos parques nacionais brasileiros

Para avaliar o efeito de diferentes estratégias de gestão quanto ao ecoturismo sobre o desenvolvimento local, foram feitos estudos de casos de sete parques nacionais (PN) – Serra da Canastra, das Emas, do Iguaçu, da Serra da Bocaina, Chapada dos Veadeiros, Serra do Cipó e Chapada Diamantina – a partir de informações constantes nos planos de manejo, quando existentes, e considerações resultantes de observação pessoal e visitas às unidades. Esses parques foram escolhidos por pertencerem a diferentes biomas e diferentes regiões do Brasil (todas elas, a exceção da região Norte), buscando assim uma representatividade do cenário nacional.

FIGURA 1 – Parques Nacionais brasileiros, com destaque aos amostrados qualitativamente
Fonte: IBGE.

O Parque Nacional da Serra da Canastra, criado em 1971, tinha como um dos objetivos citados no plano de manejo, e conforme dispõe o sistema nacional de unidades de conservação sobre os parques nacionais, "conservar paisagens de beleza cênica naturais ou alteradas, mantidas a um nível sustentável, visando a recreação e o turismo" (1979b, p.15). O parque está situado na região Sudeste do Brasil, considerado como núcleo de crescimento nacional, e localiza-se próximo a rodovias importantes que ligam o Triângulo Mineiro a São Paulo e Belo Horizonte. Na época da criação do plano de manejo, foi considerado que

> [...] embora a região do Parque Nacional da Serra da Canastra seja, atualmente, um pouco marginal em relação às regiões de maior atrativo turístico e recreacional, em um futuro próximo poderá estar incluída em diversos roteiros do sul de Minas. (1979b, p. 29)

Essa previsão mostrou-se verdadeira, principalmente após os programas de incentivo ao turismo no Estado de Minas Gerais e uma revalorização da região. Além disso, no próprio plano de manejo, constava que, na perspectiva de aumento do turismo, dever-se-ia considerar o aproveitamento racional das potencialidades turísticas e recreacionais do Parque, especialmente das nascentes do rio São Francisco e da cachoeira Casca d'Anta, de modo a fazer do local um elemento importante no desenvolvimento e na educação ambiental na região. A infraestrutura do parque na época de criação do plano de manejo (1981) era pouca: não havia estradas boas de acesso, tampouco ônibus, portarias de acesso e controle. Os objetivos previstos no plano de manejo para construção de infraestrutura próxima às regiões mais visitadas, trilhas e estradas foram atingidos razoavelmente até agora. Pouco tempo depois, foi construída a via de acesso entre Poços de Caldas e Araxá, passando muito próximo ao parque, e, no próprio plano de manejo, era prevista a construção de trilhas, mirantes e áreas de *camping* e piquenique, que hoje se encontram bem conservados e em pleno funcionamento. O plano de manejo caracterizava a região próxima ao parque como pouco urbanizada, com densidades demográficas próximas a 10 habitantes/km^2, principalmente nas cidades próximas ao limite. Têm uma relação com o parque apenas como turistas. Atualmente, as cidades próximas estão bem equipadas com pessoal qualificado para receber visitantes da Serra da Canastra, agências de turismo, pousadas, etc, mostrando maior interação do parque com a atividade turística.

O Parque Nacional das Emas é um dos parques mais importantes na preservação do Cerrado, por abranger mais de 130 mil hectares e possuir uma importante fauna de mamíferos e aves, incluindo as emas, que dão nome ao parque. Criado em 1961, localiza-se em regiões cuja atividade principal é a agropecuária, tendo grande importância no abastecimento de arroz do Brasil. Conforme seu plano de manejo,

> [...] como tem ocorrido em todo o Brasil, atendendo inclusive a uma das metas preconizadas no 2º Plano Nacional de Desenvolvimento, o turismo interno tem recebido grande incremento. Neste sentido, foram os Parques Nacionais Brasileiros considerados como 'áreas de potencial interesse turístico' pela legislação atual em vigor na EMBRATUR. (1979c, p. 30)

Localiza-se na região Centro-Oeste, nos Estados de Goiás e Mato Grosso. Goiás e região já são visitados por diferentes tipos de turistas, que extrapolam o nacional e o local e

> [...] neste sentido e tendo em vista os diferentes tipos de turistas que, num futuro próximo, visitarão o Parque Nacional das Emas, é que se deve ter em conta que as facilidades deverão estar à altura de todos eles, bem como atender suas expectativas, sem se esquecer que os objetivos de preservação e proteção do Parque se sobrepõem ao objetivo sócio-econômico do turismo (1979c, p. 30).

Há, portanto, objetivos de construção de infraestrutura para uso público, como embarcadouro no rio Formoso, mirantes, estacionamento, áreas de piquenique, sanitários, lanchonete, centro de visitantes e trilhas interpretativas. Destas metas, poucas foram atingidas até hoje. A infraestrutura fora do parque é razoavelmente boa, em razão do investimento governamental em criar formas de escoamento da produção agrícola regional, havendo, portanto, pelo menos duas vias de acesso até a portaria. Até a data da execução do plano de manejo (1981), o parque possuía uma visitação pequena, que se resumia a pessoas da região e alguns cientistas nacionais e estrangeiros, e não possuía infraestrutura para ir além disso, já que havia a demarcação do parque. O plano de manejo relata indícios de impactos de atividades humanas desenvolvidas na área do parque, como trilhas de gado e, inclusive, alguns rebanhos, além de incêndios. Hoje, diversos desses impactos ainda são encontrados, mas aqueles decorrentes do turismo ainda são poucos. Trinta e cinco anos após sua criação, o PN das Emas ainda recebe um volume muito baixo de visitantes, que chegou em 2007 próximo a 3.600 pessoas.

O Parque Nacional do Iguaçu está localizado no extremo oeste do Estado do Paraná, próximo à tríplice fronteira entre Brasil, Argentina e Paraguai. Foi o segundo parque a ser idealizado e criado no Brasil, em

1939, resultante da demanda de se preservar suas exuberantes cataratas. As áreas próximas ao parque são ocupadas pela agricultura e por madeireiras que mudaram significativamente a fisionomia vegetal. A intensa atividade econômica gerou um grande desmatamento que culminou em 60% da cobertura vegetal em apenas 10 anos (de 1960 a 1970). Conforme o plano de manejo,

> [...] além das mundialmente famosas Cataratas do rio Iguaçu, que recebem do lado brasileiro milhares de turistas por ano (mais de um milhão de visitantes em 2007), a região do parque nacional oferece grandes potencialidades recreativas e turísticas. (1979d, p. 29)

São citados também alguns problemas, como a presença de uma estrada federal asfaltada (BR 469), criada posteriormente ao decreto do parque sem as devidas providências de preservação, e do Hotel Cataratas. A intensidade de visitantes gera problemas de maus usos nas áreas de uso público, daí a necessidade de implantação do zoneamento previsto no plano de manejo, que pode ser observado claramente hoje pelo modelo de visita ao parque. As áreas próximas ao rio e às cataratas foram designadas ao uso público, cujo acesso é feito apenas pelos carros do próprio parque, e as áreas de mata têm acesso bastante restrito. A área é pouco utilizada pelos moradores locais, mas esses usufruem muito da demanda turística. Um dos objetivos do parque no contexto de sua criação foi "proteger e conservar o quadro natural e a beleza cênica das cataratas do Iguaçu em território brasileiro" (p. 53) e "possibilitar atividades de recreio e turismo, diretamente ligadas aos recursos da área e que sejam compatíveis com os demais objetivos de manejo do parque" (p. 53). A infraestrutura da região é muito desenvolvida, contando com dezenas de hotéis de excelente qualidade, restaurantes, agências de turismo. Dentro do parque, atualmente, a estrada é utilizada para transporte dos turistas até as cataratas, possui uma infraestrutura de portaria com controle restrito, restaurantes, lanchonetes e lojas de *souvenirs*.

O Parque Nacional da Serra da Bocaina foi criado em 1971 e ainda hoje lida com a desapropriação de moradores do parque, fato que gera inúmeros impactos, principalmente em virtude da falta de limites físicos do parque. Localiza-se na divisa entre os Estados do Rio de Janeiro e São Paulo, próximo a cidades litorâneas importantes, como Paraty e Angra dos Reis, que dependem diretamente da preservação do parque para manutenção dos recursos hídricos. Há um hotel dentro do parque, de difícil acesso, e diversas construções de fazendas, algumas desapropriadas e outras ainda em funcionamento, caracterizando a população das áreas circundantes como "caipira" e "tropeira". É uma área de peculiar beleza cênica, que preserva um dos biomas mais ameaçados no Brasil, a Mata Atlântica. Na zona de amortecimento, há atrativos históricos e naturais que também funcionam como atrativos ao parque. A zona de influência do parque é onde ocorrem os ciclos de desenvolvimento econômico "da exploração indiscriminada dos recursos naturais à atual exploração turística", também uma elevada industrialização e, junto com ela, migração intensa. Diversas cidades próximas possuem infraestrutura excelente e suficiente para o turismo, como Barra Mansa, Volta Redonda, Guaratinguetá e Resende, e há as cidades litorâneas, como Angra dos Reis e Mambucaba, ainda que as atrações turísticas desses locais não incluam o parque.

O plano de manejo visa a conservação em detrimento do uso abusivo, mas leva em conta a demanda turística crescente e a participação da comunidade lindeira para a conservação do parque. A população do entorno frequenta muito o parque, representando quase um terço dos visitantes (vindos de São José do Barreiro), mas não usufrui muito de benefícios turísticos, como guias ou prestadores de serviços. O maior problema que o parque enfrenta é a falta de pessoal, o que impossibilita a fiscalização e o gerenciamento do turismo.

> Em outros Planos de Manejo, costuma-se separar as atividades apropriadas das inapropriadas dentro das Unidades de Conservação. Contudo, no PNSB, a penúria de recursos e pessoal é tão grande que não é possível sequer gerenciar, de forma distinta, as atividades apropriadas das inapropriadas. (1979a, p. 578)

A atividade turística não era regulamentada até 2001 (ano da conclusão do plano de manejo), mas a procura de visitantes aumenta a cada dia, podendo causar sérios prejuízos, não havendo formas de controle e fiscalização. Foram registrados, em 1995, oito mil visitantes. Já são registrados problemas de erosão e fogo próximos às trilhas principais. O plano de manejo prevê a criação de um zoneamento que leva em conta a atividade turística e a educação ambiental, além de pesquisas científicas e proteção de determinadas áreas.

Todos os quatro planos de manejo têm objetivos claros de implantação e incentivo ao ecoturismo com infraestrutura, mesmo que secundários. A legislação vigente permite o ecoturismo apenas nos parques que possuírem plano de manejo nos quais estejam determinadas as diretrizes e os locais para se realizar a atividade. Dos parques amostrados, todos representam diferentes realidades quanto ao tipo de ecoturismo exercido. Como o Parque Nacional do Iguaçu foi criado especialmente em virtude das cataratas e para preservá-las, mas sempre adequando seu manejo à visitação nacional e internacional, o plano de manejo do parque já mostrava problemas com o número de visitantes e os impactos causados em uma trilha específica. O Parque Nacional de Emas, na época do plano de manejo, não possuía visitação, exceto a de pesquisadores e da comunidade vizinha e, portanto, não lidava com problemas dessa natureza.

A falta de controle dos visitantes é um dos indicadores de impacto nos Parques Nacionais, de acordo com diretoria do Programa Nacional de Áreas Protegidas, em razão da erosão de trilhas e da presença de veículos e lixo indevidos (MANOSSO, 2005). Parques como o Parque Nacional do Iguaçu foram idealizados pensando no turismo e, portanto, um grande número de visitantes não causaria grandes impactos, mas, em outros casos, um número relativamente pequeno de visitantes pode causar grandes problemas sem o manejo adequado. A criação de trilhas, mesmo sendo um instrumento importante na educação ambiental e uma das formas mais procuradas de atividade a ser realizada nos parques, segundo Gualtieri-Pinto *et al.* (2007), causa diversos impactos, como a erosão. Daí a necessidade da utilização do conceito de capacidade de carga, que é apenas perifericamente aplicado no Brasil e pode ser ilustrado por poucos exemplos, como os Parques Nacionais Marinhos de Abrolhos e Fernando de Noronha e o Parque Nacional da Chapada dos Veadeiros para os quais são aplicados mecanismos de controle e limites de visitação.

Outros parques de grande importância turística ainda não possuem plano de manejo concluído, como se viu no GRAF. 1, apesar da lei vigente, que dá o prazo máximo de cinco anos após sua criação para a conclusão do documento. Ainda assim, esses parques já possuem visitação e alguns são referências quanto à sustentabilidade.

O Parque Nacional da Chapada dos Veadeiros localiza-se próximo a Brasília, no Estado de Goiás. Está em uma área que era utilizada por lavradores de cristais e era a atividade mais importante da região. Com a implantação do parque, três décadas depois de sua criação em 1961, os lavradores foram obrigados a deixar a atividade. Foi dada a eles a opção de permanecerem na região, onde receberam de ONGs internacionais e órgãos governamentais treinamento e capacitação à atividade de condutores de visitantes. Concomitantemente, o parque instituiu a obrigatoriedade da presença de um guia cadastrado para acompanhar grupos de turismo no parque. Atualmente, já há atuação de alguns guias externos, que não tiveram a mesma vivência e o treinamento dos guias turísticos locais. Segundo alguns desses condutores nativos – que até chegaram a atuar na extração de cristais antes da criação do parque –, a alternativa criada com a implementação do ecoturismo guiado deu-lhes uma condição mais digna de sustento, e mesmo os moradores mais jovens se sentem estimulados a receber o treinamento e atuar como condutores de visitantes. A região tem uma demanda intensa de investimento em infraestrutura para receber mais visitantes, em virtude da proximidade com a capital nacional. No entanto, o crescimento urbano ainda é mais limitado por ser uma área circundada por áreas de proteção ambiental, que não podem ser ocupadas.

O Parque Nacional da Serra do Cipó foi criado em 1984, a pouco mais de 100 quilômetros da capital mineira, com o objetivo de proteger uma área de beleza cênica e alto valor biológico, que se encontrava ameaçada pela visitação desordenada. Ordenamento da visitação tem sido um grande desafio para a administração do parque, em especial nas áreas mais distantes da sede, que estão mais sujeitas à entrada clandestina pelos limites do parque. O número de visitantes registrado é relativamente baixo, considerando-se a proximidade com a capital mineira, mas, sem dúvida, o número de turistas é maior do que o daqueles que vão ao parque, pois há entradas sem registro e usufruto de atrativos fora da área do parque. A infraestrutura das cidades vizinhas é bastante desenvolvida, com hotéis, pousadas, *campings*, restaurantes, o que gera uma renda importante para a população local, mas dentro dos limites do parque há poucas trilhas utilizadas, não há áreas de camping ou piquenique, apenas uma portaria ativa (uma foi recentemente fechada) e poucos funcionários para fiscalização. Nas cidades próximas há algumas agências de turismo, mas que raramente são buscadas pelos visitantes, e, quando o são, praticam o turismo violando regras de acesso ao parque. Atrativos turísticos externos ao parque, mas em áreas de proteção ambiental no entorno da unidade de conservação, são os que mais têm sofrido com a carga excessiva de visitantes, com alguns registros de vandalismo. Essas são áreas privadas que não têm orientação do proprietário quanto às visitas e têm a fiscalização direta pela administração do parque dificultada, o que abranda o controle sobre o impacto causado pelos visitantes.

O Parque Nacional da Chapada Diamantina foi criado em 1985 e abriga uma grande área no interior da Bahia. O parque possui paisagens exuberantes, desde cavernas e grutas até cachoeiras e chapadas, ambientes de grande importância para a fauna local. O parque possui pouca infraestrutura própria, sendo que a ausência de uma portaria é um dos principais problemas para o desenvolvimento do ecoturismo, uma vez que dificulta o controle da visitação, o apoio ao turista e a aplicação de projetos de educação ambiental e conscientização. As cidades próximas, em ambos os extremos do parque, possuem suficiente infraestrutura para receber turistas, com hotéis, agências de turismo e restaurantes. Existem alguns guias locais que são buscados para auxiliar grupos, por agências de turismo ou independentemente, mas ainda de forma pouco expressiva.

Como se pode observar, o incentivo e controle do ecoturismo estão presentes em quase todos os casos estudados, seja como objetivo primário de sua criação, seja como apenas uma alternativa de viabilizar a manutenção do parque. Há diversos problemas na infraestrutura que impedem a recepção adequada de visitantes em vários dos parques e na fiscalização e no monitoramento, fazendo com que a visita fique restrita a alguns pontos específicos e, normalmente, próximos à portaria principal do parque. Isso gera um problema quanto à capacidade de carga da área, já que um grande número de visitantes em um espaço pequeno causa muitos impactos de difícil manejo.

Uma boa estratégia para a fiscalização e monitoramento mais eficiente da visitação é adotar a obrigatoriedade de condutores e guias de visitantes. Dos parques estudados, apenas dois exigem a presença de guias e condutores (TAB. 1), mas a maioria deles conta com o apoio de associações locais que oferecem esses serviços. Em alguns casos, como na Serra do Cipó, ocorre o predomínio de empresas privadas, externas àquela comunidade, na oferta desses serviços de apoio ao turismo. Da mesma forma, no Parque da Chapada dos Veadeiros, uma guia local entrevistada declarou que nos últimos anos houve um aumento no número de empresas e pessoas de fora da comunidade envolvidas na promoção do turismo na região, o que acaba por reduzir as oportunidades de trabalho das pessoas que já estavam na área antes da criação do parque. Essa abertura sem controle, apesar de garantir boa estrutura para receber o turismo, pode dificultar o desenvolvimento econômico da população nativa, aumentando, em casos extremos, um êxodo dessa população e a criminalidade na região.

TABELA 1
Diagnóstico da visitação em alguns parques nacionais brasileiros*

Parque Nacional	Cidade base	Hotéis (Cidade base)*	Obrigatoriedade de guia	Visitantes (2007)
Chapada Diamantina	Lençóis	6	Não	Não disponível
Chapada dos Veadeiros	São Jorge	10	Sim	Não disponível
Emas	Chapadão do Céu	1	Sim	3.600
Iguaçu	Foz do Iguaçu	26	Não	1.055.433
Serra da Bocaina	São José do Barreiro	6	Não	5.151
Serra da Canastra	São Roque de Minas	5	Não	41.430
Serra do Cipó	Santana do Riacho	18	Não	12.156

Fonte: Entrevista com funcionários responsáveis de cada um dos parques

* De acordo com o *Guia 4 Rodas Brasil 2008*.

De uma forma geral, todo empreendimento gera benefícios e custos para todos os atores envolvidos. Em se tratando do ecoturismo, há benefícios potenciais como a geração de renda para os parques, o surgimento de um novo ramo para as comunidades vizinhas a unidades de conservação e os demais diversos benefícios ambientais decorrentes do contato com a natureza. Mas os custos não podem ser ignorados, como a degradação ambiental e a mudança econômica, que podem trazer impactos socioculturais como a necessidade de novas formações, criação de novos grupos econômicos e novas culturas ambientais ou não (Boo, 2005). O ecoturismo é tido como um fator que pode concentrar a dependência de uma comunidade a um único ramo, mas pode também provocar a diversificação de atividades, desde guias turísticos até o fornecimento de hospedagem, alimentação e lazer, provocando, inclusive, sinergia com outras atividades, como o artesanato (PERALTA, 2007). Deve-se ainda levar em conta as prioridades das unidades de conservação. O Plano de Manejo do PN de Emas diz que o investimento em infraestrutura deve ser feito "sem se esquecer que os objetivos de preservação e proteção do parque se sobrepõem ao objetivo socioeconômico do turismo" (p. 30).

A infraestrutura do parque é um tema recorrente nos planos de manejo e aparece como pré-requisito para um turismo eficaz. Mas a infraestrutura dos parques deve estar associada à estrutura das cidades vizinhas para suprir a demanda dos visitantes em hotéis, restaurantes e opções de lazer. Há uma grande desigualdade no número de hotéis próximos aos parques (TAB. 1), mas estão presentes em todos os casos, mostrando que há condições de receber visitantes e, possivelmente, de expansão.

Nem sempre há relação entre o número de visitantes dos parques e a quantidade de hotéis próximos, mas essa relação deveria existir, já que parques com demanda maior deveriam possuir maior estrutura, para garantir a rentabilidade sem sobrecarregar a estrutura da cidade próxima. Além disso, cidades com poucos hotéis e grande número de visitantes mostram um nicho de mercado ainda não explorado.

A desigualdade do número de visitantes (TAB. 1) entre os parques já havia sido apontada anteriormente por outras pesquisas. Mesmo sem se considerar o Parque Nacional do Iguaçu, ainda assim há um disparate na quantidade de turistas nos parques. Essa diferença deve ser compensada com diferentes estratégias de manejo, inclusive para que as rendas dos parques sejam suficientes para garantir seu funcionamento adequado.

Considerações finais

A falta de informações e dados divulgados pelo governo mostra um problema de gestão, principalmente se considerarmos a visitação como uma fonte de renda para os parques nacionais e para as comunidades vizinhas. A falta de plano de manejo dos parques, descumprindo a lei, apresenta-se como um sintoma do descaso a esse ramo. Três parques foram mostrados como exemplos de UCs sem plano de manejo que já praticam o ecoturismo, colocando em risco justamente a sustentabilidade ambiental primordial para a prática do ecoturismo, sem o zoneamento e o controle adequado. O zoneamento, previsto nos planos de manejo, vem como uma forma de reduzir a contradição da exploração econômica (ainda que indireta) dos recursos naturais e da proteção integral dos ecossistemas, uma vez que algumas áreas serão privilegiadas para um uso em detrimento do outro.

A visitação nos parques é muito desigual e, com exceção do PN do Iguaçu, que deve ser considerado à parte por sua projeção internacional devido à beleza inigualável das cataratas, quase todos os demais parques têm atrações turísticas igualmente potenciais. A visitação, portanto, torna-se desigual por fatores relacionados a políticas de incentivo, campanhas de divulgação e infraestrutura. O ecoturismo pode desenvolver-se em cada um desses parques nacionais igualmente, gerando rendas que podem ser importantes para a conservação do parque e manutenção do SNUC.

A presença de portarias, funcionários e limites demarcados é essencial tanto para gerar informações para a gestão dos parques quanto para receber os visitantes adequadamente, reduzindo os impactos no meio ambiente. Foi mostrado que todos os parques estudados possuem alguma infraestrutura nas cidades vizinhas, o que gera um potencial para receber e ampliar o turismo. No entanto, dos sete parques analisados, o PN da Chapada Diamantina e o PN da Bocaina não possuem infraestrutura dentro dos limites dos parques suficiente para receber adequadamente os visitantes, mesmo que já o estejam fazendo.

Observando alguns casos entre os parques nacionais, é possível inferir que é importante a informação e a formação das pessoas nas áreas vizinhas ao parque para aceitarem a mudança de fonte econômica da prática vigente para o ecoturismo, além da educação ambiental para acarretar em uma mudança de valores sobre o uso da área do parque. A comunidade local deve ser a maior responsável pela preservação da área e manutenção dos recursos e da fonte de renda pelo ecoturismo, já que tem seu sustento dependente da preservação dos atributos naturais do parque (FREDERICO *et al.* 2007). É importante desenvolver programas de ecoturismo que envolvam a comunidade, e uma estratégia viável e eficiente é a instituição, pela administração do parque, de normas que obriguem a utilização de guias locais. Além disso, o uso de pessoas da comunidade como guias é importante até mesmo na manutenção da cultura e do saber locais, que podem ser passados durante as visitas. Os guias se tornam multiplicadores do conhecimento tradicional e da educação ambiental (MACEDO *et al.* 2007).

Normas que limitam o número de pessoas e estabelecem os objetivos do ecoturismo de acordo com o perfil dos visitantes também são medidas importantes para a preservação ambiental. O grande número de visitantes de forma não manejada é um dos principais impactos que o ecoturismo pode causar em uma unidade de conservação.

O desenvolvimento econômico de regiões vizinhas a parques nacionais depende diretamente do ecoturismo sustentável. O governo, no âmbito do poder executivo, não incentiva programas de ecoturismo em grande parte dos parques nacionais, comprometendo o avanço econômico de comunidades locais e afastando-se da visão socioambiental. A legislação vigente é completa e pioneira quando comparada com a de outros países, mas ainda não é totalmente aplicada, vide o número de parques criados há mais de cinco anos que ainda não possuem plano de manejo. Contudo, nos planos de manejo analisados, mesmo nos parques em que o turismo não era o objetivo principal de sua criação, levou-se em conta a possibilidade de visitação.

Os objetivos de criação de unidades de conservação são sempre voltados à preservação da natureza, instituídos pelo poder público visando um benefício geral. O uso dessas unidades pela visitação, principalmente se vista pelo enfoque econômico da sustentabilidade, gera conflitos que podem ser resolvidos por um manejo adequado. Conforme Rosumek (in prep.), os argumentos para a preservação ambientalista, se internos à espécie humana, são mais objetivos e apresentam bases concretas. Milton Santos (2000) também diz que o homem não deve colocar a natureza a seu serviço, e sim inseri-la na sociedade que, por sua vez, só tem sentido em um ambiente. A participação popular para proteção de uma área foi pequena até hoje, e o envolvimento das comunidades deve ser estimulado, principalmente sob a visão de que essas comunidades estarão ligadas às futuras gerações (SCIFONI; RIBEIRO, 2006). Dessa forma, o ecoturismo teria um papel essencial em ligar o ambiente urbano ao natural, gerando uma visão ambientalista coerente e capaz de manter áreas conservadas ao longo do tempo.

Há programas bem-sucedidos de sustentabilidade em alguns parques em que há participação ativa da comunidade, gerando renda para a mesma e para a administração do próprio parque. Casos assim devem ser usados como exemplos a serem seguidos em outras unidades de conservação. Este trabalho pretendeu usar alguns indicadores para analisar a sustentabilidade socioeconômica do turismo em parques nacionais brasileiros, mas novos indicadores devem ser buscados e testados, principalmente sabendo que há muitas diretrizes, mas poucas informações e avaliações feitas sobre as unidades de conservação.

Notas

[1] Disponível em: <http://www.mma.gov.br>.

[2] Esse assunto será mais desenvolvido no decorrer do texto.

[3] Dos sete parques selecionados para esse trabalho, apenas quatro possuíam plano de manejo até a data de realização da pesquisa. Considerando que nenhum deles foi criado nos últimos 20 anos, essa informação é congruente com o observado por ZIMMERMAN (2006).

Referências

BOO, E. O planejamento ecoturístico para áreas protegidas. In: LINDBERG., K.; HAWKINS. D. E (Orgs). *Ecoturismo: um guia para planejamento e gestão*. 5. ed. São Paulo: Senac, 2005. p. 33-55.

BRASIL. Decreto nº 84.017 de 21 de setembro de 1979. Regulamento dos Parques Nacionais Brasileiros. Estabelece as normas que definem e caracterizam os Parques Nacionais.

Disponível em: <http://www2.ibama.gov.br/unidades/geralucs/legislacao/coletanea/ dec84017.htm>. Acesso em: 19 nov. 2004.

BRASIL. Lei n. 9.795 de abril de 1999. Dispõe sobre a educação ambiental e institui a Política Nacional de Educação Ambiental. Disponível em: <https://www.planalto.gov.br/ccivil_03/LEIS/L9795.htm>. Acesso em: 12 jan. 2006.

BRASIL. Lei n. 9.985 de 18 de julho de 2000. Sistema Nacional de Unidades de Conservação da Natureza – SNUC. Brasília: MMA/SBF, 2003. 52 p.

BRASIL. Ministério do Meio Ambiente. *Diretrizes para visitação em Unidades de Conservação*. Brasília: MMA, 2006.

BRASIL. Ministério do Meio Ambiente. IBAMA. *Lista de Parques Nacionais Brasileiros*. Disponível em Disponível em: <http://www.ibama.gov.br/siucweb/listaUcCategoria.php?abrev=PARNA>. Acesso em: 17 de julho de 2008.

BRASIL. Ministério do Meio Ambiente. IBAMA. *Plano de Manejo do Parque Nacional da Serra da Bocaina*. Brasília: IBAMA, 1979a.

BRASIL. Ministério do Meio Ambiente. IBAMA. *Plano de Manejo do Parque Nacional da Serra da Canastra*. Brasília: IBAMA, 1979b.

BRASIL. Ministério do Meio Ambiente. IBAMA. *Plano de Manejo do Parque Nacional de Emas*. Brasília: IBAMA, 1979c.

BRASIL. Ministério do Meio Ambiente. IBAMA. *Plano de Manejo do Parque Nacional de Iguaçu*. Brasília: IBAMA, 1979d.

BRASIL. Ministério do Meio Ambiente. IBAMA. *Roteiro metodológico de planejamento – parque nacional, reserva biológica e estação ecológica*. Brasília: IBAMA, 2002. 135 p.

BRASIL. Ministério do Meio Ambiente. *Pilares para o Plano de sustentabilidade financeira do Sistema Nacional de Unidades de Conservação*. Brasília: MMA, 2007.

CAMARGO, J. E. *Guia Brasil 2008*. São Paulo: Abril, 2008. 1010 p.

CEBALLOS-LASCURAIN, H. *Tourism, ecoturism and protect areas: the state of naturebased tourism around the world and guidelines fot its development*. England: UICN, Gland, Switzerland and Cambrige, 1996. 301 p.

DIEGUES, A. C. *O mito moderno da natureza intocada*. 3 ed. São Paulo: Hucitec, 2001. 169 p.

FREDERICO, I. B.; SARACENI, R. F.; GEERDINK, S.; NEIMAN, Z. A opinião da população do entorno sobre o Parque Nacional das Emas – GO/MS e sua relação com a atividade turística. In: I CONGRESSO NACIONAL DO ECOTURISMO. 2007. Disponível em: <http://www.physis.org.br/ecouc>.

GUALTIERI-PINTO, L.; FREITAS, C.; OLIVEIRA, F.; FIGUEIREDO, M. Ecoturismo em Unidades de Conservação: Perfil dos visitantes de dois atrativos naturais do Parque Nacional da Serra do Cipó, MG. In: I CONGRESSO NACIONAL DO ECOTURISMO. 2007. Disponível em <http://www.physis.org.br/ecouc>.

IRVING, M. A. *Refletindo sobre o ecoturismo em areas protegidas – tendências no contexto brasileiro*. In: IRVING, M. A.; AZEVEDO, J. (Orgs.). *Turismo: o desafio da sustentabilidade*. São Paulo: Futura, 2002.

INTERNATIONAL UNION FOR THE CONSERVATION OF NATURE (IUCN). *Caracas action plan*. IUCN: Gland, 1992.

MACEDO, R. L.; CONTI, C. M.; MACEDO, S. B.; VENTURIN, N.; ANDRETTA, V.; AZEVEDO, F. L. S. *Ecoturismo: alternativa para a conservação da biodiversidade e dos saberes populares do Brasil*. In: I CONGRESSO NACIONAL DO ECOTURISMO. 2007. Disponível em: <http://www.physis.org.br/ecouc>.

MCKERCHER, B. Differences between tourism and recreation in parks. In: TOURISM RESEARCH. *Annals...* Inglaterra: Elsevier Science, 1996. v. 23, n. 3. p. 563-575.

MANOSSO, F. C. *Ecoturismo: Alguns avanços importantes no Brasil*. 2005. Disponível em: <http://www.ecoviagem.com.br/fique-por-dentro/artigos/turismo/ecoturismo-alguns-avancos-importantes-no-brasil-1331.asp>.

PÁDUA, M. T. J. Efetividade das políticas de conservação da biodiversidade. In: II CONGRESSO BRASILEIRO DE UNIDADES DE CONSERVAÇÃO. *Anais...* v.1, 1. Campo Grande: Rede Nacional Pró-Unidades de Conservação e Fundação O Boticário, 2000. p. 104-116.

PERALTA, N. Impactos do ecoturismo sobre a agricultura familiar na Reserva de desenvolvimento sustentável Mamirauá, AM. In: I CONGRESSO NACIONAL DO ECOTURISMO. 2007. Disponível em: <http://www.physis.org.br/ecouc>.

RESOLUÇÃO NORMATIVA CNTur 04/1983. Disponível em: <www.fnhrbs.com.br>.

SACHS, I. *Caminhos para o desenvolvimento sustentável*. Rio de Janeiro: Garamond, 2002.

SANSOLO, D. G. Turismo – aproveitamento da biodiversidade para a sustentabilidade. In: IRVING, M. A; AZEVEDO, J. (Org). *Turismo: o desafio da sustentabilidade*. São Paulo: Futura, 2002.

SANTOS, M. *Território e Sociedade – entrevista com Milton Santos*. São Paulo: Ed. Fundação Perseu Abramo, 2000.

SCIFONI, S; RIBEIRO, W. C. Preservar: por que e para quem? In: *Patrimônio e Memória*, UNESP/CEDAP, v. 2, 2006.

SILVA, RLC; SANTOS, MNL. (Eco)turismo: Confusões semânticas e conceituais de uma segmentação. In: I CONGRESSO NACIONAL DO ECOTURISMO. 2007. Disponível em: <http://www.physis.org.br/ecouc>.

SWARBROOKE, J. *Turismo sustentável: Setor público e cenários geográficos*. São Paulo: Aleph, 2000.

ZIMMERMAN, A. *Visitação nos Parques Nacionais Brasileiros: um estudo à luz da experiência do Equador e da Argentina*. Dissertação (Mestrado) – Universidade de Brasília, Brasília, 2006.

Caminho Darwin: breves considerações sobre o fomento da atividade turística como mecanismo de incremento da visibilidade do Parque Estadual da Serra da Tiririca (RJ)[1]

Evandro Bastos Sathler
Lucia Maris Velasco Machado de Mendonça

Em 1832, o *HMS Beagle*, em viagem ao redor do mundo, aportou no Rio de Janeiro para uma estada de algumas semanas: entre os embarcados estava o jovem naturalista inglês Charles Darwin. Desacostumado a viajar e aproveitando o tempo livre, aceitou de imediato o convite de um conterrâneo para uma incursão ao norte do Cabo Frio.

No meio do dia 8 de abril, Darwin atravessou a Serra da Tiririca pela então denominada Estrada de Itaocaia, tradicionalmente utilizada por tropeiros e outros viajantes que partiam da Vila Real da Praia Grande (hoje Niterói) para as sesmarias de Cabo Frio. Hoje é denominada Estrada São Sebastião, mas é mais conhecida por Estrada do Vai-e-vem, no lado de Niterói, e Estrada da Barrinha, no lado de Maricá, do outro lado da serra. Darwin registrou sua passagem pela serra com as seguintes palavras: "Depois de passarmos por alguns campos cultivados, entramos numa floresta cuja magnificência não podia ser superada" (*apud* SELLES; ABREU, p. 9).

Na década de 1940, profundas transformações do meio rural começam a tomar corpo em várias regiões do entorno do Rio de Janeiro. A grande propriedade começa a ser fragmentada, surgindo loteamentos de expansão urbana para acomodar a massa de trabalhadores na crescente indústria manufatureira. A então fazenda do Engenho do Mato, que já experimentava uma fragmentação parcial em virtude do desquite do casal proprietário, é recortada em alguns loteamentos: o mais emblemático deles é o Jardim Fazendinha (também conhecido como Loteamento Terrabraz). Darwin atravessou essa fazenda na sua incursão a Cabo Frio.

O histórico da fragmentação da fazenda do Engenho do Mato em loteamentos retrata a dinâmica de descaracterização do meio rural próximo aos grandes centros urbanos, ao mesmo tempo em que evidencia a resistência de sitiantes e posseiros pela terra e pela manutenção da atividade típica rural. Esse conflito é mais evidenciado no começo da década de 1950, forçando uma intervenção do Estado. Em 1960 o governo deflagra um Plano de Ação Agrária para assentar os trabalhadores rurais sitiantes, inconformados com a situação imposta pelo loteamento das terras ocupadas, haja vista que a morte da proprietária pôs fim a uma relação de trabalho existente por décadas.

No final da década de 1980, uma coalizão de ONGs ambientalistas se mobiliza pela proteção dos remanescentes de floresta típica de Mata Atlântica existentes na Serra da Tiririca, que divide os municípios fluminenses de Niterói e Maricá. Atendendo ao clamor da sociedade, o deputado Carlos Minc aprova na Assembléia Legislativa uma lei criando, em 1991, um espaço territorial especialmente protegido por iniciativa da sociedade civil: o Parque Estadual da Serra da Tiririca, com a sigla PESET. Inicia-se uma saga pela proteção e pela institucionalização do parque, cuja história vem sendo registrada assiduamente na imprensa, nos inquéritos instaurados no Ministério Público e em processos judiciais que já tramitam nas três instâncias do Poder Judiciário.

Em 2009, precisamente no dia 12 de fevereiro, o mundo estará comemorando o bicentenário de nascimento de Charles Darwin, o pai da teoria da evolução, considerado uma das maiores celebridades do mundo. A iniciativa, transformada em projeto intitulado DARWIN 200, vem sendo organizada pelo *Natural History Museum*, da Grã Bretanha, e ampliada para diversos países.

Integrando as comemorações em homenagem ao bicentenário de nascimento de Darwin, em meio a um cenário "ruralurbano" (híbrido entre o que restou de um meio rural que persiste em algumas características e um meio urbano apenas parcialmente consolidado), a Secretaria de Estado do Ambiente, por meio da Fundação Instituto Estadual de Florestas – IEF/RJ, órgão gestor do PESET, dá continuidade aos esforços de visibilidade e ordenamento do uso público nessa unidade, com a criação oficial do Caminho Darwin.

O projeto do Caminho Darwin objetiva um produto (eco)turístico. Esse produto está assentado na valorização de um determinado espaço, um caminho antigo que corta o PESET e pelo qual Darwin passou em 1832. O projeto conceitual envolve dois pórticos e um conjunto de sinalização, interpretada de tal forma e conteúdo que agregue ao mesmo tempo aspectos históricos e ambientais, permitindo a contemplação da paisagem e a incorporação de conhecimentos.

A dinâmica visualizada para desenvolver o projeto envolve a Universidade Federal Fluminense (UFF), através das faculdades de Arquitetura e Urbanismo, História, Biologia, Geografia, Turismo, entre outras. Um concurso interno pretende incentivar grupos de alunos no desenvolvimento desse projeto, que será selecionado por uma banca integrada por membros da academia, do governo estadual e outras instituições. Os recursos financeiros para o projeto, até o presente momento, serão aportados pelo Projeto de Proteção da Mata Atlântica (PPMA), uma parceria entre o governo estadual e o KFW da Alemanha.

A inauguração do projeto está prevista para fevereiro de 2009, no auge das celebrações do Projeto Darwin 200, quando, possivelmente, um descendente de Charles Darwin viria ao Brasil especialmente para essa finalidade.

Este trabalho busca contribuir no esforço de consolidação do Caminho Darwin enquanto um produto institucional, de visibilidade; e um produto que possa estimular a visitação consciente, operada pelos profissionais do segmento. O trabalho verte atenção para alguns elementos dessa atividade, fruto da experiência dos autores no *trade* turístico por quase 20 anos. Uma outra colaboração é apresentada no âmbito acadêmico, pois ambos os autores são pesquisadores que vêm dedicando atenção aos aspectos históricos e socioambientais da região em que o Caminho Darwin está inserido.

Assim, apresentamos uma contextualização histórica da região até o advento do PESET. Em prosseguimento, aprofundamos na apresentação do PESET e de suas características ambientais e potenciais de uso público, seguindo pela apresentação do Projeto Caminho Darwin, propriamente dito, e finalizando com algumas considerações.

Contextualização histórica

Para compreender a dinâmica de ocupação da região em que o projeto Caminho Darwin se insere, dividimos a análise em dois blocos, equivalentes aos dois lados da Serra da Tiririca. O lado niteroiense, com o (I) histórico da fazenda do Engenho do Mato; (II) o parcelamento do solo rural em urbano, pelo Loteamento Jardim Fazendinha, no final da década de 1940, (III) o Plano de Ação Agrária no início da década de 1960, e, finalmente, (IV) a proteção do meio ambiente com a criação do Parque Estadual da Serra da Tiririca, em 1991.[2]

O lado maricaense e o respectivo histórico da antiga fazenda de Itaocaia (ou Fazenda Itaocaia) são abordados a partir de um processo mais harmônico, pois sua transformação no Loteamento Itaocaia Valley não evidencia – pelo que se tem conhecimento – quaisquer conflitos ou disputas pela terra nos limites dessa ex-fazenda. Primeiramente, porque se trata de um parcelamento de solo na virada da década de 1960/1970, quando leis trabalhistas já existiam e podem ter influenciado na solução de pendências envolvendo eventuais trabalhadores rurais. Segundo, o público a que se destinavam as unidades parceladas era de veranistas, sitiantes de fim de semana, ou mesmo segunda residência. As características e dimensões dos lotes variam entre pequenas unidades com mil metros quadrados a sítios bem maiores, com setenta mil metros quadrados ou mais.

Dessa forma, as atenções foram concentradas, nesse primeiro momento, na vertente de Niterói, onde as disputas pela terra e a resistência na conservação do ambiente rural se fazem sentir nos dias de hoje, influenciando a ocupação da região e a implantação do PESET. Tais peculiaridades são de importância para os objetivos do presente trabalho, como será verificado pelo leitor atento. Vejamos.

A fazenda

A Fazenda do Engenho do Mato foi um dia parte de uma sesmaria pertencente a José Gonçalves Malheiros, inserida na Freguesia de São Sebastião de Itaipu, termo pertencente à cidade do Rio de Janeiro, desmembrada em 1819, passando a pertencer à Vila Real da Praia Grande (hoje Niterói). Essa freguesia contava com quatro engenhos de açúcar, em meados do século XIX, entre esses as fazendas do Mato e de Itaocaia (WEHRS, 1984). Considerando o posicionamento geográfico dessas fazendas, é possível deduzir que a Fazenda do Mato era a Fazenda do Engenho do Mato.

Com o declínio da atividade açucareira na segunda metade do século XIX, algumas fazendas foram forçadas à diversificação da produção. Hortifrutigranjeiros passam a ser produzidos para atender à demanda dos centros urbanos em crescente expansão. Mais que alimentos, os espaços subutilizados na atividade agrária no entorno do Rio de Janeiro deviam produzir espaços de moradia para a massa de trabalhadores, cada vez mais engajada na atividade industrial intensificada na era Vargas. Nessa esteira a região de Itaipu transformou-se acentuadamente: "com os loteamentos de grandes áreas, surgiram bairros inteiros da noite para o dia, estimulados pela desenfreada especulação imobiliária" (WEHRS, 1984, p. 205).

A antiga Fazenda do Engenho do Mato é contígua à antiga Fazenda de Itaocaia. A linha divisória das fazendas é, ao mesmo tempo, a cumeeira da Serra da Tiririca e divide os municípios de Niterói e Maricá. Além da união física dos seus limites, as duas fazendas eram ligadas por uma estrada histórica, que começa na Praça Irênio de Mattcs Pereira (mais conhecida pelo nome popular de Praça do Engenho do Mato), na interseção com a antiga Estrada do Engenho do Mato (hoje Estrada Irene Lopes Sodré) e desemboca na Avenida Itaocaia, no município de Maricá. Essa estrada foi chamada, no passado, Estrada de Itaocaia, e era frequentada por tropeiros e viajantes que partiam da antiga Vila Real da Praia Grande (centro de Niterói à beira da baía da Guanabara, defronte à cidade do Rio de Janeiro) para as sesmarias de Cabo Frio. A estrada é conhecida por Vai-e-vem e, hoje, é oficialmente denominada Estrada São Sebastião.

No ano de 1933 Fábio de Azevedo Sodré e sua mulher, Irene Lopes Sodré, adquirem a Fazenda Engenho do Mato, comprada de Francisco de Paula Antunes e sua mulher. A fazenda utilizava a mão de obra de trabalhadores instalados em sítios e chácaras nos limites da fazenda, alguns por décadas (SIMON, 2003). Os sitiantes atuavam em parceria com os proprietários da fazenda, regime de trabalho no qual, enquarto meeiros ou arrendatários, estavam resguardados por direitos civis instituídos pelo então Código Civil de 1916. Enquanto trabalhadores rurais, não havia qualquer garantia. Desamparados pela ausência de uma legislação trabalhista para os trabalhadores rurais e com pouco conhecimento e acesso à lei civil, a população sitiante resistiu como pôde à extinção da fazenda e à consequente urbanização, com o parcelamento do solo ocorrido na década de 1940.

O loteamento

A Sra. Irene Lopes Sodré desquitou-se do marido em 1941, ficando com a parte sul da fazenda, onde estava localizado o casarão da sede, voltada para a Praça do Engenho do Mato, início do caminho em tela. Neste momento ocorreu a primeira grande fragmentação da propriedade.

A Sra. Sodré esforçou-se para fazer sua fazenda produzir, mas os tempos eram difíceis no pós-guerra. Chegou a produzir tijolos refratários para os fornos da Cia. Siderúrgica Nacional, atividade que não logrou sucesso por muito tempo.[3] Em 1946, com a fazenda em franca decadência e enfrentando grave situação financeira, a Sra. Sodré hipotecou parte da propriedade ao Banco Português do Brasil e faleceu pouco tempo depois, deixando três herdeiros[4] e alguns credores. Em março de 1949 constitui-se a "Empreza de Terras Brasileiras – Terrabraz Ltda.", representando o espólio de Irene Lopes Sodré. Nesse mesmo ano, a Terrabraz autuam o memorial descritivo do loteamento da parte sul da fazenda Engenho do Mato no cartório de Registro de Imóveis da 6ª Circunscrição de Niterói, não obstante as terras estivessem arroladas no inventário dos bens da falecida Sra. Sodré. Com o loteamento virtualmente existente, na virada para a década de 1950, iniciam-se os trabalhos topográficos para abertura de ruas e demarcação de quadras e lotes.

Os sitiantes e demais trabalhadores rurais da ex-fazenda iniciaram uma resistência contra o loteamento (e a Terrabraz como empreendedora), impedindo que ruas fossem abertas. A resistência imposta pelos sitiantes impediu que uma grande quantidade de lotes de terrenos fosse demarcada. Os conflitos não se restringiam aos sitiantes na defesa das terras que ocupavam há décadas, mas envolviam, ainda, os adquirentes dos primeiros terrenos e uma leva de invasores atraídos pela informação da situação de falência que se encontrava a Terrabraz (Simon, 2003). Embora vários sitiantes tenham permanecido na posse dos sítios que ocupavam há décadas, outros preferiram transmitir a posse a quem tivesse melhores condições de resistência, caracterizando o primeiro ciclo de ocupação de áreas por sucessores dos sitiantes tradicionais.

O Plano de ação agrária

Os conflitos pela terra verificados na região até a virada dos anos 1960, associados ao contexto nacional que aspirava a mudanças na questão fundiária, levaram o governo do Estado do Rio de Janeiro a desapropriar para fins de reforma agrária uma parte da fazenda (não loteada), localizada na vertente da serra da Tiririca voltada para Niterói. O documento-base dessa ação governamental é intitulado "Plano de Ação Agrária – PAA – Estudo sobre a Fazenda Engenho do Mato" (Pereira, 1962). A expropriação da Fazenda do Engenho do Mato pelo governo do Estado do Rio de Janeiro foi um dos mecanismos encontrado para minimizar o conflito rural/urbano advindo da urbanização da fazenda.

O PAA descreve a situação econômica da fazenda em cinco blocos: (1) Recursos Naturais – onde considera que a Serra do Engenho do Mato (ou

Serra da Tiririca) é coberta em alguns trechos de mata de valor, particularmente rica em madeiras de lei, e que essas eram exploradas para a construção, carvão e lenha, atribuindo à chegada do PAA em tempo de impedir a devastação total e assim preservar os mananciais, evitando a falta de água nas terras ocupadas pelos posseiros para os trabalhos agrícolas; (2) Produção Agrícola – indicando que a principal cultura era a banana e que há grande produção de variedades hortigranjeiras e frutas; (3) Produção Pecuária – que em 1959 havia uma criação em torno de 2.500 animais pequenos, como galinhas, patos, porcos e outros; (4) Meios de Transporte – que o imóvel é cortado pela estrada que liga Itaipu à Rodovia Amaral Peixoto, sendo servida por ônibus da Empresa C.R.O.L., com dez viagens diárias de ida e volta; (5) a situação financeira da "Terrabraz", conforme os autos da Concordata pedida pela Empresa.

O Plano de Ação Agrária acabou não sendo implementado, tal qual concebido: o golpe militar de 1964 liquidou essa iniciativa. Entres outros aspectos, o golpe colocou abaixo a discussão sobre a reforma agrária deflagrada pelo Presidente João Goulart.

A proteção ambiental

Com a expansão imobiliária, particularmente na década de 1970, muitas famílias de sitiantes tradicionais foram, ainda, fortemente pressionadas a deixar os sítios que ocupavam na parte baixa da fazenda/loteamento, sobrepostos que estavam nas quadras, lotes e ruas. Na segunda metade da década de 1980, o biólogo Jorge Antonio Lourenço Pontes (1987), já defendia a criação de uma Unidade de Conservação na Serra da Tiririca como forma de proteger espécies raras ou em via de extinção, ameaçadas por projetos imobiliários.

Mobilizada a comunidade ambientalista no final da década de 1980, ante a desenfreada e desorganizada ocupação da Região Oceânica, motivada pela milionária indústria imobiliária, foram concentrados esforços na proteção dos remanescentes de Mata Atlântica encontrados na Serra da Tiririca, com a instituição de uma Unidade de Conservação (SIMON, 2003).

Assim, em 1991, por meio da Lei Estadual 1.901, foi decretado o Parque Estadual da Serra da Tiririca. O que era para ser uma vitória da cidadania na proteção do meio ambiente, representado por um importante remanescente de Mata Atlântica em Niterói, o parque, com a sigla inicial PEST,[5] acabou por agravar ainda mais os problemas fundiários e a questão da posse e propriedade da terra, especialmente no hoje bairro do Engenho do Mato, que se apresenta como um espaço híbrido, resultado de uma ex-fazenda de engenho e um loteamento incompleto.

O Parque Estadual da Serra da Tiririca (PESET)

Neste segmento apresentamos o PESET, suas características físicas e ambientais, sua caracterização legal, sua localização e seus acessos, bem como os potenciais de visitação.

Características ambientais

A Serra da Tiririca possui características geológicas que remontam aos tempos do pré-cambriano. As características geomorfológicas de "Colinas e Maciços Costeiros", marcadas por uma textura fraturada e dobrada, apresenta pães de açúcar e serras orientadas, com grandes blocos de rocha granítica, presentes em boa parte da costa do Estado do Rio de Janeiro.

A Serra da Tiririca possui um conjunto de elevações, assim denominadas: Costão (217 m); Alto Mourão (369 m), também conhecido como Pedra do Elefante; Morro do Telégrafo (387 m); Morro da Penha (128 m); Morro do Cordovil (256 m); Morro da Serrinha (277 m) e Morro do Catumbi (344 m).

Na vertente oeste da Serra da Tiririca nascem os rios Várzea das Moças e do Ouro, formadores do rio Aldeia (bacia da Baía de Guanabara). Na vertente atlântica o principal rio é o João Mendes (possuindo uma série de córregos afluentes), que desemboca na Lagoa de Itaipu, e na vertente leste, o Itaocaia, que desemboca no Canal da Costa e, por sua vez, desemboca na mar.

A cobertura vegetal não apresenta as características de Mata Atlântica original (PONTES, 1987), embora apresente porções significativas de matas em bom estado de conservação nas áreas mais elevadas. A serra é revestida, principalmente, por matas em estágio secundário de sucessão e por vegetação de costão rochoso. Restam algumas áreas ainda cobertas por bananais, atividade praticada pelos sitiantes tradicionais, especialmente os sucessores da fazenda do Engenho do Mato, mas envolvendo outras áreas, e um pequeno percentual de pastagens, com manchas em ambas as vertentes.

Vários pesquisadores de diversas universidades empreendem pesquisas botânicas na serra, com destaque para a Universidade do Estado do Rio de Janeiro (UERJ) e o Jardim Botânico do Rio de Janeiro (JBRJ), cujas pesquisas de grande interesse e valor científico identificaram cerca de 350 espécies vegetais pertencentes a 100 famílias, a maioria de ocorrência na Mata Atlântica. Algumas plantas raras foram reencontradas na Serra da Tiririca, entre as quais se incluem *Erythroxylum frangulifolium, Simira sampaiona, Croton urticaefolium, Solanuam jurici, Astronium glaziovii, Wildbrandia glaziovii, Picrammia grandifolia* e *Poutenia psamophylla.*

Entre as espécies da fauna destacam-se animais de maior porte, como o jaguarundi (*Felis yagouarundi*), o cachorro do mato (*Cerdocyon thous*) e o ouriço-cacheiro (*Coendou sp*). Mais de 130 espécies de aves foram observadas pelo Clube de Observadores de Aves. Na enseada do bananal, porção marinha do PESET, estão presentes as tartarugas marinhas.

Os estudos mais antigos (e publicados) de que se tem notícia foram produzidos pelo biólogo Jorge Antônio, que vem investigando a região desde 1985 e pode ser considerado um "tiriricólogo". Muitos outros trabalhos vêm sendo publicados regularmente sobre a Serra da Tiririca, embora mais recentes. Na Internet é um dos parques estaduais mais presentes.

Caracterização legal

O Parque Estadual da Serra da Tiririca foi criado por iniciativa popular, por meio de projeto de lei apresentado pelo deputado estadual Carlos Minc na Assembléia Legislativa do Estado do Rio de Janeiro, que resultou na Lei 1.901, sancionada pelo governador Leonel Brizola e publicada no Diário Oficial do Estado em de 29 de novembro de 1991.

A finalidade precípua do parque é proteger a flora, a fauna e as belezas cênicas nele existentes, bem como contribuir para a amenização climática, a recarga natural do lençol freático e a redução da erosão na região onde está inserido, conforme artigo 5º.

A lei (RJ 1.901/91, art. 1º, § 1º) determinou à Fundação Instituto Estadual de Florestas que delimitasse o parque, o que só ocorreu com a edição do Decreto 18.598, em 19 de abril de 1993, que mesmo assim, delimitou apenas uma área de estudos, com aproximadamente dois mil hectares.

Após 14 anos de intensas reivindicações (inclusive judiciais), o parque teve seus limites definitivos decretados pela Lei 5.079, em 3 de setembro de 2007, com pouca diferença em relação aos limites de estudo, exceto pela retirada de algumas áreas ocupadas, cujos atributos ambientais não justificavam sua inserção numa área protegida da categoria parque. Nessa delimitação foi incluído o Morro das Andorinhas, não incluído na área de estudo. Esse morro encontra-se numa porção descontínua em relação ao maciço principal da serra, separado pelo bairro de Itacoatiara, em Niterói.

Alguns meses depois, em 17 de abril de 2008, o parque foi ampliado pelo Decreto 41.266, incluindo nos limites a Laguna de Itaipu e seu entorno, abrangendo as dunas grandes e pequenas (sítios arqueológicos), totalizando hoje em 2.262 hectares a área do parque.

Localização e acessos

O PESET está situado na região Metropolitana do Rio de Janeiro, entre os municípios de Niterói e Maricá, como já se mencionou. Tem início entre as praias de Itacoatiara (Niterói) e Itaipuaçu (Maricá), se estendendo até a estrada RJ-106 (Rodovia Amaral Peixoto). No lado niteroiense, o PESET está inserido na região Oceânica e na Leste, abrangendo os bairros de Várzea das Moças, Engenho do Mato, Itaipú e Itacoatiara e, no lado maricaense, abrange os bairros do Recanto, Morada das Águias, Itaocaia Valley e Inoã, todas no terceiro distrito de Maricá. Os principais acessos ao PESET são aqueles que chegam aos bairros indicados por diversas vias, entre as quais são principais a Estrada de Itaipu, a Estrada do Engenho do Mato, a Avenida Ewerton Xavier, a RJ-106, a Estrada de Itaipuaçu e a Av. Itaocaia.

Potenciais de visitação

Na porção próxima ao mar a principal vocação do parque é a caminhada contemplativa. Existem dois núcleos para caminhadas nessa porção: (I) o núcleo das trilhas do Costão e da Enseada do Bananal e (II) o núcleo da trilha do Alto Mourão. O primeiro compõe trilhas de leves a moderadas, de fácil acesso pelo bairro de Itacoatiara, com guarita na entrada e guarnecida com pessoal voluntário do PESET que orienta a visitação. Nesse núcleo encontra-se o Núcleo de Prevenção e Combate a Incêndios Florestais (NUPIF), uma parceria do IEF com o corpo de bombeiros.

Essas duas trilhas fazem desse parque um dos mais visitados parques estaduais, segundo dados da administração da unidade. A intensa frequência, especialmente nos fins de semana ensolarados, se dá em função dos frequentadores da praia de Itacoatiara, que saem para visitar o Costão (217 m), numa caminhada de aproximadamente 40 minutos. O esforço é recompensado pela vista sobre o oceano e a floresta atlântica. A trilha da Enseada do Bananal, também muito frequentada, não tem o mesmo apelo do Costão, mas leva o visitante a um dos recantos mais interessantes do parque. Num fim de semana de sol esse núcleo já recebeu mais de 500 visitantes diários. Nos dias de semana, as trilhas recebem excursão de estudantes da rede pública e particular, em grupos de 40 a 50 estudantes por dia, sem considerar os frequentadores locais.

O núcleo da trilha do Costão e do Bananal propicia, ainda, a prática do montanhismo. Recebe praticantes de várias Estados do Brasil. Serve como polo de treinamento para vários clubes de montanhismo. São mais de cem vias mapeadas no parque, e um guia completo sobre elas encontra-se em fase de edição.[6] Os praticantes desse esporte frequentam as vias durante os sete dias da semana.

O outro núcleo, o da trilha do Alto Mourão, também conhecido por Pedra do Elefante, possui a maior elevação do parque, com 369 m. O acesso se dá pela estrada que liga Itaipu (Niterói) ao Recanto de Itaipuaçu (Maricá). Esse núcleo também é muito visitado, mas sem dados sobre o *quantum* de visitantes. É uma caminhada um pouco mais longa e com um grau maior de dificuldade na subida final da pedra. Porém, a vista compensa o esforço.

Outro ponto de visitação, principalmente por locais, é o Córrego dos Colibris. Uma área plana, de fácil acesso, em que a floresta chega à beira da rua. Uma trilha leve e manejada acompanha o córrego, denominado Colibris. Nele se observa grande quantidade de aves da família que originou seu nome. O córrego atualmente é intermitente, fato atribuído à diminuição do fluxo d´água, em virtude das alterações do lençol freático. Em qualquer caso, em vários pontos do leito observa-se água. Ainda é possível o banho nesse córrego em alguns períodos do ano. A área tem titularidade questionada e está integralmente inserida no PESET, numa das poucas situações em que o parque se estende próximo à rua. No mais das vezes, os limites correm pelos fundos dos terrenos que dão para as ruas e avenidas. A área do Córrego dos Colibris oferece várias opções de trilhas. A floresta é exuberante, sendo possível chegar até a cumeeira da serra.

Na porção central do parque, o bairro do Engenho do Mato, pelas características rurais remanescentes da antiga Fazenda do Engenho do Mato, tem a sua principal vocação na atividade equestre. Existem no bairro vários haras e baias e uma grande quantidade de cavalos instalados. Tudo isto em virtude do ambiente rural que resiste à pressão imobiliária.

O bairro do Engenho do Mato, sendo o último reduto rural do município, favorece eventos *countries* com frequência. Além disso, existem pesque-pagues, aluguel de "pôneis" e charrete que atraem visitantes diversificados.

O ambiente rural é bem marcado pela circulação de equídeos nas ruas do bairro diariamente, e nos fins de semana essa circulação se intensifica. É comum grupos de cavaleiros saírem para cavalgadas de dia inteiro, ou de noite de lua cheia, especialmente pelo trajeto da Estrada do Vai-e-vem/ Barrinha (Caminho Darwin), havendo intercâmbio de cavaleiros entre os lados da serra.

Essa área do parque também é bastante frequentada por ciclistas, motociclistas e jipeiros, considerando as características rústicas da estrada. Grupos de caminhantes também frequentam este trajeto.

Caminho Darwin: um produto turístico

Não obstante exista o projeto do Caminho Darwin em curso no âmbito do IEF/RJ, a ideia não é original. Há anos a passagem de Darwin pela Serra da Tiririca vem despertando a comunidade acadêmica e, neste sentido, foco de interesse de professores e estudantes.[7] No segmento turístico, propriamente dito, pelo menos uma empresa de turismo vem operando pacotes regulares pelo Caminho Darwin, especialmente destinados ao mercado receptivo.[8]

O turismo é um dos setores da economia que mais cresce em nível global (WUNDER, 2006). Nesse sentido o potencial turístico do Brasil é excepcional, não há dúvidas sobre isto. Entretanto o País ocupa uma posição que pode ser considerada modesta, considerando-se o tamanho do seu território e o seu potencial: 12º lugar no ranking dos países com mais renda oriunda do turismo. A falta de investimento, pouca infraestrutura e baixa capacitação da mão de obra são entraves a serem superados. As perspectivas são muito positivas para o setor, caso ocorram investimentos, especialmente em infraestrutura, segundo o Núcleo de Economia Industrial e da Tecnologia (NEIT), da Unicamp.[9]

É notório que os investimentos em planejamento e desenvolvimento de produtos turísticos trazem retorno, especialmente em países com recursos naturais destacados. E parte desse investimento é de ordem pública (RUSC-CHMANN, 1997).

Os esforços na implantação do Caminho Darwin encontram-se alinhados com as demandas do setor turístico. Cabe ao Poder Público fomentar a atividade, mas o planejamento de pacotes e oferta do destino cabe aos especialistas do setor, enquanto uma atividade de mercado. Neste sentido o que o projeto Caminho Darwin pretende é desenvolver uma infraestrutura para ampliar o atrativo e o potencial de visitação do parque, buscando sua visibilidade, porém observando as diretrizes do ecoturismo, como a minimização dos impactos e maximização dos benefícios (Boo, 1993).

Caracterização

Como exemplo de esforços e investimento em projetos semelhantes ao Caminho Darwin, é possível citar o projeto da Estrada Real, levado a cabo pelo Estado de Minas Gerais. O governo reconheceu o potencial da Estrada Real e investiu no seu desenvolvimento. Tudo a partir da redescoberta do caminho colonial que ligava as minas de ouro e diamante ao porto do Rio de Janeiro. Esse trajeto histórico trouxe para o foco uma quantidade de cidades, vilas e povoados, esquecidos na imensidão do território mineiro. Por não estarem nos roteiros e guias clássicos, tais destinos, lugarejos diversificados, não eram visitados.

O projeto da Estrada Real teve seu potencial estimulado a partir de uma expedição, que em 1999, percorreu o trecho entre Ouro Preto e Diamantina. Essa expedição seguiu o trajeto dos também naturalistas, os bávaros Spix e Martius. Alguns lugarejos do percurso da expedição se redescobriram importantes, pois integravam o trajeto da principal via de comunicação entre o litoral e o interior, por onde grande parte da riqueza colonial era escoada em tropas de muares. Essa redescoberta estimulou a valorização do lugar e, de certa forma, incentivou uma identidade local e regional, um sentimento de pertencimento ao lugar. A partir daí, pequenos investimentos públicos são capazes de estimular não só a visitação a lugares que antes passavam despercebidos turisticamente, mas uma série de atividades e produtos acessórios.

Nesse sentido vale destacar o caso do Museu do Tropeiro, no distrito de Ipoema, no município de Itabira (MG). Durante a passagem da expedição os moradores dessa vila redescobriram sua vocação tropeira e o quanto essa atividade foi importante no passado: o imaginário da população estava impregnado de memórias sobre tal atividade. Quatro anos após a passagem da expedição, e com o projeto Estrada Real em andamento, foi inaugurado o Museu do Tropeiro, que hoje atrai visitantes para o distrito e, por consequência, estimulou uma série de atividades acessórias que vêm se desenvolvendo espontaneamente.[10]

O Caminho Darwin não tem a pretensão de ser igual à Estrada Real: são dimensões completamente diferentes, mas ambos são caminhos históricos. A exemplo do Caminho das Missões, no sul do Brasil, ou mesmo o Caminho de Santiago de Compostela, na Espanha, demonstram potencial crescente desse tipo de produto no mercado turístico.

Guardadas as proporções históricas e as peculiaridades, o trecho do caminho antigo que ligava a Vila Real da Praia Grande (hoje Niterói) às sesmarias de Cabo Frio foi um caminho importante, mesmo com as variantes que possuía. Inúmeras fazendas marcam o trajeto desse caminho através da Região dos Lagos, no Estado do Rio de Janeiro. Tal qual a Estrada Real, nas suas diferentes ramificações, inúmeros naturalistas europeus a utilizaram nas peregrinações pelo Brasil Colônia e Império, como o príncipe Maximiliano de Wied-Neuwied[11] e Saint-Hilaire.[12]

O projeto do Caminho Darwin é um trecho relativamente curto (2,27 km), mas no interior de uma Unidade de Conservação de Proteção Integral[13]: o Parque Estadual da Serra da Tiririca (PESET). Alguns doutrinadores entendem que um projeto como o Caminho Darwin seria possível apenas após a conclusão do Plano de Manejo da unidade, na concepção do SNUC (artigo 2º, inciso XVII).[14] Em parte, há razão para vincular uma intervenção dessa natureza aos estudos que resultam no Plano de Manejo, tendo em vista a determinação legal.

Entretanto, não se trata de um projeto de vulto, implicando construções e demais equipamentos. Apenas uma pequena estrutura física, na forma de pórticos nas divisas com o parque e um conjunto de sinalização interpretativa ao longo do caminho.

O Plano de Manejo foi deflagrado ainda em 2008, mas seu término não tem data, por se tratar de um documento complexo, que demanda muitos estudos e tempo. Além do mais, o projeto do Caminho Darwin não propõe a abertura de trilhas ou novo traçado para o caminho, apenas ordenando a visitação e prevendo-se sua manutenção e reparos em alguns trechos.

Entre outras vantagens da implantação desse projeto, independentemente (ou paralelamente) ao Plano de Manejo, a intensificação da vigilância na estrada do Vai-e-vem/Barrinha merece destaque. O trecho específico que cruza o parque e que vem sendo denominado Caminho Darwin (vide anexos) é relativamente isolado: a qualidade da rolagem é precária. Barreiros, sulcos, afloramentos rochosos conferem a alguns trechos da estrada um aspecto que anima motociclistas e jipeiros, mas tornam intermitente a passagem de veículos leves. Esse isolamento corrobora para que a estrada seja utilizada na evasão de bandidos e para desova de carros roubados (que são incendiados), de lixo, entulhos e carcaças de cães e cavalos. Até cadáveres humanos já foram encontrados no passado. A despeito dos esforços da fiscalização do PESET, a proteção ambiental e a segurança pública de uma área com essa complexidade (ex-fazenda, loteamento pela metade e área ambiental protegida), requer o envolvimento de vários segmentos da sociedade e do poder público. O projeto Caminho Darwin é um passo nessa direção. Ele pode estimular ações voltadas para a melhoria da segurança pública e para oferecer opções de lazer em contato com a natureza à população, especialmente a local, primeira beneficiária de qualquer intervenção ambiental, pois, "planejar a paisagem é antes de tudo definir as formas de intervenção humana" (YAZIGI, 2001, p. 81).

Alguns aspectos são de extrema importância para o Caminho Darwin, como, por exemplo, delimitar o perfil dos visitantes. Isso implica escolhas, como admitir ou não o fluxo de veículos automotores ou de cavalos. Tais escolhas influenciam o tamanho do projeto: a passagem de veículos automotores requer mais engenharia na drenagem e recuperação de alguns pontos, enquanto a previsão da passagem de equídeos implica o pisoteamento de determinados trechos com mais retenção de umidade. Alguns entendem que o caminho deve ser mais próximo de uma trilha: para caminhantes e, no máximo, ciclistas. Existem interesses que defendem mais ou menos restrições. Agradar "gregos e troianos" é parte do conflito, constituindo-se num grande desafio socioambiental.

Nesse sentido, entendemos que tais escolham devem ser reservadas ao Plano de Manejo. Entretanto, o tratamento turístico dessa porção do parque pretendido pelo projeto pode ser implementado com estudos mais direcionados. Os estudos para o Plano de Manejo podem – em qualquer tempo – indicar ajustes no projeto, razão maior para que o projeto seja simplificado. Os estudos necessários para a implementação do Caminho Darwin somar-se-ão aos estudos sobre esse assunto no Plano de Manejo como um todo.

Vocação e produtos

Entre as modalidades de visitação, analisadas em ordem de preferência, o caminhante ocupa o primeiro lugar na preferência. A previsão da infraestrutura para o caminhante deve incluir, no mesmo plano, elementos do turismo inclusivo, agregando um grande *plus* social ao projeto Caminho Darwin. Essa modalidade de visita seria a mais simples e objetiva, e as distâncias: ida e volta somam um pouco menos de cinco quilômetros, significando acessibilidade a uma grande parcela de pessoas.

No segundo lugar da escala de preferência está a bicicleta. A infraestrutura para o caminhante e para a bicicleta pode ser a mesma. Em terceiro lugar está o cavalo, pois o leito da estrada/trilha deve prever outro tratamento, implicando possíveis obras.

Entretanto, por razões óbvias, a maior vocação é a atividade equestre, pois ela já existe há décadas: o Engenho do Mato é *country*. O Caminho Darwin constitui o principal eixo de ligação com o outro lado da Serra, onde é possível cavalgar grandes distâncias longe do asfalto. O lado de Niterói já não oferece mais a mesma opção aos cavaleiros. Nesse sentido, qualquer intervenção contrária à atividade equestre pode gerar um grande impacto negativo na região.

A atividade equestre é uma das razões pela qual este trabalho privilegiou uma contextualização histórica mais aprofundada, para demonstrar o quanto a atividade rural continua impregnada no imaginário do bairro ex-fazenda (tanto de um lado da serra quanto do outro). Em realidade trata-se de um espaço híbrido: nem fazenda nem urbano, onde as duas características convivem há várias décadas. Pela existência de grande quantidade de cavalos na região, consideramos que uma das atividades capazes de atrair visitantes seja a travessia da Serra a cavalo.

Assim o Caminho Darwin pode estimular a atividade de aluguel de cavalos na região do Engenho do Mato e de Itaocaia Valley, a partir da Praça do Engenho do Mato, em Niterói, e a partir de vários pontos, no lado de Maricá. Do lado de Niterói, onde essa atividade é mais intensa, da Praça do Engenho do Mato até o parque são 2,4 km, e com mais a travessia do caminho, 2,27 km, soma-se um pouco mais de 4,5 km. Ida e volta são 9 km. Essa é uma distância razoável para um passeio a cavalo, que pode ser realizada no curso de duas a três horas.

É possível, hoje, alugar cavalos nos diferente haras espalhados pela região. Mas, em nosso entendimento, trata-se de uma atividade modesta, cujo potencial pode ser ampliado de forma considerável a partir do Caminho Darwin, estimulando a criação de postos de trabalho, sem que para isso haja a necessidade de criação de qualquer infraestrutura, apenas alguns ajustes logísticos.

Na mesma linha do aluguel de cavalos entendemos que o aluguel de bicicletas também é uma atividade a ser considerada. A travessia do Caminho Darwin por bicicleta é, definitivamente, uma das maiores vocações. Entendemos que seu implemento pelo mercado não seja muito difícil, pois não implica vultosos investimentos e pode ser desenvolvido por etapas, na medida do sucesso do produto.

Essas atividades (equestre, ciclista e caminhada) apresentam a vantagem de não exigir grande infraestrutura. Além do mais, os visitantes necessitam apenas chegar à Praça do Engenho do Mato (Niterói), servida por pelo menos três linhas de ônibus: duas delas vindas por caminhos diferentes do centro da cidade de Niterói e, de lá, ligadas por transporte hidroviário ao centro do Rio de Janeiro, e uma terceira linha (especial) ligando o terminal hidroviário de Charitas, que, por sua vez, liga-se ao centro do Rio de Janeiro por catamarãs. Ou seja, visitantes de Niterói ou do Rio de Janeiro podem fazer um passeio de meio dia ou dia inteiro, utilizando-se os ônibus regulares, a custos populares.

O Caminho Darwin, na sua concepção, também tem vocação para receber grupos escolares. As excursões podem ser organizadas com duração variável de meio dia a dia inteiro, além de poder agregar outros pontos do parque, o que pode justificar o deslocamento dos municípios do entorno. A Fazenda Itaocaia oferece infraestrutura de pernoite e forte apelo histórico. A sinalização interpretativa ao longo do Caminho deve focar a história natural, constituindo-se em excelente oportunidade para aulas extraclasse ou de campo.

No tocante à vocação e, consequentemente, no incremento dos produtos turísticos que deverão surgir na exploração do Caminho Darwin, enquanto um produto turístico envolvendo uma área protegida, ou ecoturístico na sua acepção originária, é necessário manter em mente os objetivos intrínsecos à atividade, quais sejam, a conservação do ambiente e a melhoria da qualidade de vida dos moradores locais (CEBALLOS-LASCURÁIN, 1996).

Metodologia

A implantação do Projeto Caminho Darwin possui algumas peculiaridades. A primeira delas envolve a porção inserida nos limites do PESET. Como demonstrado na caracterização legal, o parque somente foi delimitado no ano de 2007, após quase 14 anos existindo com limites de estudo. Isso desdobra a análise sobre a questão fundiária, cuja origem conflituosa advém do final da fazenda do Engenho do Mato (final da década de 1940) e que tem pertinência com o projeto, e a parceria com a UFF, oportunizando o envolvimento de estudantes e pesquisadores.

Situação fundiária

A Lei 5.079/07, que delimitou definitivamente o PESET, declarou de utilidade pública para fins de desapropriação as terras particulares eventualmente inseridas nos limites previstos pela lei. O PESET tem seus limites quase que integralmente em áreas particulares, situação que só será definitivamente conhecida com os competentes estudos fundiários, a serem empreendidos a partir do Plano de Manejo ou por iniciativa do Núcleo de Regularização Fundiária, no âmbito do órgão gestor da UC (IEF/RJ).

Nesse meio tempo, as intervenções necessárias para o Caminho Darwin ficam restritas ao espaço público caracterizado pela Estrada do Vai-e-vem/Barrinha e respectivas áreas de recuo ao longo da via.

Vale ressaltar que a questão fundiária, especialmente no lado de Maricá, é mais bem conhecida, uma vez que ao longo da via no interior do PESET são lotes de terrenos de diferentes dimensões, na mão de particulares ou do empreendedor do loteamento. Em alguns casos específicos, um ou mais lotes poderão ser negociados para a instalação de infraestrutura de arborismo.

A regularização fundiária de qualquer área não está prevista no projeto, sendo que outras intervenções necessárias e que estejam deslocadas do leito da estrada deverão conter a previsão para aquisição, evitando-se qualquer procedimento desapropriatório.

Parceria com a
Universidade Federal Fluminense (UFF)

Um dos aspectos mais interessantes do Projeto Caminho Darwin tem sido a parceria entabulada com a UFF. Esse aspecto agrega transparência, democratizando as decisões e envolvendo a participação da sociedade acadêmica. Tal aspecto desemboca no Conselho da Unidade de Conservação, instância legítima para discussão dos problemas e alternativas para o parque. Esse procedimento participativo corrobora na direção daquilo que Almeida *et al.* denominam como "vigilância no cumprimento das ações" (1998, p. 40).

Dessa forma, a ideia é que a UFF promova, no âmbito da Faculdade de Arquitetura e Urbanismo, um concurso multidisciplinar para envolver grupos de alunos na concepção de um projeto conceitual para o Caminho Darwin. Isso equivale dizer que os alunos estarão trabalhando na concepção dos pórticos, da sinalização interpretada e dos potenciais equipamentos de suporte, tais quais mesas de piquenique, quiosques para descanso, banheiros, entre outros. Os grupos devem ser multidisciplinares, formados essencialmente por estudantes de Arquitetura, devendo incorporar estudantes de História, Biologia, Geografia, Turismo, entre outras áreas afins.

Os projetos concebidos serão submetidos a uma banca, composta por membros da academia, do IEF/RJ, do PPMA, entre outras instituições, como as prefeituras de Niterói e Maricá.

Uma vez selecionado o projeto, pretende-se que os alunos envolvidos recebam uma bolsa, para acompanhamento da execução do projeto.

Considerações finais

Os parques são uma das formas mais comuns de proteção do ambiente natural no Brasil. São áreas protegidas, denominadas Unidades de Conservação ou, na nomenclatura constitucional, os espaços territoriais especialmente protegidos.

O primeiro parque instituído no Brasil foi o Parque Nacional de Itatiaia, em 1937, inspirado no modelo americano, que inaugurou com o *Yellowstone National Park*, em 1872, uma das formas mais difundidas pelo mundo de intervenção no ambiente natural com objetivo definido: "[...] benefício e desfrute do povo" (DIEGUES, 2002, p. 27). Os parques americanos tinham por pressuposto espaços naturais vazios, sem gente residindo em caráter permanente. Para tal imposição era necessário que os parques fossem criados em áreas públicas (previamente assim consideradas ou desapropriadas para esse fim).

O modelo americano de parque chegou ao Brasil com pretensão semelhante. Entretanto, desde 1937 até o presente, a maioria dos parques não são regularizados institucionalmente. É dizer, a grande maioria dos parques em qualquer instância (nacional, estadual ou municipal) não possui sua situação fundiária regularizada, ou seja, as áreas inseridas nos limites dos parques não são públicas, com a titularidade das terras ainda nas mãos de particulares.

Essa realidade é um dos principais fatores de conflito na gestão de parques e outras categorias de Unidade de Conservação. Os parques têm objetivos claramente definidos. Determina o *caput* do artigo 11 do Sistema Nacional de Unidades de Conservação (SNUC) que os parques têm como objetivo básico "a preservação de ecossistemas naturais de grande relevância ecológica e beleza cênica, possibilitando a realização de pesquisas científicas e o desenvolvimento de atividades de educação e interpretação ambiental, de recreação em contato com a natureza e de turismo ecológico".

Não há dúvidas quanto aos objetivos da categoria parque. Ocorre, no entanto, que grande parte dos parques não atinge tais objetivos. Permanecem por tempos amortecidos no objetivo da preservação de ecossistemas, do qual se beneficia a pesquisa científica. Até aí nada a ser recriminado. Mas na medida em que os objetivos voltados ao desenvolvimento de atividades educacionais e interpretação ambiental, aliados ao potencial recreativo e do turismo ecológico, não são colocados em prática, o parque torna-se uma unidade de conflito. Associado aos problemas fundiários, um parque com potencial turístico que não desenvolve a atividade acaba por tornar-se uma bomba social. É um grande desafio equacionar a gestão de um parque com seus objetivos institucionais, especialmente quando os recursos materiais e humanos são insuficientes.

O PESET não escapa dessa realidade. Contudo, nos últimos meses, não só essa Unidade, mas várias outras do Estado vêm passando por um choque de gestão. Há ainda um longo percurso a ser trilhado.

É nesse sentido que o projeto do Caminho Darwin vem sendo concebido, ou seja, destacar os objetivos institucionais e persegui-los. Acredita-se que esse projeto pode evidenciar o PESET e seus objetivos como um parque, na medida em que se torna visível a partir dos objetivos que justificaram sua criação. Dessa forma será possível minimizar os conflitos. É necessário que a sociedade conheça, entenda e visualize o parque como um espaço público que lhe pertence, um espaço que lhe traz qualidade de vida, um espaço merecedor de reverência. Acreditamos que o Caminho Darwin tem este potencial: tornar o PESET visível, oferecer um espaço de lazer e difusor de conhecimentos para toda a sociedade.

Notas

[1] Agradecimentos a Paulo Bidegain, superintendente de Biodiversidade da Secretaria de Estado do Ambiente (SEA); a André Ilha, presidente da Fundação Instituto Estadual de Florestas (IEF-RJ); a Alba Simon, diretora de Conservação da Natureza (DCN/IEF/RJ); a Adriano Melo, administrador do Parque Estadual da Serra da Tiririca (PESET); ao Prof. Dr. Werther Holtzer, da Faculdade de Arquitetura e Urbanismo da Universidade Federal Fluminense (UFF); e a Thomas Wittur, consultor do Projeto de Proteção da Mata Atlântica (PPMA).

[2] A presente contextualização histórica foi extraída do trabalho de conclusão do curso de história, na Universidade Salgado de Oliveira (Niterói), de autoria de Lucia Maris Velasco Machado de Mendonça, sob o título "Fazenda Engenho do Mato (Niterói-RJ): breve histórico dos conflitos gerados pelo parcelamento do solo – de ontem e, de hoje, como atual bairro Engenho do Mato", disponível em: <www.ambiental.adv.br/luciatcc.pdf>.

[3] Conforme o trabalho de pesquisa independente (mimeo) intitulado "Os 500 anos da Região Oceânica (1500-2000) Niterói - RJ" 2000, de Lerni Machado de Mendonça. O autores verificaram

alguns dos tijolos fabricados na fazenda, num calçamento na praça do teleférico, em Nova Friburgo (RJ), feito com tijolos maciços constando a inscrição "Engenho do Mato", o que se atribui ter sido fabricado pela Fazenda do Engenho do Mato.

[4] Sra. Regina von der Weid (casada com Fred Charles Henry Gaston von der Weid), Antonio Augusto de Azevedo Sodré e Domingos Alvarez de Azevedo Sodré (este menor de idade).

[5] O atual administrador do parque, o Engenheiro Florestal Adriano Melo, vem defendendo a mudança para a sigla PESET, como forma de diminuir o estigma negativo envolvendo o parque, após quase 14 anos sem limites definitivos. Esses tantos anos sem limites contribuíram para gerar uma enorme quantidade de conflitos, muitas vezes repercutindo de forma pouco harmônica para a gestão da unidade.

[6] Assina a obra o montanhista Leo Nobre Porto, presidente do Clube Niteroiense de Montanhismo (RJ).

[7] A bióloga Ana Angélica Monteiro de Barros foi uma das precursoras na associação do fato histórico da passagem de Darwin pela serra com o potencial pedagógico desse fato. Seguindo essa linha, vale examinar o trabalho intitulado "Darwin na Serra da Tiririca: caminhos entrecruzados entre a biologia e a história", de autoria de Sandra Escovedo Selles e Martha Abreu (UFF), publicado na Revista Brasileira de Educação da Associação Nacional de Pós-Graduação em Educação, maio/junho/julho/agosto, número 20, São Paulo, 2002. Esse trabalho encontra-se disponível em: <http://www.anped.org.br/rbe/rbedigital>.

[8] Vide o *site* da empresa Terra Brasilis, em www.terrabrasilis.tur.br. Em 2007 foi operado um grupo de noruegueses, cicloturistas, da empresa Oliven Reiser, cujo catálogo expressamente menciona o Caminho Darwin na Serra da Tiririca. Vide: www.olivenreiser.no. Nesse mesmo ano foi operado um grupo de estudantes da Universidade Estadual do Kentucky, que cruzaram a serra pelo Caminho Darwin em jeep.

[9] Pesquisa encomendada pelo Ministério do Turismo ao NEIT, coordenada pelo pesquisador Fernando Sarti, conforme noticiado pelo jornal Valor, em 26.04.07.

[10] Situações semelhantes ocorreram com outras localidades no trajeto da expedição Spix & Martius, narrada em SATHLER, 2003.

[11] O príncipe era alemão e percorreu o litoral do Rio de Janeiro até Salvador da Bahia, entre 1815 e 1817. Atravessou a Serra da Tiririca num ponto diferente de Darwin.

[12] Saint-Hilaire era francês e percorreu as mais variadas regiões do País entre 1816 e 1822. Atravessou a serra da Tiririca no mesmo ponto que o Príncipe de Wied-Neuwied

[13] Como disposto na Lei 9.985, de 18 de julho de 2000, que institui o Sistema Nacional de Unidades de Conservação (SNUC).

[14] O Plano de Manejo é o documento técnico mediante o qual, com fundamento nos objetivos de uma unidade de conservação, se estabelece o seu zoneamento e as normas que devem presidir o uso da área e o manejo dos recursos naturais, inclusive a implantação das estruturas físicas necessárias à gestão da unidade.

Referências

ALMEIDA, J.; MORAES, F. E.; SOUZA, J. M.; MALHEIROS, T. M. *Planejamento ambiental*. Rio de Janeiro: Thex, 1998.

BARROS, A. A. M.; CONCEIÇÃO, M. C. F.; SATHLER, E. B. Implantação de Unidade de Conservação postulada em juízo via Ação Civil Pública: o caso do Parque Estadual da Serra da Tiririca. In: III CONGRESSO BRASILEIRO DE UNIDADES DE CONSERVAÇÃO, 2002, Fortaleza. *Anais...*, p. 774-781.

BOO, E. Ecotourism planning for protected areas. In: LINDBERG; HAWKINGS (Orgs.). *Ecotourism: a guide for planners & managers*. North Bennington: The ecotourism society, 1993.

BRASIL. Lei 9.985 de 18 de julho de 2000. Institui o Sistema Nacional de Unidades de Conservação (SNUC).

CEBALLOS-LASCURÁIN, H. Tourism, ecotourism and protected areas. Gland: IUCN, 1996.

DARWIN, C. (1839). Voyage of the beagle. London: Penguin Books, 1989.

DIEGUES, A. C. O mito moderno da natureza intocada. São Paulo: Annablume/Hucitec/ Núcleo de Apoio à Pesquisa sobre Populações Humanas e Áreas Úmidas Brasileiras, USP, 2002.

MACHADO DE MENDONÇA, L. Os 500 anos da região oceânica (1500-2000). Niterói: mimeo, 2000.

PEREIRA, I. M. Plano de ação agrária: estudo sobre a fazenda do Engenho do Mato, Itaipu, Município de Niterói. Niterói: Governo do Estado do Rio de Janeiro/IBGE, 1962.

PONTES, J. A. L. Serra da Tiririca, RJ: necessidade de conservação (1ª contribuição). Boletim da Fundação Brasileira para a Conservação da Natureza, Rio de Janeiro, FBCN, v. 22, 1987.

RUSCHMANN, D. Turismo e planejamento sustentável: a proteção do meio ambiente. Campinas: Papirus, 1997.

SATHLER, E. Tropeiros e outros viajantes. Niterói: PPGSD, 2003.

SELLES, S. E.; ABREU, M. Darwin na Serra da Tiririca: caminhos entrecruzados entre a biologia e a história. Disponível em <http://www.unemat.br/pesquisa/coeduc/downloads/ darwin_na_serra_da_tiririca_caminhos_entrecruzados_entre_a_biologia_e_a_historia. pdf>. Acesso em: 14 dez. 2008.

SIMON, A. Conflitos na conservação da natureza: o caso do Parque Estadual da Serra da Tiririca. 2003. Disponível em: <www.anppas.org.br/encontro/ segundo/Papers/GT/ GT08/alba_simon.pdf>.

SIMON, A. V. S. Conflitos na conservação da natureza: o caso do Parque Estadual da Serra da Tiririca. Dissertação (Mestrado em Ciência Ambiental) – Universidade Federal Fluminense, Niterói, 2003.

WEHRS, C. Niterói cidade sorriso; história de um lugar. Rio de Janeiro: [s.n], 1984.

WUNDER, S. Modelos de turismo, florestas e renda local. In: PRADO, R. M. (Org.). Ilha Grande: dos sambaquis ao turismo. Rio de Janeiro: Garamond: Eduerj, 2006.

YAZIGI, E. A natureza como identidade espacial do turismo. In: ROSENDAHL, Z.; CORRÊA, R. L. (Orgs). Religião, identidade e território. Rio de Janeiro: EdUerj, 2001. p. 69-92.

Anexos – Anexo 1

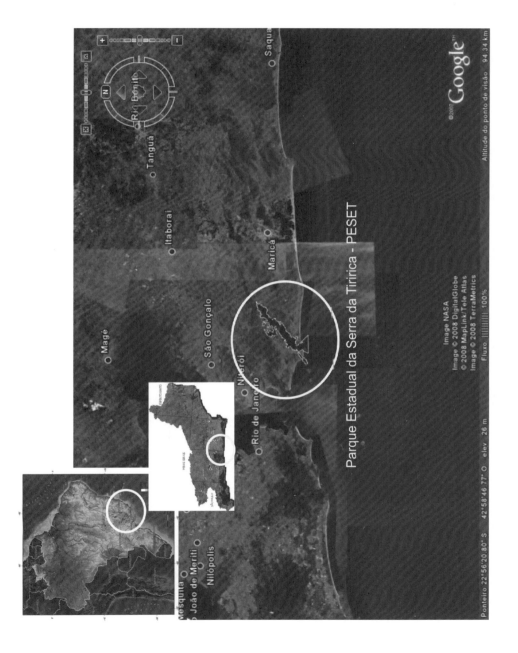

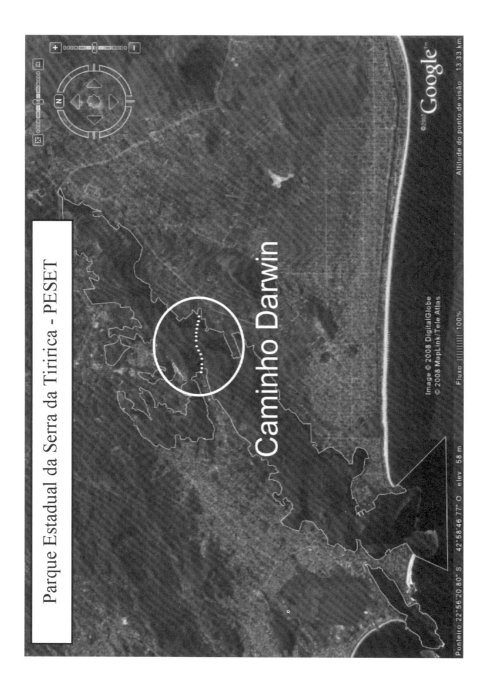

Anexo 2

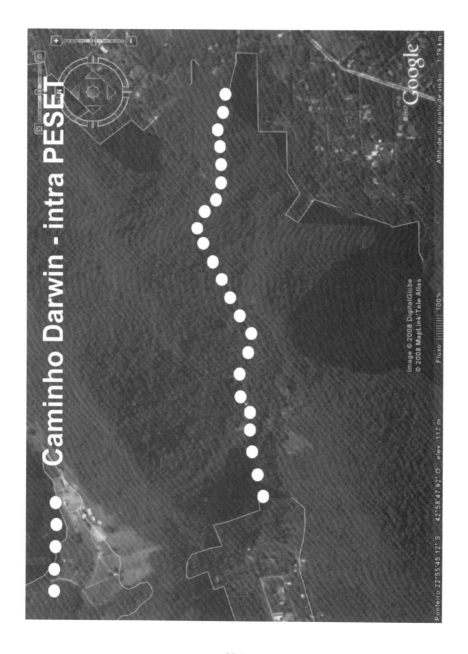

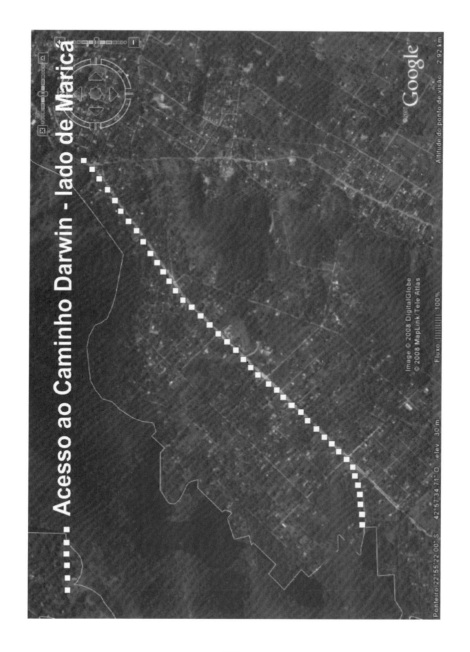

Dinâmica demográfica, sustentabilidade e turismo no Vale do Jequitinhonha

Ralfo Matos

Introdução

Para refletir sobre a dinâmica demográfica, a sustentabilidade e o turismo no Vale do Jequitinhonha – parte do qual é abrangida pelo projeto turístico Estrada Real, além de ser objeto de diversas iniciativas de desenvolvimento pelo turismo –, é necessário contextualizar minimamente essas três dimensões conceituais e apontar eventuais tendências recentes, de modo a poder inferir elementos que possibilitem fazer as conexões impressas no título dessa comunicação.

Dinâmica demográfica

A dinâmica demográfica que corresponde aos processos combinados que afetam as mudanças na mortalidade, na fecundidade e em migrações das populações, deve merecer particular atenção no Vale do Jequitinhonha, por causa de históricas características relacionadas a perdas populacionais, que devem ser contrapostas a tendências mais recentes, que mostram a diminuição da emigração, assim como o declínio das taxas de mortalidade e natalidade.

Mortalidade e fecundidade

Nos últimos decênios, no Brasil inteiro, vem reduzindo o número de filhos tidos por mulheres, assim como as mortes por causas evitáveis. O Vale do Jequitinhonha ainda mantém taxas relativamente altas em Minas Gerais se comparadas às regiões mais meridionais, mas o declínio é notável e contínuo. As razões que explicam esse declínio se devem a muitos fatores, entre os quais se destaca a generalização da presença de serviços de saúde que orientam e atendem as populações. A urbanização crescente, com todo o conjunto de restrições que impõe a famílias muito numerosas, é também um dos fatores explicativos.

No caso da fecundidade, torna-se muito importante considerar a presença das mulheres como trabalhadoras em diversas atividades, condição que também força a queda do número de filhos. Minas Gerais já está com a fecundidade de reposição (2,1 filhos por mulher) e o Jequitinhonha se aproxima desta taxa. A chamada transição demográfica avança a passos largos e em algumas regiões de Minas ela praticamente se completou.

Contudo, com as mudanças em curso na estrutura etária, começa a surgir a necessidade de se pensar nas consequências do envelhecimento da população. Em breve, também o Jequitinhonha deverá possuir um número expressivo de população idosa, com mais de 60 anos, o que exige todo um conjunto de ações e cuidados específicos dirigidos a essas subpopulações.

De toda forma, diante desse quadro, surgem oportunidades para se redesenharem novas metas de planejamento e gestão governamental, porquanto diminuem as pressões típicas de contextos onde a população cresce continuamente, exigindo investimentos em educação e saúde de crianças, jovens e parturientes, assim como se reduzem as pressões sobre a terra nos casos de populações rurais.

A respeito desse último ponto, impressiona a quantidade de pessoas que abandonaram as áreas rurais do Jequitinhonha nas últimas décadas, em busca de melhores condições de vida nas cidades.

A migração em si e a migração sazonal

A transição urbana é uma realidade no Jequitinhonha. Muitos foram para as cidades e poucos estão dispostos a voltar ao campo, sobretudo se a sobrevivência continuar tão difícil, se não houver luz elétrica de qualidade e se a água se mantiver escassa.

Na região há algumas cidades de pequeno porte, como Diamantina, Araçuaí, Salinas, Almenara, Itaobim ou Pedra Azul, que atraem migrantes para suas periferias em face de algum dinamismo econômico que vêm experimentando nos últimos 20 anos. Contudo, tem sido numerosa a população decidida a emigrar. Muitos saíram do Jequitinhonha e foram para cidades mais prósperas de Minas Gerais, São Paulo, Rio de Janeiro, Espírito Santo. Se bem sucedidos nos lugares de destino, acabam levando o resto da família e parentes. A migração, indiscutivelmente, é uma das marcas mais conhecidas do Vale do Jequitinhonha, desde pelo menos os anos de 1950.

Mais recentemente, depois da saída histórica de milhares de jovens em busca de trabalho, surgem mudanças nas tendências migratórias. Muitos retornam à região. O retorno se deve a vários fatores externos e internos a região. Externamente, cabe mencionar a reestruturação produtiva poupadora de mão de obra que vem acontecendo em áreas agrícolas do Estado de São Paulo e outras regiões do Brasil, nas quais era muito bem-vinda a força de trabalho barata procedente do Vale do Jequitinhonha. Internamente, além da redução do estoque de população potencialmente emigrante, surgem mudanças político-econômicas em vários municípios capazes de absorver parte da força de trabalho regional, além de perspectivas mais promissoras de se contar com investimentos geradores de emprego, a partir da inauguração da Usina de Irapé, por exemplo.

Por outro lado, um fenômeno característico do Jequitinhonha é a chamada migração temporária de tipo sazonal: cs migrantes residem metade do ano em áreas receptoras (como as do interior de São Paulo) e na outra metade do ano regressam às suas casas, comumente para cuidar de pequenas propriedades agrícolas em época de plantio. Essa recorrência da migração temporária foi observada exaustivamente em muitos municípios da Região e indicava três importantes conclusões: I) o retorno à região associa-se a um conjunto de valores afetivos e de autoestima regional que percorrem um grande número de famílias com experiência migratória. As redes sociais e as heranças culturais regionais constituem um dos fundamentos que explicam a permanência, por tanto tempo, de vínculos entre parentes e amigos, não raro, afastados por milhares de quilômetros; II) as remessas financeiras dos parentes ausentes (que fizeram migração temporária ou não) representam um poderoso fator econômico que viabiliza a existência de muitos pequenos municípios da região; III) o conhecimento técnico-profissional diversificado que os migrantes desenvolvem e/ou adquirem nas áreas de destino constituem valioso acervo que os acompanham quando regressam à região. São construtores de edificações, profissionais de acabamento esmerado, conhecedores de serviços urbanos variados, etc.

Em síntese, a dinâmica demográfica do Vale do Jequitinhonha expõe uma série de hipóteses que deveriam figurar no rol de ações dos atores regionais, sejam os que podem formular políticas públicas, sejam os que podem investir em investimentos produtivos. As dinâmicas da mortalidade, fecundidade e migração nas últimas décadas dizem respeito a grandes contingentes da população regional, homens e mulheres que viveram e promoveram mudanças comportamentais significativas em suas vidas, algumas de caráter irreversível (como as associadas a novas aspirações de consumo, melhoria do padrão de vida, etc). Por tudo isso, caberia estudar formas de mobilização social que buscassem reintegrar e valorizar a mulher jequitinhonhense em sua trajetória de múltiplas atividades, sem as quais não se manteriam vivos os laços que unem milhares de famílias separadas pela migração. De outro lado, conviria identificar e buscar aproveitar o potencial de contribuição dos milhares de migrantes em favor do desenvolvimento regional, em face do conhecimento técnico adquirido em atividades econômicas fora da região.

Sustentabilidade

Desde o século XVIII, em plena saga da ocupação e da exploração de ouro e pedras preciosas, algumas vozes já denunciavam os riscos que a degradação ambiental poderia causar.

José Vieira Couto, naturalista brasileiro, preocupado com o desenvolvimento da agricultura, nos diz em seu relato de 1799 sobre a Comarca do Serro Frio:

> Uma agricultura bárbara e, ao mesmo tempo, muito mais dispendiosa tem sido a causa deste geral abrasamento. O agricultor olha ao redor de si para duas ou mais léguas de matas como um nada e, ainda não as tem bem reduzidas a cinzas, já estende ao longe a vista para levar a destruição a outras partes; não conserva apego nem amor ao território que cultiva, pois conhece muito bem que ele talvez não chegará a seus filhos; [...] um áspero campo, coberto de tocos e espinhos [...]; a cultura se estende a três ou quatro gêneros de sementeiras – milho, feijão, arroz e mandioca – a lenha principia já a faltar nos lugares mais povoados e a madeira de construção se vai buscar já muito longe. (COUTO, 1994, p. 77)

A maior parte da experiência extrativista e agropastoril da região passou longe de quaisquer recomendações técnicas de manejo e preservação voltados à sustentabilidade ambiental. As práticas da mineração predatória provocaram, em muitas áreas, perdas irreparáveis de solos e forte assoreamento de rios e córregos. O extrativismo em minas e grupiaras causou, com frequência, grandes voçorocamentos e ravinamentos, além de ter deixado marcas impressas na paisagem, algumas a lembrar verdadeiros cenários de guerra. No médio e baixo Jequitinhonha, a pecuária, agricultura e a guerra aos índios foram responsáveis pela retirada de uma das mais magníficas coberturas vegetais do País, envolvendo tanto matas ciliares como maciços florestais da Mata Atlântica.

A economia baseada na intensa utilização de recursos naturais, sem dúvida, produziu riqueza de grandes proporções durante muito tempo, embora a maior parte dos frutos dessa riqueza não tenha ficado na região. Cidades do Jequitinhonha chegaram a ser conhecidas mundialmente diante de seus ares de progresso e desenvolvimento. A indústria e agroindústria eram atraídas para Diamantina, Serro, Grão Mogol, Araçuaí, Almenara, entre outras. O comércio intra e inter-regional era vigoroso, e muitas pessoas usufruíam um bom padrão de vida nos idos do século XIX e parte do XX. Contudo, por uma série de razões, como a imprevidência das elites locais e a destruição e a exaustão dos recursos naturais, a decadência começou a se instalar na região. A degradação ambiental, a expansão da aridez e do déficit hídrico, a estrutura fundiária arcaica, a resistência às inovações, o crescente abandono e o ostracismo geoeconômico do Nordeste mineiro foram algumas das causas que explicam a generalização da pobreza e a perda de dinamismo do Vale do Jequitinhonha.

Restaram os testemunhos de uma época de ouro: o artesanato e a arte popular, as festas e os costumes tradicionais, a música e as culturas sub-regionais, o casario colonial, algumas fazendas e artefatos de metal, cobre e madeira que remontam aos tempos de glória do Tejuco e do Fanado.

A associação de tudo isso com a exploração voraz do patrimônio natural ao longo do tempo é evidente e deve sempre ser assinalada. Inclusive como fundamento teórico explicativo que não isenta de responsabilidades os atores econômicos históricos da região nem atribui culpa maior aos agentes externos na explicação do atraso e da estagnação regional.

Diante disso, como ressuscitar e/ou dar vida à galinha dos ovos de ouro? Como recuperar e valorizar o patrimônio ambiental e cultural da região?

De muitas formas. Mas o entendimento entre os protagonistas políticos e econômicos das localidades é sempre algo fundamental. Ter consciência do dano acumulado no tempo e do custo das medidas corretivas é essencial, da mesma forma que é urgente revalorizar novas práticas de planejamento e gestão ambiental, em moldes mais democráticos e participativos, mais inclusivos e sustentáveis ambientalmente.

Deve ser enfatizada a procura de uma relativa coesão interna na região, com vistas à eliminação das causas da pobreza diretamente associadas à degradação de recursos naturais, ao lado dos estímulos à inovação técnica e mudanças de mentalidades. A ideia de que recuperação ambiental pode trazer benefícios e lucros deve ser promovida. A premissa de ação cooperada de empreendedores e agentes públicos sob a forma de parcerias pode ser potencializada se planos de manejo e zoneamento agroambiental forem institucionalizados nas sub-regiões do Jequitinhonha. Nesse cenário, a recuperação do patrimônio florístico no Baixo e parte do Médio Jequitinhonha, mediante o replantio de espécies da Mata Atlântica em grandes corredores deixaria de ser uma quimera. Afinal, vários exemplos a serem seguidos estão sendo praticados em áreas remanescentes da Mata Atlântica na atualidade, como o do fotógrafo Sebastião Salgado em Serra dos Aimorés.

Turismo como atividade econômica geradora de emprego e renda

As interações positivas entre dinâmica demográfica, sustentabilidade e turismo podem parecer, a princípio, meio óbvias. Contudo, convém salientar que qualquer atividade econômica para se desenvolver impõe certos requerimentos. E o turismo, pensado como atividade econômica durável, capaz de mitigar situações de pobreza e estagnação regional, também impõe suas exigências.

Os pré-requisitos mais evidentes dizem respeito à necessidade de implantação de infraestrutura econômica e social ao longo dos eixos territoriais de maior visitação e atração, se possível nos moldes dos chamados arranjos produtivos ou "clusters", onde a logística da atividade seja maximizada economicamente. Estradas plenamente trafegáveis, estabelecimentos de apoio nas áreas financeira, comercial e de serviços podem ser viabilizados mediante parcerias entre setores públicos e privados. Contudo, mão de obra treinada, escolarizada, que dê suporte à expansão das atividades vinculadas ao turismo exige investimentos públicos e decisão política regional e suprarregional. Nesse sentido, uma atenção especial aos setores de educação, saúde e segurança é condição indispensável ao sucesso e à afirmação das atividades ligadas ao turismo em qualquer nível e escala. Isso certamente envolve diretamente diferentes esferas de poderes públicos, mas que devem atuar em sintonia com os agentes locais e regionais envolvidos com o turismo.

Outros pré-requisitos são menos evidentes. Exigem visão de planejamento sistêmico, conhecimento profundo da região, participação de esferas do governo estadual e universidades, pactos e arranjos institucionais que integrem atores de muitos municípios movidos pela causa comum do desenvolvimento do turismo sustentável. Se estabelecimentos, tais como hotéis, pousadas, restaurantes e museus, forem de pequeno porte, mais ainda se fazem necessários os arranjos institucionais e o que aqui denominamos de pactos territoriais: uma espécie de estratégia intermunicipal voltada à difusão de atrativos turísticos de forma a ampliar o rol de possibilidades de entretenimento disponíveis aos visitantes.

As pesquisas e vários trabalhos de campo levados a cabo em toda a região do Jequitinhonha nos ensinaram que o desenvolvimento do turismo regional é viável, mas apenas se pensado em termos de rede geográfica. O conceito de rede é na atualidade uma das ferramentas mais poderosas para se pensar dinâmicas territoriais em desenvolvimento, pois coloca os lugares em sintonia uns com os outros nas mais diversas escalas – regional, nacional e internacional – por meio de meios técnicos variados a exemplo das telecomunicações, das vias terrestres e fluviais, dos sistemas de engenharia, dos fluxos produtivos, etc.

Incrementar o turismo no Jequitinhonha pressupõe a elaboração de circuitos integrados ao longo dos eixos territoriais que unem Minas à Bahia, desde, por exemplo, o grande triângulo que compreende Serro/Diamantina, Jequitinhonha/Salto da Divisa e Rio Pardo/Montezuma. Pressupõe concatenar calendários de festividades e eventos e construir uma estratégia que motive o viajante de passagem pela Rio-Bahia ou BR-351 a conhecer algum atrativo natural ou cultural. Pressupõe, portanto, manutenção de infraestrutura física, execução de projetos de sinalização visual, diretrizes de marketing inteligente, que fujam da chamada *"guerra dos lugares"*[1] e privilegiem as potencialidades locais por meio de atrações em rede, circuitos entrelaçados e associativismo empreendedor. A ideia de dificultar o acesso ao sul da Bahia por viajantes turistas que se utilizam de estradas mineiras é anacrônica e ultrapassada. Trata-se, pelo contrário, de procurar integrar-se ao sul da Bahia mediante a oferta de serviços e atrativos só existentes em Minas. As pequenas distâncias entre o Baixo Jequitinhonha e o sul da Bahia favorecem essa diretriz, desde que a pavimentação asfáltica e as intervenções de promoção do turismo regional caminhem juntas. Nunca é demais lembrar que o próprio sul da Bahia, uma das áreas de turismo de massa do Brasil atual, era, há cerca de 30/40 anos, uma vasta região estagnada e semiabandonada, muito diferente do que é hoje: relativamente próspera, mas sofrendo consequências dos impactos que determinados tipos de atividades que acompanham a intensificação do turismo provocam.

À guisa de conclusões

Esse ensaio procurou traçar algumas reflexões sobre população, sustentabilidade e turismo, movidas pela perspectiva de transformação do espaço por meio de ações planejadas, debatidas em fóruns regionais ou microrregionais, nos quais se apresentassem diversos tipos de atores. A premissa da mobilização social e da participação de diversos segmentos da sociedade civil é um dos pré-requisitos para a otimização de investimentos públicos e privados duráveis.

A dinâmica demográfica recente do Vale do Jequitinhonha sugere a mobilização de homens e mulheres capazes de, com seu trabalho e experiência, se juntarem no esforço de desenvolvimento, revalorização e preservação das fontes potenciais de geração de riqueza regional. Assim passa a ser essencial mobilizar energias e conhecimentos acumulados pelos diferentes tipos de migrante de origem socioespacial diversa, como o agricultor de áreas rurais, o construtor predial, o artesão urbano ou rural, os profissionais liberais, os atores políticos, entre outros. Especial papel cabe à mulher mãe e chefe de família em face de suas relações interparentais, envolvimento em múltiplas atividades e capacidade de liderança desenvolvida durante a ausência de membros da família.

A preservação e a recuperação ambiental são imprescindíveis em qualquer projeto de promoção econômica na atualidade e deve ser conduzida de modo a que os próprios residentes sejam corresponsáveis pelo gerenciamento e pelo monitoramento do patrimônio ambiental. Nessa linha de ideias, o desafio da sustentabilidade ganharia consistência, pois imbricaria sociedade e meio ambiente, homem e natureza de modo mais holístico. A galinha dos ovos de ouro voltaria a gerar riquezas, alimentando e viabilizando a existência de crianças, adultos e idosos no longo prazo.

Entretanto, crescimento econômico requer investimentos em criação e manutenção de infraestruturas. Requer inovação, coordenação, parcerias múltiplas, conhecimento, aprendizagem e programação de investimentos seletivos. Nada disso se dá em situações de insegurança e desmotivação coletiva. A ação pública, a mobilização dos atores regionais e a organização política transparente de objetivos de curto e longo prazos são indispensáveis. Mais ainda, em áreas deprimidas, as chances de inserção em círculos virtuosos de eliminação da pobreza só aumenta na medida em que as conexões territoriais sejam visíveis e apoiadas por redes de solidariedade setorial. O turismo, como um setor que congrega diferentes atividades e que gera efeitos pra frente e pra trás, pode deflagrar interações positivas que gerem benefícios para muitas localidades articuladas por um mesmo projeto de desenvolvimento de circuitos turísticos interativos sobrepostos.

A experiência de desenvolvimento, uma vez iniciada, certamente produz inúmeros efeitos multiplicadores, custos de oportunidade e conflitos intra e intersetoriais. O planejamento regional ainda é um mecanismo que pode auxiliar na antevisão de parte dos entraves futuros, mesmo que o futuro seja um conjunto de horizontes pouco definidos construídos dia-a-dia.

Nota

[1] São as disputas entre municípios, Estados ou regiões por instalações de indústrias e outras formas de investimentos produtivos mediante a isenção de diversos tipos de impostos. Prática ainda corrente no Brasil dos dias de hoje.

Referências

COUTO, J. V. *Memória sobre a Capitania das Minas Gerais; seu território, clima e produções metálicas*. Belo Horizonte: SEP/FJP/CEHC, 1994. (Coleção Mineiriana).

MATOS, R., DINIZ, A., LOBO, C., SANTOS, M., NASCIMENTO, R. *O Vale do Jequitinhonha*. Belo Horizonte: IGC/UFMG, 2001. CD-ROM.

QUARTA PARTE
TURISMO E SUSTENTABILIDADE: PERSPECTIVAS EMPRESARIAIS

O uso da zona costeira de Aracaju é sustentável? Olhares de empresários e frequentadores do setor de alimentos e bebidas

Vera Lúcia Novaes Provinciali
Luiz Alex Silva Saraiva

Embora o turismo traga muitos benefícios para o *trade* e seja defendido por muitos como "indústria limpa", ele tem sua parcela de contribuição para a degradação do meio ambiente, mesmo em modalidades menos agressivas, como o ecoturismo e o turismo de lazer, praticados em áreas naturais. Tentar restringir a exploração turística de uma localidade, contudo, é objetivamente inviável, considerando seu potencial econômico, o aumento do tempo de lazer dos indivíduos, os valores comportamentais difundidos pela mídia e pela publicidade, além das facilidades da contemporaneidade, que promovem e incentivam os deslocamentos, resultando no estímulo à ocupação e à utilização turística de regiões.

Em face da exploração turística, é oportuno analisar a adoção de princípios de respeito ao meio ambiente traduzidos no – já conhecido e discutido, mas ainda não plenamente entendido e delimitado – conceito de desenvolvimento sustentável. Empresários, frequentadores, visitantes e também residentes precisam buscar um consenso em torno de um objetivo a ser buscado para as localidades, que envolva, ao mesmo tempo, desenvolvimento econômico, proteção ambiental e qualidade de vida, tanto para o momento presente como para as gerações futuras. Assim, os ambientes naturais poderão ser valorizados, as comunidades, melhoradas – por participarem mais intensivamente do processo – e poderá haver monitoramento de efeitos sociais e ecológicos, visto que o gerenciamento de tais aspectos é responsabilidade de todos.

Com o intuito de desvendar os aspectos que contribuem para a compreensão dos problemas relacionados à dupla missão de gerenciar o empreendimento (e seu entorno) e atender às necessidades do cliente na ótica empresarial, conduzimos um estudo quantitativo realizado com empresários e frequentadores de empreendimentos do setor de alimentos e bebidas da zona costeira de Aracaju. Nosso objetivo principal foi analisar a percepção desses dois públicos sobre a exploração sustentável do turismo naquela região, de maneira a oferecer um *background* para caracterizar as atividades de respeito e proteção ambiental existentes como parte da identificação da exploração sustentada do meio ambiente de forma a atender às necessidades do cliente.

Partimos do pressuposto de que o visitante de áreas praianas, ao buscar o lazer, está interessado em obter produtos e serviços de qualidade. Mas tal interesse se relaciona a um ambiente preservado e limpo, em que haja equilíbrio entre a proteção ambiental e outras expectativas como saúde, segurança e avaliação dos riscos associados aos produtos, de sua origem ao seu destino final, o que revela um interesse, mesmo que não declarado, em um crescimento econômico sustentável.

Para tratar de tais aspectos, este capítulo está estruturado da seguinte maneira: inicialmente procedemos a uma ampla discussão teórica, sobre a crescente importância do lazer no turismo, as particularidades do setor de alimentos e bebidas no litoral, a questão da sustentabilidade na exploração turística da zona costeira e o turismo e desenvolvimento sustentável. O referencial teórico precede uma seção com detalhamento da metodologia levada a cabo para a confecção deste estudo, apresentada antes dos resultados e de sua discussão e das considerações finais do texto.

A crescente importância do lazer no turismo

Como fenômeno social de origem recente, o turismo pode ser definido como "uma atividade que pressupõe uma relação entre a produção e o consumo com a consequente troca entre quem visita e quem recebe" (Brito, 1999, p.10). De acordo com essa autora, tal atividade pressupõe benefícios mútuos entre grupos de pessoas, já que um grupo, o dos que visitam, busca o lazer por meio da qualificação do tempo, da satisfação pessoal e do conhecimento dos recursos disponíveis, ao passo que o outro, o dos que são visitados, assume a perspectiva do trabalho, procurando rentabilizar o uso dos recursos disponíveis pelo primeiro grupo.

Já há algum tempo, o lazer vem despertando a atenção de estudiosos que já o percebem, de acordo com Aguiar (2000, p. 112), como "importante indicador de qualidade de vida, pelas suas funções compensatória e utilitarista, que ajudam no desenvolvimento das faculdades cognitivas, intuição, criatividade, sociabilidade e da capacidade de simbolizar e interagir", tendo se constituído como tema polêmico pela complexidade de suas implicações filosóficas, sociológicas e psicológicas envolvidas na sua abordagem. De acordo com De Masi (2000), é cada vez maior o tempo despendido em atividades de lazer. No caso da Europa ocidental, por exemplo, não é de hoje que se presencia uma redução da jornada semanal de trabalho, o que se desdobra em mais tempo para atividades não profissionais (BOULIN, 1992; BOULIN; TADDEI, 1991). Como resultado, observamos a tendência de uma crescente importância socioeconômica dos setores relacionados ao lazer – atividades artísticas, setor do entretenimento, esporte, turismo. A oferta em lazer tem experimentado ampliação e diversificação notáveis, abrangendo inúmeras modalidades e inúmeras organizações, públicas, privadas, semipúblicas, de assistência social, associativas (clubes), comerciais e de serviços.

Em linhas gerais, há duas tendências na conceituação do lazer: uma com enfoque para o aspecto atitude, que encara o lazer como um estilo de vida, em que o "tempo livre determinado não é a condição básica, e outra que exige um tempo livre do trabalho e de outras obrigações" (AGUIAR, 2000, p.113-114). Os autores brasileiros não apresentam posições claramente definidas sobre essas duas linhas, mas seguem as tendências atuais, que unem tempo e atitude. O termo lazer pode ser definido como "a experiência vivenciada na qual a pessoa procura obter alguma satisfação, realização, melhorar seu grau de informação cultural ou conhecer e se integrar melhor aos seus grupos sociais" (PINA, 1996, p. 5). O lazer pode, então, ser analisado em termos de suas funções precípuas – psico e socioterapêuticas.

Para Aguiar é complicado separar de forma estanque as funções compensatória e utilitarista do lazer, pois cada uma tem sua importância para o desenvolvimento do indivíduo e da sociedade. Todavia, discute que não existe um consenso quanto à abordagem utilitarista do lazer ser entendida como função compensatória (recuperação da força de trabalho) ou sua utilização como instrumento de desenvolvimento. Para alguns estudiosos, trata-se de um "instrumento de alienação, em prol de determinadas ideologias", ao passo que "outros apontam sua possibilidade de contribuição até mesmo para a tranquilidade, a ordem e a segurança social", uma ampla discussão em andamento (AGUIAR, 2000, p. 112).

A rigor, a administração do lazer é um campo específico da Administração em que ainda há muito a ser desenvolvido. Administrar organizações que atuam na área do lazer, públicas, privadas ou não-governamentais, acarreta um duplo desafio. Se por um lado são observadas muitas semelhanças com a administração de outras áreas, verificamos, por outro, inúmeras especificidades, que devem ser registradas, e mais do que isso, observadas e analisadas, para que se possa desenvolver esse setor.

O desejo de conhecer novos ambientes e buscar alternativas para preencher o tempo vago é inerente à condição humana, e a importância do lazer na vida das pessoas tem sido uma resposta nesse sentido (DE MASI, 2000). Estudiosos apontam que, a partir da década de 1980, o tempo de lazer tem caminhado em direção a ser equivalente ao tempo dedicado às atividades laborativas, com tendência a superá-lo. Como resultado, a crescente procura por lazer vem se projetando como importante atividade econômica, exigindo profissionais habilitados a atender aos anseios dos que procuram ocupar o tempo livre e elevar a qualidade de vida.

Essa demanda por qualidade dos que buscam lazer e fruição leva a que a qualidade na prestação dos serviços se constitua um fator importante na sobrevivência das empresas. Maciel *et al.* (2002, p. 1) afirmam que sua importância nesse sentido se deve ao fato de que as empresas com alto nível de desempenho conseguem obter maior lealdade dos consumidores, o que acarreta maiores lucros; maior *market share*; maior retorno aos investidores; empregados leais e satisfeitos, o que reduz o *turnover* e aumenta a produtividade; custos reduzidos, pois qualidade superior significa "fazer a coisa certa da primeira vez"; e menor vulnerabilidade em guerras de preço. O investimento na elevação no nível de qualidade dos serviços trata-se, assim, de uma oportunidade de negócio para empresários, haja vista a relação custo/benefício de implantação nas mais diversas modalidades.

A implementação de estratégias para conquistar e satisfazer o maior número possível de clientes parte do pressuposto de que, quanto mais satisfeitos eles estiverem, maiores serão as possibilidades de participação e lucratividade no mercado-alvo. Dessa forma, organizações que se preocupam com a qualidade de seus serviços aos clientes são bem sucedidas ao satisfazerem suas necessidades por intermédio de ações que visam administrar suas expectativas. Ademais, dedicam também energia e recursos para oferecer produtos de qualidade, quadro funcional habilitado e entorno adequadamente monitorado, contexto no qual se insere o setor de alimentos e bebidas de regiões costeiras, uma vez que conjugam lazer, entretenimento e ambiente, constituindo um objeto interessante de estudo.

O setor de alimentos e bebidas no litoral

Os bares e restaurantes são equipamentos turísticos pertencentes à categoria "alimentação e bebidas" (A&B) na indústria da hospitalidade, que se completa com os meios de hospedagem e transporte. Conforme a classificação do Sebrae-CE (1994), esses serviços pertencem ao setor terciário e têm funções similares dentro do contexto turístico. Mais especificamente "o restaurante é uma empresa que comercializa comida pronta" (SEBRAE-RN, 1996, p. 61). Há distinções entre os bares e restaurantes, que normalmente se especializam em torno de ofertas específicas de alimentação e bebidas, o que pode ser determinado por vários motivos, como a localização, a clientela e seu poder aquisitivo. Tais empreendimentos integram o setor de serviços e demandam de seus gestores competências diferenciadas, em especial no que se refere à área estrutural de trabalho, às normas de higiene, aos recursos humanos, ao planejamento do cardápio e ao material e ao equipamento específicos.

Os bares e restaurantes são parte de um produto turístico ofertado no mercado, com estratégia própria para enfrentar a concorrência, não esquecendo a importância do seu entorno como fator preponderante para seu sucesso e sobrevivência. Para tanto, é necessário conhecimento do seu contexto em termos de desempenho na inter-relação com seu respectivo ambiente, pois isso pressupõe alinhamento entre a exploração da atividade e a sustentabilidade ambiental. Pesquisa do *World Travel Tourism Council* (WTTC, 1997) endossa tal posição, revelando que a sobrevivência desse negócio no médio e no longo prazo está ligada à forma como a atividade é exercida no destino turístico em que os empreendimentos estão localizados, e em particular ao seu desempenho ambiental.

Considerando que, de acordo com a Embratur (2001), existem no País 756 mil estabelecimentos de alimentação, sendo que 68% dos empregos gerados no turismo estão ligados à gastronomia, conhecer as particularidades estrutural e funcional desses empreendimentos é relevante, visto que a alimentação é um aspecto imprescindível no turismo. Embora haja diferenças no público – pois enquanto alguns turistas não apreciam sair de seus hábitos alimentares, outros se interessam por novidades nessa área, ao passo que outros fazem viagens baratas – em geral eles não abrem mão da qualidade, o que significa sabor, apresentação adequada, preço justo e higiene na manipulação dos alimentos e condições do estabelecimento.

Sustentabilidade na exploração turística da zona costeira

O potencial turístico brasileiro pode ser vislumbrado por diversas óticas do ponto de vista geográfico, mas sem dúvida a zona costeira apresenta um dos apelos mais fortes, visto que dos 26 Estados, 17 são litorâneos, somando uma extensão de 7.367 km^2 compondo os ecossistemas costeiros (BUARQUE, 2001, p. 14). O litoral brasileiro engloba uma grande diversidade de paisagens, entre as quais se destacam praias, campos de dunas, ilhas-recifes, costões rochosos, baías, estuários, brejos, falésias e baixios, restingas, lagunas, e manguezais com especificidades florísticas e faunísticas (BUARQUE, 2001, p. 14).

O Nordeste brasileiro, em particular, é formado por quatro grandes ecossistemas, cada um deles com suas próprias características e recebendo formas e intensidades diferenciadas de ação antrópica: o semi-árido, a mata atlântica, o cerrado e as áreas costeiras. Buarque (2001, p.14) afirma que a forte concentração litorânea do desenvolvimento nordestino exerce uma acentuada pressão antrópica sobre os ecossistemas costeiros e insulares pela densidade espacial da população e da base econômica ao longo da costa do Nordeste. Os ecossistemas costeiros encontram-se, assim, submetidos a pressões pela concentração urbano-metropolitana e industrial-portuária, principal fator de degradação dos ecossistemas costeiros e insulares.

Em termos comerciais, a zona costeira é geralmente povoada por estabelecimentos de micro, pequeno e médio porte instalados sem grandes compromissos com seu entorno (PÁDUA, 1996). De acordo com Coriolano (1999), os ecossistemas litorâneos são muitos frágeis e mais suscetíveis a respostas negativas e à degradação antrópica. É fundamental entender o meio natural como um sistema que obedece a determinadas leis suscetíveis a qualquer ação externa que pode provocar alterações. A utilização de áreas naturais pode ser para uma comunidade, ou até mesmo para um país, fonte de recursos e de progresso, resultado dos anseios das pessoas em se deslocarem em busca de lazer e fruição. Mostra-se hoje como uma atividade altamente rentável, quando bem administrada e organizada. Nesse contexto, faz-se necessário abordar questões relacionadas com o lazer e a fruição em vista de sua relação com o uso de áreas ambientalmente frágeis. O uso das áreas naturais deve se dar de forma sustentável – transformar os bens naturais (desenvolvimento econômico) para satisfazer as necessidades cotidianas, sem comprometer a capacidade (desenvolvimento humano) das gerações futuras de suprir suas próprias necessidades e, assim, obter o equilíbrio ambiental (LEAL, 2003, p. 2).

A Agenda 21, no capítulo 17, traz a regulamentação do uso das zonas litorâneas ao especificar que "o meio ambiente marinho – inclusive os oceanos e todos os mares, bem como as zonas costeiras adjacentes – forma um todo integrado que é um componente essencial do sistema que possibilita a existência de vida [e] oferece possibilidades para um desenvolvimento sustentável" (WTTC, 1997, cap. 17). Para Buarque (2001, p. 11) a agenda de desenvolvimento sustentável do Nordeste que segue a formulação da Agenda 21 brasileira estabelece que "o processo que concilia a conservação ambiental, equidade social e eficiência econômica" deve promover também a inclusão econômica e social dos indivíduos nos circuitos de produção, cidadania e consumo. O objetivo, segundo o autor, é "levar à melhoria da qualidade da vida da população, à conquista da cidadania e à inserção social do contingente de nordestinos à margem do desenvolvimento socioeconômico, viabilizando o estado futuro desejado do Nordeste". Todavia, tal processo depende de um amplo e articulado conjunto de políticas públicas, que coloquem em foco a questão da sustentabilidade.

Turismo e desenvolvimento sustentável

São inúmeras as conceituações para o termo sustentabilidade, mas identificamos um componente comum a todas elas, como afirmam Faria e Carneiro (2001, p. 14): "a manutenção em certo nível, evitando o declínio; a continuidade de certo recurso, sistema, condição ou relacionamento" e deve ser visto sob os domínios: econômico, político, social e cultural, além, dos considerados ambientais. A sustentabilidade é, em toda parte, a perseguição de metas e a dimensão do progresso em sua direção, pois da "perspectiva da prosperidade e do crescimento financeiro, há um fundamento lógico-econômico para a sustentabilidade" (FENNELL, 2002, p. 26). A sustentabilidade pode influenciar não só a satisfação do frequentador, mas também a sua decisão em retornar ao local visitado e/ou divulgar positivamente o local. Todavia ainda são poucos os estudos empíricos que abordam a questão da relação turismo, áreas naturais e sustentabilidade (FENNEL, 2002, p. 27).

Apresentado pela primeira vez em 1987, no *Brundtland Report*, o conceito de turismo sustentável está intrinsecamente ligado à ética do desenvolvimento sustentável, passando a ser uma perspectiva clássica das Organizações das Nações Unidas (ONU), que o define como um "desenvolvimento que atenda às necessidades do presente sem comprometer a capacidade das futuras gerações de atender às suas próprias necessidades" (NIEFER, 2002, p. 4). Segundo Niefer (2002, p. 5) existe consenso de que sustentabilidade no turismo significa "ser ambientalmente aceitável ao longo prazo, financeiramente viável e justo para as comunidades locais, de um ponto de vista social e ético". Para tanto, continua a autora, "o turismo tem que se tornar parte do ambiente natural, cultural e humano, respeitando o equilíbrio dos destinos turísticos, especialmente em [...] áreas ambientalmente frágeis".

Niefer (2002, p.5) afirma que geralmente é o ambiente natural que recebe mais atenção, mas um manejo do turismo sustentável bem sucedido somente é possível quando se reconhecem as inter-relações entre as três dimensões igualmente importantes do turismo sustentável: 1) o ambiente natural e o construído; 2) a vida econômica das comunidades e das empresas; 3) aspectos sociais, em termos de impactos na cultura das comunidades receptoras e dos turistas, e a maneira como os empregados são tratados pelas empresas turísticas. A sustentabilidade não pode ser analisada nem alcançada de forma isolada por nenhuma das dimensões, na medida em que "existem relações de tensões (*trade-offs*) e mesmo conflitos entre os objetivos e critérios de sustentabilidade próprios de cada uma delas" (BUARQUE, 2001, p. 11). Esse autor entende que o desenvolvimento sustentável é o resultado da interação entre as dimensões, expressando a sustentabilidade do todo e da combinação sistêmica de seus efeitos cruzados, devendo ser perseguida e alcançada em conjunto e de forma equilibrada, mesmo quando os resultados em uma das dimensões sejam positivos (BUARQUE, 2001).

O engajamento das empresas na causa ambiental é traduzido em um 'pacto' da Câmara de Comércio Internacional (CCI) (*International Chamber of Commerce* – ICC), organização composta por 130 países e que trata de padrões referentes ao comércio internacional, que, em 1991, lançou os 16 princípios para o desenvolvimento sustentável, denominados também de Princípios da Gestão Ambiental, detalhados a seguir, conforme CCI (1992, p. 4-6):

1º) Prioridade na empresa – Reconhecer a gestão do ambiente como uma das prioridades na empresa e como fator determinante do desenvolvimento sustentável; estabelecer políticas, programas e procedimentos para conduzir as atividades de modo ambientalmente seguro.

2º) Gestão integrada – Integrar plenamente em cada empresa, tais políticas, programas e procedimentos, como elemento essencial de gestão, em todos os seus domínios.

3º) Processo de aperfeiçoamento – Aperfeiçoar continuamente as políticas, os programas e o desempenho ambiental das empresas, levando em conta os desenvolvimentos técnicos, o conhecimento científico, os requisitos dos consumidores e as expectativas da comunidade, tendo como ponto de partida a regulamentação em vigor, e aplicar os mesmos critérios ambientais no plano internacional.

4º) Formação do pessoal – Formar, treinar e motivar o pessoal para desempenhar suas atividades de maneira responsável, em face do ambiente.

5º) Avaliação prévia – Avaliar os impactos ambientais antes de iniciar nova atividade ou projeto e antes de desativar uma instalação ou abandonar um local.

6º) Produtos e serviços – Desenvolver e fornecer produtos ou serviços que não produzam impacto indevido sobre o ambiente e sejam seguros em sua utilização prevista, que apresentem o melhor rendimento em termos de consumo de energia e de recursos naturais, que possam ser reciclados, reutilizados ou cuja disposição (deposição) final não seja perigosa.

7º) Conselho de consumidores – Aconselhar e, em casos relevantes, propiciar a necessária formação aos consumidores, aos distribuidores e ao público quanto aos aspectos de segurança a se considerar na utilização, no transporte, na armazenagem e na disposição (eliminação) dos produtos fornecidos, e aplicar considerações análogas à prestação de serviços.

8º) Instalações e atividade – Desenvolver, projetar e operar instalações, tendo em conta a eficiência no consumo da energia e dos materiais, a utilização sustentável dos recursos renováveis, a minimização dos impactos ambientais adversos e da produção de rejeitos (resíduos) e o tratamento ou disposição (deposição) final desses resíduos de forma segura e responsável.

9º) Investigações (pesquisas) – Realizar ou patrocinar investigações (pesquisas) sobre os impactos ambientais das matérias-primas, dos produtos, dos processos, das emissões e dos resíduos associados às atividades da empresa, e sobre os meios de minimizar tais impactos adversos.

10º) Medidas preventivas – Adequar a fabricação, a comercialização e a utilização de produtos ou serviços, ou a condução de atividades, em harmonia com os conhecimentos científicos e técnicos, para evitar a degradação grave ou irreversível do ambiente.

11º) Empreiteiros e fornecedores – Promover a adoção desses princípios pelos empreiteiros contratados pela empresa, encorajando e, em casos apropriados, exigindo a melhoria de seus procedimentos de modo compatível com aqueles em vigor na empresa; e encorajar a mais ampla adoção desses princípios pelos fornecedores.

12º) Planos de emergência – Desenvolver e manter, nos casos em que existam riscos significativos, planos de ações para situações de emergência, em coordenação com os serviços especializados, as principais autoridades e a comunidade local, tendo em conta os possíveis impactos transfronteiriços.

13°) Transferência de tecnologias – Contribuir para a transferência de tecnologia e métodos de gestão que respeitem o ambiente, tanto nos setores industriais como nos de administração pública.

14°) Contribuição para o esforço comum – Contribuir para o desenvolvimento de políticas públicas, de programas empresariais, governamentais, e de iniciativas educacionais que valorizem a consciência e a proteção ambiental.

15°) Abertura ao diálogo – Promover a abertura ao diálogo com o pessoal da empresa e com o público, em antecipação e em resposta às respectivas preocupações quanto aos riscos e impactos potenciais de atividades, produtos, rejeitos (resíduos) e serviços, incluindo aqueles de significado transfronteiriço ou global

16°) Cumprimento de regulamentos e informação – Aferir o desenvolvimento das ações sobre o ambiente, proceder regularmente a auditorias ambientais e avaliar o cumprimento das exigências internas da empresa, dos requisitos legais e desses princípios, e periodicamente fornecer as informações pertinentes ao Conselho de Administração, aos acionistas, ao pessoal, às autoridades e ao público.

O objetivo do CCI foi obter o comprometimento das empresas com a melhoria do desempenho ambiental, como forma de orientar os países membros na "busca simultânea de eficiência econômica, justiça social e harmonia ecológica" (CCI, 1992, p. 4-6; MAIMON, 1996, p. 1), e, assim, elevar seu potencial competitivo. Os 16 princípios para o desenvolvimento sustentável definidos pela CCI permitem avaliar o compromisso da empresa com relação a sua postura ambiental de acordo com a sua adequação aos três níveis citados.

Metodologia

Configura-se como problema do estudo empírico que fundamenta o presente capítulo a seguinte indagação: como empresários e clientes percebem as estratégias de gestão empresarial e ambiental praticadas no setor de alimentos e bebidas localizados na orla da cidade de Aracaju? Considerando o propósito desse estudo, é possível afirmar que, do ponto de vista da sua natureza, classifica-se como pesquisa aplicada, pois objetiva gerar conhecimentos para aplicação, dirigidos, portanto, à solução de problemas específicos. Apresenta-se, quanto à abordagem do problema, como de caráter quantitativo, traduzido pelo fato de refletir em números opiniões e informações que permitam classificá-las e analisá-las, usando recursos e técnicas estatísticas.

O caráter exploratório-descritivo é apresentado pelos seus objetivos. Exploratório porque toma como parâmetro apenas sete dos 16 princípios de gestão ambiental expressos pela CCI, o que demandou ajustes ao contexto local, em especial ao estágio de sofisticação presente na operação dos empreendimentos, além do que não se verificou a existência de estudos semelhantes ao que se apresenta. É também descritivo, porque expõe as características, percepções e sugestões dos envolvidos, acerca dos critérios apresentados (RICHARDSON, 1999; VERGARA, 2000). Do ponto de vista dos procedimentos técnicos utilizados, classifica-se como um levantamento (*survey*).

O conjunto de características passíveis de observação e mensuração em cada elemento da população é definido como variáveis (BARBETTA, 1999). De fato, qualidade de uma pesquisa depende dos processos de mensuração empregados, demandando o estabelecimento de correlatos empíricos (GIL, 1999). As variáveis desse estudo são definidas a seguir:

a) Perfil dos entrevistados – Abrange os indicadores: sexo, faixas etárias, estado civil, nível educacional (escolaridade), local de origem (cidade/estado) e número de vezes em que utilizou o empreendimento.

b) Ambiente – Refere-se "[...] igualmente aos aspectos ambientais relativos à saúde, à segurança e à avaliação dos riscos associados aos produtos, desde sua origem até seu destino final" conforme Carta Empresarial para o Desenvolvimento Sustentável que trata dos Princípios de Gestão Ambiental (CCI, 1992, p. 3).

c) Percepções – Referem-se "[...] a como os consumidores observam e compreendem mentalmente marcas, produtos, serviços, empresas e outras questões de *marketing*. As preferências dos consumidores são uma afirmação ainda mais valiosa, podendo ajudar a desenvolver produtos específicos" (NIEFER, 2002, p.34).

d) Avaliação da qualidade - Cada um dos cinco critérios da Escala é avaliado em termos de qualidade percebida, qualidade mínima aceitável e qualidade desejada.

e) A satisfação é entendida como a "utilidade auferida por um indivíduo em decorrência do consumo de um bem ou serviço, como o grau de adequação desses produtos a uma necessidade sentida" (UM MODELO...,

2007 p. 3). Tomando por base o referido documento, verifica-se que outra característica importante da satisfação é que ela "depende das expectativas e da percepção do cliente. Daí, a satisfação pode ser mensurada como a diferença entre: o serviço esperado (expectativa do cliente) e o serviço percebido (o que recebe)".

f) Princípios para o Desenvolvimento Sustentável – Foram selecionados sete dos 16 princípios da sustentabilidade definidos pela CCI (1992) aos quais foram atribuídos correlatos empíricos e assim transformados em variáveis. As descrições foram apresentadas no formulário representando o estágio de progresso que o empreendimento apresentaria durante o processo de desenvolvimento do sistema de gerenciamento voltado para o desenvolvimento sustentável, considerando a conformidade; as práticas ambientais utilizadas; a integração do sistema na estratégia de negócios e a qualidade total. Esses elementos permitiram a descrição do processo e a avaliação do compromisso da empresa com relação à sua postura ambiental, operacionalizando-se um instrumento de pesquisa com os indicadores descritos no Quadro 1, detalhado adiante.

Esse estudo considera duas perspectivas analíticas: uma envolvendo os empresários do setor de alimentos e bebidas e, a outra, os turistas/frequentadores locais. No primeiro caso, o universo é constituído pelos empresários dos estabelecimentos instalados na orla praiana de Aracaju, compreendendo o trecho da Avenida Santos Dumont até o final da Rodovia José Sarney, compreendendo cerca de 21 dos 168 km de praia que integram o litoral sergipano. Em que pesem a natural vocação turística e o potencial e diversidade de seus atrativos, é fato que a área costeira de Aracaju tem sido ocupada velozmente, num processo acentuado e rápido, em que o turismo, o lazer e a fruição são fatores preponderantes nesse processo de ocupação, a exemplo do que acontece no restante do País, conforme atesta Becker (2003).

A amostragem pode ser considerada não-probabilística por acessibilidade. A intenção foi alcançar um número significativo dos diversos tipos de estabelecimentos, vista a possibilidade de acesso aos proprietários/ gerentes e a disposição dos frequentadores em responderem. Tal procedimento encontra respaldo no exposto por Nigel (1993, p.71) ao afirmar que "quando o objetivo do pesquisador é o de gerar teoria e uma compreensão mais ampla do processo social ou da ação social, a representatividade da amostra é de menor importância e a melhor estratégia de amostragem deve ser baseada no julgamento do pesquisador".

O levantamento feito revelou um total de 210 empreendimentos no trecho abrangido, caracterizado por bar, bar e restaurante, barraca de praia e quiosques. Os entrevistados responderam a um questionário estruturado composto de 18 questões, apresentadas no Quadro 1, agrupadas de acordo com os sete princípios pesquisados. Observe-se que esse quadro contempla apenas os sete princípios pesquisados, mantendo-se a sua numeração original (CCI, 1992).

QUADRO 1

Configuração do instrumento de coleta de dados

PRINCÍPIOS	INDICADORES
1. Prioridade da empresa	1. Explora o turismo sem agredir o meio ambiente. Mantém o ambiente limpo e não poluído.
4. Formação do pessoal	2. Os empregados estão preparados para fazer um bom atendimento. 3. Os empregados estão corretamente uniformizados (touca, etc.) 4. Os empregados se preocupam em reduzir o desperdício (água e energia).
6. Produtos e serviços	5. Os utensílios (pratos, copos, toalhas) estão limpos adequadamente. 6. O período de defeso do caranguejo, camarão, etc. é respeitado. 7. As lixeiras são colocadas em locais estratégicos para os frequentadores.
8. Instalações e atividades	8. Os banheiros estão limpos e bem conservados. 9. A área da cozinha é adequada e limpa (higienizada) 10. O estacionamento é adequado (sombreamento, arborizado etc.) 11. O cliente é sempre motivado a manter o local limpo.
10. Medidas preventivas	12. A área verde é bem conservada e devidamente urbanizada.
14. Contribuição para o esforço comum	13. É uma preocupação constante não degradar o meio ambiente. 14. Sinais de advertência são usados para identificar áreas contaminadas. 15. São transmitidas informações que visam proteger o meio ambiente. 16. Contribui com iniciativas educacionais ligadas à preservação do ambiente.
16. Cumprimento de regulamentos e informação	17. Respeita a regulamentação ambiental. 18. Realizou os serviços no prazo prometido.

Fonte: Adaptado de Donaire (1999) e Andrade *et al.* (2003).

A satisfação auferida pelos serviços prestados pode ser expressa como a medida que resulta da comparação entre as expectativas e o serviço percebido pelo cliente. As expectativas do cliente envolvem diversos elementos, que determinam os dois tipos básicos de expectativas de serviços: o serviço desejado e o serviço prestado. A diferença entre esses níveis de expectativas determina uma zona de tolerância. As expectativas e percepções podem variar de indivíduo para indivíduo, segundo a ocasião e as circunstâncias em que o serviço é prestado e do local. O julgamento do serviço percebido é a avaliação que o cliente faz sobre o desempenho da organização que lhe presta o serviço. Por ser o lazer um produto intangível, o cliente precisa experimentá-lo para comparar sua qualidade. Daí o modelo preconiza que se as expectativas do cliente são preenchidas ou superadas pelo serviço percebido, ele fica satisfeito. Mas, se o serviço prestado fica abaixo do serviço adequado ou qualidade esperada, se sentirá insatisfeito. Essa discrepância, defasagem ou hiato é denominada de *gap* ou lacuna de qualidade. De outra forma: Satisfação do cliente = serviço percebido menos serviço esperado.

No questionário da pesquisa de campo, os atributos se formulam em uma série de afirmações. Para avaliar o nível de satisfação foi solicitado ao entrevistado que avaliasse o nível de adequação das afirmações, numa escala intervalar que variava de 1 (discordo totalmente) a 9 (concordo totalmente). Para fins de mensuração utilizou-se a média ponderada, sendo o hiato representado pela equação qualidade percebida – qualidade desejada.

Resultados e discussão

Considerando o objetivo deste estudo, esta seção é destinada à apresentação dos resultados da pesquisa de campo nos bares, nos restaurantes e nas barracas da costa marítima da cidade de Aracaju.

Perfil dos entrevistados

Dos 108 entrevistados, 67 são empresários (62%), e 41, clientes (38%). Predomina entre os empresários o gênero masculino (61%) e entre os clientes, o feminino (54%). No que se refere a faixa etária, a maioria dos entrevistados (61%) é composta por jovens adultos, com idade entre 21 a 40 anos, originários do Estado de Sergipe (71%). A maioria é casada (48%), e somente 19% apresenta escolaridade até o nível superior, sendo os de maior escolaridade os entrevistados do grupo de clientes (27%, contra 15% do grupo dos empresários).

TABELA 1

Percepção do desenvolvimento sustentável para empresários e frequentadores

Princípio/Dimensão	Cliente			Empresário			Hiato Geral
	Média	Desvio Padrão	Hiato	Média	Desvio Padrão	Hiato	
1. Prioridade da Empresa	7,52	1,75	-1,485	8,18	1,50	-0,821	-1,153
4. Formação do Pessoal	7,29	1,60	-1,713	7,98	1,27	-1,020	-1,366
6. Produtos e serviços	5,95	2,58	-3,051	7,93	1,54	-1,072	-2,062
8. Instalações e atividades	6,84	2,09	-2,162	7,47	1,79	-1,530	-1,846
10. Medidas preventivas	6,64	2,39	-2,359	6,78	2,35	-2,224	-2,291
14. Contribuição para o esforço comum	4,87	2,60	-4,134	6,92	2,29	-2,081	-3,107
16. Cumprimento de regulamentação e informação	7,07	2,34	-1,333	8,09	1,73	-0,909	-1,421
TOTAL	6,60	2,19	-2,410	7,62	1,78	-1,380	-1,890

Fonte: Dados da pesquisa. Manteve-se a numeração original dos princípios (CCI, 1992).

Analisando os princípios para o desenvolvimento sustentável

Como já foi dito, utilizamos no estudo sete dos 16 princípios da sustentabilidade definidos pela CCI (1992), denominados por Donaire (1999, p.60) como princípios de gestão ambiental. Os resultados se encontram na TAB. 1.

A análise dos resultados encontrados para cada princípio utilizado neste estudo é apresentada de acordo com a ordem dos princípios/dimensões proposta por Donaire (1999).

1º princípio: Prioridade da empresa

De acordo com Donaire (1999), a empresa deve reconhecer a gestão do ambiente como uma das principais prioridades na empresa e como fator determinante do desenvolvimento sustentável; estabelecer políticas, programas e procedimentos para conduzir as atividades de modo ambientalmente seguro. Nesta pesquisa, observamos que o princípio da prioridade da empresa obteve um hiato de -1,153, o melhor dos desempenhos. Essa lacuna revela que para os respondentes, os bares/restaurantes exploram o turismo sem agredir o meio ambiente, mantendo-o limpo e buscando não poluí-lo. Relacionando o hiato dos clientes (-1,485) ao dos empresários (-0,821) observamos que há uma diferença grande de percepção entre os dois grupos, diferença que pode afetar futuramente o relacionamento dos dois grupos.

4º princípio: Formação do pessoal

Para Donaire (1999) este princípio tem como objetivo mostrar aos empresários que, para se obter um desenvolvimento sustentável, é necessário formar, treinar e motivar o pessoal para desempenhar suas atividades de maneira responsável. Tal entendimento subentende que o meio ambiente deve ser preservado atendendo às necessidades do presente sem comprometer a capacidade das futuras gerações de atender às suas próprias necessidades (NIEFER, 2002). O hiato geral encontrado, -1,366, é o segundo maior desempenho dos princípios utilizados na escala da avaliação do ambiente. Nesse hiato também foi observada uma diferença de opinião entres os dois grupos de respondentes. Enquanto os clientes apresentaram a lacuna -1,713, os empresários mostraram uma lacuna de -1,020, revelando que os proprietários de bares/restaurantes acreditam mais na formação dos seus empregados do que os clientes percebem no relacionamento direto com eles.

6º princípio: Produtos e serviços

Este princípio se refere aos procedimentos que desenvolvem e fornecem produtos ou serviços que não produzam impactos indevidos sobre o ambiente e sejam seguros em sua utilização prevista, que apresentem o melhor rendimento em termos de consumo de energia e de recursos naturais, e que possam ser reciclados, reutilizados ou cuja disposição final não seja perigosa (DONAIRE, 1999). Observamos neste princípio um hiato geral de -2,062, uma grande diferença entre a qualidade percebida e qualidade desejada. O hiato dos indicadores referente a essa dimensão demonstra que os respondentes consideram necessário melhorar a localização das lixeiras, além de ressaltarem a necessidade de prover mais respeito durante o período de defeso do caranguejo, camarão, etc. e oferecer mais cuidados com a higienização dos utensílios. Os frequentadores apresentam uma visão desfavorável em relação à prestação dos serviços dos estabelecimentos do setor de alimentos e bebidas das praias de Aracaju, o que não é compartilhado pelos proprietários dos estabelecimentos abordados.

8º princípio: Instalações e atividades

Este princípio determina procedimentos para desenvolver, projetar e operar instalações tendo em conta a "eficiência no consumo da energia e dos materiais, a utilização sustentável dos recursos renováveis, a minimização dos impactos ambientais adversos e da produção de rejeitos (resíduos) e o tratamento ou disposição (deposição) final destes resíduos de forma segura e responsável" (DONAIRE, 1999; ANDRADE *et al.*, 2003, p. 35). As instalações e atividades precisam de melhor manejo nos bares/restaurantes da orla aracajuana, para que haja um maior desenvolvimento desta dimensão e consequentemente atingir a sustentabilidade desejada. Os frequentadores, com hiato de -2,162, mantêm o mesmo descontentamento que vêm apresentando com relação aos princípios estudados, demonstrando que consideram os empresários desinteressados na limpeza dos estabelecimentos (hiato de -1,530).

10º princípio: Medidas preventivas

As medidas preventivas significam o interesse em "adequar a fabricação, a comercialização, a utilização de produtos ou serviços, ou a condução de atividades, em harmonia com os conhecimentos científicos e técnicos, para evitar a degradação grave ou irreversível do ambiente" (DONAIRE, 1999; ANDRADE *et al.*, 2003, p. 35). Este princípio obteve o segundo pior desempenho de todas as dimensões estudadas, com um hiato de -2,291. Isso significa que, para os clientes, as áreas verdes não estão bem conservadas, consequentemente, estão perdendo sua beleza natural e, para piorar a situação, a estrutura urbana não contribui para a conservação da mesma, pela urbanização inadequada.

14º princípio: Contribuição para o esforço comum

Este princípio contribui para o desenvolvimento de políticas públicas, de programas empresariais, governamentais, e de iniciativas educacionais que valorizem a consciência e a proteção ambiental. Foram pesquisadas as iniciativas que estão sendo tomadas nesse sentido, tendo sido constatado que, na opinião dos respondentes, praticamente, nada está sendo feito. Este é o princípio com o pior desempenho observado, com um hiato total de (-3,107).

16º princípio: Cumprimento de regulamentação e informação

O princípio 16 da gestão ambiental procura definir procedimentos para aferir o desenvolvimento das ações sobre o ambiente, proceder regularmente a autorias ambientais e avaliar o cumprimento das exigências internas da empresa, dos requisitos legais e desses princípios; e periodicamente fornecer as informações pertinentes ao Conselho de Administração, aos acionistas, ao pessoal, às autoridades e ao público (DONAIRE, 1999; ANDRADE *et al.*, 2003, p.36). Na opinião dos entrevistados, essa dimensão obteve um dos melhores desempenhos (hiato geral de -1,421). Apesar do desempenho interessante, o hiato dos clientes (-1,933) continua maior do que o dos empresários (-0,909), ou seja, para o primeiro grupo o setor de alimentos e bebidas da costa aracajuana respeita bem menos a regulamentação ambiental do que para o segundo.

Considerações finais

Neste capítulo nosso objetivo foi analisar a percepção de empresários e frequentadores do setor de alimentos e bebidas da zona costeira da cidade de Aracaju (Sergipe, Brasil) sobre a exploração sustentável do turismo na região citada. Entendemos que tais empreendimentos se defrontam com um elevado nível de concorrência na disputa pela preferência dos consumidores (clientes e visitantes), além de se situarem em área considerada ambientalmente frágil, mas que é parte integrante do produto ali comercializado, visto que a demanda envolve não só o consumo do alimento e da bebida, mas também o conjunto de bens intangíveis presentes (a paisagem, a praia, a imagem, etc.). Em mercados caracterizados por intensa competição, as empresas estão sendo levadas a procurar caminhos que permitam alcançar e sustentar vantagens competitivas, sem com isso degradar seu entorno. Desse modo, a busca de fatores de singularidades mostra-se de caráter estratégico para o sucesso. Se por um lado temos a visão do ofertante (empresário), temos também a visão do consumidor que, ao se deslocar, procura satisfação integrada dos seus anseios.

Os resultados revelam que, dos sete princípios de gestão ambiental da CCI, o item que apresenta melhor desempenho é o 1º princípio, prioridade da empresa. Há pouca discrepância entre as opiniões de empresários e frequentadores a esse respeito, o que significa que, em maior ou menor grau, ambos entendem que o empreendimento explora o turismo sem agredir o meio ambiente, mantendo-o limpo e não poluído.

Quanto ao 4º princípio, formação do pessoal, há uma diferença de opinião entre os dois grupos de respondentes, revelando que os donos de bares/restaurantes não conhecem bem seus clientes (e suas expectativas, por conseguinte) e tampouco o que eles percebem quanto ao desempenho de seus empregados. O 6º princípio, produtos e serviços, apresenta-se, conforme o hiato detectado, ruim, demonstrando a necessidade de melhorar a localização das lixeiras;

prover maior respeito durante o período de defeso do caranguejo, camarão, etc. e oferecer maiores cuidados com a higienização dos utensílios.

O 13º princípio - instalações e atividades - revela a necessidade de melhor manejo nos bares/restaurantes da orla aracajuana. Os frequentadores revelam descontentamento, demonstrando que percebem os empreendimentos como pouco preocupados com a limpeza. O 10º princípio, medidas preventivas, obteve o segundo pior desempenho, demonstrando a incapacidade de atender às expectativas dos entrevistados. Para os clientes, as áreas verdes não estão bem conservadas, consequentemente, estão perdendo sua beleza natural e a estrutura urbana não favorece a conservação, além de o processo de urbanização ser inadequado. Quanto ao 14º princípio, contribuição para o esforço comum, existe uma percepção dos frequentadores de que nada está sendo feito, sendo este o princípio com o pior desempenho observado. No que se refere ao 16º princípio, cumprimento de regulamentação e informação, há um dos melhores desempenhos, demonstrando que apesar de não se conseguir chegar ao parâmetro ideal, a diferença observada é bem menor que as dos demais princípios.

Como limitação do estudo, destaca-se a extensão do questionário e o tempo para sua aplicação, visto que as pessoas envolvidas estavam no local de trabalho, no caso dos empresários, ou em seu local de lazer, no caso dos frequentadores. Sugerimos que novas pesquisas sejam feitas e seus resultados comparados, consolidando assim um processo sistemático de avaliação da qualidade dos serviços prestados pelos bares e restaurantes da orla aracajuana. Para as empresas de forma geral, é preciso investigar se existe um padrão de comportamento do consumidor e tentar avaliar o que o deixa mais satisfeito e propenso a se tornar leal ao prestador de serviços. Verificamos também a necessidade de se melhor adequar o instrumento, estabelecendo indicadores mais eficazes no que tange aos princípios de gestão ambiental, visto que tais empreendimentos se situam em áreas ambientalmente frágeis.

Referências

AGUIAR, M. F. Lazer e produtividade no trabalho. *Turismo em análise*, São Paulo, v. 11, n. 2, p. 111-124, nov. 2000.

ANDRADE, R. O. B.; TACHIZAWA, T.; CARVALHO, A. B. *Gestão ambiental:* enfoque *estratégico aplicado ao desenvolvimento sustentável.* 2. ed. São Paulo: Pearson Education do Brasil, 2003.

BARBETTA, P. A. *Estatística aplicada às ciências sociais.* Florianópolis: DAUFSC, 1999.

BECKER, B. Políticas e planejamento do turismo no Brasil: Conferência. *Caderno virtual de turismo*. 2003. Disponível em: <http://www.ivt-rj/caderno/anteriores/1 /artigo/berth1. htm>. Acesso em: 30 maio 2003.

BOULIN, J.-Y. Duração e organização do tempo de trabalho na Europa. *Revista de administração de empresas*, São Paulo, v. 32, n. 4, p. 92-110, set./out. 1992.

BOULIN, J.-Y.; TADDEI, D. Os acordos de redução-reorganização do tempo de trabalho: Negociações e conseqüências econômicas. *Revista de administração de empresas*, São Paulo, v. 31, n. 2, p. 5-24, abr./jun. 1991.

BRITO, B. R. *O turista e o viajante: contributos para a conceptualização do turismo alternativo e responsável*. 1999. Disponível em: <http://www.aps.pt/ivcong-actas/Acta118. PDF>. Acesso em: 14 fev. 2004.

BUARQUE, S. C. *Agenda de desenvolvimento sustentável para o nordeste*. In: BRASIL. Ministério do Meio Ambiente. *Agenda 21 Brasileira*. Encontro Regional – Nordeste. Brasília, nov. 2001.

CARAVANTES, G. R.; CARAVANTES, C.; BJUR, W. *Administração e qualidade. A superação dos desafios*. São Paulo: Makron Books, 1996.

CÂMARA DE COMÉRCIO INTERNACIONAL (CCI). *Carta empresarial para o desenvolvimento sustentável*: Princípios de gestão ambiental. Cidade: [s.n.], 1992.

CORRÊA, H. L.; GIANESI, I. G. N. *Administração estratégica de serviços. Operações para a satisfação do cliente*. São Paulo: Atlas, 1994.

DE MASI, D. *O ócio criativo*. Rio de Janeiro: Sextante, 2000.

DONAIRE, D. *Gestão ambiental na empresa*. 2.ed. São Paulo: Atlas, 1999.

EMPRESA BRASILEIRA DE TURISMO (EMBRATUR). *Cenários prospectivos e retrospectivos da economia brasileira*. 2001. Disponível em: <http://www.embratur.gov.br>. Acesso em: 22 jan. 2004.

FARIA, D. S.; CARNEIRO, K. S. *Sustentabilidade ecológica no turismo*. Brasília: UnB, 2001.

FENNELL, D. A. *Ecoturismo*: Uma introdução. São Paulo: Contexto, 2002.

GIL, A. C. *Métodos e técnicas de pesquisa social*. 5.ed. São Paulo: Atlas, 1999.

GRESSLER, L. A. *Introdução à pesquisa*: Projetos e relatórios. São Paulo: Loyola, 2003.

LEAL, E. B. *Agenda 21, desenvolvimento sustentável*. 2003. Agenda 21. Disponível em: <http://www.planefor.org.br/cidadesqueseplanejam/ seminario_comunicacoes.html>. Acesso em: 12 fev. 2004.

MACIEL, M.; CHÃO, M.; RIVERA, R. Determinantes da qualidade de serviços: um estudo entre restaurantes do bairro do jardim botânico no Rio de Janeiro. *Cadernos discentes coppead*, Rio de Janeiro, n. 16, 2002.

MAIMON. D. *Passaporte verde*. São Paulo: Qualitymark, 1996.

MITRAUD, S. (Org.). *Manual de ecoturismo de base comunitária*. Brasília: WWF-Brasil, 2003.

NIEFER, I. A. *Análise do perfil dos visitantes das ilhas do superagüi e do mel: marketing como instrumento para um turismo sustentável*. Tese (Doutorado em Ciências Florestais) –Setor de Ciências Agrárias da Universidade Federal do Paraná, Curitiba, 2002.

NIGEL, G. *Researching social life*. London: Sage, 1993.

NORMANN, R. *Administração de serviços*. São Paulo: Atlas, 1993.

PÁDUA, S. M. Ecoturismo é a alternativa econômica que completa a conservação da natureza. In: SEMINÁRIO DE ECOTURISMO DO DISTRITO FEDERAL, DO ENTORNO E DE GOIÁS, II, Brasília. Anais... Brasília, EMBRATUR, 1996.

PIMENTEL, R. *Estruturas organizacionais e competitividade em qualidade de serviços*. Dissertação (Mestrado em Administração) – Universidade Federal da Paraíba, João Pessoa, 1999.

PINA, L. L. W. A. C. *Administração de empresas de entretenimento*. Aracaju: UFS, 1996. (mimeo.)

REIS, I. C. S. *A escala SERVQUAL modificada: avaliação da qualidade percebida do serviço de lazer oferecido por um complexo poliesportivo num parque florestal*. Dissertação (Mestrado em Administração) – Universidade Federal de Santa Catarina, 2001.

RICHARDSON, R. J. *Pesquisa social*: Métodos e técnicas. 3.ed. São Paulo: Atlas, 1999.

SEBRAE-CE. Serviço de Apoio às Micro e Pequenas Empresas do Ceará. *Gerente de restaurante*. Fortaleza: SEBRAE-CE, 1994.

SEBRAE-RN. Serviço de Apoio às Micro e Pequenas Empresas do Rio Grande do Norte. *Pesquisa sobre o impacto socioeconômico do turismo na grande Natal*. Natal: SEBRAE-RN, 1996.

SILVA, E. R. F. *O desenvolvimento sustentável, as normas ambientais e a produção limpa*. São Paulo: EPUSP, [s.d].

UM MODELO de avaliação da eficiência dos serviços educacionais prestados segundo a expectativa e percepções do aluno. Disponível em: <http://www.weblogica.com.br/ tge/ documentos/Modelo%20Pesquisa.doc>. Acesso em: 10 jul. 2007.

WORLD Travel Tourism Council (WTTC). 1997. Disponível em: <http://www.wttc.org>. Acesso em: 12 dez. 2003.

Em busca da sustentabilidade: desafios e limites para a comunicação empresarial

Rozália Del Gáudio Soares-Baptista

Vivemos em um período em que extremos e maniqueísmos não mais explicam as relações entre seres humanos, comunidades e territórios. Muito além de uma contradição binária, tradicionalmente expressa entre um conflito imanente entre o eu e o outro, entre a minha comunidade e a comunidade vizinha, entre o meu território e o território vizinho, hoje vivenciamos, sobretudo quando pensamos a atividade de comunicação (aqui compreendida como a criação e o compartilhamento de símbolos comuns), uma certa sobreposição entre o eu e o outro, uma imbricação, na qual os símbolos e as identidades do eu, muitas vezes se confundem com os símbolos e as identidades do outro.

O aparente desaparecimento dessas fronteiras parece levar à uma visão de dissipação dos conflitos ou intolerâncias, com o estabelecimento triunfal do que Mc Luhan, ainda nos anos 1960, chamou de aldeia global, ao analisar o fenômeno da velocidade da informação, proporcionada pelo desenvolvimento dos veículos de comunicação de massa, como a TV e o rádio. Essa parece ser a conclusão lógica quando analisamos por exemplo, o sucesso das *lan houses* nas comunidades carentes do Rio de Janeiro, que conectam esquinas, becos e espaços anônimos ao mundo, conforme observam Maia e Krapp (2008); ou a possibilidade de uma confecção criada por uma ONG de apoio às prostitutas brasileiras (a Davida, que popularizou a marca Daspu) comercializar seus produtos em praias da moda na Europa, também usando a rede mundial de computadores, ou mesmo quando um cidadão, insatisfeito com um produto ou serviço, faz sua manifestação pelo YouTube, ampliando sua voz e deixando em desespero setores de *marketing* e relacionamento com clientes de bem estabelecidas companhias.

Entretanto, se por um lado temos, de fato, a possibilidade de conexão e conectividade com as pessoas facilitada pela mediação de computadores e sofisticados sistemas de tecnologia da informação, de outro, podemos identificar nossa época também como uma época na qual há uma certa dessimbolização do mundo, conforme discute Dufour (2005). Para esse autor francês, o nosso mundo vem sistematicamente substituindo os símbolos, entendidos como manifestação primeira de cultura e de pertencimento a um grupo, por mercadorias. Ou, melhor dizendo, objetos e mercadorias têm cada vez mais assumido o papel antes associado aos símbolos, sendo a posse de determinado bem ou objeto o símbolo prioritário de pertencimento e, muitas vezes, o elemento preliminar de identificação ou mediação da relação com o outro.

Dessa maneira, o consumo surge não mais como um ato de busca de itens que permitem a sobrevivência, mas como um mecanismo que possibilita explicar nossa própria existência e nossa própria identidade. A capacidade de se integrar, se socializar e ser passa a ter, como *laissez-passer*, a possibilidade de consumir e ter acesso a bens e serviços que, uma vez consumidos, se transformam em objetos mortos, levando a necessidade de restabelecer o ciclo de consumo e garantir novas mercadorias e novos objetos, que também, uma vez consumidos, se transformam novamente em objetos mortos (Bauman, 2008).

Posicionando-se acima da esfera política e consolidando-se no espaço de interseção entre as diferentes esferas sociais, o consumo pode ser visto, então, como um elemento social chave para a compreensão acerca do nosso modo de vida atual. Seria o triunfo, não da aldeia global, mas da esfera econômica sobre a esfera humana?

A conclusão parece óbvia, entretanto, não é simples assim. Para consumir, é necessário que em algum lugar do planeta se produza. A produção de bens ou mesmo de serviços, gera impactos – positivos (como trabalho, renda e impostos, por exemplo) e negativos (conflitos territoriais e esgotamento de recursos naturais, por exemplo).   A tomada de consciência acerca desse paradoxo do consumo X produção vem se popularizando cada vez mais, especialmente depois dos anos 1980, saindo dos cantões de ONGs ambientalistas e se integrando a discursos políticos, até mesmo nos EUA (vide o fenômeno Al Gore) – país que se recusou, por exemplo, a assinar o Tratado de Kyoto no início dos anos 1990. Com isso, identificamos a emergência de uma discussão profunda sobre que mundo vamos deixar para as gerações futuras, obrigando empresas e governos a discutir formas de minimização de impactos produtivos no meio ambiente.

Esse contexto é o pano de fundo para o surgimento de um novo conceito, o da sustentabilidade, vista como uma possível solução para o paradoxo apresentado nos parágrafos anteriores. Empresas, governos e até pessoas tem sido convidadas – pela mídia tradicional ou mesmo pelas redes sociais – a repensarem forma de atuação e a buscarem uma maneira de compatibilizar resultados econômicos, sociais e ambientais. Parecer sustentável, ou seja, evidenciar a busca de conciliação dessa *triple bottom line*, e cuidar para que o mundo tenha condições de continuar habitável passou a ser um elemento do discurso de, especialmente, organizações industriais – tradicionalmente vistas como culpadas por impactos negativos no meio ambiente. Rattner (1999, p. 43) chama a atenção para esse movimento, destacando que o "conceito de sustentabilidade transcende o exercício analítico de explicar a realidade e exige o teste de coerência lógica em aplicações práticas, em que o discurso é transformado em realidade objetiva". Talvez por isso, se vamos abastecer o carro em um posto de gasolina, por exemplo, podemos ver uma campanha que diz que a companhia petrolífera está empenhada em zerar a emissão de carbono (extremamente desastrosa para a camada de ozônio da Terra e que contribui para o aquecimento global); se vamos a um show popular, em algum momento somos informados que toda a emissão de carbono do espetáculo está sendo zerada pelo plantio de algumas dezenas de milhares de árvores; se vamos abrir uma conta no banco, somos imediatamente informados que o banco tem uma gestão sustentável, pois, por exemplo, o talão de cheques é impresso em papel reciclado.

Se por um lado todo esse esforço de comunicação apresenta a grande vantagem de popularizar o tema e contribuir para a busca de um consumo mais consciente, de outro, como separar o que é o ser, do parecer? Como não cair na armadilha do *green washing* (maquiagem ambiental)? Como construir, de fato, estratégias e soluções de comunicação verdadeiras e mais do que bem-intencionadas, efetivas? Estão, de fato, as empresas, prontas para a prática da sustentabilidade e sua correta comunicação?

Essas são algumas das questões inspiradoras para a produção deste capítulo. Não se tem, evidentemente, a pretensão de responder conclusivamente a essas perguntas. Ao contrário, nosso objetivo será trazer para o leitor a possibilidade de reflexão sobre o tema, permitindo colocar em mais evidência a questão do discurso sobre a sustentabilidade x a premência do consumo, a dicotomia entre a campanha de comunicação que fala da preocupação com o planeta, a campanha de *marketing* que incita o consumo desenfreado, a aparente contradição entre o cidadão que quer um mundo melhor para os filhos, mas não abre mão de comprar uma caminhonete 4x4, do cidadão que sabe que o rio onde pescava na infância está poluído, mas sonha com uma TV de plasma em sua casa.

São temas inquietantes. São questões sem respostas. Mas são reflexões necessárias.

Desafios de empresa: da produção a produção sustentável

> Sem ser confundida com a sociedade inteira, que ela dominaria ou moldaria, a empresa contemporânea não pode buscar sua autonomia estratégica sem considerar seriamente algo além dos seus recursos humanos, ou seja, toda a realidade da estrutura social interna e externa que a transforma em potencial ator. (Sainsaulieu, 1990, p. 348 – tradução livre)

Escrever sobre empresas e seus desafios considerando a crise econômica iniciada no segundo semestre de 2008 é quase uma ousadia. Diante de uma crise financeira que desde setembro de 2008 freia os números de crescimento econômico em praticamente todos os países, que leva à falência organizações financeiras tradicionais (como a Lehman Brothers ou mesmo a Merryl Linch) e que faz a mídia publicar títulos cada vez mais sensacionalistas, como um tradicional jornal carioca (O Globo) que criou um intertítulo em sua editoria econômica chamada "Abalo global" e vem publicando regularmente notícias sobre queda no valor de ações, desaceleração do crescimento e desemprego, a primeira impressão é que o principal desafio das empresas hoje é sobreviver.

Nos anos 1970, a crise do modelo fordista de produção[1] faz emergir um grande debate sobre os rumos do capitalismo industrial em nível mundial. O surgimento de novas tecnologias e formas diferenciadas de organização do trabalho introduz novas questões e variáveis no interior das empresas (Pimenta, 1999). Um dos principais questionamentos que surgiram é se o paradigma taylorista/fordista estaria esgotado e, então, toda uma sociedade que vivenciou um século de transformações e adaptações à vida regida pela linha de montagem estaria sendo confrontada com a busca de novos modelos para as relações organizacionais. Em meio a esse debate, a própria questão da importância do trabalho se colocava, afinal o trabalho percebido, até então, como aquilo que permite ao homem obter, direta ou indiretamente, os meios necessários à sua sobrevivência no meio social (Freyssenet, 1993) começava a ser confrontado com a redução numérica ou a precarização dos empregos e com as alterações de significação e representação dessa atividade para os indivíduos.

Nos anos 1980, países da América Latina, como o Brasil, experimentaram uma crise que também impactou modelos de produção e o crescimento econômico. Com taxas estratosféricas de inflação, parques industriais em muitos setores atrasados em função de reserva de mercado, dólar valorizado, e o Estado – que vinha de períodos de governos ditatoriais de origem militar em que o crescimento econômico e o papel de investidor eram estratégias de legitimação do regime – sem condições financeiras de continuar liderando o desenvolvimento econômico, adotou como modelo de desenvolvimento o neoliberalismo. Caracterizado especialmente pela abertura das exportações e pela privatização de setores econômicos como mineração, siderurgia e telecomunicações, o cenário durante os anos 1980 e boa parte dos anos 1990 foi marcado pelo alto desemprego – resultado do fechamento de várias unidades produtivas, da baixa qualificação dos trabalhadores e da rápida automação de base microeletrônica, que contribuíram para acelerar o processo de precarização do trabalho[2] e a expansão da economia informal.

A partir da segunda metade dos anos 1990, alguns setores econômicos começaram a reagir, e pode-se dizer que voltaram a ser competitivos no mercado internacional. O crescimento econômico da China impulsionou a retomada industrial em vários setores, e o mundo parecia viver outro ciclo de prosperidade, como o período que ficou conhecido na Europa como os Trinta Gloriosos Anos, logo após a Segunda Guerra Mundial, com os planos de reconstrução dos países e forte investimento de nações como EUA, apesar de alguns sustos causados pelo mercado financeiro mundial (como a crise das bolsas asiáticas em março de 1997). Nesse período, se, por um lado, produzir usando tecnologias inovadoras deixou de ser um desafio, por outro, a correta utilização dos recursos – inclusive naturais – passou a ser uma cobrança cada vez mais intensa por parte da sociedade como um todo. Como sinalizam Almeida Jr. e Andrade (2007), a discussão sobre consumo ambientalmente responsável – e consequentemente da produção ambientalmente correta – faz emergir a problemática do comportamento individual como variável essencial nos rumos da sustentabilidade.

Em meio a esse debate, a crise econômica mundial atual pode levar a inflexões nas práticas empresariais ou mesmo nos níveis de intervenção governamental na economia. Ainda é bastante cedo para analisar que empresas emergirão e como alguns setores o farão após a crise de 2008, ou mesmo se viveremos um novo ciclo de intervenção estatal na economia, mas a fim de prosseguirmos nossa reflexão sobre sustentabilidade, comunicação e indústrias, é necessário falar sobre a evolução dos modelos de gestão, especialmente nos períodos mencionados acima.

Comunicação e gestão

Desde quando o trabalho deixou de ser doméstico e familiar, já há alguns séculos, busca-se o modelo ideal de gestão das pessoas no ambiente produtivo. Essa busca passa por encontrar e implantar um modelo no qual a produtividade seja a mais elevada possível, permitindo o retorno esperado, inicialmente ao capitalista –investidor empreendedor – e mais recentemente ao acionista – investidor financista. Vários modelos e experiências emergiram, desde a clássica organização taylorista, passando pelo fordismo ou mesmo as experiências do volvismo e toyotismo após os anos 1970 ou mais recentemente os modelos de busca pela excelência.

De uma maneira geral, e extremamente breve, podemos analisar que as diferenças desses modelos permeiam: a arquitetura e a disposição das pessoas no fluxo produtivo (por exemplo, entre linha de montagem ou modelo celular); o tipo de contrato estabelecido (primarização ou terceirização); as formas de remuneração e reconhecimento (financeira ou simbólica); os modos de pertencimento e implicação no trabalho desejados (prescrição ou autonomia); os perfis socioprofissionais buscados (especialistas ou generalistas) e até mesmo a forma de comunicar inter e entre as pessoas dentro da organização (modelos monológicos x modelos dialógicos).

É claro que essas categorizações não são exaustivas, tampouco evidentes. Importante salientar também que as divisões e diferenças não são excludentes, ou seja, podemos identificar, no mesmo período, no mesmo setor e até mesmo numa única empresa, a coexistência de diferentes modos de implicação ou de reconhecimento, por exemplo.

Para Linhart (1994) as mudanças colocadas em prática por essas experiências de gestão[3] representariam não a superação do paradigma fordista-taylorista, mas a suplantação do que ela denomina fordismo norte-americano. De acordo com a autora, as mudanças trazidas pela adoção de princípios como autonomia e liberdade para o trabalhador a fim de aumentar a produtividade (características de modelos como o toyotismo), representariam a mais fina essência do fordismo preconizado por seu criador, Henry Ford, na medida em que mantém o foco no aumento da produtividade e do retorno esperado do investimento, privilegiando a busca de resultados produtivos e não apenas certa busca de satisfação das pessoas.

Algumas características desses novos modelos, como a flexibilidade de produção, as novas relações entre as empresas – privilegiando a horizontalidade mais que a verticalidade da produção (PIMENTA, 1999) – contrapõem ao estilo clássico da linha de montagem enquanto esquema produtivo e levam à busca de um novo modelo para a comunicação e para o relacionamento, tanto dentro quanto fora da empresa.

Dessa maneira, a comunicação dentro da empresa ganha destaque e um novo sentido, começando a ser reconhecida como uma habilidade gerencial. Criar oportunidades de interação entre os diferentes níveis hierárquicos dentro da empresa, disseminar estratégias e decisões e incorporar elementos simbólicos dos trabalhadores passa a ser uma prerrogativa organizacional. "[...] A melhor supervisão não se limita exclusivamente a controles diretos. Ela se estende também às práticas culturais de adesão, de permissão e de persuasão morais" (CLEGG, 1992, p. 52).

A difusão da informação passou a ser vista pelas organizações como chance de amplificarem seu discurso, numa busca de estruturação de sujeitos do trabalho a partir da construção de representações simbólicas comuns.

O controle do e no trabalho, nesse sentido, desloca seu eixo de atuação. A figura do gestor, do supervisor que cobra e monitora as atividades, muda. Afinal, o controle, o autocontrole, passa a ser uma prerrogativa do trabalhador e, portanto, natural, num movimento de busca de conciliação permanente e sublimação de conflitos.

Também em termos de remuneração e reconhecimento há mudanças se compararmos modelos clássicos de gestão de pessoas com as novas experiências gerenciais. Baseadas em elementos como participação, envolvimento, diálogo, possibilidade de promoção, descentralização, competição, maior comunicação, intelectualização das tarefas, renovação constante e controle pela interiorização das regras, novas políticas de recursos humanos são implantadas nas organizações.

Assim, identificamos a tentativa de construir simbolicamente um novo trabalhador e uma nova gestão da força de trabalho, com busca de incorporação da subjetividade, da participação e uma nova forma de inserção no grupo de trabalho. Dentro da empresa, há o estabelecimento de espaços para o diálogo, para a participação e até mesmo para o engajamento político, no sentido aristotélico, na medida em que se tornam frequentes os movimentos de criação de programas de voluntários como parte da estratégia de responsabilidade socioambiental das empresas. Busca-se apoiar a consolidação de um movimento amplo de conscientização cidadã e de implicação extraempresa de cada um de seus trabalhadores.

Se no interior das organizações podemos identificar esses movimentos de mudança no estilo de comunicação, como fica o diálogo para fora dos muros?

Comunicação e sustentabilidade: equilíbrios possíveis entre o ser e o parecer?

Desde que Ivy Lee, em 1906, lançou as bases para o desenvolvimento da atividade especializada e profissional de assessoria de comunicação, muito se tem discutido acerca do principal objetivo desta área. Se o jornalismo, por um lado, transformou-se num espaço público de socialização de discursos particulares (CHAPARRO, 2002), de outro, comunicadores de empresa têm criativamente buscado ocupar esses espaços a fim de alcançar seja resultados comerciais diferenciados, seja até mesmo o que em alguns meios já se tem chamado de *licença social* para produzir. Para aprofundar essa análise, é importante clarear alguns conceitos como comunicação, reputação e marcas.

Uma das definições mais bem aceitas de comunicação é a que a identifica como o processo de estabelecer ou ter alguma coisa em comum (ASSUNÇÃO, 1997), normalmente símbolos, crenças, objetivos e resultados. Dentro de uma organização, um dos principais papéis da comunicação seria fazer com que as informações relativas a pessoas e processos fluíssem, facilitando o desenvolvimento das atividades fins da entidade. Ou seja, comunicar seria estimular alguém, esperando determinada resposta, isto é, produzir um impulso excitante capaz de modificar o comportamento do agente recebedor (FARIA; SUASSUNA, 1982, p. 15). Nessa perspectiva, o discurso e a ação seriam parte de um único e simbiótico planejamento. À comunicação organizacional caberia então formular programas que visassem *aproximar* e *integrar* os públicos aos princípios e objetivos centrais da empresa (CURVELLO, 1993), a partir do criação e do compartilhamento de um universo simbólico comum. Ritos, rituais e símbolos se incorporariam ao ambiente produtivo, adequando a comunicação formal às expectativas e experiências dos diversos públicos de interesse da empresa.

Dentro de uma visão evolucionista, esse processo já se apresentaria como um avanço em termos de coabitação, na medida em que representaria uma busca de abertura e prestação de contas por parte das empresas e, do ponto de vista da comunicação, uma compreensão que vai alem do modelo emissor-receptor que nos anos 1950 tentava explicar a relação comunicacional.

Durante boa parte dos anos 1980 e mesmo da década seguinte, as empresas mais avançadas em termos de planejamento estratégico de comunicação buscavam esse compartilhamento que permitiria o estabelecimento de zonas e ações de integração e proximidade. A empresa, colocando-se numa posição central dos territórios produtivos, atrairia e permitiria a entrada em seu entorno de representantes de diversas entidades ou esferas sociais ou políticas.

Morgan (1996, p. 36) alerta, contudo, que

> Ao considerar a organização como um processo racional e técnico, a imagem mecanicista tende não só a subvalorizar os aspectos humanos da organização, como também a ver superficialmente o fato de que as tarefas enfrentadas pelas organizações são, muito freqüentemente, mais complexas, imprevisíveis e difíceis do que aquelas que podem ser desempenhadas pela maioria das máquinas.

Em outras palavras, ao tratar inclusive a comunicação numa perspectiva racional e muitas vezes mecanicista, comunicadores empresariais elaboraram sofisticados programas e ações para o processo, esperando determinado resultado, estabelecendo metodologias sofisticadas para averiguar esses resultados, mas se esquecendo de uma variável importante no processo de comunicação: o outro, que é o sujeito que dá sentido e permite a comunicação acontecer. Afinal, "o que importa na comunicação, do ponto de vista de sua eficácia, não é bem o que é dito ou emitido, mas o que é percebido" (POYARES, 1998, p. 88). Nessa perspectiva, o processo de comunicação liga-se fortemente ao processo de percepção do indivíduo, afinal, este pode ser sintetizado como a interlocução entre a interioridade e o contexto onde se encontram as pessoas. A constatação deste papel do outro, do sujeito que torna a comunicação possível, constituiu-se em um dos pilares do desenvolvimento do conceito de gestão da reputação, que atualmente tem aparecido como o grande objetivo de um adequado processo de comunicação organizacional.

Se a comunicação busca no compartilhamento de símbolos comuns seu campo de atuação, a reputação reflete como as companhias são percebidas por um determinado grupo de *stakeholders* (FOMBRUM; VAN RIEL, 2004). Ou seja, na construção de uma reputação, o outro é o ponto mais importante e, com isso, ocorre um deslocamento do ponto de vista da comunicação, que não é mais nem o meio, nem a mensagem, nem o emissor, mas sim a percepção do outro. Assim, a comunicação feita com vistas à construção da reputação trabalha não para modificar o comportamento do outro, mas muito mais na busca de influenciar a percepção do outro. Para isso, características como autenticidade, consistência e empatia passam a ter mais importância que meios e formas. Ou melhor, meios e formas têm de transpirar essas características, sob pena de mais abalar que contribuir para a reputação de uma organização.

Mas por que a percepção do outro seria tão importante para as empresas? Fombrum e Van Riel (2004) respondem que a reputação de pessoas e empresas influencia nossas decisões de investimento; e, mais, que a boa reputação abre portas, atrai pessoas e desenvolve a lealdade em clientes e investidores, assegura uma adequada cobertura na mídia, mesmo quando os assuntos são negativos e afeta até mesmo o valor de mercado de uma empresa de capital aberto.

Parte importante do processo de construção e/ou manutenção de reputação, a gestão de marca assume relevância comparável e, dependendo do setor, como bens de consumo, superior a outros processos comunicacionais clássicos no interior da empresa, como a comunicação interna ou a publicidade. Kotler (2008) define esse processo como muito além de criar consciência de um nome e das promessas de uma empresa aos seus clientes. Para o autor, esse processo de fato pode representar uma oportunidade única e efetiva para o estabelecimento de vantagens duradouras e competitivas. Aqui se fala de novo em um processo racional, mas se admite que variáveis subjetivas, como sentimentos, fidelidade e promessas, sejam incorporadas como indicadores de sucesso desta ou outra estratégia. As marcas "são uma garantia de qualidade, origem e desempenho, com isso incrementando o valor percebido para o consumidor e reduzindo o risco e a complexidade presentes na decisão de compra (KOTLER, 2008, p. 23). Para este autor, também a marca é resultado de um conjunto de percepções, que perpassam tudo o que se vê, ouve, lê, conhece, sente e pensa sobre um produto, serviço, negócio ou empresa.

Tanto a abordagem de construção de reputação quanto a de gestão de marca trazem para o primeiro plano da cena comunicacional o diálogo e a interação com o outro. Não é mais apenas a empresa a falar, por meio dos seus métodos tradicionais. Busca-se o estabelecimento de canais de troca e interatividade, seja em encontros pessoais, como audiências públicas ou pré-testes de campanhas, seja em virtuais, como o desenvolvimento de *websites* e outras ferramentas de base tecnológica, como o uso das redes sociais, que permitem conectividade. Na gestão de marcas, os instrumentos (ou ferramentas) por excelência são os meios de comunicação pelos quais as empresas buscam informar, convencer e lembrar os consumidores – direta ou indiretamente – de seus produtos e marcas. "De certa forma, eles agem como a 'voz' da marca e criam uma plataforma para estabelecer um diálogo e construir relações" (KOTLER, 2008, p. 123). Aqui também consistência, coerência e empatia fazem toda a diferença. Desta maneira, os esforços de construção de reputação, de gestão de marcas ou mesmo de comunicação empresarial precisam encontrar pontos de convergência entre o "ser" organizacional e sua percepção, um equilíbrio entre o ser e o parecer.

Ainda que pareça utópica, essa busca de equilíbrio é fator crucial para a comunicação que objetiva dar visibilidade à ações sustentáveis das empresas. De um lado temos especialistas, ambientalistas, engajados, novos rebeldes e até mesmo concorrentes prontos a dissecar os esforços de comunicação das empresas, buscando inconsistências ou fraquezas no discurso estabelecido. Temos também um ambiente cada vez mais regulado que restringe, por meio de estamentos econômicos ou políticos, as esferas de ação das empresas – vide exemplo da indústria do tabaco que tem sido levada a indenizar vítimas do hábito de fumar, modificar seus esforços publicitários ou mesmo deixar o mais visível possível seus processos em vários países, inclusive no Brasil. E temos, também nesse contexto, consumidores exigentes e com acesso a meios como redes sociais, que potencializam a disseminação de satisfações ou insatisfações com relação a produtos, serviços e empresas.

Dois rápidos exemplos, divulgados pela mídia, ilustram bem esse cenário, no qual qualquer sinal percebido como incoerente pode ser desastroso para um processo de comunicação. Em abril de 2008, o CONAR (Conselho Nacional de Auto-Regulamentação Publicitária) suspendeu dois comerciais da Petrobras, que estavam sendo veiculados em TVs de todo o País, por considerar que os comerciais passavam uma falsa ideia de que a empresa tem contribuído para a qualidade ambiental e o desenvolvimento sustentável do Brasil. Foram suspensas as campanhas Petrobras – Sonhar Pode Valer Muito e Petrobras – Estar no Meio Ambiente sem Ser Notada (CIARELLI, 2008). A decisão do Conar foi tomada a partir de uma ação movida por entidades governamentais e não governamentais, como as secretarias estaduais de meio ambiente de São Paulo e de Minas Gerais, a secretaria do Verde e Meio Ambiente do Município de São Paulo e o Fórum Paulista de Mudanças Climáticas Globais e de Biodiversidade, que alegaram que a empresa "afirma recorrentemente em suas campanhas e anúncios publicitários seu compromisso com a qualidade ambiental, com o desenvolvimento sustentável e a responsabilidade social. Entretanto, essa postura que é transmitida por meio da publicidade não condiz com os esforços para uma atuação social e ambientalmente correta". Isso porque, disseram as entidades, a empresa, pela ausência de investimentos e planejamento e pelas suas reiteradas declarações, poderia deixar de cumprir a legislação ambiental e não reduzir a partir de 2009 o teor de enxofre no combustível, previsto na resolução 315/2002 do Conselho Nacional do Meio Ambiente, Conama (www.portaldapropaganda. com, 2008). Ressalte-se que em 2009 a empresa se adequou à esta norma.

Já a montadora de carros Toyota foi escolhida como uma das piores empresas em 2008 pela International Consumers, uma organização de consumidores presente em mais de 115 países. A empresa, que vem aumentando seu *market share* de maneira acelerada, inclusive em mercados como a América do Norte, foi acusada de fazer *"greenwashing"* (maquiagem verde) em seus comerciais.

No *site* da International Consumers (http://www.consumersinternational.org/) podemos ler a explicação pela escolha: "decidimos acordar à Toyota o prêmio anual de *Green-scrubbing* pelo seu persistente uso de *slogans* dúbios e campanhas de *marketing* contraditória". Um dos comerciais referenciados é um anúncio de TV em que se mostra uma *picape* da empresa sendo produzida com materiais que se decompõem organicamente e, portanto, têm pouco impacto no meio ambiente. Entretanto, de acordo com especialistas da associação, o carro usa combustíveis com alta emissão de CO2. A suspeita levantada foi suficiente para atrair a atenção da mídia e gerar algumas matérias, como no Jornal do Brasil, do domingo de 7 de dezembro de 2008.

Ainda que a Petrobras continue um orgulho nacional, e a Toyota, liderando vendas de automóveis em vários pontos do mundo, esses episódios marcaram as empresas e devem indicar a revisão de práticas e discursos sobre sustentabilidade.

Considerações finais: coabitação – exercícios de diálogo e tolerância

> O homem é uma substância que não tira sua existência de si mesma, mas de um outro ser. (DUFOUR, 2005)

A discussão sobre comunicação, sustentabilidade e a atuação responsável de empresas tem de sair do nível do discurso unidirecional para a conversa multilateral, do monólogo para o diálogo, do nível das ideias complexas para o nível das práticas quotidianas. Uma rápida passagem profissional que tive na Nova Caledônia, território francês de além-mar, localizado no Pacífico Sul, em 2007, exemplifica alguns dos desafios de tolerância e de busca de coabitação aos quais empresas e comunidades estão expostas. Em contato com os Kanaks – comunidade tradicional da ilha, que, no século XVIII, viu a chegada ao território dos franceses – para entender a resistência deles à instalação de uma mina que possibilitaria a geração de algumas centenas de empregos e impostos para o território, ouvi algumas vezes: "Por que precisamos de emprego? Por que precisamos da mina? Se precisamos de peixes, vamos à lagoa, se precisamos de vegetais, buscamos na terra". A simples ideia que uma tubulação passaria no subsolo de locais sagrados, levando resíduos - devidamente tratados – até o lago onde por várias gerações eles pescaram, amedrontava a comunidade. A chegada de equipamentos pesados, a construção de um porto e uma planta operacional contribuíam para acelerar a mudança no modo de vida ainda baseado em algumas tradições. A oferta de emprego aos jovens e as mulheres inquietava a comunidade na medida em que representava uma possibilidade de mudança de hábitos familiares e também poderia representar independência financeira às mulheres. A visão de que o desenvolvimento econômico modificaria em definitivo o modo de vida gerava em alguns representantes locais a percepção de que os benefícios gerados seriam incapazes de compensar os impactos trazidos pelo empreendimento.

Esse cenário, caracterizado por um debate fortemente polarizado quanto ao desenvolvimento do território, tinha como agravante uma relação de desconfiança da comunidade com relação à empresa, complicada pelo fato de que esta, ao começar a sua implantação, empreendeu esforços de comunicação voltados para entidades governamentais e representantes oficiais e usou canais de mídia tradicional (como anúncios em TV e jornal), suscitando na comunidade – vizinha à unidade operacional – a percepção de não estar sendo considerada ou ouvida. O temor de degradação ambiental ou mesmo de drástica mudança nos hábitos de vida acabou por levar a diversas manifestações, que chegaram a paralisar as obras algumas vezes.

Durante o período de construção da unidade operacional, a empresa foi adquirida por uma mineradora brasileira, e, em virtude do processo de aquisição e das práticas já implantadas pelo novo controlador acionário no Brasil, foi estabelecido um novo programa de comunicação e interlocução com a comunidade, além da revisão de vários parâmetros de produção e controle ambiental, com vistas a minimizar os impactos das suas operações e assegurar o estabelecimento de uma relação de maior confiança. Baseadas no diálogo e na escuta dos diferentes grupos da comunidade, seguindo as divisões familiares e respeitando os rituais cerimonialísticos locais, as negociações com as comunidades tradicionais e entidades ambientalistas foram retomadas, com mediação de uma ONG internacional. Os materiais institucionais mudaram do tom professoral para um tom mais didático e humano, visitas da comunidade às instalações industriais e de representantes da empresa às comunidades foram incrementadas. Em 2008, a empresa celebrou com a comunidade um Pacto pelo Desenvolvimento Sustentável, no qual foram estabelecidos critérios para investimentos sociais, coparticipação no controle ambiental e nas atividades para recomposição ambiental, além do reconhecimento da herança cultural dos Kanaks.

Essa experiência exemplifica bem que já não se consegue negociar a instalação de um empreendimento apenas gerando empregos ou impostos. Os impactos e resultados sociais e ambientais têm cada vez mais relevância, e a escuta e o entendimento do outro são cada vez mais fundamentais para os negócios, para a coabitação em um território. Ou seja, o que este relato aponta é que, de fato, a comunicação que busca contribuir para uma sociedade mais sustentável deve ser uma comunicação que retorna ao seu caráter social, no qual o diálogo é o meio, as ferramentas e metodologias convivem com sentimentos, e há não um único ator, mas uma multiplicidade de atores. Não se pode mais negar os conflitos. Ao contrário, cada vez mais pessoas – físicas e jurídicas – devem buscar o reconhecimento da diversidade e a tolerância. E, sobretudo, devemos reconhecer os espaços não como territórios de extremismos e isolamentos, mas como partes de uma mesma e imbricada rede de poderes, símbolos, desejos e sonhos, mediados pelo que permitiu e permite aos homens sua humanidade: a compaixão e a comunicação.

Notas

[1] Ocasionada pela incapacidade de aumentar os ganhos de produtividade, pelas contínuas tensões provocadas pela utilização de mão de obra desqualificada e cada vez mais explorada e pela necessidade de fabricação em lotes de produtos diferenciados, além da crise do petróleo (CORIAT, 1988).

[2] Em relação à implantação de novas tecnologias gerenciais e de produção, pode-se afirmar que o País viveu esse movimento, principalmente, a partir do final da década de 1980.

[3] Sobretudo o reconhecimento das competências e da implicação dos executantes, a descentralização gerencial e a terceirização.

Referências

ALMEIDA JUNIOR, A. R.; ANDRADE, T. N. Publicidade e ambiente: alguns contornos. In: *Revista Ambiente e Sociedade*. Campinas. v. X, n.1, p. 107-120, jan-jun 2007.

ASSUNÇÃO, J. M. *Ruídos na produção do silêncio; treinamento e comunicação administrada*. Dissertação (Mestrado em Comunicação) – Faculdade de Comunicação, Universidade de Brasília, Brasília, 1997.

BAUMAN, Z. *Vida para consumo. A transformação das pessoas em mercadoria*. Rio de Janeiro: Jorge Zahar, 2008.

CIARELLI, M. Conar suspende veiculação de anúncios da Petrobras. *O Estado de S. Paulo*, São Paulo, 17 de abril de 2008. Disponível em: <http://www.estadao.com.br/economia/not_eco158728,0.htm>.

CLEGG, S. Poder, linguagem e ação nas organizações. In: CHANLAT, J. F. (Coord.). *O indivíduo nas organizações*. São Paulo: Atlas, 1992. p.47-66.

CONSUMERS INTERNATIONAL. Disponível em: <http://www.consumersinternational.org>. Acesso em: dez. 2008.

CORIAT, Benjamin. *A revolução dos robôs: o impacto sócio-econômico da automação*. São Paulo: Busca Vida, 1988.

CORRADO, F. M. *A força da comunicação*. São Paulo: Makron Books do Brasil, 1994.

CHAPARRO, M. C. *Cem anos de assessoria de imprensa. Assessoria de Imprensa e relacionamento com a mídia.* DUARTE (Org.). Rio de Janeiro: Atlas, 2002.

CURVELLO, J. J. A. *Comunicação interna e cultura organizacional.* Dissertação (Mestrado em Comunicação) – Instituto Metodista de Ensino Superior de São Bernardo do Campo, São Bernardo do Campo, 1993.

DUFOUR, D. *A arte de reduzir as cabeças – sobre a nova servidão na sociedade ultraliberal.* Rio de Janeiro: Companhia de Freud, 2005.

FARIA, N. A.; SUASSUNA, N. *A comunicação na administração.* São Paulo: Livros Técnicos e Científicos, 1982.

FOMBRUM, C.; VAN RIEL, C. B. M. *Fame and fortune. How successful companies build winning reputations.* EUA: Pearson Education Inc., 2004.

FREYSSENET, M. Formas sociais de automatização e experiencias japonesas. In: HIRATA, H. (Org.). *Sobre o modelo japonês.* São Paulo: Edsup, 1993. pp. 153-162.

JORNAL O GLOBO. Várias edições – Rio de Janeiro, out. a dez. 2008.

JORNAL DO BRASIL. Rio de Janeiro, 7 dez. 2008.

KLEPACK, C. Effective Communications Leads to Higher Profits. *Bank Marketing*, set. 1990.

KOTLER, P. *Gestão de marcas em mercados B2B.* São Paulo: Bookman, 2008.

LINHART, D. *La modernisation des entreprises.* Paris: La Découverte, 1994. (Coll. Repères).

MAIA, J., KRAPP, J. Sobre subjetividades diaspóricas e ardis cotidianos: a cidadania cultural na favela da Candelária. In: *Comunicação, mídia e consumo.* Escola Superior de Propaganda e Marketing, São Paulo, vol 5, n. 14 (5), p. 69-84, nov. 2008.

MCLUHAN, M. *The medium is the message.* New York: Bantam Books, 1967.

MORGAN, G. *Imagens da organização.* São Paulo: Atlas, 1996.

PIMENTA, S. M. *A estratégia da gestão na nova ordem das empresas.* In: PIMENTA, S. M. (Coord.). Recursos humanos: uma dimensão estratégica. Belo Horizonte: UFMG/FACE/CEPEAD,1999.

POYARES, W. *Imagem pública – glória para uns, ruína para outros.* São Paulo: Globo, 1998.

PORTAL DA PROPAGANDA. Disponível em: <http://www.portaldapropaganda.com.br>. Acesso: entre out. e dez. 2008.

RATTNER, H. Sustentabilidade, uma visão humanista. In: *Revista Ambiente e Sociedade*, n.5, Campinas, Jul/Dez. 1999. Disponível em: <http://www.scielo.br/scielo>. Acesso em: 10 de dezembro de 2008.

SAINSAULIEU, R. *L'entreprise, une affaire de societé.* Paris: Presses de Sciences Po, 1990.

SOARES-BAPTSTA. R. Paternalismo industrial e novos modelos de gestão. In: CORREA, M. L., PIMENTA, S. M. *Gestão, trabalho e cidadania.* Belo Horizonte: Autêntica, 2006.

www.portaldapropaganda.com.br, consultas entre outubro e dezembro de 2008.

www.consumersinternational.org, consultas em dezembro de 2008

Desenvolvimento de competências para um turismo sustentável: o setor hoteleiro de Belo Horizonte em análise

Adriane Vieira
Gilberto Braga Pereira
Ivanete de Deus Simões Vargas
Frederico Guilherme Serrano Neves Júnior

O turismo é uma atividade econômica em franca ascensão no Brasil e já ocupa o primeiro lugar nas economias mais avançadas do planeta. Isso se deve ao aumento da renda da população e também ao processo de globalização da economia, que intensifica o trânsito dos homens e mulheres em busca de lazer, informações e negócios. A área de turismo e hospitalidade é apontada também como uma das que tem maior capacidade de geração de emprego e renda, sendo por isso considerada estratégica para o desenvolvimento do País.

Nos últimos anos, foram realizados no Brasil vultosos investimentos na área de turismo e hospitalidade em obras de infraestrutura básica, saneamento, trechos rodoviários, preservação ambiental, recuperação de patrimônio histórico, entre outros. Especificamente no setor hoteleiro têm surgido empreendimentos de grande porte, construídos e/ou administrados por empresas nacionais e cadeias internacionais (Accor, Marriot, Club Mediterranée, Blue Tree Park e Sol Meliá). Todavia, a carência de mão de obra qualificada pode representar um grande entrave para o desenvolvimento do setor hoteleiro, uma vez que, no cenário da globalização dos mercados, para consolidar e ampliar suas presenças, as empresas devem adequar seus produtos e serviços aos padrões de qualidade, produtividade e competitividade vigentes na economia mundial. Para isso, necessitam recorrer a inovações tecnológicas e a novas formas de organização dos processos produtivos e de gestão, criando um contexto no qual a melhoria da qualificação do trabalhador é fundamental.

Ciente da nova realidade do mercado de trabalho e reconhecendo a importância da formação profissional para o desenvolvimento econômico e social do Brasil, o sistema educacional brasileiro se propõe a formar um trabalhador com um novo perfil profissional. Tanto é assim que, a Lei 9.394/96 de Diretrizes e Bases da Educação Nacional – LDB – estabelece no parágrafo 2º do artigo 1º que "a educação escolar deverá vincular-se ao mundo do trabalho e à prática social" e, pela primeira vez, dedica um capítulo especial ao tema da educação profissional (artigos 39 a 42).

Complementando tal orientação, o Ministério de Educação (MEC), por meio do Conselho Nacional de Educação (CNE) e da Câmara de Educação Básica (CEB), estabelece nos textos regulamentadores da educação profissional que esta se faça a partir do desenvolvimento das competências profissionais, adaptando-se às tendências do mercado de trabalho e aos padrões de qualidade, de competitividade e de produtividade internacionais. Estabelece ainda que, na organização e no planejamento dos cursos, as instituições formadoras devem atender às demandas do cidadão e do mercado de trabalho.

Quando se trata de buscar informações sobre número de profissionais empregados no setor hoteleiro e qual o seu nível de qualificação para essa atividade econômica no Brasil, mais especificamente em Belo Horizonte, poucos dados estão à disposição. A presente pesquisa pretendeu cobrir parte dessa lacuna ao se propor a descrever e analisar quais são as competências necessárias aos profissionais da indústria hoteleira de Belo Horizonte/MG, cuja vocação principal é o turismo de eventos e negócios, o que pode determinar diferenças nas necessidades de formação e na atuação do profissional da área.

Como as competências só se realizam na ação e por meio do seu exercício continuado, para desenvolver bons "hospedeiros" é preciso criar ambientes favoráveis à geração de pessoas verdadeiramente "hospitaleiras", o que implica grandes desafios no tocante à formação e ao desenvolvimento de pessoas nesse setor. Espera-se que esta pesquisa contribua para a adoção de ações que otimizem processos e práticas, mesmo porque esse aprimoramento significa valorizar os clientes internos e externos, pressuposto fundamental para o sucesso de um hotel. Assim, é quase senso comum que os gestores devem ter um cuidado extra ao selecionar e desenvolver a equipe de trabalhadores, pois dificilmente uma pessoa expressará atitudes e comportamentos hospitaleiros se não possuir inclinação e não for preparada para tal.

Atividade hoteleira no Brasil

A palavra *hôtel* na língua francesa designa não só um meio de hospedagem, mas também edifícios públicos ou privados que se destacam pelo porte ou estilo arquitetônico em relação aos demais. Alguns exemplos são:

o *Hôtel des Postes* (correio), o *Hôtel des Finances* (instituição financeira) e o *Hôtel de Ville* (prefeitura). Por extensão, o termo passou a designar casas abertas ao público que alugavam temporariamente quartos mobiliados, posteriormente denominados de hotéis. O uso do termo visava destacar a excelência das instalações como a das mansões, verdadeiros *hôtels* em francês (DIAS, 2002).

O maior desenvolvimento da hospitalidade comercial no Brasil aconteceu a partir do século XVIII, na cidade do Rio de Janeiro, onde surgiram as primeiras estalagens ou casas de pasto que, inicialmente, ofereciam apenas refeições, mas depois ampliaram seus negócios e passaram a oferecer também quartos para dormir.

No começo do século XX, tanto no interior como nas capitais, ainda permanecia o costume da hospedagem temporária em casa de familiares ou conhecidos (TRIGO, 2002). Nos anos 1950 e 1960, nos Estados de maior progresso econômico, a hotelaria cresceu ao longo das ferrovias graças, principalmente, à presença dos representantes comerciais que, diante da precariedade do transporte, permaneciam por vários dias na "cidade peão". Segundo Campos (2005, p. 49) "foi um período rico para os hotéis organizados como pequenas empresas familiares".

Em 1966 foi criada a Embratur, hoje, Instituto Brasileiro do Turismo, e, junto com ela, o Fundo Geral do Turismo (FUNGETUR), oferecendo incentivos fiscais para a implantação de hotéis e promovendo uma nova fase na hotelaria brasileira, principalmente no segmento de hotéis de luxo, os chamados cinco estrelas. Apesar da iniciativa, os anos de 1970 e 1980 foram de desenvolvimento medíocre para a hotelaria brasileira, que contou apenas com alguns investimentos isolados nas maiores cidades e em regiões turísticas, ao mesmo tempo em que os luxuosos hotéis construídos nas décadas de 1920 a 1950 perderam o brilho e a clientela por falta de investimentos (CAMPOS, 2005; CAMPOS; GONÇALVES, 1998; CASTELLI, 2005).

A partir de 1994, com a estabilização da moeda, o mercado imobiliário voltou a atrair investimentos nacionais e internacionais, contudo, o fraco crescimento da economia no início dos anos 2000 provocou uma baixa na taxa média de ocupação de quase 47%, em 2003, na cidade de São Paulo. A comparação do desempenho de suas unidades de negócios com as existentes em outros países fez com que os gerentes e diretores das redes hoteleiras apontassem o excesso de oferta como a causa do problema.

Contudo, desde 2007 a hotelaria brasileira vem se recuperando vigorosamente, impulsionada pela estabilização da economia, pelo aumento da entrada de estrangeiros no País, pelo incremento do número de viagens domésticas e pela oferta de crédito para investimento, deixando os proprietários e gestores de meios de hospedagem bastante otimistas quanto ao crescimento dos negócios. Segundo o relatório da IV Pesquisa Anual de Conjuntura Econômica do Turismo, produzida pelo Ministério do Turismo e pela EMBRATUR, em parceria com o Núcleo de Turismo da Escola Brasileira de Administração Pública e de Empresas (EBAPE-FGV), de acordo com 92% dos meios de hospedagem pesquisados, a economia brasileira apresentou, em 2007, desempenho superior ao de 2006, enquanto que para 8% foi estável. Acompanhando essa tendência de crescimento da economia, o mercado brasileiro de hotelaria registrou 95% de assinalações de incremento e 5% de estabilidade em 2007, comparativamente ao ano anterior (BRASIL, 2008).

Perspectivas para a hotelaria em Belo Horizonte

Belo Horizonte foi fundada em 12 de dezembro de 1894, como uma cidade planejada para ser a capital do Estado de Minas Gerais. Segundo os planos do engenheiro Aarão Reis, ela deveria ter 200 mil habitantes no final século XX; contudo, superando as expectativas, ela hoje abriga 2,3 milhões de habitantes, e se forem considerados o municípios que formam a região Metropolitana, essa população sobe para quatro milhões de habitantes, segundo o Censo de 2000. Seu parque produtivo é o quinto maior da América do Sul e o terceiro do País, abrigando indústria automobilística e de autopeças, siderurgia, eletrônica e construção civil.

A cidade está estrategicamente localizada na porção central do Estado e se destaca pelo clima agradável, por belas paisagens, arquitetura eclética e proximidade com importantes cidades turísticas mineiras como Ouro Preto, Mariana, Sabará, Congonhas e Caeté; além disso, está interligada a importantes centros, como São Paulo, Rio de Janeiro, Salvador, Brasília, Vitória e Goiânia. Possui também uma extensa malha rodoviária, transporte aéreo, hotéis e restaurantes, vasta gama de serviços, comércio arrojado, vida noturna movimentada e bons espaços para eventos. Tudo isso favorece muito o fluxo de visitantes e os investimentos na atividade turística.

Segundo a Belotur, até 1985 a hotelaria em Belo Horizonte era composta por empresas familiares; de 1985 a 1994 as redes hoteleiras começaram a chegar à cidade e a partir de 1995 iniciou-se a expansão desse setor. Em 1996, o mercado de *flats* começou a crescer e se consolidou durante o ano de 1999, quando as grandes redes hoteleiras entraram no mercado de Belo Horizonte (BELO HORIZONTE, 2005).

Nos anos 2000 e 2001, em função da estabilização da economia e dos planos do Governo Federal para o desenvolvimento do turismo, a hotelaria de Belo Horizonte recebeu uma significativa injeção de capital. No entanto, as expectativas de retorno dos investidores não se confirmaram, pois o ano de 2003 registrou o menor índice (39%) de ocupação da história dos meios de hospedagem na cidade, em parte em função da oferta excessiva de leitos. Outros motivos apontados para o desempenho decepcionante do setor foram: o comércio informal, a infraestrutura deficiente, a escassez de voos alternativos, a cultura explorativa e a estagnação econômica estadual (BELO HORIZONTE, 2005).

Essas constatações fizeram com que, a partir de 2005, surgissem iniciativas de integração entre o setor privado e o público, que se mostraram muito bem sucedidas. A captação de eventos e novas campanhas de incentivo ao turismo mineiro, associadas ao crescimento do turismo de negócios em âmbito nacional, auxiliaram na reversão desse cenário recessivo e reforçaram a vocação da cidade para o turismo de negócios e eventos (SIQUEIRA, 2006).

Belo Horizonte é de fato, hoje, um polo cultural do País. Anualmente, ocorrem eventos que já se tornaram tradição e que movimentam a cidade durante todo o ano, como: Festival Internacional de Teatro de Palco e Rua de Belo Horizonte (FIT-BH); Fórum Internacional de Dança (FID); Festival Mundial de Circo do Brasil; Festival Internacional TIM de Curtas-Metragens de Belo Horizonte; Festival Internacional de Quadrinhos; Encontro Mundial de Artes Cênicas (ECUM); Festival Internacional de Teatro de Bonecos de Belo Horizonte e Campanha de Popularização do Teatro (SIQUEIRA, 2006).

Outras ações fundamentais para a recuperação do setor foram os investimentos do Estado na construção de um espaço para exposição (Expominas1), a construção da Linha Verde2 e a reativação do aeroporto de Confins. Como consequência, a taxa de ocupação dos hotéis passou de 56,71%, em 2005, para 60,24%, em 2006, demonstrando ser a capital em que o turismo de negócios mais cresce no país. O RevPar3 registrou, nos dois últimos anos, um crescimento de 30,18%, considerado muito bom pelo mercado. Outro indicador de sucesso é o valor da diária média, que passou de R$ 96,91, em 2005, para R$ 118,76, em 2006 (SIQUEIRA, 2006).

Nesse contexto, manter e melhorar a qualidade no fornecimento dos serviços hoteleiros é uma questão de sobrevivência e um desafio constante, que passa necessariamente pela formação e pela educação dos profissionais da área, ou melhor expressando, pelo desenvolvimento de competências.

Desenvolvimento de competências

Segundo Zarifian (2001), a competência é a inteligência prática que se apoia nos conhecimentos adquiridos e os transforma com tanto mais força quanto maior a complexidade das situações. O trabalho não é mais o conjunto de tarefas associadas descritivamente ao cargo, mas se torna o prolongamento direto da competência que o indivíduo mobiliza em face de uma situação profissional cada vez mais mutável e complexa. Tal complexidade torna o imprevisto cada vez mais cotidiano e rotineiro.

Zarifian (2001) foca três mutações principais no mundo do trabalho, que justificam a emergência do modelo de competência para a gestão das organizações:

• a noção de incidente, aquilo que ocorre de maneira não-programada, vindo a perturbar o desenrolar normal do sistema de produção, ultrapassando a capacidade rotineira de assegurar sua autorregulação; isso implica que a competência não pode estar contida nas pré-definições da tarefa: a pessoa precisa sempre mobilizar recursos para resolver as novas situações de trabalho;

• comunicação: comunicar implica compreender o outro e a si mesmo; significa entrar em acordo sobre objetivos organizacionais, partilhar normas comuns para a sua gestão;

• serviço: a noção de serviço, de atender a um cliente externo ou interno da organização precisa ser central e estar presente em todas as atividades; para tanto, a comunicação é fundamental.

A pesquisa realizada e apresentada neste artigo tem presente os três aspectos mencionados por Zarifian (2001), uma vez que se propõe a investigar as competências necessárias ao profissional da hotelaria, atividade do setor de serviços, na qual a variabilidade nas demandas dos clientes internos e externos é uma constante, e o atendimento direto a esses clientes torna a comunicação essencial.

De acordo com o Fleury e Fleury (2001), as competências podem ser desenvolvidas por meio da educação formal, da experiência profissional e da experiência social do indivíduo. Esse é também o entendimento da legislação brasileira para a educação profissional, que prevê, no *caput* do art. 41 da LDB e no art. 11 do Decreto 2.208/97, a possibilidade de avaliação, reconhecimento e certificação de competências adquiridas pelas pessoas por meio de estudos não formais, autodidatismo ou no próprio trabalho (MEC, 2001a).

A ideia de que a formação do trabalhador é o somatório de suas vivências pessoais, sociais e profissionais se repete em Kuenzer (1994) quando essa autora diz que a formação dos trabalhadores, com o objetivo do desenvolvimento de competências, se faz com a finalidade de capacitar o indivíduo para que tenha condições de utilizar, durante seu desempenho profissional, os atributos adquiridos na vida social, escolar, pessoal e laboral, preparando-o para lidar com a incerteza, a flexibilidade e a rapidez na resolução de problemas.

O debate sobre o desenvolvimento das competências ocorre no Brasil desde o início de 1990, em um contexto marcado pela globalização, pelo neoliberalismo e pela introdução de novas tecnologias. Além disso, de acordo com Carvalho (2004), passou a ser muito incisiva a ação dos organismos financeiros internacionais que, contando com a anuência dos gestores das políticas públicas federais, determinou uma série de reformas educativas, mais evidentes após a promulgação da LDB. Entre essas reformas, destaca-se a curricular, que introduziu a noção de competências no âmbito dos currículos escolares. Assim, a institucionalização do sistema de competências tem sido liderada pelo MEC, por meio da veiculação de inúmeros decretos, leis e pareceres.

Ensino e desenvolvimento de competências em turismo e hotelaria

Os tipos de cursos na área de turismo e hotelaria a serem ofertados em determinada região ou cidade devem variar em função da demanda de pessoal para atender às especificidades daquele mercado, obedecendo à seguinte classificação desenvolvida por Ansarah (2002, p. 78-79):

– ensino superior: engloba cursos de graduação (formação de profissionais: bacharelado e tecnólogo), pós-graduação *stricto sensu* (mestrado e doutorado), *lato sensu* (especialização e aperfeiçoamento), extensão e sequenciais. As instituições de ensino no Brasil se dividem em públicas (federal, estadual e municipal) e privadas (particular e filantrópica) e podem se organizar em forma de universidades, centros universitários, faculdades integradas, faculdades, escolas e institutos e Centros de Educação Tecnológica (CEFET) e Faculdades de Tecnologia (FAT).

– cursos sequenciais: cursos oferecidos em instituições de ensino superior credenciados pela Secretaria de Ensino Superior do Ministério da Educação e que possuem cursos de graduação reconhecidos na área. Podem ser de duas maneiras: a) os de *formação específica* oferecem diplomas e devem ser reconhecidos; b) os de *complementação de estudos* oferecem apenas certificado e não são considerados cursos de graduação.

– cursos técnicos: são os cursos profissionalizantes cuja oferta se encontra em escolas técnicas. São equivalentes ao ensino médio e pós-médio completo. Procuram a formação técnico-profissional, como os cursos de guia de turismo (classe excursão nacional, classe excursão internacional), sendo a profissão reconhecida, com direito a carteirinha da EMBRATUR.

– cursos livres: cursos e programas não-regulares. Não requerem credenciamento oficial e são dirigidos às necessidades de formação, treinamento e aperfeiçoamento para o mercado, seguem as demandas e necessidades de mercado regional, apresentando planejamento diversificado e tipologia não padronizada.

Ao se realizar uma comparação entre os níveis educacionais e os níveis hierárquicos de uma organização, segundo Cooper *et al.* (2001), é possível afirmar que os cargos de nível técnico e operacional demandam uma formação de nível fundamental e médio, enquanto que os cargos de supervisão e gerência demandam uma formação de nível superior. Para ambos os casos se identifica na literatura especializada orientações para a formação dos profissionais, por meio das diretrizes curriculares formuladas pelo MEC.

As diretrizes curriculares do curso de graduação em Turismo e Hotelaria servem de alerta para as instituições de ensino (IES), para que os cursos de graduação passem a contemplar em seus currículos competências profissionais que estão sendo requeridas pelo mercado. Cabe às IES a missão de se adequarem a essas competências a partir das diretrizes propostas pelo MEC. Assim sendo, ao final do curso, o formando deve dominar as seguintes competências e habilidades:

1. Compreensão das políticas nacionais e regionais sobre turismo.

2. Utilização de metodologia adequada para o planejamento das ações turísticas, abrangendo projetos, planos e programas com os eventos locais, regionais, nacionais e internacionais.

3. Contribuição positiva na elaboração dos planos municipais e estaduais de turismo.

4. Domínio das técnicas indispensáveis ao planejamento e à operacionalização do inventário turístico, detectando áreas de novos negócios e de novos campos turísticos e de permutas culturais.

5. Domínio e técnicas de planejamento e operacionalização de estudos de viabilidade econômica e financeira para os empreendimentos e projetos turísticos.

6. Adequada aplicação da legislação pertinente.

7. Planejamento e execução de projetos e programas estratégicos relacionados com empreendimentos turísticos e seu gerenciamento.

8. Intervenção positiva no mercado turístico com sua inserção em espaços novos, emergentes ou inventariados.

9. Classificação sobre critérios prévios e adequados de estabelecimentos prestadores de serviços turísticos, incluindo meios de hospedagens, transportadoras, agências de turismo, empresas promotoras de eventos e outras áreas, postas com segurança à disposição do mercado turístico e de sua expansão.

10. Domínio de técnicas relacionadas com a seleção e a avaliação de informações geográficas, históricas, artísticas, esportivas, recreativas e de entretenimento, folclóricas, artesanais, gastronômicas, religiosas, políticas e outros traços culturais, como diversas formas de manifestação da comunidade humana.

11. Domínio de métodos e técnicas indispensáveis ao estudo dos diferentes mercados turísticos, identificando os prioritários, até para efeito de oferta adequada a cada perfil do turista.

12. Comunicação interpessoal, intercultural e expressão correta e precisa sobre aspectos técnicos específicos e da interpretação da realidade das organizações e dos traços culturais de cada comunidade ou segmento social.

13. Utilização de recursos turísticos como forma de educar, orientar, assessorar, planejar e administrar a satisfação das necessidades dos turistas e das empresas, instituições públicas ou privadas, e dos demais segmentos populacionais.

14. Domínio de diferentes idiomas que ensejem a satisfação do turista em sua intervenção nos traços culturais de uma comunidade ainda não conhecida.

15. Habilidade no manejo com a informática e com outros recursos tecnológicos.

16. Integração nas ações de equipes interdisciplinares e multidisciplinares, interagindo criativamente em face dos diferentes contextos organizacionais e sociais.

17. Compreensão da complexidade do mundo globalizado e das sociedades pós-industriais, em que os setores de turismo e entretenimento encontram ambientes propícios para se desenvolverem.

18. Profunda vivência e conhecimento das relações humanas, de relações públicas, das articulações interpessoais, com posturas estratégicas do êxito de qualquer evento turístico.

19. Conhecimentos específicos e adequado desempenho técnico-profissional, com humanismo, simplicidade, segurança, empatia e ética.

No que se refere aos cursos profissionais gerais e do técnico da área de turismo e hospitalidade, a Resolução CNE/CEB 04/99, de 5 de outubro de 1999 (MEC, 2001b), determina que para atender às exigências requeridas pelo mercado de trabalho, as competências a serem desenvolvidas são:

- Conceber, organizar e viabilizar produtos e serviços turísticos e de hospitalidade adequados aos interesses, aos hábitos, às atitudes e às expectativas da clientela.

- Organizar eventos, programas, roteiros, itinerários turísticos, atividades de lazer, articulando os meios para sua realização com prestadores de serviços e provedores de infraestrutura e apoio.

- Organizar espaços físicos de hospedagem e de alimentação, prevendo seus ambientes, seu uso e sua articulação funcional e fluxos de trabalho e de pessoas.

- Operacionalizar política comercial, realizando prospecção mercadológica, identificação e captação de clientes e adequação dos produtos e serviços.

- Operar a comercialização de produtos e serviços turísticos e de hospitalidade, com direcionamento de ações de venda para suas clientelas.

- Avaliar a qualidade dos produtos, de serviços e atendimentos realizados.

- Executar atividades de gerenciamento econômico, técnico e administrativo dos núcleos de trabalho, articulando os setores internos e coordenando os recursos.

- Executar atividades de gerenciamento do pessoal envolvido na oferta dos produtos e na prestação dos serviços.

- Executar atividades de gerenciamento dos recursos tecnológicos, supervisionando a utilização de máquinas, equipamentos e meios informatizados.
- Realizar a manutenção do empreendimento, dos produtos e dos serviços, adequando-os às variações da demanda.
- Comunicar-se efetivamente com o cliente, expressando-se em idioma de comum entendimento.

Foram essas fontes de consulta, além de um rol de competências próprias da hotelaria extraídas de publicações do Instituto de Hospitalidade (2000a; 2000b) e da EMBRATUR (BRASIL, 2002), que deram origem ao instrumento de coleta de dados que será descrito em detalhes a seguir.

Metodologia da pesquisa

Perseguindo o objetivo de descrever e analisar as competências necessárias aos profissionais da indústria hoteleira de Belo Horizonte/ MG, o estudo realizado utilizou procedimentos quantitativos de coleta e análise dos dados. A estratégia de pesquisa adotada caracteriza-se como um levantamento-exploratório, "tendo como objetivo o desenvolvimento de hipóteses e de proposições pertinentes a inquirições adicionais" (YIN, 2001, p. 25).

Segundo dados da Belotur (2005), o parque hoteleiro em Belo Horizonte é composto por 52 hotéis, padrão de duas a cinco estrelas, e ainda 37 apart-hotéis, totalizando 89 estabelecimentos. Apresenta um total de 7.893 quartos, sendo que, desse total, 31,8% encontram-se em apart-hotéis, 9,2% em hotéis de cinco estrelas, 25,5% nos de quatro estrelas, 21,2% nos de três e 12,4% nos de duas estrelas (BELO HORIZONTE, 2005).

Seguindo essa classificação foram eliminados da amostra os hotéis de padrão duas estrelas, bem como estabelecimentos de menor porte, pelo fato de se assemelharem mais a pensões e hospedarias e contarem com um número reduzido de funcionários. Restaram, então, 43 estabelecimentos, dos quais 30 se dispuseram a participar da pesquisa, constituindo uma amostra de: dois hotéis padrão cinco estrelas, oito hotéis padrão quatro estrelas, cinco hotéis padrão três estrelas e 15 apart-hotéis. Os contatos iniciais com os hotéis foram feitos pela Associação Brasileira da Indústria Hoteleira de Minas Gerais (ABIH), que destacou a importância da pesquisa para o setor e apresentou os pesquisadores. Para ampliar as possibilidades de veracidade das informações obtidas, garantiu-se aos hotéis que eles não seriam identificados.

O principal instrumento de coleta de dados utilizado foi um formulário composto de competências próprias da hotelaria, como já mencionado no item 1, agrupadas por conhecimentos, habilidades e atitudes (C.H.A.). Ao lado das competências foram inseridas duas colunas para que os respondentes assinalassem na primeira as competências consideradas como as mais necessárias aos profissionais de hotelaria e, na segunda, aquelas que deveriam se constituir nos focos prioritários de desenvolvimento. Os respondentes ocupavam cargos variados como: gerente geral, gerente de recursos humanos, gerente de pessoal, supervisor de vendas, gerente operacional, assistente de gerência, gerente de hospedagem, chefe de pessoal, gerente executivo, assistente de recursos humanos, gerente de hospedagem, gerente geral, subgerente, chefe de recepção, encarregado de pessoal.

O levantamento teve início em 13 de julho de 2004 e foi concluído em 21 de julho de 2005. O número de funcionários registrados nos hotéis totalizou 1.252, distribuídos nas seguintes áreas: 124 na gerência, 280 em alimentos & bebidas, 410 na recepção e 438 na governança.

Para efeito de análise os dados coletados receberam tratamento estatístico simples, apontando basicamente a porcentagem das respostas em cada questão. Os dados referentes aos hotéis quatro e cinco estrelas foram somados, uma vez que o tratamento estatístico em separado não revelou diferenças representativas.

Como estratégia de apresentação os dados foram ordenados segundo a frequência de incidência, conforme os três tipos de estabelecimentos: três, quatro e cinco estrelas e apart-hotéis. O resultado foi a obtenção de um quadro relativamente indistinto à primeira vista, porém revelador em sutilezas, além da caracterização levemente diferenciada dos apart-hotéis em relação aos outros tipos de meios de hospedagem.

O setor hoteleiro de Belo Horizonte em análise

As organizações de hospedagem, como as dos mais variados segmentos, inserem-se numa sociedade marcada pela exigência de modernização na gestão e são desafiadas ante um novo paradigma que se contrapõe ao de "comando e controle". Essa nova realidade pode ser sintetizada nos elementos: (1) competência, (2) tecnologia, (3) parceria e (4) flexibilidade, o que força a substituição do modelo de capacitação focado em tarefas pelo que é chamado de missão ou alvo a ser atingido pelo sujeito. Substancialmente, passa-se a cobrar mais resultados, criatividade e visão de longo prazo, vinculados supostamente ao incremento da autonomia. Para atender às demandas crescentes de especialização, o treinamento passou a ser sistematizado mediante a correlação entre competência e otimização de resultados (MALVEZZI, 1994).

A tradução da complexidade envolta nos desafios de capacitação tem usado como referência a sigla C.H.A. (Conhecimentos, Habilidades e Atitudes), a amplamente aplicada por profissionais de gestão de pessoas, pois os vocábulos que a formam servem de parâmetros a partir dos quais se estruturam os conteúdos para transmitir conhecimentos e para treinar habilidades, utilizando metodologias estruturadas com base em exercícios e simulações e as técnicas de dinâmica de grupo e *coaching* para desenvolver atitudes.

A aprendizagem só pode ser reconhecida como tal na medida em que aquele que conhece transforma a realidade em que se situa. É, pois, um processo contínuo. Em certa medida pode-se afirmar que o conhecer estabelece-se em resposta às indagações sobre o "O quê?" e ao "Por quê?" de determinado objeto de conhecimento, seja ele o conceito, o objeto concreto seja uma tarefa.

A habilidade ou o aprender a fazer remete ao "Como?" e por seu turno dá lugar à aplicação do que é conhecido, revelando-se como dependente da experimentação ou da prática como recursos ao seu desenvolvimento. Para Ferreira (2001, p. 19), remete ao trabalho e à cultura, entendida como um processo de produção permanente de "sistemas simbólicos que permanecem no mundo". O trabalho se configura como o agir produtivo que se manifesta tanto na satisfação (prazer ou dor) como no resultado da ação do sujeito.

> A ação pautada no labor produz, como resultado de escolha, um processo interno de satisfação que se externaliza. O resultado remonta a uma identificação do que se faz, a uma produção permanente de si mesmo. (FERREIRA, 2001, p. 20)

A atitude, por fim, reclama por respostas às indagações circunscritas na dimensão do ser ou do "querer". Se o conhecimento é o domínio de códigos, e a habilidade, o uso ou aplicação dos mesmos, a atitude implica os motivos, ou dizendo de outro modo, a identificação com o que se faz ou ainda ao querer fazer e ao querer ser. Ao se demandar, portanto, esta ou aquela atitude, põe-se em evidência o processo de construção dos sujeitos, o qual está condicionado à formação da cultura.

Por conseguinte, ao se analisar "as frações de competências" contidas no C.H.A., em empresas de hospitalidade se está distinguindo, em certo sentido, a identidade do profissional, bem como a cultura preponderante naqueles estabelecimentos. Da importância dada abstrai-se o valor que se deseja agregar, e do reconhecimento do que deve ser desenvolvido se depreendem as lacunas, faltas sentidas ou necessidades e demandas.

A possibilidade de escolhas múltiplas a partir de uma lista pré-definida serviu de estímulo para que os respondentes se manifestassem. Foi-lhes dada a opção de acrescer à listagem alguma alternativa de conhecimento, habilidade ou atitude, o que não ocorreu em nenhum dos casos. Por outro lado, após a tabulação, foram subtraídos das tabelas apresentadas os itens que não foram objeto da preferência de nenhum dos respondentes (escolha zero). Fato que explica a existência, em algumas tabelas, de espaços preenchidos por um pequeno traço. Portanto, não houve uma coincidência exata ou mesmo de tendência entre as várias categorias de estabelecimentos. Há sim, algumas discrepâncias sutis que parecem dignas de nota.

Apenas para atender a um princípio didático, a análise está ordenada por subcategorias componentes da competência, conforme o C.H.A. Mesmo porque, como dito, essa foi a referência utilizada para a pesquisa de campo. Somente ao final é que se busca uma síntese. Os percentuais foram apurados levando-se em consideração a frequência total de escolhas, e não o número de respondentes ou de estabelecimentos participantes da pesquisa.

A TAB. 1A apresenta os dados concernentes aos conhecimentos considerados de maior relevância em hospitalidade.

Nos hotéis três estrelas, os conhecimentos aparecem em quatro blocos distintos em função do percentual de ocorrência. O primeiro corresponde aos itens que atingiram uma frequência de 11,6%, seguido pelos demais com percentuais mais baixos. Neste primeiro bloco distinguem-se ética e postura, higiene e apresentação, português (ler/escrever) e qualidade no atendimento como os mais representativos.

Chama a atenção o fato de que o conhecimento de outras culturas ocupa a última posição entre todos, atingindo apenas o índice de 2,3%. Em um ambiente onde o trânsito do diverso é ponto pacífico, talvez fosse de se esperar um resultado um pouco diferente. Ao se associar, contudo, esse dado com os índices obtidos pelos itens turismo e hospitalidade (7,0%) e idioma (4,7%), pode-se levantar a hipótese de que a realidade atinente aos estabelecimentos três estrelas não inclui uma convivência frequente com realidades culturais configuradas por hóspedes originários de países estrangeiros. O curioso, entretanto, é tentar desvendar porque turismo e hospitalidade não figura como um dos primeiros.

TABELA 1A
Conhecimentos mais importantes

3 estrelas			4 e 5 estrelas			Apart-hotéis		
CONHECIMENTO	Mais importante		CONHECIMENTO	Mais importante		CONHECIMENTO	Mais importante	
	Total*	%		Total*	%		Total*	%
Ética e postura	5	11,6	Qualidade do atendimento	10	14,1	Qualidade do atendimento	15	14,0
Higiene e apresentação	5	11,6	Português – ler/escrever	9	12,7	Português – ler/escrever	14	13,1
Português – ler escrever	5	11,6	Matemática (4 operações)	8	11,3	Turismo/hospitalidade	12	11,2
Qualidade de atendimento	5	11,6	Higiene e apresentação	8	11,3	Ética e postura	10	9,3
Informática	4	9,3	Ética e postura	7	9,9	Segurança/emergência	10	9,3
Conhecimento integrado das áreas da empresa	4	9,3	Outro idioma	5	7,0	Informática	9	8,4
Matemática (4 operações)	4	9,3	Turismo/hospitalidade	5	7,0	Matemática (4 operações)	8	7,5
Planejamento	3	7,0	Planejamento	5	7,0	Planejamento	7	6,5
Turismo/hospitalidade	3	7,0	Segurança/emergência	4	5,6	Conhecimento integrado das áreas da empresa	4	3,7
Outro idioma	2	4,7	Outras culturas	4	5,6	Outro idioma	2	1,9
Segurança/emergência	2	4,7	Informática	3	4,2	Outras culturas	2	1,9
Outras culturas	1	2,3	-	-	-	-	-	-
Total	**43**	**100,0**	**Total**	**71**	**100,0**	**Total**	**107**	**100,0**

Fonte: dados da pesquisa
* escolhas múltiplas

O conhecimento está diretamente relacionado à finalidade do negócio e, como tal, é fundamento para que se entendam os códigos e símbolos afetos ao ambiente de hospitalidade, sua dinâmica e sua cultura peculiar. Como o funcionário poderá assegurar a qualidade no atendimento sem que seja capaz de fazê-lo dentro do contexto específico de hospedagem? É bastante provável que a compreensão dos respondentes isole o conhecimento do negócio das variáveis ligadas ao ato de atender bem, quais sejam: ética, apresentação, higiene e saber ler e escrever (comunicação). Fato que irá se repetir também entre os hotéis quatro e cinco estrelas. Entretanto, o conhecimento integrado das áreas da empresa surge como um daqueles que se situam no segundo bloco com 9,3%, o que parece contradizer a consideração precedente. Pelo menos há de se supor que entre os respondentes nos hotéis três estrelas observa-se a importância a ser dada a uma formação que leve em conta o entendimento do funcionamento interno e as interfaces afetas às várias áreas de um hotel.

Entre os hotéis quatro e cinco estrelas já se observam itens que se diferenciam individualmente. Qualidade no atendimento (14,1%) ocupa a primeira posição em importância, seguido por português (ler/escrever, 12,7%); apresentação, matemática e higiene estão na terceira posição com um índice de 11,3%. Comparativamente, mesmo que em ordem e com percentuais distintos, os conhecimentos considerados por essa categoria de estabelecimento como importantes coincidem com os de três estrelas. Conhecimento de turismo e hospitalidade, igualmente, não aparece como prioritário, nem tampouco idioma estrangeiro. É de se supor que o mercado de Belo Horizonte, mesmo nos hotéis de maior porte ou supostamente aptos a proporcionar uma hospedagem diferenciada, demanda de seus empregados tão somente a condição de se comunicar em seu próprio idioma. É provável que, também nestes, o convívio com estrangeiros seja pouco comum. Persiste, portanto, uma exigência tênue quanto aos conhecimentos pertinentes ao negócio, como já comentado ao se tratar dos hotéis três estrelas.

Uma consideração adicional que se pode fazer diz respeito à necessidade de se difundir a ideia de que um bom atendimento se estende para além de "sorrisos", pois demanda "sistemas" e "processos" estruturados e institucionalizados, os quais, em consequência, requerem dos profissionais uma capacitação específica e especial no tocante ao turismo e à hospitalidade como áreas de conhecimento. De todo modo, não se pode esquecer que se entende hospitalidade como o conjunto de competências, serviços, infraestrutura e outros recursos destinados a receber bem, não obstante se conservem as características fundamentais da relação entre pessoas que a configura.

O comentário antecipado sobre os percentuais de mais dois tipos de conhecimentos parece relevante antes que se passe para os apart-hotéis. Informática ocupa a última posição, com 4,2%. e a grande surpresa está no fato de que o conhecimento integrado das áreas da empresa, no caso dos hotéis quatro e cinco estrelas, não foi citado. Um índice zero para esse item sinaliza um componente bastante grave quando se trata da formação de competências. No mínimo, parece comprometer tanto a eficiência operacional quanto uma abordagem estratégica na gestão. Em certa medida, pode-se estar diante de uma visão fragmentada do funcionamento empresarial. O alívio eventual que se pode ter ao ser considerado o fenômeno entre os hotéis três estrelas, como visto, não perdura porque entre os apart-hotéis o fenômeno se repete, ainda que de forma atenuada. O conhecimento integrado das diversas áreas da empresa atinge apenas 3,7%.

Os respondentes dos apart-hotéis contrariam as escolhas precedentes por resgatarem o conhecimento em turismo e hospitalidade (11,2%) como um dos três primeiros em importância. Nas demais escolhas não há surpresas. Qualidade no atendimento (14,0%) continua a liderar, assim como português (ler/escrever) (13,1%) figura nas primeiras posições. Idioma e conhecimento de outras culturas, ambos com 1,9%, localizam-se nas últimas posições. Volta-se à indagação: até que ponto eles constituem indicadores suficientes para que se possa suspeitar que os potenciais turísticos da cidade de Belo Horizonte e imediações não têm atraído o turista estrangeiro com intensidade tal que justifique a não-valorização do conhecimento de idiomas pelos estabelecimentos de hospedagem situados nessa praça?

Ao serem demandados a opinar quanto aos conhecimentos que o estabelecimento em que trabalham precisaria se desenvolver (TAB. 1B) o percentual de abstenções (11,9%; 11,2% e 12,5%, respectivamente, três; quatro e cinco estrelas e apart-hotéis) cresceu muito, comparativamente à importância atribuída (TAB. 1A). É o mesmo que dizer que tiveram mais facilidade para identificar o que consideram ser importante, mas no autodiagnóstico o reconhecimento de carências não teve a mesma intensidade de respostas. Ou, entendendo de outro modo, pode-se indagar se o comportamento de escolha atesta tão somente que estão satisfeitos com o grau de domínio de conhecimentos dos hotéis em que trabalham ou se desconhecem o que necessita ser desenvolvido.

No caso dos hotéis três estrelas, permanece uma estrutura de distribuição em grandes blocos que reúnem determinados conhecimentos. O primeiro deles congrega os itens que alcançaram 9,5% que são: idioma, conhecimento

TABELA 1B
Conhecimentos a desenvolver

3 estrelas			4 e 5 estrelas			Apart-hotéis		
CONHECIMENTO	A desenvolver		CONHECIMENTO	A desenvolver		CONHECIMENTO	A desenvolver	
	Total*	%		Total*	%		Total*	%
Outro idioma	4	9,5	Outro idioma	8	9,0	Outro idioma	13	11,6
Conhecimento integrado das áreas da empresa	4	9,5	Informática	8	9,0	Outras culturas	13	11,6
Planejamento	4	9,5	Conhecimento integrado das áreas da empresa	8	9,0	Informática	10	8,9
Segurança/emergência	4	9,5	Outras culturas	8	9,0	Conhecimento integrado das áreas da empresa	10	8,9
Turismo/hospitalidade	4	9,5	Planejamento	8	9,0	Planejamento	10	8,9
Ética e postura.	3	7,1	Ética e postura	7	7,9	Ética e postura	7	6,3
Higiene e apresentação	3	7,1	Segurança/emergência	7	7,9	Matemática (4 operações)	7	6,3
Outras culturas	3	7,1	Turismo/hospitalidade	7	7,9	Turismo/hospitalidade	7	6,3
Qualidade no atendimento	3	7,1	Qualidade do atendimento	6	6,7	Português (ler/escrever)	6	5,4
Informática	2	4,8	Higiene e apresentação.	5	5,6	Higiene e apresentação	5	4,5
Português (ler/escrever)	2	4,8	Português (ler/escrever)	5	5,6	Qualidade do atendimento	5	4,5
Matemática (4 operações)	1	2,4	Matemática (4 operações)	2	2,2	Segurança/emergência	5	4,5
Não respondeu	5	11,9	Não respondeu	10	11,2	Não respondeu	14	12,5
Total	42	100,0	Total	89	100,0	Total	112	100,0

Fonte: dados da pesquisa
* escolhas múltiplas

integrado das áreas da empresa, planejamento, segurança/emergência e turismo/hospitalidade. Desses, turismo/hospitalidade (7,0%) e idioma (4,7%) atingiram uma importância relativa, conforme demonstrado nos comentários da TAB. 1A e são novamente destacados por se acreditar que sejam uma peculiaridade intrínseca ao negócio e, muito provavelmente, um conhecimento que afeta a competitividade no segmento. Já o conhecimento integrado das áreas da empresa (9,3%) confirma-se tanto como um item relevante quanto necessário de ser desenvolvido (9,5%). O conhecimento implicado nas quatro operações básicas (matemática: 2,4%) é o que atinge a menor representatividade entre os que necessitam ser desenvolvidos nessa categoria de meio de hospedagem, o que se repete somente entre os de quatro e cinco estrelas.

Quanto aos hotéis quatro e cinco estrelas, observa-se uma distribuição em bloco dos conhecimentos analisados da perspectiva da exigência de desenvolvimento. Os conhecimentos idioma, informática, conhecimento integrado das áreas da empresa, outras culturas e planejamento estão nas primeiras posições com 9% de índice. Informática (4,2%), que aparece na TAB. 1A como o conhecimento menos relevante, e conhecimento integrado das áreas da empresa (0,0%), que nem sequer foi escolhido aparecem na TAB 1B quase que invertidos. Ou seja, comparando-se a TAB. 1A com a TAB. 1B, o que aparece pouco representado em uma delas está mais presente percentualmente na outra. Tal fenômeno decorre, provavelmente, da dificuldade dos respondentes de se mostrarem seguros quanto aos conhecimentos requeridos, corroborando em verdade não só um desconhecimento, mas, sobretudo, com uma visão estereotipada de que o atendimento de qualidade limita-se ao contexto das relações humanas e se faz independente de outros elementos essenciais ao negócio.

Os apart-hotéis revelam uma discriminação levemente mais bem caracterizada entre os itens em pauta. No caso deles, ainda que o conhecimento de outro idioma (11,6%) figure como o mais necessário, assim como nos demais hotéis, tal item em associação ao conhecimento de outras culturas obtém índices diferenciados em relação aos demais. Informática, conhecimento integrado das áreas da empresa e planejamento revelam-se na sequência com um percentual de 8,9%. Aqui a inversão mencionada no parágrafo anterior fica patente. Idioma e outras culturas obtiveram um percentual de 1,9% na TAB. 1A, valor que os colocaram como os menos importantes, e na TAB. 1B despontam como os que mais necessitam ser desenvolvidos. Se não são os mais importantes, como considerá-los os mais necessários?

O que se pode depreender dos dados até aqui é que, da perspectiva de conhecimentos como fatores contributivos para a formação de competências e para a configuração da identidade do profissional de hospitalidade, o engajamento no negócio e o compromisso com resultados restringe-se ao cumprimento de tarefas. Faltam-lhes (e nem parece ser expectativa que os dominem) conhecimentos que garantam a visão de processo, vinculando-os a uma identidade atinente ao atendimento como ato humano, dependente somente da vocação ou de características inatas e não aprendidas.

Continuando a busca pela compreensão dos dados, as habilidades, tais como os conhecimentos, são atributos a serem adquiridos, e, ao contrário daqueles, sua aquisição decorre exclusivamente do exercício contínuo. Dizendo de outro modo, o conhecimento é atributo que se transfere, enquanto a habilidade é algo que se vincula a vivência ou experimentação de cada pessoa. Pode-se relatar uma experiência, mas não há como transferi-la.

Constata-se pela TAB. 2A uma ligeira queda nas abstenções, sobretudo entre os apart-hotéis. A capacidade de aprender é, com segurança, a habilidade unanimemente mais importante, ocupando o primeiro lugar no *ranking* entre os hotéis três estrelas e os quatro e cinco estrelas (com 12,2% e 12,7%, respectivamente), e a segunda posição no dos apart-hotéis (13,7%). Nesse último caso, perde apenas para perfil generalista com visão de foco (14,7%). Criatividade (12,2%, 12,7%, 9,5%) está também entre as habilidades mais bem posicionadas nas três categorias de estabelecimento. No mais, somente trabalho em equipe (4,9%, 4,2%, 4,2%), que se situa no extremo oposto, é objeto de concordância entre todos os pesquisados.

Ao que tudo indica, a tarefa é a unidade básica em torno da qual a prestação do serviço se estrutura, impedindo a visão do negócio como um todo articulado e de ação contínua em busca da qualidade, que só poderá ser obtida a partir da aquisição de conhecimentos e habilidades, em consonância com os propósitos estratégicos da organização.

Enfim, como compreender a inter-relação entre os dados relativos aos conhecimentos e as habilidades consideradas mais importantes se, de um lado, se tem a valorização de atributos próprios ao conhecer, voltados mais estritamente ao ato de atender, e de outro, as habilidades mais relevantes apontadas pelos respondentes são a capacidade de aprender e o perfil generalista com visão de foco?

TABELA 2A
Habilidades mais importantes

3 estrelas			4 e 5 estrelas			Apart-hotel		
HABILIDADES	Mais importante		HABILIDADES	Mais importante		HABILIDADES	Mais importante	
	Total*	%		Total*	%		Total*	%
Capacidade de aprender	5	12,2	Capacidade de aprender	9	12,7	Perfil generalista com visão de foco	14	14,7
Criatividade	5	12,2	Criatividade	9	12,7	Capacidade de aprender	13	13,7
Perfil generalista com visão de foco	5	12,2	Tomada de decisões	8	11,3	Planejamento	10	10,5
Capacidade de assumir riscos	4	9,8	Visão integrada das áreas da empresa	8	11,3	Criatividade	9	9,5
Comunicação verbal	4	9,8	Perfil generalista com visão de foco	7	9,9	Comunicação escrita	8	8,4
Planejamento	3	7,3	Planejamento	6	8,5	Tomada de decisão	8	8,4
Visão integrada das áreas da empresa	3	7,3	Capacidade assumir riscos	4	5,6	Comunicação verbal	7	7,4
Comunicação escrita	2	4,9	Comunicação escrita	4	5,6	Visão integrada das áreas da empresa	7	7,4
Negociação	2	4,9	Comunicação verbal	4	5,6	Negociação	6	6,3
Tomada de decisão	2	4,9	Negociação	4	5,6	Capacidade para assumir riscos	5	5,3
Trabalho em equipe	2	4,9	Trabalho em equipe	3	4,2	Trabalho em equipe	4	4,2
Não respondeu	4	9,8	Não respondeu	5	7,0	Não respondeu	4	4,2
Total	41	100,0	Total	71	100,0	Total	95	100,0

Fonte: dados da pesquisa
* escolhas múltiplas

Como descrito no referencial teórico do presente capítulo, o modelo francês de competências identifica o trabalhador como sujeito de sua ação, e não um reprodutor ou repetidor. Porém, aqui se tem a evidência de que o conhecimento deve estar voltado para a operação ou funcionalidade em si, ao mesmo tempo em que se espera uma capacidade adquirida de processar novas aprendizagens e de um domínio generalista. Concretamente, o que é esperado do funcionários dos hotéis: a especialização ou a multifuncionalidade no exercício de sua atividade? Ou, em outra reflexão, a capacidade de fazer pode ser assegurada apenas pelo domínio de saberes relacionados simplesmente ao atendimento? Em que medida os desdobramentos das capacidades obedece a um padrão de cargos ou posições específicas?

É seguro afirmar que o saber-fazer é um processo renovável, e não um fim em si mesmo. As práticas se alteram temporalmente e se apoiam em conhecimentos que se aprimoram e se renovam, em uma relação interdependente. Conforme Ruas (1999) enfatiza, o aprendizado está relacionado à capacidade de transformação contínua da empresa, baseando-se tanto no desenvolvimento individual quanto no organizacional. E, lançando mão também de Zarifian (2001), a noção de incidente, a comunicação e o serviço impõem-se como variáveis estreitamente vinculadas à operacionalidade nos meios de hospedagem.

Para os hotéis três estrelas, conforme TAB. 2A, as habilidades mais importantes não são, em princípio, aquelas que estão em relação estreita com o ato de atender ou o que poderia se definir como responsável pelo espírito hospitaleiro. Além de o funcionário ser capaz de aprender, considera-se relevante sua criatividade e o perfil generalista (todos com um índice de 12,2%). É verdade que a comunicação verbal surge com 9,8%, porém a escrita já se situa em posição menos privilegiada, com apenas 4,9%. Também a negociação não ocupa posição de maior privilégio, pois que atinge o mesmo percentual. Trabalho em equipe (4,9%) e tomada de decisão (4,9%) não obtêm representatividade. Em contrapartida, planejamento e visão integrada das áreas da empresa, ambas com 7,3%, permitem asseverar que se dá mais importância à função estratégica do que à operacional dos funcionários, mesmo que os conhecimentos reconhecidos como mais importantes apontem para o inverso. Há, portanto, certa incongruência.

No caso dos hotéis quatro e cinco estrelas, tudo indica que o exercício profissional em hospitalidade se dá de forma individual (trabalho em equipe: 4,2%), a performance deve estar garantida como iniciativa daquele indivíduo que opera e não como resultante de um esforço conjunto. Considera-se que os conhecimentos mais importantes são aqueles que asseguram a qualidade no atendimento como ato solo, mas confiando-se que devam ser desenvolvidos outros que seriam capazes de alimentar uma atuação estratégica. No âmbito das habilidades, os dados indicam prioridade para as funções cognitivas; capacidade de aprender e criatividade (ambas: 12,7%) são as que se destacam como as mais importantes. Demanda-se, ainda, dos funcionários, a prontidão para a tomada de decisões e a capacidade para manter uma Visão integrada das áreas da empresa (11,3% em ambos os casos), além de um perfil generalista com visão de foco (9,9%).

Ao se deparar com os dados relativos aos apart-hotéis, no tocante às habilidades mais importantes, o perfil generalista com visão de foco é a que encabeça a lista das mais importantes (14,7); na sequência está a capacidade de aprender (13,7%). Entretanto, nesse particular, a capacidade para assumir risco e a visão integrada do funcionamento empresarial (7,4% para as duas habilidades) assumem uma relevância intermédia. Como se pode constatar, não há uma regularidade entre as diferentes categorias hoteleiras.

Da análise da Tabela 2B, que expõe as habilidades reconhecidas como foco prioritário de desenvolvimento, se apura que os hotéis três estrelas demandam a condição de o funcionário decidir (tomada de decisão: 12,2%) de forma planejada (planejamento: 9,8%) e conforme um princípio em que a coletividade (trabalho em equipe: 9,8%) esteja presente, porém, integrando esses fatores à capacidade de aprender (9,8%) e à criatividade (4,9%). A prática não se restringe, pois, nem à habilidade pura e simples de comunicar e negociar (elementos vinculados diretamente ao atendimento), nem tampouco à disposição ao risco (todas elas habilidades expressas como demandantes de desenvolvimento com 3,7% apenas).

A capacidade de assumir risco, a excelência da comunicação escrita e o trabalho em equipe são as habilidades a serem desenvolvidas que ocupam a primeira posição nos hotéis quatro e cinco estrelas com índice de 10,5% para todas elas, dados coincidentes com os dos apart-hotéis, ressalvando-se apenas uma distinção percentual (9,5% para cada habilidade) e a substituição da Comunicação escrita pela verbal. Em certo sentido reafirma-se a ideia de que o enfoque refere-se a uma abordagem mais operacional que estratégica.

Assim, ao abordar as habilidades em estabelecimentos de hospedagem, depreende-se ambivalência e mesmo disparidade entre as categorias hoteleiras objeto desta pesquisa. Não há nem uma clareza de tendência que assegure a ideia de que prevalecem necessidades estritamente operacionais nem tampouco outras que remetem ao engajamento estratégico dos funcionários. Pode-se

TABELA 2B
Habilidades a desenvolver

3 estrelas			4 e 5 estrelas			Apart-hotel		
HABILIDADES	A desenvolver		HABILIDADES	A desenvolver		HABILIDADES	A desenvolver	
	Total*	%		Total*	%		Total*	%
Tomada de decisão	5	12,2	Capacidade assumir riscos	8	10,5	Capacidade de assumir riscos	10	9,5
Capacidade aprender	4	9,8	Comunicação escrita	8	10,5	Comunicação verbal	10	9,5
Planejamento	4	9,8	Trabalho em equipe	8	10,5	Trabalho em equipe	10	9,5
Trabalho em equipe	4	9,8	Negociação	7	9,2	Criatividade	9	8,6
Criatividade	2	4,9	Comunicação verbal	6	7,9	Negociação	9	8,6
Capacidade de assumir riscos	3	3,73	Perfil generalista com visão de foco	6	7,9	Visão integrada das áreas da empresa	9	8,6
Comunicação escrita	3	3,73	Planejamento	6	7,9	Capacidade aprender	7	6,7
Comunicação verbal	3	3,73	Capacidade aprender	5	6,6	Comunicação escrita	7	6,7
Negociação	3	3,73	Tomada de decisão	5	6,6	Planejamento	6	5,7
Perfil generalista com visão de foco	3	3,73	Visão integrada das áreas das empresas	5	6,6	Perfil generalista com visão de foco	4	3,8
Visão integrada das áreas das empresas	3	3,73	-	-	-	-	-	-
Não respondeu	4	9,8	Não respondeu	8	10,5	Não respondeu	13	12,4
Total	**41**	**100,0**	**Total**	**76**	**100,0**	**Total**	**105**	**100,0**

Fonte: dados da pesquisa

concluir, portanto, que as habilidades vinculadas ao negócio (visão integrada das áreas ou aquelas relacionadas à compreensão do negócio, seus objetivos na relação com o mercado, clientes e competidores, assim como o ambiente político e social) e as competências técnico-profissionais (competências específicas para certa operação, ocupação ou atividade) são as menos importantes, na visão dos respondentes.

Se ao se posicionarem acerca dos conhecimentos e das habilidades houve dúvidas e indicação de ambiguidade ou mesmo de insegurança no tocante às atitudes, o índice de não respostas caiu expressivamente: 3,3% (três estrelas), 2,4% (quatro e cinco estrelas) e 2,1% (apart-hotéis).

A diversidade de atitudes enumeradas é um ponto que chama a atenção em todas as categorias hoteleiras, o que obviamente contribui para que os índices percentuais caiam nessas tabelas relativamente às precedentes.

As atitudes constantes nas TAB. 3A e 3B traduzem-se no ter ou ser de cada competência e podem ser ordenadas em dois grandes grupos, a saber: atitudes intrapessoais (concernentes ao que se torna intrínseco ao indivíduo) e interpessoais (que se expressam na relação entre os indivíduos). Não há, portanto, quaisquer alusões a atitudes requeridas especificamente pelo negócio (por exemplo, identificação com a cultura e valores, foco no cliente) ou técnico-profissionais (relativos ao turismo e à hotelaria).

Ao se buscar abstrair as atitudes consideradas mais importantes, não há nitidez. Como os índices estão muito próximos, não é seguro se fazer quaisquer afirmações. O que prevalece é a indiscriminação relativa ao peso de cada atitude na performance. Da análise comparativa por categoria de hotéis, é possível dizer apenas que iniciativa (2,2%%, 2,4% e 0,8%) é uma unanimidade entre os respondentes, localizando-se na última posição. No mais, aquela atitude que encabeça a lista em uma categoria de hotel pouco se distingue na outra.

É bem verdade que autoestima (6,0% e 6,3%) obtém a preferência dos hotéis quatro e cinco estrelas e apart-hotéis como a mais importante, e está na segunda posição com 5,6% nos hotéis três estrelas. No caso dos apart-hotéis o fenômeno se inverte (autoestima em primeiro e atenção em segundo). Já nos hotéis quatro e cinco estrelas é a resistência à pressão e ao estresse junto com a vontade de aprender (ambos também com 6,0%) que se unem à autoestima. Enfim, há algumas outras coincidências e também discrepâncias, porém, no global, não parece ser relevante se fazerem quaisquer outras distinções que verdadeiramente contribuam para a compreensão da formação

TABELA 3A
Atitudes mais importantes

3 estrelas			4 e 5 estrelas			Apart-hotel		
ATITUDES	Mais importantes		Atitudes	Mais importantes		Atitudes	Mais importantes	
	Total*	%		Total*	%		Total**	%
Atenção	5	5,6	Autoestima	10	6,0	Autoestima	15	6,3
Autoestima	5	5,6	Resistência à pressão e ao estresse	10	6,0	Atenção	14	5,9
Autonomia	5	5,6	Vontade de aprender	10	6,0	Equilíbrio emocional	14	5,9
Confiabilidade	5	5,6	Atenção	9	5,4	Flexibilidade	14	5,9
Cordialidade	5	5,6	Comprometimento	9	5,4	Julgamento/resolução de conflitos	14	5,9
Empatia	5	5,6	Cordialidade	9	5,4	Resistência à pressão e ao estresse	14	5,9
Equilíbrio emocional	5	5,6	Empatia	9	5,4	Respeito	13	5,5
Flexibilidade	5	5,6	Equilíbrio emocional	9	5,4	Empatia	12	5,0
Julgamento / resolução de conflitos	5	5,6	Flexibilidade	9	5,4	Objetividade	12	5,0
Participação	5	5,6	Julgamento/resolução de conflitos	9	5,4	Vontade aprender	12	5,0
Vontade de aprender	5	5,6	Objetividade	9	5,4	Agilidade	11	4,6
Comprometimento	4	4,4	Participação	9	5,4	Confiabilidade	11	4,6
Disciplina/responsabilidade	4	4,4	Respeito	9	5,4	Cooperação	11	4,6
Objetividade	4	4,4	Cooperação	8	4,8	Autonomia	10	4,2
Presteza	4	4,4	Autonomia	7	4,2	Presteza	7	2,9
Resistência à pressão e ao estresse	4	4,4	Disciplina/Responsabilidade	7	4,2	Disciplina/ responsabilidade	6	2,5
Respeito	4	4,4	Agilidade	5	3,0	Iniciativa	2	0,8
Agilidade	3	3,3	Presteza	5	3,0	-		
Cooperação	3	3,3	Iniciativa	4	2,4	-	-	-
Iniciativa	2	2,2	-	-	-	-	-	-
Não respondeu	3	3,3	Não respondeu	4	2,4	Não respondeu	5	2,1
Total	**90**	**100,0**	**Total**	**167**	**100,0**	**Total**	**238**	**100,0**

Fonte: dados da pesquisa
* escolhas múltiplas

312

de competências em meios de hospedagem ou, mais estritamente, lançar luz quanto às atitudes consideradas mais importantes.

Em resumo, para os hotéis três estrelas tem-se um bloco de onze atitudes que apresentam o mesmo índice de importância, traduzido em 5,6%, quais sejam: atenção, autoestima, autonomia, confiabilidade, cordialidade, empatia, equilíbrio emocional, flexibilidade, julgamento/resolução de conflitos, participação e vontade de aprender. Nos hotéis quatro e cinco estrelas as atitudes autoestima, resistência à pressão e ao estresse e vontade de aprender ocupam a primeira posição com 6,0%, seguidas por outras dez com 5,4%. Já nos apart-hotéis, autoestima ocupa a primeira posição com 6,3% e é seguida por mais cinco atitudes: atenção, equilíbrio emocional, flexibilidade, julgamento/resolução de problemas e resistência à pressão e ao estresse, com 5,9%.

Fenômeno semelhante é notório na TAB. 3B que lista as atitudes a desenvolver.

Entre os hotéis três estrelas há uma divisão em dois grandes blocos. O primeiro reúne oito atitudes com 6%, e o segundo, as demais com 4,5%, destacando que somente a presteza (3,0%) ocupa a última posição. Os índices muito próximos não permitem afirmações seguras a não ser destacar a própria indiscriminação em si. Correlacionando-se a TAB. 3A, nota-se a inversão já observada anteriormente, qual seja: os itens que ocupam as primeiras posições em uma tabela migram para as últimas posições e vice-versa.

Entre os respondentes dos hotéis quatro e cinco estrelas, o ocorrido se repete. Somente a disciplina/responsabilidade é que está ausente como atitude a desenvolver, visto que na categoria de estabelecimento anterior figura entre os primeiros da lista. Aqui, os percentuais diferem em apenas 0,9% ou no máximo 1,1%, corroborando a ideia de que estatisticamente as diferenças são pouco representativas. Assim, não faz sentido se classificar as atitudes consideradas preponderantes a título de desenvolvimento para os respondentes dos hotéis quatro e cinco estrelas.

Nos apart-hotéis observa-se um ranqueamento um pouco mais nítido, ressalvando-se que as diferenças percentuais não são representativas. O que se pode considerar é uma pequena distinção qualitativa. Assim, iniciativa, que ocupava a última posição na tabela anterior, ascende com 11,5% para o topo da lista, enquanto disciplina/responsabilidade (9,5%) se insere na sequência. Daí em diante os percentuais diminuem gradativamente à proporção de 1,0%,

TABELA 3B
Atitudes a desenvolver

3 estrelas			4 e 5 estrelas			Apart-hotel		
ATITUDES	A desenvolver		Atitudes	A desenvolver		Atitudes	A desenvolver	
	Total*	%		Total*	%		Total*	%
Autonomia	4	6,0	Agilidade	6	5,7	Iniciativa	12	11,5
Comprometimento	4	6,0	Confiabilidade	6	5,7	Disciplina/responsabilidade	10	9,6
Cooperação	4	6,0	Cooperação	6	5,7	Autonomia	7	6,7
Disciplina / responsabilidade	4	6,0	Disciplina	6	5,7	Cooperação	7	6,7
Iniciativa	4	6,0	Iniciativa	6	5,7	Presteza	7	6,7
Julgamento / resolução de conflitos	4	6,0	Atenção	5	4,8	Objetividade	6	5,8
Objetividade	4	6,0	Autoestima	5	4,8	Autoestima	5	4,8
Respeito	4	6,0	Autonomia	5	4,8	Confiabilidade	5	4,8
Agilidade	3	4,5	Comprometimento	5	4,8	Cordialidade	5	4,8
Atenção	3	4,5	Cordialidade	5	4,8	Equilíbrio emocional	5	4,8
Autoestima	3	4,5	Empatia	5	4,8	Resistência à pressão e estresse	5	4,8
Confiabilidade	3	4,5	Equilíbrio emocional	5	4,8	Agilidade	4	3,8
Cordialidade	3	4,5	Flexibilidade	5	4,8	Empatia	4	3,8
Empatia	3	4,5	Julgamento	5	4,8	Flexibilidade	4	3,8
Equilíbrio emocional	3	4,5	Participação	5	4,8	Julgamento/resolução de conflitos	4	3,8
Flexibilidade	3	4,5	Resistência à pressão e estresse	5	4,8	Vontade aprender	4	3,8
Participação	3	4,5	Respeito	5	4,8	Comprometimento	3	2,9
Resistência à pressão e estresse	3	4,5	Objetividade	4	3,8	Respeito	3	2,9
Vontade de aprender	3	4,5	Vontade de aprender	3	2,9	Atenção	2	1,9
Presteza	2	3,0	-			Participação	2	1,9
Total	**67**	**100,0**	**Total**	**105**	**100,0**	**Total**	**104**	**100,0**

Fonte: dados da pesquisa
* escolhas múltiplas

configurando pequenos blocos de atitudes. Por fim, o fenômeno da inversão se repete pelo menos para aquelas atitudes que foram sobrepujadas em sua importância na tabela anterior. Comprometimento (2,9%) e participação (1,9%), que nem figuravam como importantes, estão nas últimas posições para os respondentes dos apart-hotéis como necessárias de serem desenvolvidas. Já a atenção, equivalente em posição e em percentual a participação, inverteu-se no *ranking*.

Mais do que a apropriação de uma responsabilidade organizacional para desenvolvimento e domínio de competências, os dados expostos sobre o C.H.A. em hospedagem atestam uma dificuldade básica: quais competências são distintivamente representativas nesse segmento de negócio. Quais estão presentes e quais necessitam de investimento para que se assegure o sucesso dos negócios?

As categorias hoteleiras pesquisadas, independentemente do porte ou da natureza, tiveram dificuldade para responder a questões essenciais relacionadas à profissionalização e à competitividade. Esse fato parece ratificar a ideia prevalecente de que as empresas hoteleiras compreendem que as competências distintivas do negócio restringem-se àquelas referentes às características pessoais ou são determinadas vocacionalmente.

Vale refletir, portanto, sobre a necessidade de uma estratégia empresarial que parta da noção de que a hospedagem comercial traz em seu bojo o caráter sociocomercial. Ou seja, mais que uma atividade meramente ditada pela sociabilidade espontânea, confirma-se como um ato mercantil. Se o exercício do trabalho demanda um prazer por servir, inerente à interlocução e mesmo à interação, ele requer também trocas simbólicas e comerciais claramente instituídas. Portanto, deve-se conceber um modelo de competências que englobe as duas dimensões, com ênfase na gestão do empreendimento como negócio que é. Como se sabe, ser bom hospedeiro e ser hospitaleiro não são atitudes e nem conceitos coincidentes.

Considerações finais

A gestão de competências não é um fato novo no universo organizacional e tem sido demandada em função da necessidade da adoção de uma abordagem estratégica em gestão empresarial. Longe de ser particularidade de empresas de hospedagem, é pré-condição para a administração moderna e competitiva.

O domínio das competências de negócio, competências técnico-profissionais e competências sociais são relevantes para as empresas de serviço. Nesse âmbito se deve entender que o desenvolvimento delas será assegurado por um esforço conjunto entre iniciativas próprias ao ensino formal, bem como de ações de educação continuada que se dão também no ambiente empresarial. Entretanto, não há como negligenciar as evidências de que a gestão de pessoas em hospedagem merece mais atenção. Tal constatação impõe aos estabelecimentos de hospedagem grandes desafios no tocante à formação e ao desenvolvimento de pessoas, em especial quando se constata a disseminação de uma concepção de turismo sustentável, na qual se busca o resultado econômico em uma perspectiva estratégica (durabilidade e sobrevivência do negócio e não apenas a sua lucratividade no curto prazo), em associação com resultados também no plano social e cultural que refletem a responsabilidade social das empresas. Para isso, é fundamental preparar adequadamente os prestadores de serviços em áreas essenciais, como a hospedagem, em que os funcionários interagem com o turista desde o início da sua estadia na localidade que visitam. Ora, na perspectiva do turismo sustentável, é necessário que o turista seja visto não apenas como um consumidor (um cliente que consome serviços), mas também como um protagonista cultural e social. Para isso, torna-se indispensável o desenvolvimento de competências (para além da aprendizagem de tarefas que caracterizam o "hospedeiro").

Se a competência traduz-se no saber, saber-fazer e no ser, revelando a possibilidade identitária com o que se faz e a realização de si no trabalho, só se pode compreender o desenvolvimento dela, e por extensão do trabalhador, como a composição sinérgica das vivências pessoais, sociais e profissionais. As competências só se realizam na ação e dependem do exercício continuado para se manterem. Assim, o desenvolvimento de competências implica formar bons "hospedeiros" e, além disso, criar ambientes favoráveis à geração de pessoas verdadeiramente "hospitaleiras". São sistemas em operação e pessoas, subjetiva e objetivamente orientadas, que serão capazes de "sustentar" a empresa de hospedagem.

Investir estritamente na geração de conhecimentos, habilidades e atitudes dirigidas à formação de "bons hospedeiros/hospitaleiros" no que concerne à prestação de serviços de qualidade contribui para a sobrevivência das organizações que se dedicam à hospitalidade comercial. Contudo, tal investimento, como sugerido pelos dados da pesquisa, não constitui hoje fator de diferenciação entre elas. Há que se pressupor a necessidade de um salto em eficiência operacional e estratégica, gerando-se um ambiente sociocultural capaz de refletir o domínio de competências que tornem tais organizações verdadeiramente hospitaleiras. Não obstante, o desafio parece longe de ser transposto sem intervenções cruciais em todas as bases e sistemas organizacionais. Ações de captação objetivando atrair talentos e competências essenciais, ações de capacitação e desenvolvimento de novas competências e reciclagem das já dominadas; e, ainda, ações de fixação do potencial humano capazes de minimizar a evasão de competências-chave são condições preliminares para a diferenciação e a competitividade.

Mesmo que a expressão "ser hospitaleiro" possa parecer para alguns apenas um léxico moderno na gestão da hospedagem comercial, não deixa de estar atrelada a um de seus valores essenciais, a preocupação genuína com o bem-estar dos outros, que se encontra presente no binômio turismo/ sustentabilidade. Assim, formar um profissional capaz, construindo competências habilitadoras de ações profissionais nos diversos segmentos da cadeia produtiva da hospitalidade, bem como possibilitar a compreensão de todo o sistema são iniciativas indispensáveis ao crescimento da eficiência operacional e da competitividade estratégica. Vale dizer, da sua sustentabilidade.

Espera-se do profissional dos meios de hospedagem a condição de planejar, organizar, supervisionar e controlar serviços inerentes à produção da hospitalidade. O atendimento ótimo condiciona-se ao domínio de saberes que envolvem tecnologia, *marketing*, clientes, vendas, liderança, domínio de idiomas estrangeiros, técnicas de solução de problemas, mobilidade intercultural, além daqueles que mais diretamente se vinculam ao âmbito das relações interpessoais, que implicam cortesia, disponibilidade, qualidade das relações humanas, discrição, motivação e capacidade para integrar-se em grupo.

Como já referido na introdução deste capítulo, a partir da análise das "frações de competências" contidas no C.H.A., buscou-se elementos que permitissem a distinção da identidade do profissional de hospedagem refletida nas competências ditas como as mais importantes em seu perfil. Ao se colocar em realce a *importância* dada, pôde-se abstrair o valor que se deseja agregar, e do reconhecimento do que deve *ser desenvolvido* é possível depreender as lacunas, as faltas sentidas ou as necessidades demandadas. Nessa perspectiva esperamos ter contribuído para o entendimento do que impera em hospedagem em Belo Horizonte com relação à formação de competências. Longe de pretender fazer generalizações e tratar as informações como saberes definitivos, os dados parecem apontar condições, pressupostos, valores no mínimo merecedores de reflexão sob pontos de vista singulares e contemporâneos.

Notas

[1] Em 2006, o espaço do Expominas foi triplicado, após receber R$ 150 milhões do Estado.

[2] Via de trânsito rápido, com 35,4 km de extensão, que liga o centro de Belo Horizonte ao Aeroporto Internacional Tancredo Neves, no município de Confins. O conjunto de obras viárias envolve mais de 10 municípios da região Metropolitana de Belo Horizonte.

[3] RevPar é um índice obtido multiplicando-se a taxa de ocupação anual pela diária média. Representa a receita de quartos por quartos disponíveis para locação.

Referências

ANSARAH, M. G. R. *Formação e capacitação do profissional em turismo e hotelaria: reflexões e cadastro das instituições educacionais do Brasil.* São Paulo: Aleph, 2002.

BELO HORIZONTE. Belotur. *O setor turístico em Belo Horizonte. Empresa municipal de turismo de Belo Horizonte.* 9. ed. Belo Horizonte, 2005.

BRASIL. EMBRATUR. *Perfil da mão-de-obra. Estudos do turismo brasileiro – mercado de trabalho.* Disponível em: <www.embratur.gov.br/economia/EconMercTrab.asp>. Acesso em: 16 out. 2002.

BRASIL. EMBRATUR. Ministério do Turismo. *IV Pesquisa anual de conjuntura econômica do turismo.* Escola Brasileira de Administração Pública e de Empresas (EBAPE/FGV), mar. 2008, p. 1-28. Disponível em: <http://www.braziltour.com/site/arquivos/dados_fatos/pesquisaanual/pacet4_12_mar.pdf.>. Acesso em: 27 de março de 2008.

BRASIL. Ministério da Educação e do Desporto. Parecer CNE/CEB nº 16/99, aprovado em 05 de outubro de 1999. Diretrizes curriculares nacionais para a educação profissional de nível técnico. Disponível em: <www.mec.gov.br/semtec>. Acesso em: 03 set. 2001a.

BRASIL. Ministério da Educação e do Desporto. Resolução CNE/CEB nº 04/99, de 05 de outubro de 1999. Institui as Diretrizes Curriculares Nacionais para a Educação Profissional de Nível Médio. Disponível em: <www.mec.gov.br/semtec>. Acesso em: 03 set. 2001b.

CAMPOS, J. R. V. *Introdução ao universo da hospitalidade.* Campinas: São Paulo: 2005.

CAMPOS, L. C. A. M.; GONÇALVES, M. H. B. *Introdução a turismo e hotelaria.* Rio de Janeiro: Senac, 1998.

CASTELLI, G. *Hospitalidade: na perspectiva da gastronomia e da hotelaria.* São Paulo: Saraiva, 2005.

CARVALHO, S. G. *Competências: como desenvolvê-las em administradores? Um estudo de caso em uma instituição de ensino superior privada.* 2004. 172 f. Dissertação (Mestrado em Administração) – FEAD, Belo Horizonte, 2004.

COOPER, C. *et al. Turismo: princípios e práticas.* 2. ed. Porto Alegre: Bookman, 2001.

DIAS, C. M. M. O modelo de hospitalidade do Hotel Paris Ritz: um enfoque especial sobre a qualidade. In: DIAS, C. M. M. (Org.). *Hospitalidade: reflexões e perspectivas.* Barueri/SP: Manole, 2002.

INSTITUTO de Hospitalidade (IH). *Oferta de capacitação profissional no setor de turismo no Brasil.* Salvador: Contexto e Arte, 2000a.

INSTITUTO de Hospitalidade (IH). Demanda por capacitação profissional no setor de turismo na Bahia. Salvador: Contexto e Arte, 2000b.

FERREIRA, A. C. *Ensino religioso nas fronteiras da ética.* Petrópolis: Vozes, 2001.

FLEURY, A. C. C.; FLEURY, M.T.L. *Em busca da competência: um quebra-cabeça calei-doscópio da indústria brasileira*. 2. ed. São Paulo: Atlas, 2001.

KUENZER, A. Z.. A questão do ensino médio no Brasil: a difícil superação da dualidade estrutural. In: MACHADO, L. S. *et al. Trabalho e educação*. 2. ed. Campinas/ São Paulo: Papirus, 1994.

MALVEZZI, S. Do taylorismo ao comportamentalismo: 90 anos de desenvolvimento de recursos humanos. In: BOOG, G. G. (Org.). *Manual de treinamento e desenvolvimento*. São Paulo: Makron Books, 1994.

SIQUEIRA, H. Curva ascendente na hotelaria. *Estado de Minas*, 16 de novembro de 2006.

TRIGO, L. G. G. *Viagem na memória: guia histórico das viagens e do turismo no Brasil*. São Paulo: Senac, 2002.

YIN, Robert K. *Estudo de caso: planejamento e métcdos*. Porto Alegre: Bookman, 2001.

ZARIFIAN, P. *Objetivo competência: por uma nova lógica*. São Paulo: Atlas, 2001.

Sobre os autores

MARIA LAETITIA CORRÊA (ORGANIZADORA)

Doutora em Sociologia pela Université de Paris I, Panthéon Sorbonne. Professora aposentada da Universidade Federal de Minas Gerais (UFMG). Vice-coordenadora do Grupo de Estudos em Trabalho, Educação e Cidadania (GETEC) e do grupo de estudos Gestão, Trabalho e Cidadania (GESTRAS). Publicou os seguintes livros: *Organizações familiares: um mosaico brasileiro* (como coautora, pela UPF, em 2008); *Simbolismo organizacional no Brasil* (como coautora, pela Atlas, em 2007); *Terceiro setor: dilemas e polêmicas* (como organizadora, pela Saraiva, em 2006); *Gestão educacional – novos olhares, novas abordagens* (como coautora, pela Editora Vozes, em 2005); *Indústria automotiva – a nova geografia do setor produtivo* (como coautora, pela Editora DP&A, em 2002); *Gestão, Trabalho e Cidadania: novas articulações* (como organizadora, pela Autêntica, em 2001); *Singular ou plural? Eis a questão* (como coautora, pelo GAME, em 2000); *Avaliação da implementação do projeto pedagógico Escola Plural* (como coautora, pela UFMG/FAE/GAME, em 2000); *Dicionário da educação profissional* (como coautora, pelo NETE/FAE/UFMG, em 2000) e *Modernisation à tout prix - Processus de travail, imaginaire et subjectivité politique dans l'industrie textile brésilienne* (como autora, pela Septentrion Presses Universitaires, em 1997).

SOLANGE MARIA PIMENTA (ORGANIZADORA)

Doutora em Sociologia pela Université de Paris I, Panthéon Sorbonne. Professora aposentada da Universidade Federal de Minas Gerais (UFMG). Coordenadora do Grupo de Estudos em Trabalho, Educação e Cidadania (GETEC) e do grupo de estudos Gestão, Trabalho e Cidadania (GESTRAS). Publicou os seguintes livros: *Organizações familiares: um mosaico brasileiro* (como coautora, pela UPF, em 2008); *Identidade e subjetividade na gestão de pessoas* (como coautora, pela Juruá, em 2007); *Simbolismo organizacional no Brasil* (como coautora, pela Atlas, em 2007); *Terceiro setor: dilemas e polêmicas* (como organizadora, pela Saraiva, em 2006); *Gestão educacional – novos olhares, novas abordagens* (como coautora, pela Vozes, em 2005); *Indústria automotiva – a nova geografia do setor produtivo* (como coautora, pela DP&A, em 2002); *Gestão, trabalho e cidadania: novas articulações* (como organizadora, pela Autêntica, em 2001); *Dicionário da educação profissional* (como coautora, pelo NETE/FAE/UFMG, em 2000); *Recursos humanos: uma dimensão estratégica* (como organizadora, pela UFMG/CEPEAD) e *Le tournant de la Fiat mineira. Travail, imaginaire et citoyenneté dans l'expérience des travailleurs* (como autora, pela Septentrion Presses Universitaires, em 1997).

JORGE RENATO LACERDA ARNDT (ORGANIZADOR)

Mestre em Administração pela Faculdade de Estudos Administrativos de Minas Gerais (FEAD-MG). Pesquisador do grupo Gestão, Trabalho e Cidadania (GESTRAS). Publicou o livro *Terceiro Setor: dilemas e polêmicas* (como coautor, pela Saraiva, 2006).

ADRIANE VIEIRA

Doutora em Administração pela Universidade Federal de Minas Gerais (UFMG), Mestre em Administração pela Universidade Federal de Santa Catarina (UFSC) e Bacharel em Psicologia pela Universidade Federal de Santa Catarina (UFSC). Professora e pesquisadora do Mestrado em Administração da Faculdade Novos Horizontes. Tem experiência na área de Administração, com ênfase em Administração de Recursos Humanos, atuando, principalmente, nos seguintes temas: gestão de pessoas, gestão de competências, identidade e subjetividade, gestão de empresas familiares e governança corporativa. É autora de livros e capítulos de livros e de diversos artigos publicados em periódicos nacionais, anais de congressos e de reuniões científicas nacionais e internacionais.

CÍNTHIA SOARES DE OLIVEIRA

Mestre em Arquitetura e Urbanismo pela Universidade Federal do Rio Grande do Norte (UFRN) e especialista em Ciências Ambientais pela Universidade Federal do Rio de Janeiro (UFRJ). Coordenou a Escola Nacional de Botânica, no Instituto de Pesquisas Jardim Botânico do Rio de Janeiro. Professora de filosofia e música na Escola Agrícola de Jundiaí-RN, vinculada à UFRN, e vice-coordenadora do Projeto de Extensão "O espaço do *habitat* na obra de Henri Lefebvre", do Programa de Pós-Graduação em Arquitetura e Urbanismo da UFRN.

CLÁUDIA S. LEITÃO

Doutora em Sociologia pela Université Paris V – René Descartes. Mestre em Sociologia do Direito pela Universidade de São Paulo (USP). Bacharel em Direito pela Universidade Federal do Ceará (UFC) e licenciada em Educação Artística pela UECE. Professora e pesquisadora da UECE.

Foi diretora regional do Serviço Nacional de Aprendizagem Comercial (SENAC), secretária estadual de Cultura do Ceará, bolsista e parecerista *ad hoc* do Conselho Nacional de Desenvolvimento Científico e Tecnológico (CNPq), coordenadora da Especialização em Gestão Cultural e coordenadora adjunta do Mestrado Profissional em Gestão de Negócios Turísticos da UECE. É assessora acadêmica da Faculdade Christus e consultora em Cultura, Turismo e Educação.

DAYSA ANDRADE OLIVEIRA

Mestre em Geografia pela Universidade Federal de Minas Gerais (UFMG), professora e coordenadora de estágio supervisionado do curso de Administração da Fundação Comunitária de Ensino Superior de Itabira (FUNCESI).

ELVÉCIO RIBEIRO BRASIL

Mestre em Administração pela Faculdade de Estudos Administrativos de Minas Gerais (FEAD-MG), especialista em Gestão Estratégica pela Universidade Federal de Minas Gerais (UFMG) e em Contabilidade pela Pontifícia Universidade Católica de Minas Gerais (PUC Minas) e graduado em Administração e Ciências Contábeis pela PUC Minas. Pesquisador do grupo Gestão, Trabalho e Cidadania (GESTRAS), superintendente e professor da Fundação Comunitária de Ensino Superior de Itabira (FUNCESI). Publicou o livro *Terceiro Setor: dilemas e polêmicas* (como coautor, pela Saraiva, em 2006).

EVANDRO BASTOS SATHLER

Doutor em Geografia e mestre em Sociologia e Direito pela Universidade Federal Fluminense (UFF). Graduado em Direito pela Universidade Salgado de Oliveira. Publicou os seguintes livros: *Tropeiros e outros viajantes* (como autor, pela PPGSD, em 2003) e *Vinte anos da Constituição Federal: trajetória do direito ambiental* (como autor, pela EMERJ, em 2008).

FABIANA ANDRADE BERNARDES ALMEIDA

Mestre em Geografia pela Universidade Federal de Minas Gerais (UFMG). Coordenadora do Colegiado de Graduação em Turismo e professora do curso de Especialização em Turismo e Desenvolvimento Sustentável do Departamento de Geografia da UFMG.

FÁBIO P. VASCONCELOS

Pós-doutor em Geografia e Planejamento Regional e doutor em Oceanografia Ambiental Costeira pela Universidade de Nantes. Professor da

Universidade Estadual do Ceará (UECE). Coordenador do mestrado profissional em Gestão de Negócios Turísticos da UECE. Publicou os livros *Turismo e Meio Ambiente* (pela FUNECE) e *Gestão Integrada da Zona Costeira* (pela Premius).

FREDERICO GUILHERME SERRANO NEVES JÚNIOR

Mestre em Administração pela Faculdade de Estudos Administrativos de Minas Gerais (FEAD-MG), especialista em Administração Hoteleira pela Universidade Federal de Juiz de FORA (UFJF/Hotel Senac Grogotó), graduado em Turismo pela FACTUR. É professor na Faculdade Senac Minas e na Universidade Veiga de Almeida (UVA). Lecionou na UFJF, na Universidade Paulista (UNIP) e na FACTUR. Tem experiência na área de turismo, com ênfase em hotelaria, eventos e gastronomia. Atua principalmente com os seguintes temas: turismo, hotelaria, eventos, gastronomia, gestão de pessoas, gestão do conhecimento, qualificação e competências.

GILBERTO BRAGA PEREIRA

Doutorando em Psicologia pela Universidade Federal de Minas Gerais (UFMG), mestre em Administração pela Faculdade de Estudos Administrativos de Minas Gerais (FEAD-MG), especialista em Gestão de Negócios pelo Instituto Brasileiro de Mercado de Capitais (IBMEC), bacharel em Psicologia pela PUC Minas. É professor em cursos de pós-graduação *lato sensu* nas disciplinas Gestão de Pessoas, Captação e Seleção de

Talentos, Psicologia da Personalidade, Treinamento & Desenvolvimento. Especialista em *coaching* e sócio-diretor da Núcleo RH – Consultoria e Desenvolvimento. Tem artigos publicados em periódicos nacionais e anais de congressos e de reuniões científicas nacionais e internacionais.

GLAUCO UMBELINO

Doutorando e mestre em Demografia pela Universidade Federal de Minas Gerais (UFMG). Integra o grupo de pesquisa Projeto Gestão Integrada de Águas Urbanas (*switch*) da UFMG/UNESCO/União Europeia. Pesquisador em demografia na UFMG. Publicou os livros *Espacialidades em rede: população, urbanização e migração no Brasil contemporâneo* (como coautor, pela C/Arte, 2005) e *Mapeamento e descrição dos remanescentes dos caminhos da Estrada Real* (candidatura da Estrada Real a Patrimônio da Humanidade; como organizador e autor, pelo Instituto Estrada Real/ FIEMG/SEBRAE, em 2007).

Henrique Duarte Carvalho

Doutorando em Economia Aplicada pela Universidade Federal de Viçosa (UFV), mestre em Economia pelo Instituto Brasileiro de Mercado de Capitais (IBMEC) e graduado em Ciências Econômicas pela Pontifícia Universidade Católica de Minas Gerais (PUC Minas). Professor das disciplinas de Economia da Fundação Comunitária de Ensino Superior de Itabira (FUNCESI). Dentre as publicações, destaca-se a *Conjuntura econômica do município de Itabira* (2008).

Ivanete de Deus Simões Vargas

Mestre em Gestão de Atividades e Recursos Turísticos pela Universitat de Les Illes Baleares, graduada em Administração de Empresas, Ciências Contábeis e Economia pela Pontifícia Universidade Católica (PUC Minas). Atuou como instrutora no Programa de Certificação da Qualidade Profissional para o Turismo na Estrada Real – Módulo Hospitalidade (SENAC/IER/IH) e como consultora na elaboração de diagnóstico e de plano de desenvolvimento integrado do turismo sustentável – PRODETUR/NE, pela Fundação João Pinheiro. É sócia-diretora da DS4 Consultores Associados Ltda. – recrutamento, seleção, treinamento e desenvolvimento de pessoas – e vice-presidente do Instituto KULTuR de Fomento a Cultura, Turismo e Desenvolvimento sustentável.

Lucas de Araujo Cezar

Graduado em Ciências Biológicas pela Universidade Federal de Minas Gerais (UFMG) e mestrando em Entomologia pela Universidade de São Paulo (USP).

Lucia Maris Velasco Machado de Mendonça

Graduada em História pela Universidade Salgado de Oliveira (Universo).

Luciana Dias Rosa

Bacharel em Turismo pela Fundação Comunitária de Ensino Superior de Itabira (FUNCESI).

Luiz Alex Silva Saraiva

Doutorando em administração pela Universidade Federal de Minas Gerais (UFMG). Pesquisador do Núcleo de Estudos Organizacionais e Simbolismo da UFMG, do Núcleo de Estudos Organizacionais e Tecnologias de Gestão da Universidade Salvador (UNIFACS) e do Gestão, Trabalho e Cidadania (GESTRAS). Vice-diretor da Faculdade de Ciências Administrativas e Contábeis da Fundação Comunitária de Ensino Superior de Itabira (FUNCESI), onde também é coordenador do curso de Administração e do MBA em Gestão Empresarial. Publicou os seguintes livros: *Organizações familiares: um mosaico brasileiro* (como organizador e autor, pela UPF, em 2008); *Simbolismo organizacional no Brasil* (como organizador e autor, pela Atlas, em 2007); *Administração com arte: experiências vividas de ensino-aprendizagem* (como autor, pela Atlas, em 2007); *Terceiro Setor: dilemas e polêmicas* (como organizador e coautor, pela Saraiva, em 2006); *Gestão, trabalho e cidadania: novas articulações* (como coautor, pela Autêntica, em 2001); *Dicionário da educação profissional* (como coautor, pelo NETE/FAE/UFMG, em 2000) e *Recursos humanos: uma dimensão estratégica* (como coautor, pela UFMG/FACE/CEPEAD, em 1999).

Luzia Neide M. T. Coriolano

Doutora em Geografia pela Universidade Federal de Sergipe (UFS). Professora da Universidade Estadual do Ceará (UECE). Membro do Conselho Estadual de Turismo do Ceará. Líder do grupo de pesquisa Turismo, Território e Cultura, vinculado ao Conselho Nacional de Desenvolvimento Científico e Tecnológico (CNPq) e ao Laboratório de Estudos do Território e do Turismo (NETTUR/UECE). Sub-coordenadora do Mestrado em Geografia da UECE. Autora e organizadora dos livros *O turismo nos discursos, nas políticas e no combate a pobreza* (pela Annablume, em 2006); *Do local ao global: o turismo litorâneo cearense* (pela Papirus, em 1998); *Turismo com ética* (pela EDUECE, em 1998); *Turismo de inclusão e desenvolvimento local* (pela EDUECE, em 2003); *Turismo e desenvolvimento social sustentável* (pela EDUECE, em 2003) e *Turismo e Geografia: abordagens críticas* (pela EDUECE, em 2005).

Mariana Antunes Pimenta

Graduada em Ciências Biológicas pela Universidade Federal de Minas Gerais (UFMG) e aluna de especialização em Engenharia Sanitária com ênfase em Tecnologia Ambiental, na mesma universidade.

Myriam Goulart de Oliveira

Especialista em Letras – Estudos Linguísticos – pela Université Paul Valéry – Montpellier III. Autora e mantenedora do site www.reuniao-bibliografica.com.br, em homenagem a Carlos Drummond de Andrade. Publicou o livro *Querida Favita: cartas inéditas* [de Carlos Drummond de Andrade] (como co-autora, pela Edufu, em 2007).

RALFO MATOS

Professor associado e pesquisador do Departamento de Geografia da Universidade Federal de Minas Gerais (UFMG). Coordenador do Laboratório de Estudos Territoriais, doutor em Demografia e mestre em Economia Regional pela mesma universidade. Autor dos seguintes livros: *Planejamento urbano no Brasil; trajetória, avanços e perspectivas* (C/Arte, 2008); *Saberes ambientais* (Ed. UFMG, 2008); *Novas periferias metropolitanas: a expansão metropolitana em Belo Horizonte; dinâmica e especificidades do Eixo Sul* (C/Arte, 2006); *Regiões e cidade, cidades nas regiões: o desafio urbano-regional* (Unesp/Anpur, 2003); *Geografia no vestibular* (Ed. UFMG/2002); *20 anos do Seminário sobre Economia Mineira; 1982-2002* (UFMG/FACE/Cedeplar, 2002) e *Transições migratórias* (Iplance, 2002). Organizou a publicação *Espacialidades em rede: população, urbanização e migração no Brasil contemporâneo* (C/Arte, 2005).

ROZÁLIA DEL GÁUDIO SOARES-BAPTISTA

Doutora em Sociologia pela Université Paris I – Panthéon Sorbonne, mestre em Administração de Empresas e bacharel em Comunicação Social pela Universidade Federal de Minas Gerais (UFMG). Publicou os seguintes livros: *Terceiro Setor: dilemas e polêmicas* (como coautora, pela Editora Saraiva, em 2006); *Assessoria de imprensa e relacionamento com a mídia* (como coautora, pela Atlas, em 2002); *Gestão, trabalho e cidadania: novas articulações* (como coautora, pela Autêntica, em 2001) e *Recursos Humanos: uma dimensão estratégica* (como coautora, pela UFMG/FACE/CEPEAD, em 1999).

SÍLVIA MENEZES PIRES DIAS

Mestre em Ciência da Informação pela Universidade Federal de Minas Gerais (UFMG), especialista em Gestão Estratégica, enfoque Gestão de Pessoas, pela UFMG, professora do curso Administração, Sistemas de Informação, da Fundação Comunitária de Ensino Superior de Itabira (FUNCESI). Publicou o livro *Gestão, Trabalho e Cidadania* (como coautora, pela Autêntica, em 2001).

VERA LÚCIA NOVAES PROVINCIALI

Mestre em Sociologia Organizacional pela Iowa State University. Pesquisadora do grupo Turismo e Sustentabilidade da Universidade Federal de Sergipe (UFS), do Conselho Nacional de Desenvolvimento Científico e Tecnológico (CNPq) e do Fundo de Amparo à Pesquisa de Sergipe (FAP). Professora adjunta do Departamento de Administração da Universidade

Federal de Sergipe. Consultora organizacional (IPEA/OMS, SEBRAE, BID) nas áreas de Turismo e Educação. Publicou o livro *Gestão da micro, pequena e média empresa no Brasil: uma abordagem multidimensional* (pela Unicorpore, 2005).

YANA TORRES DE MAGALHÃES

Mestre em Administração pela Pontifícia Universidade Católica de Minas Gerais (PUC Minas), especialista em Gestão Estratégica pela Universidade Federal de Minas Gerais (UFMG) e graduada em Administração pela UNA. Diretora e professora da Fundação Comunitária de Ensino Superior de Itabira (FUNCESI). Publicou diversos artigos sobre administração.

QUALQUER LIVRO DO NOSSO CATÁLOGO NÃO ENCONTRADO NAS
LIVRARIAS PODE SER PEDIDO POR CARTA, FAX, TELEFONE OU PELA INTERNET.

Rua Aimorés, 981, 8º andar – Funcionários
Belo Horizonte-MG – CEP 30140-071

Tel: (31) 3222 6819
Fax: (31) 3224 6087
Televendas (gratuito): 0800 2831322

vendas@autenticaeditora.com.br
www.autenticaeditora.com.br

ESTE LIVRO FOI COMPOSTO COM TIPOGRAFIA MINION PRO E IMPRESSO
EM PAPEL AP 75 G. NA FORMATO ARTES GRÁFICAS.